La croissance verte contre la nature

Hélène Tordjman

La croissance verte contre la nature

Critique de l'écologie marchande

La Découverte

Composé par Facompo à Lisieux
Création graphique de la couverture : Valérie Gautier
Dépôt légal : mars 2021

Si vous désirez être tenu régulièrement informé de nos parutions, il vous suffit de vous abonner gratuitement à notre lettre d'information par courriel, à partir de notre site

www.editionsladecouverte.fr

où vous retrouverez l'ensemble de notre catalogue.

ISBN 978-2-348-06799-0

Introduction

> « C'est une triste chose de songer que la nature parle et que le genre humain n'écoute pas ».
>
> Victor Hugo
> *Carnets*, 1870

Envoyer des nanoparticules de soufre dans l'atmosphère pour atténuer le rayonnement solaire ; « fertiliser » les océans avec du fer ou de l'urée pour favoriser la croissance du phytoplancton, grand consommateur de dioxyde de carbone ; fabriquer de toutes pièces des micro-organismes n'ayant jamais existé pour leur faire produire de l'essence, du plastique, ou les rendre capables d'absorber des marées noires ; donner un prix à la pollinisation, à la valeur sacrée d'une montagne, à la fonction de séquestration du carbone des forêts ou aux récifs coralliens en espérant que le mécanisme de marché permettra de les protéger ; transformer l'information génétique de tous les êtres vivants en ressources productives et marchandes… Cette liste à la Prévert est celle de quelques-unes des « solutions » envisagées aujourd'hui pour répondre à la crise écologique. Elle témoigne du rapport à la nature qui domine nos sociétés, rapport caractérisé par une volonté de maîtrise, une instrumentalisation de toutes les formes de vie sur Terre, en sus d'une foi inébranlable dans le mécanisme de marché. Or c'est justement une telle perspective anthropocentrique qui a engendré la catastrophe écologique. Depuis les débuts de l'ère moderne en Occident, la nature a été envisagée comme un réservoir de ressources dont l'Homme pouvait faire ce que bon lui semblait. L'émergence et l'approfondissement du capitalisme industriel il y a un peu plus de deux siècles se sont inscrits dans ce paradigme et ont renforcé sa légitimité.

Le capitalisme industriel est un mode de production ayant toujours besoin d'élargir sa base, de trouver de nouveaux domaines de valorisation du capital. Karl Marx l'avait bien montré, ainsi que Joseph Schumpeter dans une perspective quelque peu différente. Ce dernier le qualifiait d'*ouragan perpétuel*. Chacun à leur manière, ces deux auteurs mettaient en lumière le caractère fondamentalement dynamique du capitalisme, se renouvelant sans cesse de l'intérieur. Cette dynamique se traduit entre autres par la recherche permanente de nouvelles ressources, de nouveaux processus de production, de nouvelles technologies, de nouvelles formes d'organisation du travail, de nouvelles marchandises : tous moyens de nouvelles sources de profit. C'est un système dont la vocation inhérente est de croître, d'englober une part toujours plus grande des activités humaines et de la nature. Cet appétit frénétique et démesuré étend aujourd'hui le domaine de l'instrumentalisation et de la réification à de nouveaux territoires et de nouvelles dimensions de la nature, laissant augurer une poursuite des dégradations. En ce début de XXIe siècle, nous entretenons plus que jamais avec la nature des relations marquées par l'utilitarisme et l'anthropocentrisme, alors que l'arrêt de la destruction de la planète exigerait un cadre conceptuel radicalement différent.

Mais, du fait d'un manque de recul historique et anthropologique et d'intérêts contraires très puissants, les réponses apportées à la crise écologique sont insuffisantes et inadaptées, voire dangereuses. Nous mettons aujourd'hui tous nos espoirs dans le « développement durable », la « croissance verte » et maintenant un « *Green New Deal* », qui sont une continuation du capitalisme industriel adjoint de quelques rustines « vertes ». La « croissance verte » est un approfondissement du même modèle qui nous a menés là où nous sommes : paradoxalement, nous comptons répondre aux destructions provoquées par l'extension des marchés et le déferlement technique par encore plus de marché et de technique. Cela ne peut en aucun cas représenter une sortie de crise ; il s'agit plutôt d'une fuite en avant. Comme telle, cette solution n'en est pas une. Elle conduit à un certain nombre d'absurdités. Par exemple, tout en déplorant l'extinction massive des espèces provoquée par les pollutions de tous ordres et la disparition des habitats, nos sociétés continuent de produire et consommer des voitures toujours plus puissantes, des téléphones plus sophistiqués et autres gadgets connectés, contribuant ainsi à ce que nous regrettons par ailleurs. Nous déployons des prodiges d'ingéniosité technique pour « réparer » des écosystèmes et même la biosphère en intervenant encore plus massivement et agressivement dans la nature. Cela ne pourra qu'accentuer les destructions. Plutôt que de limiter notre empreinte et de rechercher une harmonie avec la nature, nous mettons maintenant au point des variétés végétales adaptées au réchauffement climatique et même à l'irradiation !

Je voudrais tenter ici de cerner les contours du régime de capitalisme qui se met en place sous le nom de « croissance verte » ou de « capitalisme vert », en faire apparaître les ressorts et montrer en quoi il s'inscrit dans la droite ligne du capitalisme financiarisé apparu au tournant des années 1980. Bien sûr, certains aspects s'en distinguent, les sociétés évoluent, et nous analyserons ces changements. Mais ce qu'on observe est dans l'ensemble une poursuite des logiques existantes, une extension du capitalisme industriel à de nouveaux domaines plutôt qu'un changement de modèle.

Pour le comprendre, on verra comment se décline la croissance verte dans plusieurs de ses dimensions, en choisissant deux points d'entrée qui permettent de saisir quel type de relations entre les êtres humains et la nature ce « nouveau » régime institue. Le premier point d'entrée sera celui de l'agriculture, le second, celui des politiques de protection de l'environnement et de la « transition » écologique. Quels sont les choix productifs et techniques qui sont faits pour parvenir à une agriculture plus respectueuse de la nature et des hommes et capable de nourrir une population mondiale croissante ? Pour limiter le réchauffement climatique et le déclin de la biodiversité ? Quels types d'arrangements institutionnels sont construits pour inciter producteurs et consommateurs à moins polluer ? Qui en décide ?

Je m'attacherai tout d'abord à brosser les grands traits du projet de « bioéconomie » adopté récemment par des institutions internationales comme l'Organisation de coopération et de développement économique (OCDE) et par l'Union européenne, « pour une croissance verte et inclusive ». De manière très générale, la « bioéconomie » vise à remplacer les ressources fossiles par des matières « biosourcées », donc renouvelables, et à développer les biotechnologies dans des domaines de plus en plus étendus. Les « avancées » des sciences de la nature et leur couplage avec les nanotechnologies et l'intelligence artificielle permettent d'envisager des applications presque infinies dans un nombre croissant de domaines : agriculture, chimie, alimentation, médecine, pharmacie, cosmétiques, énergies…

C'est le résultat d'un projet scientifique connu sous le nom de « convergence NBIC », pour nanotechnologies, biotechnologies, sciences de l'information et sciences de la cognition. Ce projet est apparu en tant que tel lors d'une conférence organisée par la National Science Foundation aux États-Unis fin 2001, qui déployait une vision prospective des interactions entre les nouvelles sciences et technologies. Cette « nouvelle Renaissance », comme elle était désignée à l'époque, permettrait à l'humanité de résoudre tous ses problèmes grâce à la science et à la technique, y compris les questions existentielles de la maladie et de la mort. Autrement dit, ses fondements sont clairement transhumanistes, en ce que cette convergence se donne pour objectif une « augmentation » de l'être humain grâce au développement de sciences et techniques toujours plus intrusives [1]. Ce projet a évolué depuis pour s'attacher à « améliorer » aussi la nature et à résoudre les problèmes écologiques auxquels nous faisons face. L'Europe a suivi les États-Unis, la Chine s'y est aussi engagée, ainsi qu'un nombre croissant d'autres pays. La convergence NBIC forme aujourd'hui l'horizon technique et idéologique du régime de la croissance verte. C'est ce qu'on verra dans le premier chapitre, qui exposera les grandes lignes d'un projet adopté avant d'être proposé aux citoyens.

Dans le deuxième chapitre, je montrerai comment la recherche de l'efficacité, mantra de nos sociétés, peut se retourner contre elle-même. J'illustrerai cette dynamique perverse par le cas des agrocarburants. Ceux-ci sont un des derniers avatars de l'agriculture industrielle. Comme tels, ils sont symptomatiques de la contre-productivité de ce qu'Ivan Illich appelait les « grands systèmes industriels [2] » : multiples externalités négatives, perte d'autonomie des paysans et menaces sur la souveraineté alimentaire mondiale. Le système agraire industriel ne remplit donc pas sa fonction de base, nourrir les populations, et détruit les conditions mêmes de sa pérennité au nom de la recherche d'un meilleur rendement.

1. Sciences et techniques forment aujourd'hui un tout quasi indifférencié, l'essentiel de la science s'intéressant essentiellement aux applications technologiques et très peu aux connaissances fondamentales pour elles-mêmes. C'est d'ailleurs pourquoi on parle souvent de technosciences. Dans le langage technocratique, c'est l'acronyme STI qui domine, pour sciences-techniques-innovations. De fait, une grande part des scientifiques aujourd'hui sont plutôt des techniciens sophistiqués.

2. Ivan Illich, *La Convivialité* (1973), in *Œuvres complètes*, t. I, Fayard, Paris, 2004.

Plutôt que de remettre en question cette idée de carburants biosourcés, nous inventons une deuxième génération de biocarburants censée résoudre les problèmes posés par la première génération. Les techniques de la biologie de synthèse permettent de fabriquer de nouveaux micro-organismes, n'ayant jamais existé dans la nature, capables par exemple de dégrader la cellulose en éthanol. Pour ne pas concurrencer les cultures alimentaires, on cherche d'autres types de biomasse, comme les arbres à croissance rapide. Cette deuxième génération amène son lot de nouveaux problèmes, et les scientifiques et ingénieurs travaillent désormais à la troisième génération, faisant produire de l'huile à des micro-algues génétiquement modifiées. Ces agrocarburants dits « avancés » ne sont pour l'instant pas du tout rentables car les microbes ne sont pas faciles à instrumentaliser. Les chercheurs continuent cependant à essayer de mettre au point des micro-organismes plus efficaces. Pour leur part, les industriels concernés, qui prétendaient participer à sauver la planète en produisant des carburants « bios », reconvertissent leurs outils de production pour aider l'industrie des hydrocarbures dits non conventionnels (par exemple, les gaz de schiste) à extraire encore plus d'énergies fossiles. Le cas des agrocarburants met en lumière la dynamique d'une recherche aveugle et sans fin, où tout sens de l'action semble s'être perdu en route.

Au fondement de toute nourriture, il y a les semences : sans semences, pas de végétaux et sans végétaux, pas d'animaux. Or, en un siècle environ, les semences des plantes cultivées sont passées du statut de bien plus ou moins commun à celui de marchandise. Elles ont été privatisées grâce à l'élargissement du droit de la propriété intellectuelle au « vivant » sous toutes ses formes : les variétés végétales et les races animales, les micro-organismes, les gènes et même des processus métaboliques sont « protégés » par des centaines de milliers de brevets et désormais aux mains de quelques firmes géantes. Ces dernières sont en voie de s'approprier l'ensemble de la chaîne alimentaire mondiale, comme on le verra dans le troisième chapitre.

La science joue un rôle crucial dans ces nouvelles enclosures. Le terme d'enclosure renvoie au mouvement historique de privatisation des terres communes par les grands seigneurs et propriétaires. Il s'est déroulé entre le XVIe et le début du XIXe siècle en Angleterre, un peu plus tard dans le reste de l'Europe occidentale[1]. La découverte de

1. Voir par exemple Karl Polanyi, *La Grande Transformation. Aux origines politiques et économiques de notre temps*, Gallimard, Paris, 1983 [1944].

l'ADN recombinant au début des années 1970, qui a ouvert la voie à la transgénèse et aux organismes génétiquement modifiés (OGM), a poussé les firmes de biotechnologie à faire pression sur les États pour que soit reconnue la brevetabilité du « vivant ». Cela a été fait en 1980 aux États-Unis, et rendu obligatoire au niveau mondial en 1995, par des accords de l'Organisation mondiale du commerce (OMC). Aujourd'hui, les « progrès » des biotechnologies dans la manipulation et l'instrumentalisation des formes de la vie sur Terre sont recherchés sans relâche avec la bénédiction des Nations unies, de l'OCDE, des États-Unis, de la Chine et de l'Union européenne, qui y voient une des voies technologiques majeures de la bioéconomie. Mais ces progrès démultiplient la puissance de l'intrusion humaine dans les processus naturels. Par exemple, la biologie de synthèse tente d'« améliorer » la photosynthèse ou la fixation de l'azote par les plantes, jugées « trop peu efficaces » (*sic*). En accord avec l'idée de la convergence NBIC, il s'agit de créer des semences « augmentées » en manipulant les fonctions métaboliques des plantes. Les brevets déposés concernent des fonctions de base, qui sont au fondement de la vie sur Terre. Verra-t-on un jour Bayer-Monsanto propriétaire de la photosynthèse ?

Les deux chapitres suivants s'attachent à caractériser le nouveau régime de conservation de la nature et de la biodiversité tel qu'il s'est mis en place avec la Convention sur la diversité biologique en 1992, et qui fonde les politiques de la protection de la nature aujourd'hui.

Dans le quatrième chapitre, j'exposerai les concepts sur lesquels repose ce changement de paradigme de la conservation, ainsi que les grandes lignes du cadre institutionnel mis en place pour que ce changement de paradigme devienne réalité. L'idée principale est que la nature est un *capital*, au même titre que le capital financier ou le « capital humain ». Comme tout capital, le « capital naturel » fournit un flux de revenu : tous les services que la nature rend aux êtres humains peuvent être considérés sous cet angle. Ainsi de la nourriture et de l'eau, des « ressources génétiques », de la régulation du climat et des flux hydriques, de la pollinisation et de « services culturels » comme la beauté d'un paysage ou la valeur sacrée d'une montagne. Ces services sont appelés « services écosystémiques ». Le problème est qu'ils n'ont pas de prix « naturel » : les agents économiques ne sont donc pas conscients de leur valeur, et ce serait pour cela qu'ils les saccagent. Si nous leur donnions un prix, les agents qui les détruisent devraient en supporter le coût tandis que ceux qui les protègent seraient monétairement récompensés. Autrement dit, il y aurait des incitations monétaires à se comporter vertueusement. Une telle approche conduit à faire entrer la nature dans le champ de la valeur économique, réponse typiquement néolibérale à la dégradation de la planète.

Cette conception utilitariste et anthropocentrique se répand dans tous les milieux de la protection de la nature et est soutenue par les Nations unies, de plus en plus d'États, des organisations non gouvernementales (ONG) comme le World Wild Fund (WWF) ou The Nature Conservancy, ainsi que par les grandes firmes multinationales. Elle est bien dans l'air du temps du capitalisme contemporain et témoigne d'une financiarisation des esprits, sinon d'une financiarisation de la nature elle-même. Envisager la nature comme un capital produisant des revenus sous la forme de services écosystémiques étend la perspective financière à la protection des milieux naturels. De plus, en confiant aux entreprises le soin de protéger la nature, ce nouveau paradigme de la conservation en fait un problème plus individuel que collectif, fondé sur les intérêts bien compris des agents.

Tout un cadre institutionnel a été mis en place par les divers acteurs concernés, cadre dont le pivot est la Convention sur la diversité biologique (CDB), signée en 1992. Celle-ci a trois objectifs : la conservation de la biodiversité, la promotion d'une utilisation durable des ressources fournies par la diversité biologique, et un partage équitable des gains provenant de l'exploitation de ces ressources. Pour créer les incitations monétaires adéquates, la Convention prône la mise en œuvre de différents dispositifs institutionnels qualifiés d'« instruments de marché », inscrivant la vision utilitariste et marchande de la protection de l'environnement dans le régime institutionnel international. Mais, contrairement à la croyance si répandue de la neutralité des instruments techniques qui ne seraient que ce qu'on en fait, le marché n'est pas un instrument neutre. C'est une des institutions centrales du capitalisme, qui organise un spectre de plus en plus étendu des activités humaines, et dont on attend maintenant qu'il prenne en charge nos relations avec la nature. De ce fait, ces dernières en seront profondément modifiées, mais pas dans un sens plus respectueux malheureusement.

Dans le cinquième chapitre, je me pencherai en détail sur les nouveaux dispositifs marchands apparus dans la foulée de la CDB, appelés quelques fois « solutions basées sur la nature ». Marchés de permis d'émission de gaz à effet de serre, dispositifs de « compensation écologique », « paiements pour services environnementaux » et autres arrangements institutionnels étendent le mécanisme de prix à de nouvelles dimensions de la nature. Des choses qui n'avaient pas vocation à être marchandises le deviennent : ressources génétiques, protection des espèces menacées et des habitats, séquestration du carbone par les forêts, une nouvelle classe de *marchandises fictives* apparaît. Karl Polanyi désignait ainsi la terre, le travail et la monnaie, choses non produites en vue d'un échange marchand mais devenues marchandises à travers un processus à la fois économique, juridique et politique compliqué et souvent violent [1]. Si ce n'est pas la première fois dans l'histoire, ce phénomène prend aujourd'hui une forme inédite. Il procède en effet par une *dématérialisation* de la nature, transformée en information (les plantes et les animaux sont réduits à leur dimension d'information génétique), en services écosystémiques ou encore en actifs financiers. Ces nouvelles dimensions de la nature entrent donc dans le marché sous une forme abstraite et désincarnée, et c'est sous cette forme qu'elles sont valorisées. Là encore, cette désincarnation va à l'inverse d'une proximité avec la nature qu'il nous faudrait pourtant réinventer.

Dans le mode de production capitaliste, les détenteurs de capitaux veulent les valoriser, c'est-à-dire tentent d'accroître leur valeur, au travers de l'échange marchand. Mais avant d'être proposés sur le marché, des objets non marchands comme une variété végétale ou la séquestration du carbone par les forêts doivent être mis en forme, construits en tant que marchandises. Ils n'ont pas spontanément les propriétés nécessaires pour être échangés sur des marchés. Ces caractéristiques sont institutionnellement construites. Je développerai dans ce cinquième chapitre un cadre analytique permettant de comprendre la création de ces *marchandises fictives* que sont les services écosystémiques.

Dans cette vision, une forêt ou un récif corallien n'existent plus en eux-mêmes comme des totalités organiques ayant des identités propres mais sont conçus comme des assemblages de fonctionnalités au service des êtres humains, chacune faisant l'objet d'une évaluation monétaire. Ce phénomène de marchandisation de la nature sous la forme de mécanismes utiles à l'homme étend le domaine de la valorisation du capital à l'intimité des processus naturels. Dans la mesure

1. *Ibid.*

où c'est précisément le développement sans limites du capitalisme qui nous a menés dans l'impasse actuelle, il est permis de douter des bienfaits de cette extension.

Le sixième chapitre sera consacré à l'émergence d'une « finance verte ». La transition vers la croissance verte ne peut en effet se faire sans financement, et la sphère financière doit être mise à contribution. La finance a traditionnellement deux rôles principaux : canaliser les fonds prêtables vers les activités où ces fonds seront le mieux mis en valeur, où l'efficacité du capital sera la plus grande, et fournir des outils permettant une gestion « optimale » des risques. Le secteur de la « finance verte » s'est développé selon ces deux lignes. La créativité des scientifiques de la finance n'est jamais en reste, on a pu l'observer ces dernières années. Ils ont récemment inventé de nouveaux outils pour canaliser l'investissement vers des activités « vertes » et pour gérer les nouveaux risques engendrés par le réchauffement climatique et l'érosion de la biodiversité.

Pour inciter les investisseurs à investir dans les bons secteurs, la finance de marché joue sur son caractère disciplinaire. L'idée est que les agents qui développent les activités nécessaires à la « transition » énergétique et écologique soient récompensés par un accès aux financements plus facile, tandis que les investisseurs refuseraient de financer les pollueurs, qui auraient donc du mal à poursuivre leurs activités « brunes ». Du côté des investisseurs, ceux qui contribuent à la croissance verte devraient être récompensés par des rendements plus élevés, par la croissance de leur capital, par une bonne image ou les trois à la fois. Indices boursiers soutenables et obligations vertes sont apparus depuis quelques années, et la taille de ces marchés, encore faible, connaît néanmoins une croissance rapide. Toute la difficulté de l'exercice repose sur la définition de ce qui est jugé « vert ». On verra que, pour l'instant, les exigences ne sont pas bien contraignantes, et la finance verte participe plutôt au *greenwashing* ambiant qu'à une vraie transition écologique. L'argent étant le nerf de la guerre, les choses pourraient cependant changer un peu s'il y avait une véritable volonté politique, une régulation drastique des mouvements de capitaux pour limiter la spéculation, et surtout une prise de conscience générale de la nécessité d'un modèle beaucoup plus sobre : un changement profond de régime et non une simple « transition ». En effet, la plupart des réponses apportées aujourd'hui aux défis écologiques reposent sur de fausses solutions, hyper-technologiques, sophistiquées et souvent hors-sol. Ces réponses nous font poursuivre dans une voie sans issue. Tant que la sphère financière « choisit » de développer ces hautes technologies fondées sur une maîtrise illusoire, elle ne pourra pas être verte. Les outils de la finance pourront peut-être être utiles le jour où nous inventerons un modèle économique et social vraiment différent. Nous en sommes pour l'instant loin.

L'ampleur de la crise appelle à penser un tel modèle, plus respectueux de la nature et des êtres humains. Cela ne pourra se faire que si nous parvenons, ensemble, à faire un pas de côté, à infléchir nos modes de pensée et d'action. D'une part, il nous faudrait oublier un peu la recherche d'efficacité et de rendement qui nous fait agir, et redonner de la légitimité à d'autres modes d'action que la pure rationalité instrumentale. Au-delà du seul profit, il s'agit de réhabiliter les valeurs d'autonomie, de sobriété, de bien commun et de vivre-ensemble. D'autre part, lutter contre la dégradation de la Terre exige de repenser nos rapports à la nature de fond en comble et de dépasser l'opposition nature/culture analysée par Augustin Berque ou Philippe Descola comme typique de la modernité occidentale [1]. Il est urgent de sortir d'un rapport fondé sur l'exploitation sans limites des ressources et des hommes, en reconnaissant que les êtres humains appartiennent à la nature à égalité de légitimité avec les autres formes de vie, et ne la dominent pas par essence [2].

Ainsi, après cette longue critique du régime de la croissance verte, je conclurai en montrant que, contrairement à ce qui est assené par les libéraux depuis quarante ans, il est possible d'envisager d'autres options viables. Pour ce faire, je prendrai le cas de l'agriculture et de l'impérieuse nécessité de sortir de l'agro-industrie : des systèmes agraires alternatifs continuent d'exister, et ce sont même eux qui nourrissent la majeure partie de la population mondiale, et non l'agriculture industrielle. S'ils sont divers et variés, chacun adapté aux conditions géographiques, sociales et culturelles locales, ils partagent un certain nombre de traits communs. D'une part, ils sont organisés à échelle humaine, sur de petites parcelles, nécessitant peu ou pas d'intrants chimiques et de matériel sophistiqué. De ce fait, ils favorisent l'autonomie des paysans, qui peuvent continuer à choisir leurs pratiques culturales et à sélectionner leurs semences. D'autre part, et corréla-

---

1. Voir, dans des perspectives différentes, Augustin Berque, *Ecoumène. Introduction à l'étude des milieux humains*, Belin, Paris, 1987, et Philippe Descola, *Par-delà nature et culture*, Gallimard, Paris, 2005.

2. La crise sanitaire provoquée par le SARS-CoV-2 vient le rappeler, s'il en était encore besoin.

tivement, ils se déploient dans ce qu'Augustin Berque appelle des *milieux*, résultats locaux d'une coévolution étroite entre écosystèmes et activités humaines. Nature et culture y sont indissociablement liées.

Cette agriculture paysanne est défendue depuis longtemps par des syndicats et des associations comme La Via Campesina. Ce qui est nouveau en revanche est que de tels systèmes agraires sont aujourd'hui promus au plus haut niveau des institutions internationales. Par exemple, depuis au moins vingt ans, les rapporteurs successifs du droit à l'alimentation des Nations unies se font les avocats de la sortie de l'agriculture industrielle et de la généralisation de l'agroécologie. Cette dernière est fondée sur une approche holistique des agroécosystèmes, et bénéficie des avancées de la compréhension des processus biologiques et des pratiques culturales participant à leur équilibre. L'agroécologie redécouvre ainsi des pratiques traditionnelles comme la rotation des cultures ou les cultures associées, et en imagine de nouvelles, exploitant de manière douce et respectueuse les synergies à l'œuvre dans la nature.

J'exposerai des pistes de réflexion et d'action visant à développer l'agriculture paysanne et l'agroécologie. Parmi elles, des réformes agraires redistribuant les terres en petites parcelles, la relocalisation de la production et l'organisation de la distribution en circuits courts, le développement de formes associatives et coopératives fondées sur l'autogestion, le démantèlement du droit de la propriété intellectuelle sur le « vivant », l'arrêt de politiques de libre-échange destructrices…

Un tel programme peut paraître utopique, et il l'est certainement dans la mesure où les forces contraires, pouvoir du capital, inertie des habitudes et des représentations, manque de volonté politique, sont puissantes. Il est néanmoins fondamental et urgent de s'orienter vers des modes de production et de consommation radicalement différents, et c'est dès aujourd'hui envisageable. Comme l'écrivait Antonio Gramsci, *le pessimisme de l'intelligence et l'optimisme de la volonté…*

Remarques générales sur le langage et le vocabulaire

Ce livre traite des relations entre les êtres humains et la nature dans le nouveau régime de « croissance verte » que les gouvernants appellent de leurs vœux.

Le terme même de *nature* est ambigu, revêt plusieurs sens et renvoie à diverses acceptions anthropologiques et philosophiques. Philippe Descola l'a analysé, l'opposition entre nature et culture est typiquement moderne, au sens de la modernité occidentale qui a émergé aux XVIe et XVIIe siècles et s'est propagée au monde entier ou presque[1]. Nous envisageons la nature comme extérieure à nous humains, nous la considérons comme notre *environnement*, dans une opposition que ne connaissaient pas la plupart des autres sociétés. Une telle vision conduit à sous-estimer l'infinité des interrelations entre les êtres humains et les autres formes de vie, animales et végétales. Elle participe aussi à la réification de ces dernières, ce qui contribue à permettre qu'elles soient détruites. Parler de *nature*, en un seul bloc, comme d'un objet, et d'*environnement* comme ce qui est *autour* de nous est donc en quelque sorte piégé. Ce n'est pas le lieu de refaire le dictionnaire, mais il faut tenter de garder présent à l'esprit ce que ces mots véhiculent de significations philosophiques et anthropologiques.

Ce n'est pas le seul piège. Toute une novlangue autour des questions écologiques a été développée par les experts de tous poils,

1. P. DESCOLA, *Par-delà nature et culture*, *op. cit.*

faite d'acronymes (« ODD » pour objectifs de développement durable, « CSC » pour capture et stockage du carbone), d'euphémismes (« améliorer l'être humain », « technologies duales », « produits de protection des plantes »), de barbarismes (« capital naturel », « services écosystémiques », « solutions basées sur la nature ») et d'oxymores (« biocarburants », « croissance verte »). Comme Georges Orwell l'a bien montré, ces détournements du langage le rendent vague et imprécis, voire mensonger, et tendent à geler la pensée. Je mettrai donc ces termes entre guillemets lors de leurs premières occurrences, mais les ôterai ensuite pour alléger la lecture.

Enfin, je parle souvent de ce que « nous » faisons. Par ce « nous », il faut entendre « nous » originellement occidentaux, inventeurs et promoteurs de la modernité et du capitalisme. Ce « nous » englobe aujourd'hui beaucoup plus de peuples et de cultures puisque, avec la colonisation puis la mondialisation et la globalisation, le capitalisme industriel et la croissance de la production sont devenus les horizons indépassables du monde entier ou presque. Ce « nous » se réfère donc à la quasi-totalité de l'humanité contemporaine, en tout cas tous ceux qui visent à une consommation et un développement similaires à ceux des vieux pays industrialisés. Il y a de grandes différences entre pays du Nord et pays du Sud, pays industrialisés et pays en voie de l'être ou désirant le devenir, mais la matrice idéologique, en termes économiques, est désormais à peu près partout la même.

1

La convergence NBIC, un projet de société

> « D'entreprise visant à comprendre la nature, la science est devenue une profession qui se sent investie de la mission de comprendre la nature afin de l'améliorer. L'idée que les sciences sont une station expérimentale pour de nouveaux phénomènes naturels ou un atelier de réparation pour les anciens qui ne marchent plus très bien a eu d'étranges conséquences. Elle a mené à donner trop d'importance aux aspects mécaniques [...] [ce qui] a engendré une des plaies de notre époque, le spécialiste [1]. »
>
> Erwin CHARGAFF

La « nouvelle économie » des années 1990, fondée sur Internet et les biotechnologies, a continué à se développer malgré le krach de 2001. La frénésie spéculative ayant trouvé d'autres objets (en l'occurrence les produits dérivés de crédit, dont les fameux *subprimes*), l'engouement des marchés pour ces nouvelles technologies s'est fait moindre, mais la recherche a continué d'être financée par les États-Unis, suivis du Japon, de l'Europe et des BRIC (Brésil, Russie, Inde, Chine), par des fondations comme Rockefeller ou Bill et Melinda Gates et par de grandes entreprises, au premier rang desquelles Google et sa maison

1. Erwin CHARGAFF, *Le Feu d'Héraclite. Scènes d'une vie devant la nature*, trad. Chantal Philippe, Viviane Hamy, Paris, 2006 [1979], p. 195.

mère, Alphabet. Les progrès très rapides accomplis dans ces secteurs de pointe ont laissé entrevoir des possibilités de combinaisons presque infinies entre les nanotechnologies (N) et les biotechnologies (B), les sciences de l'information (I) et de la cognition (C), unies par un même langage, celui de la « complexité ».

Le projet de « bioéconomie » aujourd'hui promu par les institutions internationales résulte de cette vision prospective. Pour retracer sa genèse et comprendre son inspiration, il faut remonter à une conférence qui a fait date. Tenue en décembre 2001 à Washington, sous l'égide de la National Science Foundation (NSF) et du ministère du Commerce (Department of Commerce ou DOC), elle appelait à la convergence entre ces diverses techniques pour construire la société de demain : « Des technologies convergentes pour améliorer la performance humaine » était son titre. Et l'ambition d'optimiser les facultés de notre espèce et sa capacité d'agir sur son environnement apparaît véritablement au cœur du projet : ces innovations promettent des avancées substantielles en matière de santé et d'apprentissage, de développement de nouveaux matériaux et de sources d'énergie moins polluantes, ainsi qu'une rationalisation de l'organisation sociale. La volonté de corriger un processus d'évolution naturelle jugé insuffisamment performant est même évoquée. Selon Ray Kurzweil, « la maladie, le vieillissement et la mort sont des problèmes que nous pouvons aujourd'hui dépasser [1] ». L'attente d'une humanité « augmentée » apparaît comme un nouvel horizon de salut.

La vision du monde proposée dans ce rapport paru en 2002 [2] a depuis irrigué les cercles des décideurs, scientifiques, industriels, États et institutions internationales. Depuis une quinzaine d'années, l'Europe a adopté l'objectif de convergence technologique, tout en étant un peu plus réservée sur l'aspect proprement transhumaniste du projet. Avec la prise de conscience progressive de l'urgence écologique, la nature, quasiment absente du rapport de 2002, s'est imposée comme une autre cible de l'« amélioration de la performance ». L'évolution attendue des biotechnologies, « fertilisées » par

---

1. <http://entretiensdufutur.com/humanite-2-0-singularite/>, consulté le 19 juillet 2015. Ray Kurzweil, un informaticien, a écrit de multiples livres sur l'« intelligence » des machines et a cofondé l'Université de la singularité, une des institutions transhumanistes les plus actives aux États-Unis. Depuis 2012, il est le directeur de la recherche de Google.

2. Mihail C. Roco et William S. Bainbridge (dir.), *Converging Technologies for Improving Human Performance*, NSF-DOC Report, juin 2002.

les nanotechnologies et les sciences de l'information, pourra « offrir des solutions technologiques à beaucoup des défis en matière de santé et de ressources auxquels le monde fait face », assure l'OCDE dans un rapport de 2009 [1].

« Des technologies convergentes pour augmenter la performance humaine » : une utopie en marche

Organisée par Mihail C. Roco et William S. Bainbridge, la conférence qui s'ouvre à Washington en cette fin d'année 2001 réunit politiciens et technocrates, militaires, scientifiques et industriels. Parmi les intervenants, on croise des chercheurs d'universités prestigieuses, des militaires appartenant à la National Aeronautical and Space Agency (NASA) et à la Defense Advanced Research Projects Agency (DARPA), des membres du géant informatique Hewlett-Packard, de l'entreprise de télécommunications Lucent, de l'avionneur Boeing, des représentants des administrations fédérales de soutien à la recherche et à la technologie ainsi que le sous-secrétaire d'État au commerce en charge de la technologie, et Newt Gingrich, politicien conservateur appartenant au *think tank* libéral American Enterprise Institute (AEI). Quant aux éditeurs du rapport, tous deux à la NSF, M. C. Roco est au début des années 2000 le coordinateur de la National Nanotechnology Initiative, et W. S. Bainbridge un sociologue des religions et militant transhumaniste en vue.

Une inspiration transhumaniste

Le transhumanisme est né dans la Silicon Valley à la fin des années 1980 autour d'un projet prométhéen : améliorer le genre humain grâce à la science et à la technique [2]. Cette perspective avait cependant été anticipée depuis bien longtemps. Aldous Huxley publie *Le Meilleur*

1. OECD, *The Bioeconomy to 2030 : Designing a Policy Agenda*, 2009, <www.oecd.org>. Sur cette recherche effrénée de « solutions », voir Evgeny MOROZOV, *Pour tout résoudre, cliquez ici. L'aberration du solutionnisme technologique*, Fyp Éditions, Limoges, 2014.

2. Voir Fabien BENOIT, *The Valley. Une histoire politique de la Silicon Valley*, Les Arènes, Paris, 2019.

des mondes en 1936, et Hannah Arendt, réfléchissant à la place de la science dans nos sociétés, note dès 1958 que « cet homme futur, que les savants produiront, nous disent-ils, en un siècle pas davantage, paraît en proie à la révolte contre l'existence humaine telle qu'elle est donnée, cadeau venu de nulle part (laïquement parlant) et qu'il veut pour ainsi dire échanger contre un ouvrage de ses propres mains [1] ». La littérature de science-fiction témoigne aussi de ce désir ou de cette peur de voir l'être humain s'instrumentaliser lui-même dans un fantasme de création toute-puissante. Aujourd'hui, ce n'est plus un fantasme mais un projet en cours de réalisation.

Selon les tenants de cette approche scientifique de l'homme, nous sommes, tels que nous a faits l'évolution naturelle, physiquement imparfaits, limités dans nos capacités d'apprentissage et de calcul, émotionnellement instables, souvent malades et inefficients, et de plus mortels. Heureusement, certains parmi nous sont quand même suffisamment intelligents pour inventer les moyens scientifiques et techniques d'« augmenter » ou d' « améliorer » (*to enhance*) cette intelligence et pallier ces faiblesses naturelles par toute une série d'artefacts. La liste des idées d'amélioration des transhumanistes semble sortie d'un roman de science-fiction : des prothèses branchées directement sur le cerveau, des nanorobots guidant les molécules désirées vers nos cellules malades, des dispositifs d'imagerie intracellulaire, des implants cérébraux réglant nos émotions, des drogues diverses et variées... Certains envisagent aussi sans états d'âme des interventions directes sur les génomes, pour de petites réparations préventives, toujours aux fins d'améliorer les performances humaines. Un scientifique de cette mouvance, Kevin Warwick, déclarait en 2002 : « La technologie risque de se retourner contre nous. Sauf si nous fusionnons avec elle. Ceux qui décideront de rester humains et refuseront de s'améliorer auront un sérieux handicap. Ils constitueront une sous-espèce et formeront les chimpanzés du futur [2]. »

---

1. Hannah ARENDT, *Condition de l'homme moderne*, trad. Georges Fradier, Calmann-Lévy, Paris, 1961 [1958], p. 35.

2. Cité dans Frédérique ROUSSEL et Marion LECHNER, « Transhumanistes sans gêne », *Libération*, 18 juin 2011, <http://www.liberation.fr/culture/2011/06/18/transhumanistes-sans-gene_743496>, consulté le 21 juillet 2015. Pour une présentation plus précise et une discussion critique, on peut se reporter à Nicolas LE DEVEDEC et Fany GUIS, « L'humain augmenté, un enjeu social », et les références citées dans cet article, *SociologieS*, mis en ligne le 19 novembre 2013, <http://sociologies.revues.org/4409>, consulté le 21 juillet 2015. L'association Pièces et Main-d'Œuvre a publié plusieurs textes sur l' « inhumanité du transhumanisme », et est à l'origine d'un « Appel des chimpanzés du futur », <www.

Günther Anders avait aussi pressenti cette évolution il y a soixante ans, dans son ouvrage majeur, *L'Obsolescence de l'homme*, lorsqu'il parlait de la « *honte prométhéenne* » comme la « *honte qui s'empare de l'homme devant l'humiliante qualité des choses qu'il a lui-même fabriquées* » [1]. Entourés d'objets de plus en plus compliqués et fascinés par les dépassements des limites et contraintes habituelles de la condition humaine qu'ils engendrent, nous évoluons dans un monde que nous avons construit collectivement mais que nous ne comprenons plus individuellement. Sa complexité, sa sophistication et sa spécialisation sont trop grandes. Et si certains refusent de voir leurs performances évaluées à l'aune de critères d'ingénierie, c'est néanmoins de plus en plus souvent le cas, avec l'expansion de divers dispositifs appliquant à l'humain des systèmes de mesure originellement conçus pour des produits et des machines. Ainsi, sans cesse confrontés à nos imperfections, certains d'entre nous seront tentés de s'augmenter. Nous le faisons d'ailleurs déjà : psychotropes en tout genre pour être réveillé le jour et dormir la nuit – ou l'inverse –, dopage dans le sport, la politique, la finance et le spectacle… La suite n'est-elle qu'une question de degré ou y a-t-il un changement qualitatif ? Quelles sont les frontières ?

Le rapport de la NSF est organisé comme suit. L'*executive summary*, de rigueur dans les cercles technocratiques, présente les opportunités de croissance, de richesse, de compétitivité, de pouvoir et de bien-être pour les populations concernées, pose la question des « stratégies de transformation » techniques et sociales et finit par une série de recommandations. Ensuite viennent une vue d'ensemble, quintessence du projet, et six chapitres principaux. Dans le premier, Roco et Bainbridge donnent la parole aux représentants des grandes agences concernées (NASA, NSF, National Institutes of Health [NIH]) ainsi qu'à quelques voix privées dont Hewlett-Packard et l'AEI. Ils formulent ce qui ressemble à une lettre de mission pour refonder la compétitivité de l'économie américaine et renforcer sa suprématie militaire et géopolitique grâce à la convergence NBIC. Puis les cinq chapitres suivants s'attachent chacun à un domaine où cette convergence technologique pourrait et devrait jouer un rôle important dans le futur : la cogni-

piecesetmaindœuvre.com>. Enfin, le site Sciences critiques propose un bon dossier sur le sujet, consultable sur <https://sciences-critiques.fr/>.

1. Günther Anders, *L'Obsolescence de l'homme. Sur l'âme à l'époque de la deuxième révolution industrielle*, trad. Christophe David, L'Encyclopédie des nuisances, Paris, 2002 [1956], p. 37 (souligné par l'auteur).

tion humaine, la santé et les capacités physiques, les technologies de « groupe » et sociales, la sécurité nationale, et l'éducation.

Ce document faisant presque cinq cents pages, en rendre compte en quelques paragraphes est obligatoirement partial et partiel. Néanmoins, l'idée générale et la « philosophie » de l'exercice sont les mêmes tout au long du rapport, ce qui facilite un peu l'exposé.

L'idée est la suivante : en tant qu'espèce humaine, nous serions aujourd'hui à la croisée des chemins, bientôt capables d'intervenir sur notre propre évolution. Cette puissance scientifique et technique nouvelle se présente comme une « cascade » résultant des interactions entre les quatre grandes spécialités scientifiques que sont les NBIC. Ces sciences sont unifiées par la taille des objets sur lesquelles elles portent (certains critiques les appellent BANG, pour *Bits, Atoms, Neurons and Genes*) et le développement d'un paradigme transdisciplinaire issu des recherches sur les systèmes complexes. Comme il est dit dans le résumé, « la convergence des sciences peut initier une nouvelle Renaissance, intégrant une approche holistique des technologies, fondée sur des outils de transformation, les mathématiques des systèmes complexes, et une compréhension unifiée des causes et des effets dans le monde physique, de l'échelle nanométrique à l'échelle planétaire[1] ». Après plusieurs siècles de pensée analytique et de cloisonnement des sciences, voici revenu le temps de l'interdisciplinarité et des approches globalisantes et unifiées.

Les différentes sciences se sont en effet rejointes dans leur compréhension de l'infiniment petit, puisqu'on comprend par exemple comment les molécules sont formées d'atomes, comment leurs assemblages peuvent être codés par des gènes ou des bits. Cela tend à rendre floues certaines frontières conceptuelles traditionnelles, comme par exemple entre l'organique et l'inorganique, qui peuvent aujourd'hui se fondre en un même objet « nanobiotechnologique » (un « quasi-organisme »), ou encore le codage génétique et le fonctionnement du cerveau envisagés comme de purs processus informationnels[2]. La compréhension du cerveau est tout en haut de l'agenda de recherche.

1. M. C. Roco et W. S. Bainbridge (dir.), *Converging Technologies for Improving Human Performance, op. cit.*, p. x.

2. Un indice de la pénétration de cette vision dans la société est fourni entre autres par l'envahissement du langage par les mots de logiciel et d'ADN : « c'est dans mon ADN » ou le « logiciel de la gauche », contribuant à l'extension d'une vision mécaniste des humains et des sociétés.

En particulier, le Human Cognome Project vise à cartographier les fonctions du cerveau sur le modèle du décodage du génome humain, c'est-à-dire établir une « carte » répertoriant toutes les activités et fonctions cérébrales et les transcrivant dans les termes d'une nouvelle théorie de l'information. Cela toujours dans le but d'instrumentaliser ces connaissances sur le cerveau humain pour améliorer nos performances.

La place des sciences et des techniques dans cette utopie

Les fertilisations croisées explorées sont multiples, et il semble bien qu'il se produise en ce moment une révolution scientifique. De quelle ampleur ? L'avenir le dira, mais les choses vont très vite. En 2002, l'enchaînement envisagé était globalement le suivant. La compréhension de l'unité de la matière au niveau nanométrique devait permettre, anticipaient les éditeurs du rapport, de construire des technologies intégrées à cette échelle, débouchant sur l'élaboration d'« outils de transformation » (*NBIC transforming tools*), « incluant des instruments scientifiques, des méthodologies analytiques et des systèmes matériels radicalement nouveaux [1] ». Par « instruments scientifiques », il faut par exemple entendre des dispositifs d'imagerie nanobiotechnologiques, des logiciels plus « intelligents », capables d'apprendre et de s'adapter dans des contextes d'interaction avec d'autres logiciels ou avec des êtres humains (le *deep learning* ou *machine learning*), ou encore l'augmentation de la puissance des ordinateurs rendant possibles l'intégration et le croisement de monceaux de données (le *Big Data*). Les « méthodologies analytiques » font principalement référence aux diverses approches de la complexité qui se sont développées depuis plusieurs décennies. Les « systèmes matériels » renvoient quant à eux aux nouvelles perspectives ouvertes par les nanotechnologies, qui permettent de créer des matériaux aux propriétés surprenantes, comme la capacité de produire de l'énergie utilisable en tirant parti du réchauffement et/ou des vibrations dans l'action d'une aile d'avion ou d'un pneu, ou en utilisant les différences thermiques et lumineuses entre le jour et la nuit, d'envisager de se passer des fameuses terres rares

1. M. C. Roco et W. S. Bainbridge (dir.), *Converging Technologies for Improving Human Performance*, *op. cit.*, p. 3.

pour l'instant indispensables à l'industrie informatique et numérique, ou encore d'inventer de nouveaux processus de production comme l'impression 3-D.

D'autres « avancées » sont attendues dans les biotechnologies, dont la biologie de synthèse (ou biologie synthétique) est le nouvel avatar. Les biotechnologies contemporaines visent à « améliorer » les processus naturels, en créant de nouveaux gènes, de nouvelles cellules, de nouveaux micro-organismes aux « fonctionnalités » inexistantes dans la nature (voir *infra*, chapitre 2). Par exemple, dans l'interview précitée, R. Kurzweil mentionne un collègue qui a créé le « *design* conceptuel » d'un nouveau type de globules rouges, les « respirocytes ». Ces derniers, s'ils étaient mélangés à hauteur de 10 % aux globules rouges résultant de l'évolution naturelle, autoriseraient un être humain à rester quatre heures sous l'eau. Même le sang sera amélioré ! Certains des projets contenus dans le rapport sont aujourd'hui, en 2020, sur le point de passer à la phase industrielle.

La recherche de nouveaux *outils de transformation* doit se poursuivre et le moment crucial dans lequel nous sommes doit être « exploité[1] ». Les auteurs le notent : « Le progrès peut devenir autocatalytique si nous allons agressivement de l'avant ; mais si nous hésitons, les entraves au progrès risquent de se cristalliser et de devenir plus difficiles à surmonter[2]. » On le voit, c'est un projet clairement affirmé et assumé, dont la dimension stratégique est loin d'être absente. Les entraves dont il s'agit concernent surtout son acceptabilité sociale. Très souvent, dans ce rapport comme dans d'autres, l'exemple de Monsanto et des réactions européennes aux OGM est montré du doigt pour illustrer ce qu'il ne faut pas faire : s'aliéner les foules. Il faut au contraire « éduquer » les enfants dès le plus jeune âge, leur faire aimer la science et les former de manière appropriée pour qu'ils puissent entrer dans le monde technique de demain. La généralisation de l'usage des tablettes numériques et des tableaux interactifs à l'école relève de cette volonté[3]. Le dernier chapitre du rapport, intitulé « Unifier la science et l'éducation »,

1. *Harnessed*, mot qui revient aussi souvent que *performance* et *enhancement*.

2. M. C. Roco et W. S. Bainbridge (dir.), *Converging Technologies for Improving Human Performance*, *op. cit.*, p. 3.

3. À ce propos, voir l'Appel de Beauchastel, lancé en 2016 par un groupe de professeurs mettant en garde contre les dangers représentés par la généralisation du numérique à l'école, pour l'apprentissage des enfants mais aussi pour le métier d'enseignant. Cet appel est consultable sur le site de PMO, <www.piecesetmaindœuvre.com>.

insiste fortement sur la nécessité de préparer les esprits pour ne pas effaroucher le peuple.

Complexité et incertitude

Développer de tels *outils de transformation* suppose de penser dans un même mouvement la matière, le vivant, la cognition, les écosystèmes, la biosphère et les galaxies. Sans les unifier encore, le paradigme de la complexité crée des passerelles entre les disciplines permettant de les intégrer progressivement. D'où la « nouvelle Renaissance » grâce à laquelle l'être humain réalisera enfin son plein potentiel, aidé par les artefacts que sa puissance et son intelligence lui ont permis de créer.

Les approches de la complexité, très schématiquement, s'opposent à la vision analytique cartésienne qui décompose et isole les problèmes pour les étudier et en distinguer les causes et les effets. Le monde, aussi bien naturel que social, est beaucoup trop compliqué pour qu'on puisse analyser séparément les multiples causalités en jeu, qui s'entremêlent et interagissent les unes avec les autres pour des résultats toujours transitoires et souvent imprévisibles. Pour l'appréhender, il vaut mieux raisonner en termes de systèmes dynamiques et complexes : un système est composé d'un ensemble d'éléments en interaction, le comportement global du système résultant de ces interactions. Il s'agit alors d'étudier les propriétés générales du comportement de ces systèmes, plutôt que d'essayer de démêler les multiples causalités à l'œuvre. Par exemple, la matière est formée d'un ensemble d'atomes liés par des chaînes et réactions chimiques et s'auto-organisant en différentes formes ; le cerveau peut être vu comme un ensemble de neurones, hiérarchiquement structurés, en interaction ; une société peut aussi être appréhendée au travers de ces catégories très générales, tout comme un organisme vivant ou un écosystème.

Dans tous les cas, la multiplicité d'interactions de toutes natures et la complexité des architectures ouvrent une infinité de possibles. Prévoir les chemins qui seront pris est un exercice impossible. On parle de ce fait de « dynamiques à l'avenir ouvert » (*open-ended dynamics*). Ces multiples interactions engendrent des propriétés nouvelles, qualifiées d'*émergentes*, des effets de système. De plus, ces systèmes font preuve de capacités d'auto-organisation, c'est-à-dire que l'interaction entre les différents éléments du système produit des structures de niveau supérieur.

Enfin, pour ajouter à l'incertitude quant aux résultats agrégés de ces multiples interactions, les éléments du système eux-mêmes évoluent : les espèces animales et végétales qui interagissent dans un biotope se transforment au contact de celles des biotopes voisins et de pressions environnementales elles-mêmes changeantes. Il en va de même des sociétés humaines et de leurs interactions avec leurs milieux. Toutes ces évolutions sont source de nouveauté, ouvrent perpétuellement de nouvelles trajectoires possibles. Puisque, *par définition*, il est à peu près impossible de prévoir les trajectoires des systèmes complexes, l'ambition d'instrumentaliser par la science et la technique les processus biologiques, les dynamiques climatiques et géologiques ou les institutions sociales avec l'intention d'en maîtriser les résultats agrégés devrait apparaître vaine.

C'est néanmoins ce que projettent les auteurs du rapport de 2002 et ce qu'ont entrepris de faire les nanotechnologies avec les atomes, les biotechnologies avec les gènes et les neurosciences avec les circuits neuronaux. Les NBIC célèbrent la complexité tout en élaborant des dispositifs physiques, biologiques et écosystémiques contrôlables et reproductibles qui nient l'essence même des dynamiques complexes : leur caractère *ouvert*, provenant de l'introduction continue de nouveauté. Une partie des industries qui se développent dans le sillage de la convergence NBIC sont construites sur la volonté d'assujettir les processus naturels aux besoins de l'économie. Dans les industries des biotechnologies, l'idée est d'exploiter et de détourner des mécanismes naturels comme la fermentation ou la photosynthèse pour leur faire servir des buts de production industrielle. La géo-ingénierie cherche quant à elle à peser sur les grandes interactions de la biosphère pour limiter le réchauffement climatique, en déversant du fer et de l'urée dans les océans pour stimuler la croissance du phytoplancton, qui absorbe du CO_2, en envoyant des nanoparticules de soufre dans l'atmosphère pour réfléchir le rayonnement solaire ou en fabriquant des plantes réfléchissantes pour jouer sur l'albédo [1]. Quant aux conséquences adventices de ces manipulations, elles n'entrent pas en considération.

Ne reculant devant aucun réductionnisme, les adeptes de cette complexité mal comprise n'hésitent pas à assimiler le fonctionnement d'un organisme à celui d'un écosystème, ou celui du corps humain au

1. L'albédo est la fraction de rayons lumineux que réfléchit une surface. Ainsi, les surfaces sombres absorbent la chaleur, alors que les surfaces claires la réfléchissent.

« corps » social. Le rapport NBIC de 2002 utilise d'ailleurs souvent ce type d'analogies, par exemple dans le chapitre de présentation, où il est dit que « l'humanité pourrait devenir un unique "cerveau" distribué et interconnecté[1] ».

Comme l'illustre un tableau récapitulant les progrès de l'être humain depuis *Homo sapiens*, la philosophie de l'histoire des auteurs n'a rien de complexe. Intitulé « Histoire de quelques augmentations très significatives de la performance humaine : améliorer notre capacité à collectivement nous améliorer[2] », il décrit l'histoire de l'humanité comme un progrès continu depuis l'agriculture néolithique jusqu'aux NBIC aujourd'hui, que seule aurait interrompu la triste période du Moyen Âge, marquée par « un chaos sanglant et une ignorance généralisée ». Chaque étape de cette marche triomphale – « invention de l'agriculture, universités, imprimerie, Renaissance, révolution industrielle, téléphone, radio, télévision, ordinateur, nanosciences et biotechnologies » – aurait préparé la suivante pour nous permettre de converger vers ce moment unique de notre histoire où nous pourrons véritablement prendre notre destin en main.

Vers une société eugéniste : quelques projets représentatifs

Les cinq domaines où les NBIC sont appelés à jouer un rôle majeur se ramènent en réalité à deux grands objectifs. Le premier est typiquement transhumaniste, puisqu'il s'agit de l'« augmentation » de l'être humain, sur les plans biologique et cognitif, avec des applications principalement médicales et militaires. L'utopie est affirmée d'emblée : « Le corps humain sera plus durable, en meilleure santé, plus énergique, plus facile à réparer, et plus résistant à différents types de stress, de menaces biologiques, et aux processus de vieillissement[3]. »

Un grand nombre de recherches portent sur la mise au point de capteurs microscopiques capables de surveiller (*to monitor* – un terme dont les occurrences sont très fréquentes aussi) une infinité de variables et de transmettre ces informations. Ces capteurs pourront par

1. M. C. Roco et W. S. Bainbridge (dir.), *Converging Technologies for Improving Human Performance*, *op. cit.*, p. 6.
2. *Ibid.*, p. 23.
3. *Ibid.*, p. 23.

exemple être implantés dans le corps d'un diabétique pour contrôler une pompe à insuline ; de même, un patient et/ou son médecin pourra être prévenu par une alerte informatique en cas d'« anomalie » du taux de cholestérol, de sucre, d'albumine ou de toute autre substance à surveiller, vingt-quatre heures sur vingt-quatre.

Un autre domaine en pleine ébullition est celui de la recherche concernant les interfaces homme/machine, dont les applications sont extrêmement étendues. Il peut s'agir des différents niveaux d'interface nécessaires au fonctionnement d'une prothèse de main ou de jambe (muscles, tendons, nerfs, os pour l'aspect physique, et, plus compliqué, implants connectés directement reliés au cortex) [1]. De nombreux projets concernent la mise au point d'organes artificiels, certains à visée réparatrice (remplacer un cœur ou un foie défectueux, greffer une peau artificielle), d'autres à visée d'amélioration, en particulier dans le domaine des sens et des capacités cognitives. Imaginez le monde qui s'ouvrirait à vous si vous aviez des yeux artificiels (greffés à demeure) ayant l'acuité visuelle d'un lynx, une vision à infrarouges ou aux rayons X, une ouïe surpuissante ou des « barrettes de mémoire » additionnelles dans le cerveau qui vous doteraient d'une mémoire d'éléphant…

Il y a aussi d'importantes recherches autour des thérapies géniques, qui vont du rétablissement d'un circuit métabolique qui dysfonctionne (version douce) à l'introduction de nouvelles caractéristiques et capacités (version dure). Par exemple, la perspective de renforcer la résistance à la privation de sommeil ou d'accélérer la vitesse de cicatrisation intéresse beaucoup les militaires. L'exploitation des connaissances en génomique pourrait aussi permettre d'adapter les traitements à chaque individu en fonction de ses particularités génétiques, pour accroître l'efficacité des médicaments et en limiter les effets secondaires. Cette « médecine personnalisée » ou de « précision » suscite tous les espoirs et attire beaucoup d'argent, comme on peut le vérifier en allant par exemple sur le site du Génopole d'Évry ou sur celui de Biopolis à Grenoble [2].

La seconde grande problématique recouvre les différents aspects d'une nouvelle ingénierie sociale à la fois permise et rendue nécessaire par les évolutions technologiques. Il s'agit tout d'abord de

1. Voir le bracelet de Control Labs et Clinatech, <https://www.franceculture.fr/numerique/demain-lhumain-connecte-que-preparent-vraiment-les-gafam>.

2. <www.genopole.fr> et <www.biopolis.fr>.

mieux « communiquer », pour améliorer les interactions sociales dans l'entreprise, l'école et l'armée. Un projet appelé le « Communicateur » imagine une plateforme permettant de franchir les frontières linguistiques (*via* la traduction automatique), culturelles et géographiques. Cette plateforme serait sans cesse alimentée par des données concernant les idées des uns et des autres, mais aussi par des informations sur leur état émotionnel et affectif (là encore mesuré par des capteurs). Des langages « visuels » permettant de synthétiser beaucoup plus d'informations bien plus rapidement y seraient inclus, et le tout serait mis en réseau avec de multiples bases de données pour une meilleure « connaissance » des problèmes à résoudre.

Il est aussi question de transformer nos environnements, qui deviendront eux aussi « intelligents » : des capteurs seront disséminés partout pour surveiller l'état de l'air, des eaux et des sols, pour repérer les substances dangereuses et invisibles en cas d'attaque chimique ou bactériologique, ou bien simplement pour mesurer les niveaux de pollution ambiants et, si besoin, sonner l'alerte. Les nanotechnologies permettent par exemple de confectionner des tissus qui changent de couleur en présence d'une substance donnée : si votre pull devient jaune citron, il y a une attaque à l'anthrax, tous aux abris ; s'il est vert foncé, la pollution aux particules fines dépasse les seuils officiellement permis, sortez vos masques ; s'il est bleu ciel, respirez tranquillement, tout va bien !

L'économie au sens large n'est pas oubliée : l'organisation de la production et des échanges, la valorisation des richesses et leur répartition figurent en bonne place. La convergence NBIC laisse augurer de la multiplication de « systèmes intelligents » à tous les étages, qui pourront remplacer l'homme, sa tendance à revendiquer et ses difficultés à prendre des décisions rapides et adéquates, de façon à améliorer la performance collective des sociétés.

Depuis la publication de ce rapport, les choses évoluent très vite, en particulier dans l'automatisation et la communication. Les progrès de l'intelligence artificielle permettent aujourd'hui de construire des logiciels capables d'apprendre et de s'adapter à différents environnements et situations, ce qui ouvre de nouvelles perspectives dans le monde de la production. Comme l'ont montré les récents succès des ordinateurs dans des compétitions d'échecs et de jeu de Go, des décisions de plus en plus complexes peuvent être prises par des algorithmes : l'automatisation ne concerne plus seulement les « tâches manuelles pénibles », mais un spectre de plus en plus étendu de procédures touchant au recueil et à l'analyse de l'information. Les outils d'aide à la décision (OAD) et les « assistants artificiels » foisonnent dans tous les domaines. L'automatisation de la spéculation financière par le *trading* algorithmique en offre un bon exemple.

Le développement de l'« internet des objets » (*Internet of Things* ou IoT) démultiplie les possibilités. Ce dernier est le système composé des ensembles d'objets connectés entre eux, c'est-à-dire interopérables, et des infrastructures nécessaires à ces connexions croissantes.

De fait, il s'agit de croiser et d'analyser les milliards de données générées par tous ces objets connectés, des smartphones aux réfrigérateurs en passant par les montres, les compteurs électriques et les voitures « autonomes », objets qui enregistrent automatiquement toute une série de données productives, physiologiques, affectives et environnementales, et de les mettre en réseau avec d'autres objets connectés, par exemple les ordinateurs des médecins, les services de livraison des supermarchés ou les agences de publicité, *via* Google, Facebook et consorts. D'où l'importance stratégique de la 5G, sans laquelle ces milliards de données ne circuleront pas assez rapidement [1].

Dans la sphère de la production, cet internet des objets procède de même. Prenons une chaîne de valeur, c'est-à-dire l'ensemble des opérations et des firmes aboutissant à la création et à la production d'une marchandise, de la conception et des matières premières en amont à la distribution en aval. Si les diverses entreprises intervenant dans ce processus ont peu ou prou automatisé leur production et leur distribution, ce qui est en général le cas, la plupart des données d'activité seront automatiquement envoyées aux fournisseurs, acheteurs et sous-traitants, pour être traitées par les programmes informatiques de ces différents acteurs sans nécessiter d'intervention humaine. Par exemple, les logiciels de gestion des stocks de produits intermédiaires informeront les fournisseurs de l'état des stocks en temps réel, les logiciels de ces derniers « anticiperont » la demande de leurs clients et enverront des ordres de production aux logiciels gérant les quantités produites. Notons que ces chaînes de valeur se déploient au niveau mondial, ce qui accroît considérablement les interdépendances entre les pays, comme on a pu le voir pendant le confinement imposé par la crise du coronavirus.

1. Shoshana Zuboff met bien en lumière les dangers de cette prolifération de données contrôlées par quelques grandes plateformes numériques pour la vie privée et l'autonomie des êtres humains. Voir *L'Âge du capitalisme de surveillance*, trad. Bee Formentelli et Anne-Sylvie Homassel, Zulma, Paris, 2020 [2019].

Autrement dit, de plus en plus et bien au-delà de la seule production, ce sont toutes les activités de coordination qui sont prises en charge par ces « cyber-objets », activités en expansion à la mesure de celle de la division du travail. Comme le résume l'article de Wikipédia qui leur est consacré, « les cyber-objets sont des acteurs potentiels des chaînes de valeur qui agissent sous le contrôle des opérationnels ou en partenariat avec eux. En accédant ainsi au statut d'assistants, de conseillers, de décideurs ou encore d'organisateurs (selon les cas), ils deviennent de véritables agents économiques et contribuent à la mutation des modèles économiques ou de gestion existants ». Les cols bleus ne sont plus les seuls à être remplacés par des machines, le mouvement s'étend maintenant aux cols blancs [1].

Enfin, un bon nombre de recherches sont dédiées aux nouveaux matériaux et processus de production et intéressent différentes industries, civiles et militaires. Les nanomatériaux sont en effet riches de promesses pour le secteur militaire. Ces matériaux sont beaucoup plus solides et légers, ce qui permettra aux soldats de porter leurs exosquelettes plus facilement. Munies des capteurs adéquats, ces prothèses conféreront aux combattants des capacités perceptives et cognitives leur donnant l'avantage sur le champ de bataille. Les imprimantes 3-D autoriseront la production des pièces de rechange sur place. Quant à la robotique, elle fabriquera des véhicules « inhabités » (« *unmanned* »), des robots tueurs (« à action létale », dans la terminologie militaire) et autres drones.

La question environnementale n'est que peu abordée de manière directe dans ce rapport pourtant très imaginatif. En 2002, les Américains avaient oublié l'existence du changement climatique, et ces préoccupations étaient lointaines. Le seul article directement consacré à l'environnement donne une idée de la manière dont les NBIC peuvent nous aider à résoudre la crise écologique [2]. Par un croisement entre géosciences, nanosciences et biologie moléculaire, la convergence devrait permettre d'appréhender la « nature complexe et interconnectée des processus qui maintiennent l'habitabilité de la planète pour utiliser les ressources de la Terre de manière appropriée,

1. La question des liens entre automatisation et chômage est de toute première importance, mais elle est compliquée, et ses estimations empiriques varient grandement. La discussion de cette question dépasse le cadre de ce livre.

2. Jill Banfield, « Making sense of the world : Convergent technologies for environmental science », *in* M. C. Roco et W. S. Bainbridge (dir.), *Converging Technologies for Improving Human Performance*, *op. cit.*, p. 294-300.

et prévoir, surveiller et gérer le changement global ». On pourrait en particulier exploiter les microbes, « qui ont inventé des façons d'opérer des transformations chimiques *via* des chemins enzymatiques à basse température » (c'est-à-dire nécessitant peu d'énergie). Comprendre et reproduire ces chemins pour faire faire ou produire quelque chose à des microbes ouvrirait de nombreuses perspectives. L'autrice de cette section du rapport anticipe ce qui commence à se faire aujourd'hui dans le secteur des agrocarburants et de la « chimie verte », suite aux développements de la biologie synthétique (voir chapitre 2). Il faudra aussi étudier « des communautés entières de micro-organismes au niveau génétique », dans l'optique d'en identifier les traits les plus prometteurs pour les tâches qu'on désire leur faire accomplir, ce qui, là aussi, se fait déjà. De manière plus générale, les approches de la complexité conduiront à définir l'« environnement terrestre comme un système biogéochimique complexe, qui change de manière définie et prévisible en réponse aux activités humaines ». Cette phrase est typique de la contradiction majeure évoquée plus haut : par définition, les systèmes complexes engendrent de la nouveauté et prévoir leur comportement est difficile, voire impossible.

L'idée générale est donc toujours la même : grâce à l'amélioration de nos performances, nous parviendrons à comprendre et maîtriser les interactions naturelles et les interactions entre ces dernières et les activités humaines. Le dirigeant d'une *start-up* de la Silicon Valley (Nootroo) produisant des pilules censées améliorer nos capacités cognitives définit ainsi son activité : œuvrer à l'avènement d'une « population plus intelligente pour résoudre tous les problèmes que nous avons créés ». Le monde que nous avons construit est devenu tellement compliqué que seuls des humains augmentés parviendront à le comprendre. Si nous choisissons d'être des chimpanzés du futur, cette connaissance nous restera inaccessible, et nous ne pourrons pas sauver la planète. CQFD.

Trois remarques pour finir sur ce rapport dont la lecture laisse dans un état où l'incrédulité le dispute à l'angoisse. Premièrement, la grande majorité des technologies et des projets dont il est question sont « duaux ». La « dualité » en matière technologique est un euphémisme pour qualifier des techniques dont les applications sont à la fois civiles et militaires. Il n'est ainsi pas étonnant de voir les grandes agences de défense américaines parties prenantes du projet, et en particulier la DARPA. La Defense Advanced Research Projects Agency, l'agence de recherche militaire américaine fondée en 1958 en réponse au vol surprise du Spoutnik, a pour but affirmé le changement technique radical, qu'on qualifie aujourd'hui de *disruptif*. Les recherches financées par cette agence ne visent pas des améliorations incrémentales de ce qui existe déjà, mais le développement de technologies révolutionnaires. C'est à la DARPA qu'on doit par exemple Arpanet, l'ancêtre d'Internet dont la mise au point a commencé dès les années 1960, ainsi que le GPS [1].

Deuxièmement, la compréhension des phénomènes sociaux dont témoignent les différents auteurs est dans l'ensemble aussi pauvre que leur philosophie de l'histoire. Les sociétés sont vues comme des agrégats d'individus libres et volontaires, cherchant de façon légitime confort, richesse et toute-puissance. Il n'y a pas de classes ni d'institutions, pas de rapports de pouvoir, et la culture est envisagée comme un ensemble de traits évoluant selon des mécanismes similaires à ceux d'une certaine vision de la sélection naturelle, par une combinaison de variations et d'éliminations optimisatrices [2]. Les valeurs ultimes, à l'aune desquelles toutes les autres sont jugées, sont l'efficacité, la performance, la productivité, le rendement.

Enfin, ce projet est celui d'une société eugéniste, séparée en deux groupes bien distincts. En caricaturant à peine, le premier groupe, celui de l'humanité « augmentée », donc supérieurement intelligente, réfléchira aux grandes options sociétales et veillera à leur mise en œuvre. Les individus appartenant à ce groupe privilégié vivront cent cinquante ans en bonne santé, auront leur résidence secondaire sur la Lune (la Terre commence à être trop peuplée, trop sale et dangereuse) et choisiront les caractéristiques de leurs enfants en fonction des critères qui marquent l'appartenance à l'élite. Le second groupe, celui des chimpanzés du futur, largement majoritaire, devra vivre dans un monde où il n'y a plus de travail car la richesse collective y sera produite par des robots. Les peuples n'auront accès qu'à des soins médicaux de base, une éducation sommaire et une survie rudimentaire elle aussi, dont le degré de confort sera déterminé par le montant du revenu universel [3].

1. <http://www.darpa.mil/our-research>.

2. Voir Gary W. STRONG et William S. BAINBRIDGE, « Memetics : A potential new science », *in* M. C. ROCO et W. S. BAINBRIDGE (dir.), *Converging Technologies for Improving Human Performance*, *op. cit.*, p. 318-325, d'après Richard Dawkins.

3. Une illustration de cette position peut être trouvée dans les discours de Laurent Alexandre, un des promoteurs en France du transhumanisme.

Malgré sa misère conceptuelle et philosophique et son potentiel totalitaire, ce projet de société technoscientifique a rencontré un écho dans un bon nombre de pays, de l'Europe à la Chine, et les rapports prospectifs de l'OCDE et de la Commission européenne visant à guider l'investissement et la recherche et développement parus ces dernières années ont largement repris le thème de la convergence NBIC, y voyant le socle de la croissance de demain, une croissance « verte » évidemment.

De la convergence NBIC à la « bioéconomie »

Dès 2004, la Commission européenne réagit au rapport de la NSF en publiant son propre rapport : *Technologies convergentes. Façonner l'avenir des sociétés européennes*[1]. Il n'est en effet pas question de laisser les États-Unis faire la course en tête tout seuls, et si ces technologies sont aussi prometteuses en termes de compétitivité et de croissance qu'elles y paraissent, alors l'Europe doit s'engager dans la même voie sans retard, d'autant que des pays comme la Chine et le Japon s'y lancent sans états d'âme. Une succession de rapports suivra, émanant de la Commission européenne mais aussi de l'OCDE, puis des gouvernements nationaux qui vont adapter les préconisations européennes aux contextes locaux. C'est ainsi qu'en France paraîtront deux rapports importants en la matière : le premier, signé par Geneviève Fioraso, future ministre de la Recherche et de l'Enseignement supérieur, paru en 2012, sur les opportunités et les risques associés à la biologie de synthèse, le second, l'année suivante, sur les « manufactures du futur »[2]. Toute cette littérature « grise » vise à orienter l'activité scientifique, technique et économique vers la voie du progrès représenté par la convergence NBIC. Comme le montre le titre du premier rapport européen, il faut « façonner l'avenir des sociétés européennes » en encourageant la recherche et développement (R&D) dans les secteurs stratégiques, en y canalisant les financements publics et privés, et en

1. Sauf mention contraire, tous les rapports cités dans cette partie sont consultables sur le site officiel de l'Union européenne, <https://europa.eu>.

2. Geneviève Fioraso, *Les Enjeux de la biologie de synthèse*, 2012, <www.genevieve-fioraso.com>, et Conseil général de l'environnement et du développement durable, *Le Déploiement industriel des nanotechnologies et de la biologie de synthèse sur les territoires, précurseur des manufactures du futur*, téléchargeable à l'adresse suivante : <https://cgedd.documentation.developpement-durable.gouv.fr/notice?id=Affaires-0007500>.

préparant les opinions publiques à accepter ces nouvelles technologies. Il s'agit du modèle économique de demain, celui d'une « croissance intelligente, durable et inclusive », selon le vocabulaire de la Commission.

« Technologies convergentes pour la société de connaissance européenne » et « technologies clés génériques »

Le projet européen est globalement le même que le projet américain, celui d'une société scientifique et technique instrumentalisant les êtres humains et la nature pour une plus grande efficacité et une plus grande « intelligence ». Les textes sont cependant un peu moins naïfs et reconnaissent un certain nombre de dangers éthiques et sociaux associés à la convergence technologique. En cela, ils se démarquent un peu de leurs homologues américains.

Le premier rapport, celui de 2004, insiste sur le fait que cette révolution technique et scientifique est « à la fois prometteuse et dangereuse ». Le rapporteur, Alfred Nordmann, tente un exercice impossible : « humaniser » le projet et le politiser. Il y est ainsi affirmé que ces évolutions doivent être au service des « objectifs politiques et environnementaux européens » d'une société de la connaissance respectueuse des êtres humains et de la nature. En outre, les populations doivent être associées à la discussion dès le début du processus, pour créer un « climat de confiance parmi les investisseurs et les consommateurs ». Deux autres rapports de la Commission européenne suivront. Le premier, en 2009, s'intitule *Préparer notre avenir : développer une stratégie commune pour les technologies clés génériques* ; le second, daté de 2012, définit *Une stratégie européenne pour les technologies clés génériques : une passerelle vers la croissance et l'emploi*[1]. Ces rapports identifient six technologies transversales qui doivent avoir la priorité dans la mesure où elles sont les « clés » de la croissance de demain. La micro-électronique et la nano-électronique, la nanotechnologie, la photonique, les matériaux avancés, la biotechnologie industrielle et les technologies de fabrication avancées recouvrent des classes de technologies fondées sur la convergence NBIC et applicables à de

1. En anglais, les technologies clés génériques sont des *key-enabling technologies*.

nombreux domaines. Les secteurs concernés sont « l'automobile, les denrées alimentaires, l'industrie chimique, l'électronique, le textile, l'énergie, l'environnement, les produits pharmaceutiques, la construction, l'industrie aérospatiale et les télécommunications [1] ». Dans ces deux rapports, les questions sociales et philosophiques ont été reléguées à l'arrière-plan. Il s'agit d'être « proactif » (d'*agir pour*), en mettant en place une série de dispositifs scientifiques, juridiques, économiques et financiers de l'amont à l'aval des filières concernées pour promouvoir ces techniques dont les gouvernants et les grandes firmes pensent qu'elles recèlent les clés de notre avenir.

Au fur et à mesure du temps qui s'écoule, de rapports en rapports, les risques associés à cette utopie scientiste semblent être apprivoisés ; on s'habitue. Pourtant, le premier texte, celui de 2004, reconnaissait l'ampleur des dangers associés aux bouleversements attendus et insistait sur l'inadéquation actuelle de la réglementation européenne qui permettrait d'encadrer les activités des scientifiques, des industriels et des militaires pour limiter et contrôler ces risques.

Trois grands types de risques étaient alors identifiés. Le premier concerne l'ingénierie physique et mentale qui forme le cœur du projet américain. Plutôt que d'« ingénierie du corps et de l'esprit », le rapport de 2004 préfère parler d'« ingénierie *pour* le corps et *pour* l'esprit », la différence concernant le degré d'intrusion des nouvelles techniques dans le corps humain. Enseigner aux gens un langage visuel permettant d'intégrer une masse d'informations d'un coup d'œil n'est pas de même nature que d'implanter une puce dans le cerveau pour stimuler certaines zones corticales. Alfred Nordmann reconnaît que « les TC [technologies clés génériques] soulèvent des questions juridiques et philosophiques concernant l'inviolabilité, la dignité et l'autonomie humaine [2] ».

Le deuxième risque renvoie aux nouveaux environnements qui seront créés. En effet, « à la différence des équipements ou produits techniques distincts au sens classique du terme, les TC peuvent être dispersées dans l'espace, ambiantes et imperceptibles. Elles se fondront dans le décor et contribueront peut-être à structurer le cadre des actions humaines au travail, dans les loisirs, les soins de santé,

1. Commission européenne, *Une stratégie européenne pour les technologies clés génériques : une passerelle vers la croissance et l'emploi*, 2012, p. 3.

2. Alfred Nordmann, *Technologies convergentes. Façonner l'avenir des sociétés européennes*, 2004, p. 33.

la mobilité et les communications. [...]. Plutôt que de produire des objets à importer dans l'environnement naturel (nature première), les TC favoriseront la production d'un environnement artificiel [1] ». Ces environnements artificiels, dans lesquels nous évoluons déjà en partie avec l'extension de plus en plus rapide des réseaux sociaux, de la géolocalisation par smartphone, des caméras partout et des objets connectés, remettent en question l'idée même d'environnement naturel [2]. Cette évolution poursuit en l'aggravant la dynamique amorcée avec les débuts de la modernité occidentale d'une rupture radicale entre l'être humain et les règnes animal, végétal et minéral.

Le troisième grand risque envisagé concerne les usages « duaux » des technologies convergentes et les risques militaires associés. La puissance technique engendrée par la convergence NBIC donnera naissance à des armes encore bien plus redoutables que celles dont nous disposons déjà. Comme le note le rapport, « il s'agit ici d'exploiter le potentiel le plus dangereux des TC à des fins de surveillance et de violation de la vie privée, de renforcement des aptitudes physiques des soldats, de manipulation des esprits à distance et d'utilisation de machines à tuer autonomes », ce qui est « particulièrement troublant et laisse redouter une déstabilisation internationale » [3].

On peut ajouter un quatrième grand risque aux trois évoqués par Nordmann : celui qui touche à la santé humaine et à la nature, c'est-à-dire à la vie sur Terre dans toute sa diversité. Que se passera-t-il si un bioréacteur où sont confinés des micro-organismes n'ayant jamais existé auparavant fait l'objet d'un attentat ou d'un quelconque dysfonctionnement, et laisse échapper ces nouvelles formes de vie interagissant avec les formes naturelles de manière inédite ? Comment peut-on penser pouvoir contrôler les effets produits dans le corps humain par la présence de « nanobio-objets » dont une des particularités est d'avoir une « vie autonome » ? Les effets potentiellement toxiques des nanotechnologies commencent à peine à être étudiés, alors que plusieurs centaines d'objets de consommation courante en contiennent déjà [4]. Quant aux ondes électromagnétiques émises par

1. *Ibid.*, p. 20-21.

2. Voir Éric SADIN, *La Vie algorithmique*, L'Échappée, Paris, 2015 et S. ZUBOFF, *L'Âge du capitalisme de surveillance*, *op. cit.*

3. *Ibid.*, p. 34.

4. Roger LENGLET, « Sans étiquetage ni traçabilité, les nanotechnologies envahissent notre quotidien », <https://multinationales.org/Sans-etiquetage-ni-tracabilite-les>, 13 janvier 2015.

les réseaux 4G et bientôt 5G, leurs effets délétères sur la santé des êtres vivants sont désormais bien documentés[1].

De plus, ces technologies très sophistiquées requièrent beaucoup d'énergie, engendrent d'importants volumes de déchets non recyclables et causent de multiples pollutions. Par exemple, comme l'ont montré Philippe Bihouix et Guillaume Pitron, le numérique est à l'origine d'émissions de gaz à effet de serre croissantes (4 % des émissions mondiales en 2019), ainsi que de dégradations environnementales majeures dues à l'extraction des terres rares notamment nécessaires à la production des composants électroniques[2]. Quant à la *blockchain* (le registre comptable) utilisée entre autres par les bitcoins, une seule transaction consomme pour l'instant autant d'électricité qu'un ménage américain pendant une semaine[3]. La « transition écologique et numérique », un des derniers noms de la croissance verte apparu suite à la crise du Covid-19, ne s'annonce donc pas vraiment verte ni douce aux êtres vivants et à la nature.

Ces risques majeurs n'ont cependant pas fait changer d'avis la Commission européenne, les enjeux économiques et stratégiques sont bien trop importants. Au contraire, le projet est allé de l'avant, en s'adaptant aux préoccupations environnementales qui se sont faites de plus en plus aiguës ces dernières années.

Une « bioéconomie » fondée sur la connaissance

Hormis les États-Unis, pour une fois en retard sur les autres, la plupart des pays de l'OCDE (et bien au-delà mais de manière dispersée) ont pris conscience de la nécessité d'une action rapide et concertée en faveur de l'écologie. Les prévisions des experts en matière climatique et de biodiversité sont en effet de plus en plus alarmantes, et s'il n'est pas question d'envisager une société sans croissance, celle-ci doit être « durable et verte ». Les nombreuses avancées dans le domaine des biotechnologies font espérer des solutions aux

1. Voir l'appel lancé par des milliers de scientifiques à travers le monde, <http://www.5gappeal.eu/>.

2. Voir Philippe Bihouix, *L'Âge des low-techs. Vers une civilisation techniquement soutenable*, Seuil, Paris, 2014, et Guillaume Pitron, *La Guerre des métaux rares. La face cachée de la transition énergétique et numérique*, Les Liens qui libèrent, Paris, 2018.

3. « La folie bitcoin », supplément *Les Échos*, 19-20 janvier 2018.

problèmes environnementaux créés par le mode de production industriel et la croissance démographique mondiale. Après le rapport de l'OCDE de 2009, la Commission européenne fait sienne la conception d'une « bioéconomie » fondée sur la science [1]. Dans un rapport de 2010 intitulé *The Kowledge-Based Bioeconomy (KBBE) in Europe : Achievements and Challenges* [2], la Commission présente son idée de la nouvelle économie verte. Ce rapport sera suivi de plusieurs autres, en particulier en 2011 et 2012 : *The European Bioeconomy in 2030 : Delivering Sustainable Growth by Addressing the Grand Societal Challenges* [3] et *L'Innovation au service d'une croissance durable : une bioéconomie pour l'Europe* [4]. C'est en gros une poursuite du projet scientifique évoqué plus haut, mais au service de l'écologie. Selon la vision portée par la Commission, les nouvelles sciences et techniques permettront de relever les défis environnementaux auxquels nous sommes confrontés, à condition que les États mènent une politique volontariste et coordonnée.

La Commission identifie six « Grands Défis » en matière environnementale, qu'il faut relever ensemble, d'un même mouvement : une gestion soutenable des ressources naturelles ; une production soutenable ; une amélioration de la santé publique ; une limitation du changement climatique ; une intégration des évolutions sociales ; un développement soutenable au niveau global. C'est en gros l'agenda d'une croissance verte ou soutenable promu par les institutions internationales, en particulier par les Objectifs de développement durable des Nations unies [5].

La bioéconomie est « la production et la conversion soutenables de biomasse, pour une gamme de produits incluant nourriture, santé, fibres, produits industriels et énergies. Une biomasse renouvelable recouvre n'importe quel matériel biologique utilisé comme produit

1. Il existe différentes conceptions de la bioéconomie. La première est due à Nicholas Georgescu-Roegen au début des années 1970. Analysant l'économie comme un système de flux de matière et d'énergie, il montre qu'une croissance infinie est impossible. En cela, c'est le premier théoricien de la décroissance. Nicholas GEORGESCU-ROEGEN, *La Décroissance. Entropie, écologie, économie*, trad. Jacques Grinevald et Ivo Rens, Éditions Sang de la terre, Paris, 1990 [1979]. Les grandes institutions internationales ont repris ce terme beaucoup plus récemment dans une acception très différente, autre dénomination de la croissance verte.

2. <http://www.bio-economy.net/reports/files/KBBE_2020_BE_presidency.pdf>.

3. <http://www.epsoweb.org/file/560>.

4. <www.ec.europa.eu/research/bioeconomy/policy/strategy_en.htm>.

5. <www.un.org/sustainabledevelopment/fr/objectifs-de-developpement-durable/>.

final ou matière première [1] ». Derrière ce jargon typiquement bruxellois se cache une idée très simple. Les ressources naturelles fossiles sont non seulement très polluantes, mais aussi de plus en plus rares. Comme il n'est bien entendu jamais question de produire moins et d'alléger nos prélèvements sur la nature, il faut trouver d'autres ressources, renouvelables, que l'on pourra exploiter sans mettre en péril les grands équilibres de la planète. L'idée est de continuer à produire des voitures et des ordinateurs, des téléphones et tous les autres objets sans lesquels nous ne pouvons plus vivre à partir d'autres matières premières que le pétrole et ses dérivés. C'est là qu'interviennent les progrès techniques récents : les outils de la biologie de synthèse permettent de transformer la biomasse (c'est-à-dire tout ce qui vit ou a vécu sur Terre, mais non fossilisé) en divers produits auparavant issus du pétrole, plastiques et carburants au premier chef. Pour l'instant, la principale source de biomasse est végétale : produits agricoles, résidus de culture et forêts, qui seront transformés en bioplastiques, biocarburants et autres produits industriels « biosourcés », nourriture pour les animaux et les êtres humains, médicaments.

Il n'a quand même pas échappé à la Commission que l'on ne peut ni utiliser toutes les terres agricoles pour produire des plastiques et des carburants, ni raser toutes les forêts, qui sont peut-être une source de biomasse renouvelable, mais très lentement. C'est pourquoi il faudra se doter d'outils scientifiques et techniques qui permettront d'augmenter la productivité et le rendement des cultures (par exemple grâce aux OGM, à la robotique et au numérique), privilégier les espèces à croissance rapide, améliorer l'efficacité des processus de transformation et la qualité des produits. Quant à ce qui ne peut être produit à partir de la biomasse, comme les alliages métalliques, les évolutions espérées des nanotechnologies y pourvoiront. Elles permettent d'ores et déjà de produire de nouveaux matériaux très solides, très légers (donc avec un meilleur rendement énergétique) et « intelligents ». Ces technologies sont au cœur des recherches sur les « habitations intelligentes », qui composeront les « villes intelligentes » de demain, et sur les « transports intelligents » qui n'émettront plus de dioxyde de carbone.

La transition vers une économie *décarbonée* ne se fera que si « la science, l'industrie, les gouvernements et la société civile travaillent

---

1. *The European Bioeconomy in 2030 : Delivering Sustainable Growth by Addressing the Grand Societal Challenges*, 2011, p. 8.

ensemble de manière constructive [1] ». Le rapport identifie quatre domaines sur lesquels doivent porter tous les efforts.

Le premier est celui de la recherche concernant les technologies clés génériques. Celle-ci doit être encouragée et développée, mutualisée et valorisée. La Commission a déjà créé plusieurs dispositifs dont elle a le secret : les ETP (European Technology Platforms), les ERAnet (European Research Area Networks), les IPC (initiatives de programmation conjointe), tout cela prenant place dans les lignes définies par les PCRD (programmes-cadres de recherche et développement) [2].

Le deuxième domaine, fondamental, est celui de l'innovation. Malgré sa foi dans les technologies pour résoudre la plupart des problèmes, la Commission est consciente d'une limitation typiquement européenne et qui n'affecte pas les États-Unis : un très haut niveau scientifique qui ne se matérialise pas assez dans des innovations concrètes et créatrices de valeur. Les raisons en sont multiples selon elle : un esprit d'entreprise moins développé qu'ailleurs, une réglementation trop contraignante, un système de propriété intellectuelle inadéquat, une attitude générale d'aversion au risque, un manque de financements publics et privés pour passer de l'étape « preuve du concept » à celle de la commercialisation, qui est beaucoup trop longue en Europe… Il faut donc modifier les cadres réglementaires pour qu'ils soient « *business-friendly* » et « *innovation-friendly* » ; favoriser le développement du capital-risque ; adapter le régime de la propriété intellectuelle ; généraliser les partenariats public-privé (les PPP) pour un partage du financement et des risques ; définir des standards de qualité et de sécurité pour les nouveaux produits à un niveau européen d'abord, puis international, pour favoriser l'émergence d'un *level-playing field* [3] garantissant une concurrence libre et non faussée dans toutes ces nouvelles sphères d'activité. Suite au lobbying de certaines des industries les plus sales, un « principe d'innovation » a été défini par un *think tank* émanant de ces industries. Selon ce « principe », tout projet de loi et de réglementation devrait être évalué par l'effet qu'il aura sur l'innovation, valeur suprême à laquelle toutes les autres

1. *Ibid.*, p. 13.

2. Des détails sur ces usines à gaz sont accessibles au lecteur patient et motivé sur le site de la Commission européenne.

3. L'idée de *level playing field* est celle d'un « terrain de jeu » homogène pour les entreprises. Elle condense l'hypothèse de concurrence parfaite chère à la théorie économique néoclassique.

considérations, par exemple sociales et environnementales, doivent être soumises. Ce « principe » apparaît en tant que tel dans le grand plan Horizon Europe 2021-2027 qui succédera au plan Horizon 2020[1].

Le troisième domaine d'action pour « faire de la vision une réalité » est celui de l'éducation. La bioéconomie telle que l'envisage la Commission est fondée sur la science et la connaissance. Il faut donc une force de travail formée aux nouvelles sciences et techniques, des techniciens de base aux chercheurs de niveau international, mais aussi des gestionnaires et des commerciaux suffisamment instruits dans ces domaines pour en comprendre les enjeux. Comme les évolutions techniques sont de plus en plus rapides, il faut aussi envisager des procédures de formation tout au long de la vie professionnelle. Par ailleurs, pour favoriser l'esprit d'entreprise et l'émergence d'une culture européenne « *business-friendly* », il faut multiplier les possibilités de passage du monde de la recherche aux affaires publiques et privées, dans les deux sens[2]. Il faut en outre sensibiliser les jeunes à la science, par exemple en créant des concours d'innovations dès l'école et en les immergeant dans une culture scientifique et technique *via* les programmes scolaires, des expositions grand public, des « journées de la science ». À titre anecdotique mais néanmoins révélateur, une affiche de la Cité des Enfants de la Villette qui couvrait les couloirs du métro parisien en octobre 2016 mettait en scène un enfant disant : « Un jour, je téléguiderai un nuage pour arroser mon potager. » Le message, sans doute destiné à susciter des vocations pour former la relève de la *start-up nation* chère à Emmanuel Macron, laissait entendre que la géo-ingénierie est une technique écologique.

Enfin, le quatrième et dernier domaine concerne « la gouvernance et le dialogue public ». La bioéconomie concernera presque tous les secteurs et aura des impacts sur la fourniture de biens publics comme la quantité et la qualité des terres arables et le maintien des écosystèmes. La gouvernance devra donc être intégrée au niveau européen pour gérer les interdépendances entre toutes ces activités : comment par exemple déterminer le niveau optimal de terres à consacrer respectivement aux cultures alimentaires, industrielles et énergétiques ? Les arbitrages inévitables nécessiteront une coopération des différents ministères et agences concernés, et ce au niveau européen.

---

1. Corporate Europe Observatory, « The innovation principle trap », 5 décembre 2018, <https://corporateeurope.org/environment/2018/12/innovation-principle-trap>.

2. Ce que les Anglo-Saxons appellent *revolving doors* et qu'on traduit par portes tournantes ou portes-tambour.

Quant aux risques, il faudra être « vigilant », associer les sciences humaines et sociales à la réflexion, créer des cadres juridiques et de normalisation « adéquats », des comités d'éthique, des chartes et des codes de bonne conduite, des instances supranationales pour encadrer les innovations militaires, et bien sûr associer les populations à la discussion. Ces dernières n'ont cependant pas été consultées lors de l'élaboration de ce projet par des technocrates européens courant derrière les États-Unis pour ne pas « prendre de retard ». Cette utopie n'a jamais été débattue publiquement et démocratiquement en tant que telle, la majeure partie de la population européenne n'en a même jamais entendu parler, pas plus d'ailleurs que de la convergence NBIC ou de la biologie de synthèse. Les peuples européens tendent plutôt à faire preuve de conservatisme, voire de méfiance vis-à-vis des nouvelles technologies, de certaines en tout cas, le refus des OGM l'a bien montré. Il faudra que les scientifiques et les industriels soient « clairs, ouverts et transparents », « communiquent avec le public » en expliquant leurs recherches et l'intérêt de leurs produits, pour que chacun puisse analyser rationnellement les bénéfices et les risques associés à ces choix techniques. Nul doute que si tout cela est bien expliqué, nous comprendrons tout l'intérêt de nous engager dans cette voie d'une bioéconomie technologique et ferons confiance aux scientifiques, aux industriels et à la Commission européenne pour décider de notre avenir.

La Commission européenne poursuit dans cette voie depuis, et a lancé le Pacte vert (*European Green Deal*) en décembre 2019, « une nouvelle stratégie de croissance[1] ». Il s'agit de construire une « économie moderne et efficace dans l'utilisation des ressources et compétitive, caractérisée par l'absence d'émission nette de gaz à effet de serre en 2050 et dans laquelle la croissance économique sera dissociée de l'utilisation des ressources[2] ». Les Objectifs de développement durable de l'ONU serviront de guide à l'action. Outre tout ce qui précède, l'accent est mis sur les énergies renouvelables, la « transformation numérique » (IA, *Cloud Computing*, internet des objets, 5G et infrastructures numériques), une réorientation de la Politique agricole commune, l'économie circulaire, l'efficience énergétique et des réseaux « intelligents » partout. Les hautes technologies y ont

1. *Le Pacte vert pour l'Europe*, décembre 2019, rapport téléchargeable à l'adresse suivante : <https://ec.europa.eu/info/strategy/priorities-2019-2024/european-green-deal_fr>.
2. *Ibid.*, p. 2.

une part cruciale : il faudra donc largement financer la recherche scientifique et ses transferts à l'industrie. Là aussi, bien sûr, il faudra associer les citoyens à la prise de décision, par exemple à l'aide de plateformes de consultation en ligne. Je reviendrai sur quelques points précis du Pacte vert dans la suite de ce livre.

Quant à la Chine, elle n'a pas attendu l'accord de ses citoyens pour se lancer de manière spectaculaire et offensive dans de tels projets, à travers les « nouvelles routes de la Soie », des plans favorisant l'intelligence artificielle et les biotechnologies. Toute la créativité industrielle et scientifique y est mobilisée pour la convergence NBIC.

La « Quatrième Révolution industrielle » : Davos 2018

Ces souhaits ne se sont pas encore tous réalisés, mais le projet avance cependant à grands pas. À Davos, en Suisse, les gens les plus riches et les plus puissants de la planète, propriétaires et dirigeants des grandes multinationales, banquiers, gros investisseurs et représentants des États, se réunissent tous les hivers pour discuter de l'avenir du monde au Forum économique mondial. Durant l'édition de 2018, ils ont proclamé que nous vivions la « Quatrième Révolution industrielle », et que cette révolution devrait permettre de sauver la planète grâce aux progrès technologiques [1]. La croissance verte prend ici le nom de « bioéconomie inclusive ». Il s'agit principalement d'un déploiement généralisé des NBIC, vues comme des solutions à tous les problèmes et défis rencontrés par les sociétés contemporaines. Un rapport particulier avec la nature s'y esquisse. La bioéconomie consiste à substituer des ressources biodégradables et renouvelables aux ressources minières et fossiles. Elle s'attache aussi à faire travailler les processus naturels pour nous, par exemple en ajoutant des fonctions à un micro-organisme pour lui faire produire du plastique, ou en faisant stocker de l'information à des plantes. Ces nouvelles ressources, dont la diversité biologique au premier chef, doivent de ce fait être protégées car elles sont les clés de l'avenir selon le Forum économique mondial. Ainsi, nous ferons d'une pierre deux coups : en protégeant la nature, nous pouvons aussi en exploiter de

1. World Economic Forum (WEF), *Harnessing the Fourth Industrial Revolution for Life on Land. Towards an Inclusive Bio-Economy*, janvier 2018, <www.weforum.org>.

nouvelles dimensions pour construire des produits et des modes de production plus « propres ».

La liste des technologies les plus importantes de cette « Quatrième Révolution industrielle » est dans la droite ligne du rapport NBIC de 2002 [1] : imprimantes 3-D ; matériaux avancés (nanotechnologies, bionanotechnologies, etc.) ; intelligence artificielle et *machine learning* ; robotique ; biotechnologies (biologie de synthèse, biomimétisme, etc.) ; capture de l'énergie, stockage et transmission (batteries – un enjeu stratégique pour les énergies renouvelables –, *smart grids*, bioénergies, solaire, nucléaire) ; *blockchains* (en particulier pour gérer automatiquement une énorme masse de contrats spécifiques dont chaque partie, grâce au *Big Data*, est informée très précisément de tout ce qui la concerne *via* des *smart contracts*) ; géo-ingénierie, pour « modifier la forme des précipitations, créer une lumière du soleil artificielle, ou altérer les biosphères » ; *Internet of Things* (IoT) ; neurotechnologies (pour des humains augmentés) ; nouvelles technologies informatiques (informatique quantique, puces à ADN, etc.), combinées au *Cloud* et au *Big Data* (d'où, encore une fois, l'importance stratégique de la 5G) ; plateformes de senseurs avancés (capteurs divers et variés, satellites, véhicules autonomes, drones, etc.) ; réalité virtuelle, augmentée ou mixte. Tous les domaines sur lesquels porte la concurrence technologique aujourd'hui y sont. On peut aussi imaginer que les industries militaires s'intéressent de près à ces techniques, qui sont toutes « duales ».

Le rapport du Forum économique mondial de 2018 présente un grand projet très représentatif de la manière dont sont envisagées les relations que nous devrions entretenir avec la nature : The Earth Bank of Codes vise à séquencer les génomes de tous les êtres vivant sur Terre, animaux, végétaux et micro-organismes, dans les dix ans qui viennent : une « banque » de tout le patrimoine génétique mondial, rien que ça. « Pour tous les innovateurs de la planète », il s'agit de « libérer la valeur économique de la nature » (*to unlock nature's economic value*) en exploitant les fonctions génétiques, les processus métaboliques et écosystémiques, et même les grands cycles biogéochimiques de la biosphère. Tout cela est « bio » puisque c'est vivant.

Ce répertoire génétique de toutes les formes de vie sur Terre s'appuiera sur les techniques de la biologie de synthèse, de la bio-

1. *Ibid.*, Annexe I, leurs termes et catégories, sauf ce qui est entre parenthèses.

informatique et d'autres techniques exploitant certaines propriétés des processus naturels. Il utilisera bien sûr les innovations informatiques liées au *Big Data*, à la *blockchain* et autres. Les applications en sont multiples : micro-organismes transformés en usines à produire des substances chimiques et organiques, une production renouvelable et censément moins polluante ; reprogrammation de processus naturels comme la fixation de l'azote par les plantes pour les rendre plus efficaces ; micro-organismes spécifiquement conçus pour absorber marées noires et pollutions chimiques diverses et variées (ce qu'on appelle la bioremédiation) ou pour accroître le rendement des cultures (en étant mis au service de la « lutte biologique », ainsi qu'on la qualifie improprement) ; agriculture et médecine « de précision » ; sauvetage génétique d'espèces en voie de disparition, « re-création » d'espèces disparues et création d'organismes chimériques n'ayant jamais existé ; à l'inverse, éradication génétique des espèces qui nous embêtent ; nouveaux médicaments, cosmétiques, arômes et parfums ; nouvelle nourriture (« œufs » faits à base de soja, viande artificielle cultivée *in vitro*, etc., pour lutter contre le réchauffement climatique et satisfaire les véganes) ; nouveaux carburants « biologiques » ; biomimétisme (« les innovations en actifs bio-mimétiques veulent apprendre de la nature et imiter les formes naturelles, les processus et les écosystèmes pour créer des *designs* plus soutenables et des innovations [1] »)... Ce programme semble avoir été écrit par un biologiste fou. L'idée est que toutes les « ressources génétiques » peuvent être exploitées industriellement à notre avantage à nous, humains, et que les firmes, qui pourront déposer des millions de brevets, auront enfin un véritable intérêt à protéger la diversité biologique. Ainsi, le capitalisme et l'écologie œuvreront ensemble pour la sauvegarde de la Terre.

Les auteurs du rapport du World Economic Forum s'enthousiasment des perspectives ouvertes par la *blockchain* pour gérer les millions de contrats engendrés par une exploitation à grande échelle des « ressources génétiques ». Ces contrats « intelligents » peuvent associer les informations concernant l'origine des plantes et les clauses de chaque contrat pour effectuer instantanément les paiements selon les procédures prévues par les textes internationaux. Tout sera standardisé et automatisé. Une croissance exponentielle de ces transactions ne laisse pas entrevoir un avenir très vert.

1. *Ibid.*, p. 14.

Les intérêts derrière The Earth Bank of Codes sont purement mercantiles, puisqu'il s'agit avant tout d'obtenir des brevets sur toutes les formes de la vie sur Terre (voir chapitre 3). Ce nouveau modèle de croissance, soi-disant verte mais toujours extractiviste, continue de considérer la nature comme un réservoir de ressources. Ces dernières sont valorisées par des droits de propriété intellectuelle, c'est-à-dire par des droits de monopole donnant lieu à des rentes. Les acteurs principaux en sont toujours les mêmes, les grandes firmes transnationales et les États qui les soutiennent. La logique profonde ne change pas : croître et accumuler, encore et encore. Le régime capitaliste ne peut survivre que par la croissance, en explorant sans fin de nouveaux domaines de valorisation du capital. Les natures terrestre et marine offrent de ce point de vue des perspectives que certains jugent mirifiques : les capitaux affluent, et ces activités se développent effectivement. Après l'économie verte, on parle déjà d'économie bleue. C'est la fuite en avant, une course vers la catastrophe.

L'emballement des dynamiques techniques

Comment en est-on arrivé à considérer une telle frénésie scientiste et prométhéenne comme étant la solution à la dégradation de l'état écologique de la planète ? Depuis plus de deux siècles, les progrès des sciences et des techniques ont été un des moteurs les plus puissants du capitalisme industriel. Ils ont permis d'aller fouiller les entrailles de la Terre à la recherche de ses richesses cachées, en particulier les énergies fossiles et les minerais, d'exploiter ces derniers pour décupler la puissance de l'action humaine, avec comme résultat de cette démesure, outre de multiples et graves pollutions, une atteinte aux grands équilibres de la biosphère [1]. Avec la découverte de l'atome, ces progrès nous offrent une énergie encore plus puissante, ainsi que les moyens de nous autodétruire en un clin d'œil. Les « dégâts collatéraux » engendrés par le développement scientifique et technique sont justement traités comme tels, des « externalités » dont on doit s'occuper une par une, éventuellement en les « internalisant » comme on le verra dans la suite de ce livre, mais jamais envisagés comme lui étant consubstantiels. Nous raisonnons comme si l'on pouvait séparer

1. Pour une analyse de la démesure du rapport à l'énergie des sociétés modernes, voir Alain Gras, *Fragilité de la puissance. Se libérer de l'emprise technologique*, Fayard, Paris, 2003.

les effets positifs et négatifs, garder les premiers et régler les seconds séparément. Or, comme l'a montré Jacques Ellul dès 1954, un des caractères de la technique moderne est son « insécabilité » : elle forme un système, un tout, et ses effets ne dépendent pas de l'usage que l'on en fait, ils lui sont inhérents [1]. Le mythe de la neutralité de la science et de la technique est un des piliers de l'idéologie du progrès qui nous imprègne si profondément et nous empêche de prendre la mesure de son ambivalence.

Outre ce facteur idéologique, une autre raison de ce qui peut passer pour un aveuglement ou un déni face au désastre réside dans la façon, à la fois matérielle et politique, dont sont faits les choix techniques. Quand on lit le rapport américain sur la convergence NBIC et qu'on voit avec quelle rapidité sa « philosophie » a été adoptée par les politiciens et technocrates européens, on pourrait assez facilement interpréter cette évolution comme résultant d'un complot des puissants qui manœuvreraient dans l'ombre et à l'abri des regards. Cette dimension n'est pas absente, en témoigne le peu de publicité autour du projet de convergence NBIC comparé à l'ampleur des enjeux environnementaux, socio-économiques, militaires et géopolitiques, mais ne résume certainement pas toute l'histoire. La complexité des dynamiques économiques et sociales dans un monde dominé par la division du travail est telle qu'une clique, aussi puissante soit-elle, ne peut à elle seule déterminer un choix majeur tel que celui-là. À nouveau, l'analyse qu'Ellul fait de la technique moderne peut nous aider à comprendre.

Un chapitre de *La Technique ou l'enjeu du siècle* est consacré à la « caractérologie de la technique ». Parmi les différents caractères de la technique moderne que l'auteur identifie, dont l'insécabilité mentionnée plus haut, deux autres sont absolument fondamentaux pour appréhender les évolutions contemporaines : l'auto-accroissement et l'autonomie. Le premier terme renvoie au fait que la technique s'engendre pour ainsi dire elle-même, par la combinaison de techniques existantes et par la création de nouvelles techniques en réponse aux problèmes posés par celles déjà en usage. Les nouvelles techniques vont à leur tour créer de nouveaux problèmes, qui nécessiteront l'invention de nouveaux moyens, et cela dans un processus

1. Jacques Ellul, *La Technique ou l'enjeu du siècle*, Economica, Paris, 1990 [1954]. Une bonne introduction à l'œuvre d'Ellul peut être trouvée chez Jean-Luc Porquet, *Jacques Ellul, l'homme qui avait (presque) tout prévu*, Le Cherche-Midi, Paris, 2003.

sans fin. Le second, l'autonomie, renvoie au fait que la technique se déploie au-delà des jugements moraux ou de valeur, que *tout ce qui peut être fait le sera.* Sans suivre Ellul dans son déterminisme technique absolu, il semble cependant assez clair que le phénomène technique aujourd'hui est tel un processus sans sujet et sans fin, une course en avant que personne ne contrôle vraiment, le résultat de l'addition de petites et moins petites décisions dont aucune n'est absolument fondamentale, n'impulse véritablement une direction, mais que la direction est prise cependant. Même dans le cas de la convergence NBIC envisagée comme un projet, les évolutions parallèles des différents domaines étaient déjà en cours, sans que personne ne se soit concerté à l'avance. Elles résultaient de milliers de décisions et d'intérêts scientifiques, économiques, politiques et militaires, et la conférence de 2001 n'apparaît comme un tournant que rétrospectivement. C'est d'ailleurs ce qu'écrivait Günther Anders à propos de la bombe atomique :

> Il serait déplacé de parler encore ici d'« acte ». Le processus qui aboutirait à un tel fait compterait en fin de compte tant de médiations, il serait si peu transparent, il se composerait de tant d'étapes intermédiaires et ferait intervenir tant d'instances – sans qu'aucune soit plus *décisive* que les autres – que pour finir tout le monde aurait fait quelque chose mais personne n'aurait « fait » *cela.* En fin de compte, personne n'aurait rien fait [1].

Au premier abord, il apparaît paradoxal de soutenir que l'évolution technique contemporaine est engendrée par un projet et que, dans le même temps, elle se développe tel un processus sans sujet. Néanmoins, quand on entre dans les détails, on s'aperçoit que les choix techniques résultent d'une interaction enchevêtrée et changeante entre plusieurs facteurs essentiels. La recherche scientifique et technique a effectivement tendance à se développer comme un processus sans sujet, chaque question apportant son lot de réponses qui, à leur tour, engendrent de nouvelles questions, et ce d'autant plus que la spécialisation est grande et que très peu de gens ont une vision d'ensemble des domaines. Mais les intérêts économiques et politiques orientent aussi les questions qui seront posées et jugées légitimes, notamment au travers des priorités de financement de certains projets au détriment d'autres. La Communauté européenne a ainsi décidé d'affecter 80 milliards

1. G. Anders, *L'Obsolescence de l'homme, op. cit.*, p. 272-273.

d'euros à la recherche sur les technologies clés entre 2014 et 2020 au travers de son programme Horizon 2020, et l'on peut imaginer l'intense lobbying des industriels et des scientifiques pour capter une part de cette manne. De même, si le Forum de Davos se lance dans la bioéconomie, nul doute que les financements afflueront. Tout récemment (2020), les gigantesques plans de relance présentés par les États européens et la Commission suite à la crise du coronavirus ont déjà suscité une concurrence acharnée parmi les industriels pour attirer le plus de fonds. Les firmes dont le lobbying est le plus efficace ont de ce fait le pouvoir d'orienter la nature des biens produits et des technologies qui deviendront dominantes.

Ainsi, malgré les caractères d'autonomie et d'auto-accroissement de la technique mis en lumière par Ellul, les interactions des jeux de pouvoir, des structures institutionnelles et de l'imprégnation idéologique aboutissent à privilégier certaines options parmi la multitude des possibles explorés par la science, la politique et d'autres domaines de l'action collective. Contingences et déterminations.

2

Quand la recherche de l'efficacité se retourne contre elle-même : la contre-productivité des agrocarburants

> « Pendant un siècle on a cru que le niveau de vie et l'extension du bien-être dépendaient de l'accès aux produits industriels. Il est maintenant évident que si l'on ajoute aux coûts de production les effets secondaires non désirés de la plupart des institutions, celles-ci apparaissent non comme des outils de progrès mais comme les obstacles principaux à la réalisation des objectifs qui précisément constituent leur but manifeste et technique[1]. »
>
> Ivan ILLICH

Après quelques années de relative stabilisation, les émissions globales de gaz à effet de serre (GES) sont reparties à la hausse en 2017, malgré les engagements pris par la communauté internationale en 2015. Lors de la COP 21 à Paris, la très grande majorité des pays avaient conjointement décidé de mettre en œuvre des politiques assurant que le réchauffement climatique ne dépasserait pas les 2 °C d'ici la fin du siècle par rapport aux niveaux préindustriels. La plus grande part des GES étant représentée par le dioxyde de carbone (CO_2), il s'agit donc de « décarboner » nos économies.

« Décarboner » l'économie mondiale passe avant tout par une réduction massive de l'emploi des énergies fossiles. Ces énergies

1. Ivan ILLICH, *Némésis médicale. L'expropriation de la santé* (1975), in *Œuvres complètes*, t. I, *op. cit.*, p. 659.

doivent rester là où elles sont, dans le sol. Cependant, aucune réflexion de fond n'étant menée sur nos besoins en énergie et nos modes de production et de consommation, la « transition » énergétique consiste essentiellement à essayer de remplacer le pétrole par des énergies renouvelables : hydroélectrique, éolienne, solaire et bioénergies (dont les biocarburants) principalement, sans oublier le nucléaire, la première des énergies « décarbonées » en France, ce qui devrait nous alerter sur le fait que « décarboné » ne veut pas dire propre. Par ailleurs, François Jarrige et Alexis Vrignon ont montré que, historiquement, les transitions énergétiques n'ont pas entraîné la disparition d'une énergie et sa substitution par une autre, mais leur addition successive. Autrement dit, les énergies renouvelables, jusqu'ici, ne remplacent pas les fossiles, elles s'y ajoutent [1].

Les biocarburants, pour leurs défenseurs, ou agrocarburants, pour leurs détracteurs, sont produits à partir de cellulose, d'amidon ou d'huile végétale, matières renouvelables puisque les plantes, *a priori*, repoussent sans cesse. Leur production et leur combustion engendrent en outre moins de gaz à effet de serre que celles des hydrocarbures. La transition verte que promettent les nouveaux usages de ces ressources ne concerne pas que les carburants, puisque l'idée est de remplacer le pétrole par la biomasse [2], et de produire ainsi toute une gamme de matériaux jusqu'à présent obtenus à partir du pétrole et de ses dérivés (plastiques, solvants, etc.). C'est le secteur de la chimie dite « verte », qui présente des problématiques similaires à celles soulevées par les biocarburants [3].

Aux États-Unis, en Europe, mais aussi dans bon nombre d'autres pays au Nord comme au Sud, des législations ont commencé à fixer des seuils obligatoires d'incorporation d'agrocarburants dans l'essence et le diesel, comme mesures explicitement dévolues à la lutte contre le changement climatique. En Europe, la directive 2009/28/CE sur les énergies renouvelables stipule qu'en 2020 les carburants pour le transport devront incorporer un minimum de 10 % de composants végétaux, tandis que 20 % du total des énergies devront être renouve-

---

1. François Jarrige et Alexis Vrignon, *Face à la puissance. Une histoire des énergies alternatives à l'âge industriel*, La Découverte, Paris, 2020.

2. Rappelons que la biomasse désigne tout ce qui vit ou a vécu sur Terre, mais non fossilisé.

3. Les termes de biocarburants et agrocarburants seront ici utilisés de manière indifférenciée, pour des raisons de légèreté. Pour les mêmes raisons, je ne les mets pas entre guillemets, bien que ces exemples de novlangue le mériteraient : comme on va le voir, ces carburants n'ont rien de bio.

lables. Cette directive oblige ainsi les firmes pétrolières à développer les biocarburants, et les consommateurs à les subventionner directement en étant contraints de les acheter.

Le cas des agrocarburants est tout à fait représentatif du régime de croissance verte qui se met en place aujourd'hui, en ce qu'il concentre au moins deux de ses caractères fondamentaux. Premièrement, on y voit à l'œuvre l'auto-accroissement et l'autonomie de la technique, qui produisent des dynamiques autocentrées ou autoréférentielles, ne répondant qu'aux questions que la technique se pose à elle-même. Face aux problèmes écologiques et sociaux engendrés par les agrocarburants dits de première génération, une deuxième génération a vu le jour, des biocarburants « avancés », dont la production repose sur la transformation de la biomasse par des enzymes et des bactéries fabriquées *via* les techniques de la biologie de synthèse. Ceux-là ne résolvent pas les problèmes posés par la première génération, et en posent de nouveaux. Qu'à cela ne tienne, une troisième génération s'annonce déjà, fondée sur l'exploitation des propriétés de microalgues, ou phytoplancton, et d'autres projets sont dans les cartons. Tout cela sans avoir évalué sérieusement les risques pour l'environnement ni les déséquilibres politiques et sociaux engendrés par l'extension de l'agriculture industrielle, et qui sont indissociables de ces choix techniques. Ce qui est recherché : l'efficacité économique et accessoirement écologique par rapport au seul paramètre des émissions de gaz à effet de serre. Le moyen pour cela : l'innovation scientifique et technique quelle qu'elle soit et quelles que soient ses conséquences environnementales, sociales, éthiques. Ces dernières n'ont même pas encore eu le temps d'être pensées que le processus poursuit sa course, à la vitesse supérieure.

Le second caractère fondamental du régime de croissance verte dont le développement des agrocarburants apparaît comme un emblème est qu'il ne rompt pas avec l'extractivisme et l'idéologie industrielle, bien au contraire. Face à l'épuisement des énergies fossiles, il faut trouver d'autres matières premières, organiques de préférence car leur usage est censé permettre une réduction des émissions de GES. On assiste ainsi depuis la crise alimentaire de 2007-2008 à un engouement de plus en plus fort des firmes transnationales, des grands investisseurs et des États pour l'achat de terres dans le monde entier, dans l'optique de s'assurer l'accès à des terres arables, destinées alternativement aux cultures vivrières ou aux cultures industrielles. La superficie de ces dernières (soja, colza, maïs, canne à sucre et palmier à huile pour les plus importantes) a été multipliée par quatre depuis le début des années 1960. La déforestation directement provoquée par l'extension de ces surfaces emblavées en « plantes à essence » est en augmentation constante, comme le montre ce qui se passe en Amazonie. Raser des forêts primaires et transformer des champs de cultures vivrières en monocultures industrielles ne paraît pas être un progrès en termes écologiques par rapport à l'exploitation des matières premières fossiles. Dédier d'immenses surfaces de terres agricoles aux voitures qui nous asphyxient alors qu'une bonne partie de la population mondiale ne mange pas à sa faim est typique de l'aveuglement et du déni vis-à-vis des conséquences profondes de notre mode de développement et de notre incapacité à tirer les conclusions de bon sens qui devraient s'imposer.

Les agrocarburants de première génération : pollutions multiples et perte de souveraineté alimentaire

La question de la réduction des émissions de gaz à effet de serre

Les agrocarburants dits de première génération sont créés à partir d'amidon de maïs ou de blé, de sucre de canne ou de betterave pour l'éthanol, qui peut être mélangé à l'essence, et de plantes oléagineuses comme le soja, le palmier à huile ou le colza pour le biodiesel. Du fait des législations les rendant obligatoires, les surfaces cultivées pour produire des biocarburants n'ont cessé de s'étendre, et ce au niveau mondial, même si leur part dans la consommation d'énergie à destination des transports reste faible. On considère qu'environ 3 % des carburants utilisés dans le monde sont d'origine végétale, ce chiffre atteignant presque 5 % en Europe pour les transports terrestres, encore loin des 10 % prévus pour 2020 par la directive sur les énergies renouvelables (2009/28/CE). Au Brésil en revanche, où du bioéthanol de canne à sucre est fabriqué depuis les années 1970, ils représentent autour de 20 % des carburants utilisés dans les transports. Les plus grands pays producteurs d'éthanol sont le Brésil (canne à sucre) et les États-Unis, où 40 % de la production totale de maïs finissent dans les réservoirs des voitures[1]. Quant aux huiles végétales, les grands

1. Les États-Unis ont voté en 2007 le *Energy Independence and Security Act*, qui délègue à l'Environmental Protection Agency (EPA) le soin de fixer tous les ans le pourcentage

producteurs sont l'Argentine et le Brésil pour le soja, l'Indonésie et la Malaisie pour l'huile de palme, et l'Europe pour le colza (en France, plus de 60 % des cultures de colza sont dédiés aux biocarburants). Des petits pays d'Amérique centrale et latine sont eux aussi très engagés dans ces cultures et leur raffinement : même si les volumes absolus restent faibles par rapport aux grands producteurs, ils occupent une grande part du total des surfaces cultivées, ce qui rend les économies nationales très dépendantes de ces monocultures d'exportation (le Paraguay avec le soja et le Guatemala avec la canne à sucre par exemple, dont l'essentiel des productions part en Europe). Au niveau mondial, le bioéthanol représente environ trois quarts des biocarburants produits, et un quart pour le biodiesel[1].

Avant d'entrer dans le détail des effets sociaux et environnementaux de l'extension des cultures destinées à la production des biocarburants de première génération, il faut mentionner que leur part dans l'énergie produite et consommée dans le monde est minime. Selon des chiffres de l'International Energy Agency (IEA) parus en 2015, en 2013 la production mondiale totale d'énergie primaire s'élevait à 13 555 millions de tonnes d'équivalent pétrole (tep), dont plus de 80 % d'énergies fossiles, et seulement 13 % d'énergies renouvelables (1 829 Mtep). Surtout, parmi les énergies renouvelables utilisées dans le monde, l'essentiel provient du bois et des déchets traditionnellement utilisés dans les pays pauvres (75 %). Par exemple, l'énergie consommée en Afrique est à 50 % renouvelable, mais provient du bois et des déjections animales séchées, et non des biocarburants dont il est question ici. Sur les 1 829 Mtep d'énergies renouvelables, seuls 3,8 % sont des agrocarburants (environ 60 Mtep), 3,6 % proviennent de la géothermie, 2,2 % du solaire, 3 % de l'éolien et 18 % de l'énergie hydroélectrique. Ce qui signifie que ce dont on parle ici ne concerne que 3,8 % de 13 % du total des énergies primaires[2]. Ainsi, les biocarburants ne représentent qu'une goutte d'huile ou d'alcool dans un océan de pétrole, et les quelques pour cent mélangés aux carburants fossiles ne sont pas de nature à modifier les tendances en termes d'émissions de gaz à effet de serre. En revanche, les conséquences locales et globales de leur

d'agrocarburants à intégrer dans les carburants fossiles. Les objectifs sont plus ou moins les mêmes que les objectifs européens, entre 5 et 10 % selon les années.

1. Ruth Kelly, *Les Semences de la faim*, Oxfam, 2012, <www.oxfam.org>.
2. <www.iea.org>.

production sont loin d'être aussi minimes que leur petit poids dans le « bouquet énergétique ».

Il est difficile d'appréhender globalement les effets du développement des agrocarburants, tant ils sont différents selon le type de culture, les méthodes de transformation et les modes de calcul retenus pour les indicateurs importants. Les deux grandes justifications généralement avancées sont, d'une part, la diminution des émissions de GES provenant de leurs production, transformation et combustion, et, d'autre part, le caractère renouvelable des matières premières considérées.

La directive européenne sur les énergies renouvelables 2009/28/CE, revue et amendée en 2018 par la directive 2018/2001, retient quatre critères principaux de « durabilité ». Le premier stipule que, pour être agréés, les biocarburants doivent permettre une réduction des émissions de GES d'au moins 35 %. Ce seuil est passé à 50 % en 2018.

Les deuxième et troisième critères n'ont pas changé, et touchent aux terres mises en culture : les agrocarburants ne doivent pas être cultivés sur des terres d'une grande valeur en termes de biodiversité (habitats d'espèces protégées, forêts primaires), ni sur des surfaces contenant beaucoup de carbone, comme les forêts, les zones humides et les tourbières, parce que leur destruction entraînerait un grand lâcher de CO_2 dans l'atmosphère. Enfin, les pays d'origine des cultures doivent avoir ratifié toute une série de conventions de l'Organisation internationale du travail (OIT) concernant le travail forcé, le travail des enfants, la liberté syndicale, l'égalité hommes-femmes, etc. Comme souvent, le respect de toutes ces conditions est documenté par les firmes productrices elles-mêmes, les institutions européennes n'ayant pas les moyens de procéder aux vérifications nécessaires [1].

La mesure des émissions de GES est en fait extrêmement compliquée et dépend d'un grand nombre de facteurs. On a coutume de les calculer « du champ à la pompe », c'est-à-dire en incluant les émissions liées au mode de culture, à la transformation, au transport, au stockage et à la distribution. La combustion des carburants verts est censée ne produire aucune émission nette, puisqu'en poussant les plantes ont absorbé du carbone qui compense celui émis lors de leur combustion : cette dernière est donc jugée « neutre en carbone ».

1. <https://www.europarl.europa.eu/factsheets/fr/sheet/70/energies-renouvelables>.

La directive 2009/28/CE, dans son annexe V, donne des valeurs « par défaut » (autrement dit théoriques, quand les mesures effectives sont trop compliquées et coûteuses à mettre en place) des réductions d'émissions liées à chaque type de biocarburant par rapport aux carburants fossiles. Ces réductions sont de 52 % pour l'éthanol de betterave, de 16 à 69 % pour l'éthanol de blé (selon les méthodes de transformation), de 49 % pour l'éthanol de maïs et de 71 % pour celui tiré de la canne à sucre. Quant aux réductions permises par le biodiesel, elles sont de 38 % pour le biodiesel de colza, 51 % pour celui de tournesol, 31 % pour le biodiesel de soja, et de 19 à 56 % pour celui d'huile de palme. Ces chiffres ont peu changé entre 2009 et 2018.

Mais ces évaluations ne tiennent pas compte d'un effet très important et qui a été mis en lumière ces dernières années par de nombreuses études, l'effet du changement d'affectation des sols (CAS, direct ou indirect). En effet, lorsque les nouvelles mises en culture s'effectuent sur des sols qui étaient auparavant des forêts, des prairies ou des zones humides, la destruction de ces dernières conduit à de fortes émissions de GES, puisque les écosystèmes « séquestrent » du carbone. L'effet du changement d'affectation des sols peut aussi être indirect, lorsque les agrocarburants prennent la place de terres déjà cultivées pour l'alimentation, cultures qu'il faudra déplacer sur d'autres terres éventuellement sauvages. Lorsque ces effets des changements directs et indirects de l'affectation des sols sont pris en compte dans le calcul des réductions des émissions de GES, ces dernières diminuent au moins des deux tiers et, dans la majeure partie des cas, sont bien en deçà des 50 % requis par la Commission pour juger « durables » les énergies. C'est particulièrement vrai des biodiesels de soja et d'huile de palme, dont les cultures en Amérique du Sud et en Asie du Sud-Est s'étendent sur des terres auparavant occupées par des forêts tropicales, grands « puits de carbone ». Une étude commandée par la Commission européenne montre même que, du point de vue des émissions de GES, les biodiesels de soja et de palme sont sans doute respectivement *deux et trois fois pires* que les carburants fossiles, du fait des effets des changements de l'utilisation des terres. Les résultats proviennent cependant de modèles de simulation et non de tentatives de mesures directes, sur le terrain. Les performances de l'éthanol sont un peu meilleures [1].

1. <https://ec.europa.eu/energy/sites/ener/files/documents/Final%20Report_GLOBIOM_publication.pdf>. Pour une présentation des grands résultats, voir Angela Bolis, « Les biocar-

Un autre effet pas toujours pris en compte est celui des émissions liées à l'utilisation d'engrais azotés fabriqués à partir d'hydrocarbures, comme le nitrate d'ammonium responsable de l'explosion à Beyrouth à l'été 2020. Comme l'ont montré Paul Crutzen et ses collaborateurs en 2008, la dégradation de ces engrais libère du protoxyde d'azote (N_2O), dont le pouvoir en termes de réchauffement climatique est plus ou moins trois cents fois celui du dioxyde de carbone. Cet effet est rarement mentionné dans la littérature, malgré les quantités considérables d'engrais azotés consommées par l'agriculture industrielle [1]. Ainsi, la diminution des émissions de GES du fait de l'utilisation d'agrocarburants de première génération est très faible, quand elle existe, et ne justifie pas à elle seule leur développement. D'autant que, outre la destruction de terres sauvages, d'autres conséquences négatives des agrocarburants ont été mises en lumière. Premièrement, ce sont des culturelles industrielles, avec le cortège d'effets néfastes de ce type d'agriculture. Deuxièmement, les terres dédiées à ces carburants ne le seront pas à des cultures vivrières, à l'heure où environ un milliard de gens sur Terre ne mangent pas à leur faim.

Les ravages de l'agriculture industrielle

Le cas de l'agriculture productiviste et industrielle illustre bien l'invalidité de l'affirmation maintes fois répétée que « les techniques sont neutres, tout dépend de l'usage que l'on en fait », qui est un des nombreux lieux communs émaillant les discours sur les bienfaits du progrès technique [2]. Faire le choix technique de la mécanisation, de la chimie et des semences « modernes », génétiquement modifiées ou

burants émettent plus de CO_2 que l'essence et le diesel », *Le Monde*, 29 avril 2016, <http://www.lemonde.fr/energies/article/2016/04/28/les-biocarburants-emettent-plus-de-co2-que-l-essence-et-le-diesel_4910371_1653054.html>.

1. Paul J. Crutzen *et al.*, « N_2O release from agro-biofuel production negates global warming reduction by replacing fossil fuels », *Atmospheric Chemistry and Physics*, vol. 8, n° 2, 2008, p. 389-395, <http://www.atmos-chem-phys.net/8/389/2008/acp-8-389-2008-discussion.html>. C'est à Paul Crutzen, Prix Nobel de chimie, qu'on doit l'expression désormais en vogue d'« anthropocène », cette nouvelle ère géologique dans laquelle nous sommes entrés du fait de l'activité humaine. De nombreux débats existent autour de cette notion ; voir, par exemple, Christophe Bonneuil et Jean-Baptiste Fressoz, *L'Événement anthropocène*, Seuil, Paris, 2013.

2. Voir Jacques Ellul, *Exégèse des nouveaux lieux communs*, Éditions de la Table ronde, Paris, 1966.

pas, entraîne avec lui l'adoption des pratiques culturales qui lui sont associées et sans lesquelles ce choix n'a pas de sens. Cet ensemble technique est « insécable » au sens d'Ellul.

L'agriculture industrielle détruit la nature et les êtres humains par plusieurs voies différentes et complémentaires, si l'on peut dire, au sens où elles interagissent pour produire différents effets, certains contrôlables, d'autres pas. Pour être plus juste et tenter d'éviter le dualisme nature/culture, l'agriculture industrielle détruit les *milieux* de vie au sens où l'entend Augustin Berque. Le milieu est le « domaine sur lequel nous agissons, et qui porte les marques de cette action, mais il est aussi le domaine qui nous affecte, et auquel nous appartenons de quelque manière [1] ». Cette approche résonne avec la définition donnée par les agronomes Marcel Mazoyer et Laurence Roudart d'un système agraire [2]. Celui-ci est une combinaison dynamique, en interrelation, d'un écosystème cultivé et d'un système social productif, les deux en correspondance profonde donnant la singularité d'un terroir. Si l'on adopte ce point de vue, il n'y a pas beaucoup de sens à différencier effets environnementaux et effets sociaux de l'agriculture productiviste, qu'il faudrait embrasser d'un même mouvement. La pandémie de SARS-CoV-2 en fournit un exemple frappant. Elle est en effet apparue à cause de la mise en contact de populations d'animaux et de populations d'humains auparavant isolées les unes des autres (c'est aussi le cas d'autres pandémies récentes, comme celles du HIV et d'Ebola). La déforestation et l'agriculture intensive détruisent tous les ans des millions d'hectares de zones sauvages, rapprochant ainsi ces populations qui n'ont pas coévolué ensemble et ne se sont donc pas adaptées les unes aux autres [3]. On voit ici comment la « santé » de la Terre et celle des êtres humains sont inextricablement liées. Dans ce qui suit, je séparerai néanmoins les effets sociaux et les effets environnementaux de l'agriculture industrielle pour des raisons de clarté analytique.

Concernant tout d'abord les émissions de gaz à effet de serre, le Groupement intergouvernemental d'experts sur le climat (GIEC)

---

1. Augustin Berque, *Écoumène. Introduction à l'étude des milieux humains*, Belin, Paris, 2016 [1987], p. 142.

2. Marcel Mazoyer et Laurence Roudart, *Histoire des agricultures du monde. Du néolithique à la crise contemporaine*, Seuil, Paris, 1997.

3. Intergovernmental Science-Policy Platform on Biodiversity and Ecosystem Services (IPBES), *Escaping the « Era of Pandemics »*, octobre 2020, <http://www.ipbes.net/pandemics>.

définit un secteur appelé AFOLU (*Agriculture, Forestry and Other Land Use*) pour analyser les effets globaux de l'utilisation des terres sur l'évolution du climat. Dans le rapport du GIEC paru en 2014, le secteur AFOLU est estimé responsable de 24 % des émissions de GES, dont 10 % pour la déforestation et le changement d'usage des terres, 11 % pour l'agriculture, surtout sous forme de méthane (CH_4) dû à l'élevage et de protoxyde d'azote (N_2O) émis par les engrais azotés et le lisier. Les pouvoirs en termes de réchauffement climatique du méthane et du protoxyde d'azote sont respectivement plus de vingt fois et trois cents fois supérieurs à celui du dioxyde de carbone [1]. Les 3 % restants proviendraient de divers facteurs, dont les feux de tourbières et de forêts. L'usage du conditionnel est de rigueur, car on ne sait pas encore bien quantifier les émissions liées par exemple à la déforestation, au labourage de terres autrefois herbacées, au drainage des zones humides et plus généralement aux changements de l'affectation des sols [2].

La deuxième conséquence majeure du choix d'un système agraire industriel est la pollution généralisée des eaux et des sols par tous les produits « phytosanitaires » et les engrais chimiques : pollution aux nitrates des rivières et nappes phréatiques due à la décomposition des engrais azotés, et effets toxiques des centaines de pesticides couramment et abondamment employés sur toutes les formes de vie, des micro-organismes assurant la formation des sols aux êtres humains, en passant par les plantes et les animaux, y compris les organismes directement utiles à l'agriculture, comme les insectes pollinisateurs, les oiseaux, les microbes et invertébrés présents dans la terre [3]. Plutôt que de pesticides, il faudrait parler de biocides, car ils ne tuent pas que les parasites et les « nuisibles » mais toutes les formes de vie.

---

1. Ces chiffres sont cependant à prendre avec précaution, les problèmes liés au choix des métriques étant nombreux ; voir l'encadré sur ce thème dans le dernier rapport du GIEC dont les références sont données note suivante (p. 47 du résumé technique), et Donald MACKENZIE, « Making things the same : Gases, emission rights and the politics of carbon markets », *Accounting, Organizations and Society*, vol. 34, n° 3-4, 2009, p. 440-455, doi : 10.1016/j.aos.2008.02.004.

2. Le « résumé pour les politiques et résumé technique » du rapport du groupe de travail III, sur les politiques d'atténuation et d'adaptation au changement climatique, est téléchargeable à l'adresse suivante : <http://www.ipcc.ch/pdf/assessment-report/ar5/wg3/WGIIIAR5_SPM_TS_Volume.pdf>. C'est à cette version du rapport du GIEC paru en 2014 que je me réfèrerai tout au long de ce livre.

3. Voir Fabrice NICOLINO, *Un empoisonnement universel. Comment les produits chimiques ont envahi la planète*, Les Liens qui libèrent, Paris, 2014.

Une troisième série d'effets concerne l'équilibre global des écosystèmes, mis en danger par ces pratiques culturales : érosion et appauvrissement des sols (labours profonds, arrachage des haies et bois, monocultures sans rotation, utilisation des « déchets » de récolte qui ne sont pas laissés à se décomposer dans les champs), manque d'eau pour cause de captage excessif, perte de biodiversité engendrée par la destruction des habitats et l'utilisation de la chimie, tous ces effets se conjuguent pour modifier les chaînes alimentaires, mettre en péril un grand nombre d'espèces et favoriser celles qui deviendront invasives, ce qui agira en retour sur la richesse des sols et la biodiversité.

Enfin, un dernier effet environnemental est particulier aux cultures génétiquement modifiées. Il s'agit de la pollution génétique, c'est-à-dire de la dissémination des transgènes (le matériel qui a été introduit dans les variétés conventionnelles) dans l'environnement. Ainsi, par exemple, des gènes de résistance aux antibiotiques se retrouvent dans une bonne part de la nourriture pour les animaux domestiques, donc dans la chaîne alimentaire humaine. De même, le maïs mexicain est pollué par des pollens génétiquement modifiés venant des États-Unis, alors que le Mexique est le centre d'origine du maïs.

Les effets sociaux de ce type de système agraire ne sont pas moindres. Un des plus importants dérive du fait que l'agriculture industrielle est très intensive en capital : mécanisation et énergie, irrigation, serres, intrants chimiques et semences. Cultiver les variétés modernes nécessite des investissements lourds, qui ne pourront être amortis que sur de grandes surfaces. La concentration des terres est un phénomène à l'œuvre dans le monde entier. Un autre facteur majeur de cette concentration croissante des exploitations provient des variations de prix sur les marchés internationaux. Comment un agriculteur vendant son grain 150 euros le quintal et planifiant les amortissements de ses investissements sur un tel revenu peut-il se débrouiller lorsque le prix de son produit perd 30 % ou 40 % en un an ? Seuls les gros agriculteurs ont une assise financière suffisante pour supporter de telles variations de prix, les autres sont obligés de s'endetter. Si la tendance actuelle se poursuit, les petits agriculteurs sont voués à disparaître, avec leurs savoirs et savoir-faire[1].

La conséquence de cette concentration des terres est que les petites fermes et l'agriculture familiale, qui pourtant nourrissent le monde,

---

1. Voir Yves DUPONT et Pierre BITOUN, *Le Sacrifice des paysans. Une catastrophe sociale et anthropologique*, L'Échappée, Paris, 2016.

ont de moins en moins de terres à leur disposition, ces dernières étant accaparées par les grandes exploitations pour les besoins des cultures industrielles. Une étude de l'association GRAIN met en lumière cette tendance de fond[1] : alors que l'humanité dépend pour sa survie des cultures vivrières, produites essentiellement par une paysannerie familiale, une part croissante des terres arables est préemptée par les cultures industrielles que sont le soja, le colza, la canne à sucre, le maïs, le coton et le palmier à huile, principalement destinés à la nourriture animale et aux biocarburants (sauf pour le coton). Selon cette étude, autour de 80 % des exploitations de par le monde sont des petites fermes, qui produisent les trois quarts de la nourriture mondiale sur seulement un quart des terres agricoles, et cette part continue de se réduire d'année en année. À l'inverse, l'agriculture industrielle produit un quart de la nourriture mondiale en utilisant les trois quarts des terres cultivées. Quel est le système agraire le plus efficace ?

Dans l'Union européenne, alors que les fermes de 100 hectares et plus ne représentent que 3 % des exploitations, elles s'étendent sur 50 % des terres cultivées et touchent plus de la moitié des subventions de la Politique agricole commune (PAC). Nombre de pays de l'Europe de l'Ouest, dont la France, ont perdu jusqu'à 70 % de leurs exploitations depuis les années 1970. La moitié de la population active française au début du XXe siècle était employée dans l'agriculture, contre environ 2 % aujourd'hui. Les États-Unis comptent de leur côté plus de prisonniers que d'agriculteurs. Un corollaire de ces évolutions est un exode rural massif et une désertification des campagnes. Nous nous dirigeons ainsi vers une *agriculture sans agriculteurs*. Quant aux paysans qui parviennent à rester sur leurs terres, ils sont de plus en plus nombreux à être malades du fait de l'utilisation massive de dizaines de pesticides. Monsanto fait aujourd'hui face (2020) à plus de cent mille plaintes aux États-Unis concernant des maladies vraisemblablement liées à l'utilisation de son herbicide, le Roundup, dont beaucoup de lymphomes et d'autres cancers. Syngenta produit un grand nombre de pesticides classés « ultra-toxiques » et qui sont interdits en Europe.

Un autre corollaire de ce phénomène d'ensemble est la domination croissante sur l'ensemble du système agricole mondial de quelques multinationales extrêmement puissantes. On assiste depuis une vingtaine d'années à une vague de fusions et acquisitions dans

1. GRAIN, *Affamés de terres : les petits producteurs nourrissent le monde avec moins d'un quart de l'ensemble des terres agricoles*, juin 2014, <www.grain.org>.

les secteurs de l'agrochimie et de la production de semences, dont l'ampleur ne fait que s'accroître. DuPont a avalé Pioneer, puis fusionné avec Dow Chemicals en décembre 2015 (ils ont pris en 2019 le nom de Corteva), Syngenta a acquis Novartis, et a été racheté à son tour par ChemChina (2016), Bayer a intégré Aventis et vient de s'offrir Monsanto pour 63 milliards de dollars (2018). Les autorités de la concurrence n'y ont rien vu à redire. Toutes ces firmes géantes résultent elles-mêmes de multiples fusions et acquisitions. Au niveau des semences et de l'agrochimie, l'agriculture mondiale est aujourd'hui dominée par seulement quatre firmes, les *Big Four* : Monsanto-Bayer, DuPont-Dow, BASF et Syngenta-ChemChina. Il en va de même pour l'aval de la filière, le négoce et la distribution étant contrôlés par des géants connus sous le nom d'ABCD, pour Archer Daniel Midlands, Bunge, Cargill et Dreyfus [1].

La convergence NBIC dans l'agriculture

La culture des biocarburants appartenant au système agraire industriel, ses pratiques en suivent les grandes évolutions, qui ne sont pas de nature à inverser les tendances évoquées.

Le déploiement des nano- et biotechnologies et des technologies de l'information, en particulier de l'intelligence artificielle et du *Big Data*, touche maintenant l'agriculture. Dans ce secteur comme dans d'autres, ces techniques sont convoquées pour résoudre les problèmes liés aux grands enjeux contemporains : ici, augmenter les rendements de manière « durable ». Les deux piliers de la convergence NBIC dans l'agriculture sont, d'une part, le recours aux biotechnologies, en particulier aux semences génétiquement modifiées (les OGM), et, d'autre part, l'agriculture dite de précision, digitale ou connectée.

Les premiers OGM ont été commercialisés au milieu des années 1990, et les surfaces emblavées n'ont fait que s'étendre depuis : environ 190 millions d'hectares en 2018 [2]. Les États-Unis, le Canada,

1. Pour une étude très documentée des mouvements de concentration du capital dans le secteur agricole et alimentaire, voir Philip Howard, *Concentration and Power in the Food System : Who Controls what We Eat ?*, Bloomsbury, New York, 2016. Voir aussi ETC Group, *Who Will Control the Green Economy ?*, 2011, <www.etcgroup.org>.

2. Il y a environ 4,8 milliards d'hectares de terres agricoles dans le monde, divisées comme suit. Les terres arables sont les terres cultivées réensemencées tous les ans. Leur surface se monte à 1,4 milliard d'hectares. Il faut ajouter à cela 150 millions d'hectares de

le Brésil, l'Argentine et l'Inde concentrent 91 % des cultures OGM dans le monde. Les espèces cultivées sont le soja (50 % des cultures), le maïs (30,7 %), le coton (13 %) et le colza (5,3 %) [1]. Autrement dit, 99 % des cultures OGM sont des cultures industrielles, destinées au textile, aux agrocarburants et à la nourriture pour le bétail, et non des cultures vivrières. Le maïs n'est une culture vivrière qu'en Amérique centrale et dans certains pays du Sud-Est de l'Afrique. Mais sur la page d'accueil du site de l'International Service for the Acquisition of Agri-Biotech Applications (ISAAA), un des grands lobbies américains pro-OGM, on peut lire « *We feed the world with knowledge* » (« Nous nourrissons le monde avec de la connaissance »). C'est donc de la pure propagande.

Un autre « élément de langage » des pro-OGM consiste à affirmer qu'ils créent des variétés enrichies en nutriments. Or, si l'on regarde quels sont les traits introduits dans les semences, on s'aperçoit que quasiment 100 % des OGM sont soit résistants à un herbicide, soit produisent de manière endogène un insecticide naturel, le *Bacillus thuringiensis* ou Bt, soit combinent les deux traits [2]. Le trait le plus fréquent est celui de la résistance à un herbicide. C'est Monsanto qui a commencé avec ses plantes *Roundup-Ready*, résistantes à son herbicide phare, le Roundup, à base de glyphosate. Ce genre de variété facilite le travail de l'agriculteur, qui peut pulvériser en grand, éradiquant toute vie végétale sur son champ, sauf la plante résistante. Pour les industriels de l'agrochimie, c'est une aubaine puisqu'ils vendent ainsi des produits joints : les semences et l'herbicide associé. Les *Big Four* ont désormais chacun leurs semences modifiées pour résister à leurs herbicides maison.

Il faut noter que les cultures OGM ne présentent pas un grand changement agronomique par rapport aux variétés industrielles conventionnelles. Certaines pratiques culturales sont modifiées, mais cela reste de l'agriculture industrielle, très mécanisée (donc demandant de lourds investissements), faisant un large appel à chimie et à l'irrigation. Ces cultures ont donc les mêmes effets dévastateurs

---

cultures permanentes (arbres, vignes) et 3,3 milliards d'hectares de prairies permanentes. Chiffres FAOStat de 2013, <www.fao.org>, consulté le 5 juin 2016. La Food and Agriculture Organization (FAO) est l'agence des Nations unies consacrée à l'agriculture et à l'alimentation.

1. *ISAAA Brief*, n° 49, 2014, <https://www.isaaa.org/resources/publications/briefs/49/infographic/default.asp>.

2. On verra dans le troisième chapitre les nouveaux OGM en projet.

évoqués plus haut. Malgré cela, on peut lire sur les documents de l'ISAAA que, non seulement ils nourrissent le monde, mais que les OGM sont bons pour les petits fermiers des pays en voie de développement. Des fondations comme Rockefeller et Bill et Melinda Gates financent d'ailleurs largement des campagnes de promotion en faveur des OGM et divers projets d'équipement en Afrique, par exemple, pour inciter les petits fermiers à abandonner les cultures vivrières qui les nourrissent et à s'endetter afin de se lancer dans cette agriculture ultra-technique et très chère, et de plus destinée à l'exportation.

L'émergence de l'agriculture digitale, second pilier de la convergence NBIC dans l'agriculture, va encore accroître ces tendances.

Après avoir arraché arbres et haies pour agrandir les parcelles, on s'aperçoit maintenant que les conditions pédoclimatiques diffèrent à l'intérieur d'une même parcelle, ce qu'on appelle l'hétérogénéité intra-parcellaire. Il peut y avoir plus d'azote ou plus d'eau dans un endroit que dans un autre. Dès lors, pourquoi répandre les mêmes doses d'engrais ou irriguer partout de la même façon ? Il serait plus rationnel de s'adapter précisément à cette variabilité, d'où la notion d'agriculture de précision, apparue au tournant des années 2000. Selon ses promoteurs, cela permet de limiter les quantités d'intrants, donc la pollution chimique et l'utilisation de l'eau. Un autre avantage est que, grâce au guidage par GPS des engins, souvent aussi gros que des tanks, les agriculteurs repassent toujours dans leurs traces, ce qui réduit le compactage des sols. C'est ainsi que nanosciences, *Big Data* et intelligence artificielle, robots autonomes et biotechnologies se répandent aujourd'hui dans les champs [1].

Pour atteindre cette précision, il faut disposer du maximum de données possibles, concernant les prévisions météorologiques, la teneur des sols en azote, phosphates et potasse, en eau, le degré de maturation des plantes et leur teneur en chlorophylle, la présence de maladies et de ravageurs, etc. Toutes ces données sont obtenues par imagerie satellitaire, par des drones et par de multiples capteurs disposés dans les champs. Elles sont ensuite envoyées sur les tablettes embarquées dans les tracteurs et autres monstres mécaniques. Enfin, elles sont traitées par des algorithmes (propriétaires, bien sûr) qui fournissent ainsi des conseils aux agriculteurs sur tous leurs gestes :

1. Pour de nombreux exemples des différentes applications de l'agriculture connectée, voir Vincent TARDIEU, *Agriculture connectée. Arnaque ou remède ?*, Belin, Paris, 2017.

quand semer, traiter, récolter, quels traitements et engrais employer, sur quelles parcelles et à quel moment les appliquer, etc.

Il faut aussi du matériel agricole de pointe. Par exemple, pour doser l'azote efficacement, les engins sont dotés de buses orientables qui épandent l'engrais juste là où il y en a besoin. Sur les machines les plus sophistiquées, ce n'est pas l'agricultrice, consultant ses écrans, qui manœuvre les buses ; celles-ci sont directement commandées par les algorithmes qui gèrent les données. On explore aussi aujourd'hui la possibilité d'installer sur les pulvérisateurs des logiciels de reconnaissance des adventices : l'herbicide serait ainsi automatiquement envoyé sur elles seules. Le dernier pas dans l'automatisation est de fabriquer des machines complètement autonomes, comme celles proposées par des *start-up* telles Small Robot Company ou Hands Free Hectare, dont le nom annonce clairement la couleur : ne pas mettre un pied dans les champs[1]. Il s'agit de concevoir des petits robots autonomes, pour l'instant encore à l'état de prototypes, qui feraient tout le travail, du recueil et de l'analyse des données locales à la récolte, en passant par les semis et les traitements.

Cette technicisation accrue, fondée sur l'internet des objets, va évidemment nécessiter d'installer des antennes 5G sur tous les territoires, au nom du progrès agricole. Elle bouleverse par ailleurs le secteur des semences et de l'agrochimie, déjà très concentré comme on l'a vu. Après avoir massivement acheté des firmes de biotechnologie depuis les années 1990, les *Big Four* des semences et de l'agrochimie s'intéressent à des entreprises fabriquant du matériel de précision, des capteurs et de l'imagerie, des logiciels et des systèmes d'intelligence artificielle pour le traitement de données, de la robotique. Par exemple, Monsanto a racheté en 2009 The Climate Corporation, spécialisée en données météo. Cette dernière a acquis Yield Pop (conseils d'achat de semences et de produits « phytos » en ligne), 640Labs (GPS, communication de données agricoles et équipement) et la division analyse des sols de Solum en 2014, VitalFields (logiciels de gestion des exploitations) en 2016 et HydroBio (données d'irrigation) en 2017. Toutes les grandes firmes du secteur ont noué des partenariats avec les producteurs de machines agricoles, comme John

1. Charles McLellan, « Smart farming : How IoT, robotics, and AI are tackling one of the biggest problems of the century », *Tech Republic*, 12 décembre 2018, <www.techrepublic.com/article/smart-farming-how-iot-robotics-and-ai-are-tackling-one-of-the-biggest-problems-of-the-century/>.

Deere ou Massey Ferguson. Il s'agit en effet d'assurer l'interopérabilité entre le *hardware* installé sur les engins et le *software* proposé par chacune des multinationales de chimie et de biotechnologies agricoles [1].

Les *Big Four* ont ainsi élargi leur offre et proposent aux agriculteurs des abonnements à des plateformes comprenant des prévisions, des cartes précises et des conseils (selon la formule d'abonnement choisie). Elles visent ainsi à leur fournir un système intégré où la firme répond à tous leurs besoins, des prévisions météorologiques aux traitements et dates de récolte en passant par le choix des variétés cultivées, les rendant encore plus captifs. Difficile en effet de prendre la décision d'acheter des produits d'une autre firme puisque ceux-ci ne seront pas compatibles avec les préconisations de la plateforme. L'autonomie des agriculteurs se réduit à mesure que le « paquet technologique » des produits joints s'étend.

La dynamique de numérisation et de robotisation qui s'opère va encore accroître la concentration des terres. Tout ce matériel est très cher (des dizaines, voire des centaines de milliers d'euros [2]) et ne pourra être amorti que sur de très grandes surfaces. Par ailleurs, à quoi peut bien servir un drone pour surveiller la parcelle quand celle-ci fait 2 ou 3 hectares ? Cette évolution va contribuer à vider encore un peu plus les campagnes, puisque l'essentiel des gestes et des décisions seront automatisés. Pourtant, les rendements agricoles stagnent depuis le milieu des années 1990, les quantités d'azote épandues ne diminuent pas, au contraire [3], et celles des pesticides continuent de croître. Toute cette technique ultra-sophistiquée et très chère n'infléchit pas la tendance de fond. Autrement dit, l'agriculture de précision poursuit dans la dynamique mortifère de l'agriculture industrielle, encore plus vite et plus loin. Les gouvernants, au Nord comme au Sud, la promeuvent cependant [4].

---

1. Pat Mooney, ETC Group, *Blocking the Chain. Industrial Food Chain Concentration, Big Data Platforms and Food Sovereignty Solutions*, 2018, <www.etcgroup.org>.

2. Voir V. Tardieu, *Agriculture connectée, arnaque ou remède ?, op. cit.*, p. 237 *sq*.

3. Voir, par exemple, <https://www.croplife.com/precision/wilbur-ellis-vradenburg-complexity-of-ag-is-going-to-increase-exponentially/>.

4. Pour la France, voir Jean-Marc Bournigal, François Houllier, Philippe Lecouvey et Pierre Pringuet, *Agriculture Innovation 2025 : des orientations pour une agriculture innovante et durable*, décembre 2015, <https://agriculture.gouv.fr/agriculture-innovation-2025-des-orientations-pour-une-agriculture-innovante-et-durable>. Pour l'Afrique, Union africaine et Nouveau Partenariat pour le développement de l'Afrique (NEPAD), *Des drones à l'horizon. Transformer l'agriculture en Afrique*, 2019, <www.nepad.org>.

Si nous continuons dans cette voie, ne finiront par rester que des grandes exploitations de plus en plus techniques opérant toutes plus ou moins sur le même modèle. Les grands pays producteurs d'agrocarburants comme l'Argentine, le Brésil ou les États-Unis, qui ont massivement adopté les semences génétiquement modifiées et sont en train de prendre le virage de l'agriculture connectée, offrent des exemples de ce à quoi mène cette rationalisation excessive : des millions d'hectares en monoculture, des paysages rectilignes et vides, un appauvrissement des sols et des écosystèmes, ni insectes ni oiseaux : des *déserts verts*.

Le dilemme « food vs fuel » *:* *manger ou conduire, il faut choisir*

Outre les conséquences délétères de toute agriculture industrielle, les agrocarburants posent un problème spécifique lié à l'utilisation des terres. Leur production croissante, soutenue par les législations du type de celle mise en place par les directives 2009/28/CE et 2018/2001, entraîne la conversion de terres dédiées aux cultures alimentaires. Les terres agricoles ne sont pas infiniment extensibles et, dans un contexte de croissance de la population mondiale, la question des arbitrages concernant leur affectation est de plus en plus aiguë. Les quantités d'agrocarburants produites mondialement sont très faibles si on les rapporte à l'ensemble des énergies consommées (3,8 % de 13 % des énergies primaires), mais ont déjà des effets non négligeables sur l'approvisionnement alimentaire, raison pour laquelle de nouvelles générations de biocarburants sont mises au point. Ces effets peuvent être séparés en effets directs, dans les pays où les plantes destinées aux carburants sont cultivées, et effets indirects dérivant des interdépendances économiques dans un régime de capitalisme globalisé.

Dans les pays où ces plantes sont cultivées, elles entrent directement en concurrence avec les cultures alimentaires et réduisent les surfaces et les ressources disponibles pour produire de la nourriture. L'exemple du soja en Argentine et au Brésil est dramatique[1]. En Indonésie et en Malaisie, principaux producteurs de palmiers à huile, l'extension de ces cultures s'est faite au prix d'une déforestation massive, comme

1. Voir Miguel A. Altieri et Walter A. Pengue, « GM soya disaster in Latin America », *Science in Society Archive*, 2005, <http://www.i-sis.org.uk/SDILA.php>.

en Amérique du Sud. Selon une étude de l'association Les Amis de la Terre[1], 87 % de la déforestation en Malaisie sont imputables aux agrocarburants, tandis que des projections prévoient une diminution des forêts tropicales indonésiennes de l'ordre d'un tiers pour les mêmes raisons d'ici à 2030. L'agriculture industrielle détourne les terres d'usages vivriers au profit d'usages industriels. L'Europe importe une bonne part de ses agrocarburants, ce qui signifie que des terres dans d'autres pays sont destinées à la production d'essence et de diesel pour les voitures des Européens, au détriment de l'alimentation de leurs propres populations. L'étude d'Oxfam de 2012 fait une évaluation des quantités de céréales alimentaires, blé et maïs, qui auraient pu être produites si l'Europe n'imposait pas cette politique d'incorporation d'énergies renouvelables aux énergies fossiles, et parvient à la mesure suivante : les terres dédiées aux seuls carburants européens auraient pu nourrir plus de 120 millions de personnes pendant un an, d'où le titre du rapport, *Les Semences de la faim*.

L'étude d'Oxfam souligne également le problème lié aux besoins d'irrigation : les cultures d'agrocarburants auraient englouti 45 milliards de mètres cube d'eau en 2007, c'est-à-dire six fois la consommation d'eau potable mondiale la même année. Ces chiffres paraissent énormes, mais il faut savoir qu'il faut entre 250 et 450 litres d'eau par an pour produire 1 kilogramme de maïs, 600 litres pour 1 kilogramme de blé, 900 litres pour un 1 kilogramme de soja, et plus de 5 000 litres pour 1 kilogramme de coton[2]. Cette eau ne sera pas disponible pour d'autres usages, domestiques et alimentaires. Selon l'OMS, un être humain vit décemment avec 50 litres par jour.

Les effets indirects de la culture de plantes à essence renvoient aux mouvements de prix sur les marchés mondiaux et à leurs corrélations. En 2007-2008, au début de la crise financière, les prix agricoles mondiaux ont connu une forte hausse, provoquant famines et émeutes de la faim dans plusieurs pays du monde. La raison en a été attribuée depuis en grande partie à une demande accrue de maïs aux États-Unis pour une transformation en éthanol, qui, par effet de substitution, s'est répercutée sur le prix du blé. De même, l'accroissement de la demande pour les huiles végétales a eu le même impact sur le prix des

1. Les Amis de la Terre, « Biocarburants : pires que des énergies fossiles », 4 mars 2006, <https://www.amisdelaterre.org/biocarburants-pires-que-des-energies-fossiles/>.

2. <http://www.eaufrance.fr/groupes-de-chiffres-cles/directive-nitrates-resultats-de-la>, consulté le 1er juin 2016.

huiles de cuisson, qui représentent souvent un aliment essentiel dans le régime des populations pauvres. Autrement dit, les effets néfastes des biocarburants touchent d'abord et avant tout les plus démunis, et les femmes au premier plan, les petits paysans étant majoritairement des paysannes [1].

La crise agricole et alimentaire de 2007-2008 a rappelé au monde l'importance stratégique du secteur agricole et alimentaire, et a impulsé un mouvement qui ne fait que s'amplifier depuis, celui de l'acquisition massive de terres par de grands agents, particulièrement dans des zones fertiles et/ou riches en biodiversité. Des États, des firmes multinationales et des investisseurs institutionnels achètent des centaines de milliers d'hectares de terres pour s'assurer d'un approvisionnement alimentaire suffisant, pour diversifier leurs placements ou par pure spéculation. Ce mouvement d'accaparement des terres (*landgrabbing*) touche majoritairement les peuples des pays du Sud, qui se voient expropriés de leurs champs et privés de moyens de subsistance, au profit de grands investisseurs publics et privés qui construisent à la place des exploitations gigantesques majoritairement dédiées à des cultures industrielles d'exportation. Il s'agit très souvent d'agrocarburants, puisque leur demande est obligeamment assurée par les législations de divers États. L'ampleur exacte du phénomène d'accaparement des terres est très difficile à évaluer. Dans bon nombre de pays du Sud, les cadastres et droits fonciers ne sont pas clairement établis, encore moins sécurisés légalement, et les changements de statut de ces droits en général peu suivis. De plus, les grandes firmes transnationales et les investisseurs institutionnels à l'origine des achats préfèrent généralement garder le secret sur ces transactions, ce qui, vu l'état du droit foncier et des cadres institutionnels en général, s'avère assez facile. Les quelques études analysant les évolutions des acquisitions de terres à grande échelle au niveau mondial permettent néanmoins de se faire une idée de l'ampleur du phénomène actuel [2].

---

1. R. Kelly, *Les Semences de la faim*, *op. cit.*

2. Klaus Deininger et Derek Byerlee (dir.), *Rising Interest in Farmland : Can It Yield Sustainable and Equitable Benefits ?*, The World Bank, 2010, <www.worldbank.org> ; Ward Anseeuw, Liz Alden Lilly, Lorenzo Cotula et Michael Taylor, *Land Rights and the Rush for Land : Findings of the Global Commercial Pressures on Land Research Project*, International Land Coalition, Rome, 2012, <www.landcoalition.org> ; Oxfam, « Land and power : The growing scandal surrounding the new wave of investments in land », *Oxfam Briefing Paper*, n° 151, septembre 2011. Ces deux dernières publications sont basées sur les données du Land Matrix Partnership, un projet de recherche international émanant de plusieurs organi-

Land Matrix a documenté des transactions concernant une superficie totale de 227 millions d'hectares de 2000 à 2011. De 2012 à 2017, 50 millions d'hectares sont venus s'ajouter à cette surface. Rappelons qu'il y a environ 1,4 milliard d'hectares de terres arables, et 4,8 milliards si l'on y ajoute les cultures pérennes (arbres, vignes, prairies permanentes). On note une accélération considérable à partir de 2007-2008, pour deux raisons majeures. Premièrement, la crise alimentaire mondiale est venue rappeler que les terres agricoles n'étaient pas infinies et a poussé certains États comme la Chine et les pays du Golfe persique à acheter des terres pour assurer leur sécurité alimentaire. Deuxièmement, pour des investisseurs touchés par la crise financière, le secteur agricole offre des opportunités de profit peu risquées, et décorrélées des dynamiques financières. L'étude de la Banque mondiale rapporte que, entre 1990 et 2007, la moyenne annuelle des achats s'est élevée à 2 millions d'hectares. En moins d'un an, entre 2008 et 2009, les auteurs ont documenté des transactions concernant une surface de 56 millions d'hectares. Les différentes sources s'accordent pour dire qu'environ les deux tiers des achats ont été effectués en Afrique, et particulièrement dans des pays où les droits fonciers ne sont pas bien établis. Ainsi, entre 2004 et 2009, les transactions en Tanzanie n'ont représenté « que » 50 000 hectares, alors que les surfaces concernées étaient de 2,7 millions d'hectares au Mozambique et de 4 millions d'hectares au Soudan durant la même période. La demande émane essentiellement de trois types d'acteurs : des États, à travers leurs fonds souverains ; des investisseurs financiers cherchant à diversifier leur portefeuille (fonds mutuels, fonds de pension, *hedge funds*) ; et des firmes multinationales de l'agro-business engagées dans des stratégies d'intégration verticale et/ou de recherche de rendements d'échelle. Les cultures concernées sont essentiellement des cultures industrielles (canne à sucre, huiles végétales, maïs et plantations d'arbres), dont plus d'un tiers sont dédiées aux agrocarburants. L'étude de la Banque mondiale montre que, en 2010, seulement 20 % des 56 millions d'hectares achetés entre 2008 et 2009 étaient

sations et institutions, dont l'ILC et le CIRAD, qui recense toutes les transactions de plus de 200 hectares et les documente le plus précisément possible : localisation, taille, confirmation par d'autres sources, nature du projet (cultures vivrières ou industrielles, foresterie, projet de conservation, etc.), identification des investisseurs, statut légal (achat, location, concession). Voir <www.landmatrix.org>.

effectivement cultivés[1] : bon nombre de ces terres sont en fait de l'investissement spéculatif ; elles sont achetées pour être revendues quand leur prix aura suffisamment augmenté.

Un deuxième rapport de l'International Land Coalition, paru en 2016, permet d'actualiser et de préciser ces données[2]. Les surfaces concernées par la nouvelle étude sont moindres, 43,6 millions d'hectares, car les auteurs ont changé de méthodologie, n'ont retenu que les transactions dûment certifiées, et un certain nombre de transactions prévues n'ont pas eu lieu. 24 millions d'hectares sont consacrés à l'agriculture. Sur ces 24 millions d'hectares, 38 % sont dédiés à des cultures vivrières, 30 % à des cultures industrielles (dont 21 % aux agrocarburants) et 23 % sont non spécifiés, ce qui correspond généralement à ce qu'on appelle des « *flex crops* », qui ont différents usages. Par exemple, le palmier à huile (de loin la première culture concernée) peut servir dans l'agroalimentaire, les cosmétiques et les biocarburants.

Dès 2008, la FAO mettait en garde contre les conséquences potentiellement redoutables du développement des cultures d'agrocarburants pour l'alimentation mondiale. En 2011, une dizaine d'institutions internationales, dont la FAO, la Banque mondiale, le Fonds monétaire international (FMI) et l'OCDE – qui ne figurent pas parmi les organisations les plus révolutionnaires –, ont officiellement demandé l'arrêt des législations obligeant à mélanger des carburants végétaux aux carburants fossiles[3]. Mais l'Union européenne reste sur ses positions. Elle s'est récemment (avril 2015) contentée d'admettre que le seuil d'incorporation pour les agrocarburants de première génération de 10 % était trop élevé, et l'a ramené à 7 %, les 3 % restants devant être couverts par des agrocarburants de deuxième génération. La directive 2018/2001 maintient ces objectifs.

Les multiples effets négatifs et contre-productifs des carburants végétaux n'ont pas conduit à leur abandon, mais au contraire à une recherche encore plus poussée pour tenter de mettre au point des

1. K. Deininger et D. Byerlee (dir.), *Rising Interest in Farmland, op. cit.*

2. Kerstin Nolte, Wytske Chamberlain et Markus Giger, *Land Matrix : Analytical Report II*, International Land Coalition, 2016, <www.landcoalition.org>.

3. Voir le rapport issu de l'initiative conjointe de la FAO et de l'OCDE, *Price Volatility in Food and Agricultural Markets : Policy Responses*, 2011, <www.ifad.org/documents/10180/90baccae-ca5c-4a65-b77a-19999dff877c>.

biocarburants « avancés ». Les deuxième et troisième générations permettraient de dépasser les problèmes posés par la première, en particulier la concurrence avec les cultures vivrières dont à peu près tout le monde s'accorde aujourd'hui à dire qu'elle n'est pas acceptable (ce qui n'empêche pas les surfaces qui leur sont dédiées de continuer malgré tout à croître).

Les agrocarburants « avancés » : nouvelles solutions, nouveaux problèmes

L'idée principale qui sous-tend les recherches sur les biocarburants dits avancés est de pouvoir utiliser des matières premières végétales qui n'entreraient pas en compétition avec la production de nourriture, par exemple des résidus de cultures alimentaires ou forestières, des déchets organiques de toute sorte, ou même des algues, bref, n'importe quel type de biomasse non alimentaire. Certaines des techniques issues de la convergence NBIC, en particulier celles de la biologie de synthèse, permettent de fabriquer des micro-organismes (bactéries, levures, autres champignons) dégradant les sucres, la cellulose et l'huile des plantes et les transformant en précurseurs d'éthanol ou de diesel. Ces techniques cherchent aussi à tirer parti de la capacité des algues d'absorber du CO_2 et de produire, par photosynthèse, des huiles pouvant être transformées en biodiesel.

Les recherches portent sur : l'identification, parmi les millions de micro-organismes terrestres et aquatiques connus, de ceux dont les « fonctionnalités » sont les plus intéressantes pour ces tâches ; le séquençage génétique de ces fonctionnalités et leur « recréation » améliorée par ADN de synthèse, puis leur intégration dans des « châssis » biologiques standardisés (souvent la bactérie *Escherichia coli*, ou la levure de boulanger, *Saccharomyces cerevisae*, micro-organismes simples et étudiés depuis longtemps) ; l'amélioration d'une palette de fonctionnalités (pour les plantes, de la résistance à divers stress à l'amélioration de la photosynthèse, en passant par la production de molécules utiles à l'industrie) ; et enfin, la combinaison de toutes ces nouvelles fonctions améliorées qui aboutiront à la création de micro-organismes plus performants dans la dégradation et la transformation des différents types de biomasse pour la production d'éthanol et d'huile.

Il ne s'agit pas là que d'un programme de recherche. Les premiers agrocarburants de deuxième génération [1] sont commercialisés depuis quelques années et, si les capacités de production sont encore très réduites du fait de coûts élevés et de « verrous technologiques », les recherches sont intenses et en haut de l'agenda des politiques, des militaires, des firmes pétro- et agrochimiques et des scientifiques, aux États-Unis comme en Europe et en Chine, au Brésil et au Canada.

Les promesses de la biologie de synthèse

La biologie de synthèse regroupe un ensemble de techniques et de pratiques dont l'objectif est de créer de nouvelles fonctionnalités biologiques n'ayant jamais existé dans la nature en manipulant les génomes de micro-organismes, de végétaux et d'animaux, et d'humains [2]. Jusqu'à la fin des années 1990, la génétique et la génomique émergente continuaient à être fondées sur le dogme central de la biologie moléculaire – pour simplifier : « un gène code pour une protéine, qui accomplit une fonction » –, une vision linéaire et déterministe de la biologie et de la génétique. La biologie de synthèse s'appuie quant à elle sur la vision théorique de la biologie des systèmes, reconnaissant les interactions et rétroactions multiples caractérisant le fonctionnement cellulaire et la complexité des organismes vivants.

La biologie de synthèse s'est développée à grande vitesse à partir du début des années 2000. Comme souvent, cette nouvelle technique résulte de la combinaison de techniques existantes : la biologie moléculaire appliquée (l'ingénierie moléculaire), la biologie des systèmes, et les milliards de données sur les génomes (ADN), les protéomes (protéines), les transcriptomes (ARN) produites par la bio-informatique. Ce n'est pas une discipline stabilisée, mais un ensemble de techniques dérivant du paradigme de la biologie contemporaine et

1. Les biocarburants à base d'algues sont quelquefois qualifiés de troisième génération, mais je les inclus aux carburants de deuxième génération, dans la mesure où la vision et les outils sont issus du même paradigme technoscientifique, celui de la biologie de synthèse, et où les deux appartiennent au même secteur économique.

2. Pour des introductions complémentaires à la biologie de synthèse, on peut se reporter à ETC Group, *Extreme Genetic Engineering : An Introduction to Synthetic Biology*, 2007, et *The New Biomasters : Synthetic Biology and the Next Assault on Biodiversity and Livelihoods*, 2010, <www.etcgroup.org>, et Bernadette BENSAUDE-VINCENT et Dorothée BENOIT-BROWAEYS, *Fabriquer la vie. Où va la biologie de synthèse ?*, Seuil, Paris, 2011.

de sa vision réductionniste du tout-génétique, qui, bien que battue en brèche par la mise en évidence de la complexité des interactions entre gènes et l'importance des phénomènes épigénétiques[1], laisse accroire que d'avoir « percé le code » équivaut à maîtriser la vie. Ainsi, puisqu'on a identifié les quelque trente mille gènes du génome humain et celui de plusieurs centaines d'autres espèces animales et végétales, on peut maintenant faire le chemin à l'envers, imaginer un génome, simuler son fonctionnement par ordinateur, synthétiser son ADN comme on a synthétisé des molécules chimiques depuis plus d'un siècle, et créer *in vitro* l'organisme qui lui correspond. En d'autres termes, maintenant qu'on sait lire le code, on peut en écrire un nouveau.

Ce fantasme de création de la vie en laboratoire devient rapidement réalité, pour des micro-organismes simples tout au moins. Craig Venter et son équipe, qui avaient pris de vitesse le consortium international Projet Génome humain en 2001 en séquençant le génome humain avant la science publique, ont réussi à créer en 2010 une bactérie nouvelle et capable de se répliquer, *Mycoplasma laboratorium*, renommée Synthia par l'association ETC Group. D'autres chercheurs ont réussi à recréer des virus disparus comme ceux de la variole ou de la grippe espagnole, cette dernière ayant fait environ 50 millions de morts en 1918-1919. Cela illustre parfaitement l'autonomie de la technique moderne, son hermétisme à tout questionnement moral : tout ce qui peut être fait le sera, même si c'est stupide, dangereux ou n'a aucun sens. « *Tout ce qui est technique, sans distinction de bien et de mal, s'utilise forcément quand on l'a en mains.* Telle est la loi majeure de notre époque[2]. »

La biologie de synthèse relève plus d'un ensemble de techniques de manipulation des organismes vivants que d'une discipline unifiée. Ce qui rassemble ces techniques, selon Bernadette Bensaude-Vincent

---

1. L'épigénétique concerne les facteurs environnementaux, à l'intérieur ou à l'extérieur de l'organisme, qui conduisent certains gènes à s'exprimer ou non. Voir Richard LEWONTIN, *The Doctrine of DNA : Biology as an Ideology*, Penguin, Londres, 1991 ; les travaux de Stephen Jay Gould, qui n'a cessé de montrer que l'évolution « n'optimisait pas » ; la biographie intellectuelle d'Erwin Chargaff, grand biochimiste ayant participé à la découverte de la structure de l'ADN, *Le Feu d'Héraclite*, *op. cit.* ; et plus généralement les critiques du paradigme adaptationniste ou néodarwinien dont la biologie moléculaire est, par son réductionnisme, exemplaire. Pour des revues, on peut lire Marcel BLANC, *Les Héritiers de Darwin. L'évolution en mutation*, Seuil, Paris, 1990, et Niles ELDREDGE, *Reinventing Darwin : The great Evolutionary Debate*, Weidenfeld & Nicolson, Londres, 1995.

2. J. ELLUL, *La Technique ou l'enjeu du siècle*, *op. cit.*, p. 92.

et Dorothée Benoit-Browaeys, sont les deux caractères d'*engineering* et de *design* dans le domaine des biotechnologies. Un des rapports fondamentaux sur le sujet, publié par la Commission européenne en 2005, la définit ainsi : « La biologie de synthèse vise à appliquer le paradigme d'ingénierie de *design* des systèmes de manière à produire des systèmes prévisibles, robustes avec de nouvelles fonctionnalités qui n'existaient pas dans la nature[1]. » Les autrices évoquent un « projet de création de nouveaux dispositifs techniques à base d'unités fonctionnelles biologiques[2] » qui vise pour ce faire à « développer des méthodes rationnelles et systématiques de production d'unités fonctionnelles, à volonté, et de manière contrôlée ». Les « unités fonctionnelles » en question peuvent être des enzymes, des séquences génétiques, des circuits métaboliques ou un nouveau génome permettant de synthétiser un nouvel organisme *ex nihilo*. Une définition officielle en a été donnée par la Convention sur la diversité biologique : « La biologie synthétique est un développement et une nouvelle dimension de la biotechnologie moderne qui combine science, technologie et ingénierie pour faciliter et accélérer la compréhension, le *design*, le *redesign*, la fabrication et/ou la modification de matériels génétiques, d'organismes vivants et de systèmes biologiques[3]. »

Les recherches s'articulent autour de plusieurs axes. Le premier est celui dit du « génome minimal », qui tente d'identifier les gènes indispensables à la création d'un organisme vivant et éventuellement capable de se répliquer. C'est la démarche poursuivie par Craig Venter dans sa mise au point de Synthia.

Le deuxième est celui de la standardisation des « briques de la vie », qui a donné naissance au *Register of Standard Biological Parts* situé au Massachussetts Institute of Technology (MIT), à Cambridge, à côté de Boston. Ce registre fonctionne comme une bibliothèque en accès libre (sur le modèle de *l'open-source* informatique) où sont déposées des constructions génétiques suffisamment standardisées (les *BioBricks*) pour être plus ou moins compatibles entre elles, sur le modèle de l'ingénierie traditionnelle[4]. L'idée est de permettre aux chercheurs d'avoir accès à toutes ces nouvelles fonctionnalités

1. Cité *in* B. Bensaude-Vincent et D. Benoit-Browaeys, *Fabriquer la vie*, *op. cit.*, p. 9.
2. *Ibid.*, p. 10.
3. Dans une décision de septembre 2015, consultable sur <www.cbd.int/doc/?meeting=SYNBIOAHTEG-2015-01>.
4. Voir <www.bbf.openwetware.org>, le site de la BioBricks Foundation.

pour pouvoir ensuite les assembler comme bon leur semble selon ce qu'ils désirent fabriquer. Ce registre est entre autres alimenté par les constructions génétiques proposées au concours iGEM, *International Genetically Engineered Machines*, qui réunit tous les ans au MIT des équipes de jeunes chercheuses et chercheurs venus du monde entier pour présenter leurs fabrications maison. Drew Endy, le fondateur de cette initiative, veut ainsi œuvrer au développement de la biologie de synthèse et à ses applications industrielles [1]. Il existe aussi une telle bibliothèque de parties d'ADN végétal standardisées, *Standard Parts of Plant DNA*, pour favoriser les recherches de la biologie synthétique dans le domaine végétal, là aussi en libre accès [2].

B. Bensaude-Vincent et D. Benoit-Browaeys mettent bien en lumière ce que le développement de la biologie synthétique doit à l'esprit d'ingénieur : « Cette approche repose sur la conviction que les phénomènes de la vie sont trop complexes pour pouvoir être appréhendés et utilisés en biotechnologies. Il faut donc résolument simplifier : partir des éléments [...], puis les assembler pour construire peu à peu des systèmes de plus en plus compliqués [3]. » Jay Keasling et Chris Paddon, deux scientifiques connus dans ce domaine, ne disent pas autre chose : « Le but ultime de la biologie synthétique est de simplifier l'ingénierie biologique en appliquant des principes et des *designs* d'ingénierie – qui émanent de l'électronique et de l'ingénierie informatique – à la biologie [4]. » Un programme plutôt cartésien en somme, tout le contraire de la complexité dont se réclame la convergence NBIC.

Un troisième axe consiste à reprogrammer des processus métaboliques existants pour les « améliorer ». Il s'agit par exemple de prendre un micro-organisme qui produit naturellement de l'huile, comme une micro-algue, et de modifier ses voies métaboliques pour lui faire produire plus d'huile, et/ou d'une qualité permettant qu'elle soit mélangée au diesel sans transformation supplémentaire, et compatible avec les infrastructures de sa distribution.

1. Pour une histoire sociologique de la communauté des chercheurs en biologie de synthèse et des différents modes de validation sociale de cette discipline, voir Sara Aguiton, *La Démocratie des chimères. Gouverner la biologie synthétique*, Le Bord de l'eau, Lormont, 2018.

2. <https://www.openplant.org/research/dna-parts>.

3. B. Bensaude-Vincent et D. Benoit-Browaeys, *Fabriquer la vie*, *op. cit.*, p. 45.

4. Cités *in* ETC Group, *Extreme Biotech Meets Extreme Energy*, novembre 2015, p. 5, <www.etcgroup.org>.

Enfin, un quatrième axe de recherche est celui dit de la « xénobiologie », qui vise à modifier l'alphabet génétique. Comme l'explique Philippe Marlière, chercheur à l'Institute of Systems and Synthetic Biology (ISSB, Génopole d'Évry), « doper le texte génétique avec des lettres supplémentaires est devenu l'un des enjeux majeurs de la biologie ». Il commente l'annonce faite par une équipe californienne qui a réussi à créer un micro-organisme dont l'ADN n'est pas composé des quatre bases ATGC, mais de six bases, les deux dernières forgées de toutes pièces[1]. Ces « organismes chimiquement modifiés » vont permettre de créer une « biodiversité artificielle » pleine de promesses pour relever les défis environnementaux auxquels nous sommes confrontés. En effet, leur ADN étant fondamentalement différent des formes existant dans la nature, ces organismes ne pourront pas se croiser avec ces dernières, et toute possibilité de pollution génétique serait écartée. Ils pourront en revanche rendre de multiples services en tant qu'« usines biologiques », pour fabriquer plastiques, carburants, médicaments, biocapteurs et bioremédiateurs[2].

Des agrocarburants produits par des micro-organismes modifiés

L'un des enjeux industriels majeurs de la biologie synthétique est la fabrication de carburants « propres » et renouvelables. Différentes pistes sont explorées avec plus ou moins de succès, mais les deux principales, qui ont dépassé les projets pilotes et commencent à passer au stade industriel, sont les suivantes.

La première consiste à mettre au point des micro-organismes capables de « casser » la cellulose, l'hémicellulose et la lignine qui composent les végétaux pour en extraire les hydrates de carbone (les sucres) et les huiles, qui seront ensuite transformés en éthanol ou en diesel par fermentation, par des levures et des bactéries elles aussi « améliorées ». Les sources de biomasse étant très différentes, des résidus de culture aux arbres à croissance rapide comme les peupliers

1. Les quatre bases composant l'ADN sont l'adénine (A), la thymine (T), la guanine (G) et la cytosine (C).

2. Philippe Marlière, « La création d'organismes artificiels protégerait l'homme et la nature », *L'Humanité*, 23 mai 2014, <http://www.humanite.fr/philippe-marliere-la-creation-dorganismes-artificiels-protegerait-lhomme-et-la-nature-533716>.

et les eucalyptus en passant par les déchets organiques produits par les villes, différentes constructions sont essayées, pour mettre au point des micro-organismes optimisés et spécifiquement adaptés à chaque type de biomasse. Ces procédés sont à peu près au point pour ce qui concerne la cellulose, mais la lignine, beaucoup plus dure, résiste encore. Deux pistes complémentaires sont donc poursuivies. Premièrement, ajouter aux microbes de nouvelles fonctionnalités spécifiquement conçues pour dégrader la lignine. Une bactérie trouvée dans le système digestif des termites donne beaucoup d'espoir à cet égard. Deuxièmement, par ingénierie génétique « traditionnelle » pourrait-on dire, modifier les peupliers et eucalyptus pour qu'ils soient moins ligneux et plus facilement dégradables. On obtient ainsi un *package* efficace, des produits joints, mais qui laisse augurer d'une extension des cultures OGM à travers le monde. Plus généralement, cette voie demandant beaucoup de matière première végétale, elle est vouée à engendrer les mêmes problèmes que les agrocarburants de première génération : extension des cultures industrielles d'arbres à croissance rapide au détriment des cultures vivrières, pollutions chimiques, déforestation, captage d'eau outrancier, accaparement des terres, avec leurs effets catastrophiques sur les milieux.

C'est pourquoi une seconde voie se développe rapidement, qui consiste à produire des agrocarburants à partir de micro-algues. Ces dernières sont comme des plantes oléagineuses : avec du soleil, de l'eau et du CO_2, elles sécrètent de l'huile. Les recherches portent principalement sur l'identification des souches les plus prometteuses (c'est aussi le cas de la première voie), rendue plus facile par le développement exponentiel du traitement de données à grande échelle, biologie à haut débit et *Big Data*. Ce qui est recherché : le contenu en huile et sa qualité (certaines huiles sont beaucoup plus proches, d'un point de vue chimique, du diesel que d'autres, permettant d'espérer de se passer de l'étape de la transformation, et surtout compatibles avec les infrastructures et les moteurs existants) ; la vitesse de croissance des algues ; l'efficacité de la photosynthèse ; la minimisation des besoins en éléments nutritifs (si on fabriquait des algues ne se nourrissant que de CO_2 et d'eaux usées, ça serait parfait, il suffirait de construire les usines de culture de phytoplancton à côté des sorties d'égouts) ; en d'autres termes, un ensemble de fonctionnalités se traduisant par une minimisation des coûts pour pouvoir développer ces cultures à grande échelle. Les algues sont soit cultivées dans des bassins en plein air, profitant de l'énergie solaire gratuite, soit dans des bioréacteurs, avec lumière artificielle et des investissements plus importants (mais un meilleur rendement aussi)[1]. L'avantage est un besoin en terres beaucoup plus faible, ce qui permettrait de limiter le dilemme *food vs fuel.* Cependant, pour l'instant, ces méthodes sont très chères. Il faut en particulier beaucoup d'énergie pour sécher les algues avant d'en extraire l'huile, et les procédés d'extraction ne sont pas encore au point. S'il faut plusieurs litres de pétrole pour produire un litre de biodiesel à base d'algues, ces carburants auront du mal à mériter leur qualificatif d'énergies propres.

La biologie de synthèse a entrepris un vaste programme de réingénierie de la vie et de tous les processus vivants, qui sont jugés n'être pas assez performants[2]. Non contents de créer de nouveaux microbes, de nouvelles levures et de nouvelles algues, les biologistes synthétiques s'attaquent au cœur même des processus vivants, en voulant par exemple « améliorer » la photosynthèse ou créer de l'ADN « augmenté ». En cela, cette discipline est emblématique de la convergence NBIC et du programme transhumaniste qui la sous-tend, avec son obsession de la performance et du rendement, et sa confiance dans la toute-puissance de l'intelligence scientifique et technique, voire son *hubris.* Cette évolution présente des risques majeurs, auprès desquels ceux liés aux OGM « classiques » sont ridiculement faibles. Par exemple, que se passera-t-il avec ces cultures en plein air d'algues productrices de diesel le jour où certains de ces organismes s'échapperont et se reproduiront dans la nature, ce qui arrivera un jour ou l'autre ? Nous aurons des marées noires à terre, dans les rivières, les lacs et les forêts. Et si ce sont des micro-organismes conçus pour dégrader la lignine qui se répandent ? Après la marée noire de BP dans le golfe du Mexique en 2010, les scientifiques étaient prêts à lâcher leurs chimères pour absorber le pétrole en plein océan, et ce n'est qu'une question de temps pour qu'ils le fassent, puisque tout ce qui est possible sera fait. Les écosystèmes marins comme les écosystèmes terrestres sont déjà bien mal en point, et ce n'est pas en

1. Pour des précisions émanant de points de vue opposés, voir FRIENDS OF THE EARTH, *Synthetic Solutions to the Climate Crisis : The Danger of Synthetic Biology for Biofuels Production*, septembre 2010, <www.foe.org>, et D. Ryan GEORGIANNA et Stephen P. MAYFIELD, « Exploiting diversity and synthetic biology for the production of algal biofuels », *Nature*, vol. 488, 16 août 2012, p. 329-335.

2. D'où le projet The Earth Bank of Codes mentionné au premier chapitre, qui vise à identifier toutes les ressources génétiques dont nous pourrions disposer pour cette vaste entreprise.

y introduisant des formes de vie nouvelles, qui n'ont jamais existé et ne sont donc pas passées par le filtre de la sélection naturelle, que les grands équilibres écosystémiques se rétabliront. Erwin Chargaff pointait d'ailleurs, bien avant la biologie de synthèse, les dangers associés au fait d'utiliser la bactérie *E. coli* comme modèle dans la recherche en biologie et de tenter de la bricoler, dans la mesure où le système digestif des êtres humains en est un hôte très hospitalier[1]. Imaginez ce qui se passerait si ces bactéries *E. coli* construites pour produire du carburant s'échappaient dans la nature : on verrait apparaître des gastro-entérites pétrolifères...

État, science et capital

Voyons maintenant brièvement comment le secteur économique des agrocarburants avancés ou de deuxième génération se développe, avec ses acteurs principaux et le type de relations qui les lient, dans une configuration tout à fait exemplaire du régime de croissance verte et des « manufactures du futur » que les pouvoirs publics appellent de leurs vœux.

Le modèle économique sur lequel se construisent ces nouvelles activités est peu ou prou le même que celui des biotechnologies traditionnelles, de l'économie numérique et plus généralement des *high-techs* : des *start-up* mettent au point de nouvelles levures et bactéries, des nouveaux procédés microbiologiques, déposent des brevets et sont finalement soit rachetées par des firmes plus grosses, soit introduites en Bourse. Les grandes firmes en question auront auparavant largement financé les programmes de recherche, essentiellement *via* des partenariats public-privé avec les universités et instituts de recherche. Les entreprises de capital-risque et les fondations y auront aussi contribué, ainsi que les États. Ces derniers subventionnent la recherche publique et privée à travers différentes agences gouvernementales. Aux États-Unis, le département de l'Énergie (DOE), le département de l'Agriculture (DOA), et le Pentagone, à travers la DARPA, sont en première ligne de la recherche sur les agrocarburants avancés.

À partir du début des années 2000, un grand nombre de *start-up* de biologie synthétique ont été créées, d'abord aux États-Unis,

1. E. Chargaff, *Le Feu d'Héraclite*, *op. cit.*

l'Europe et la Chine suivant de près. Ces firmes sont fondées par des scientifiques en poste dans les universités et instituts de recherche publics et privés. Ils jouent dans le même temps souvent le rôle d'experts auprès des gouvernements, contribuant ainsi au système des *revolving doors*. Cette pratique très répandue voit des scientifiques passer successivement de l'université à l'industrie ou jongler avec les fonctions dans l'une et l'autre, et les mêmes siéger dans les grandes agences gouvernementales, les ministères et les comités d'éthique, créant de fait une grande porosité entre science, industrie et État. Un exemple bien documenté est celui de la façon dont les OGM ont initialement été approuvés par la Food and Drug Administration aux États-Unis en 1994, sur la base du principe d'« équivalence en substance » promu par des experts étant passés par Monsanto. Les révélations des *Monsanto Papers* (octobre 2017) semblent confirmer l'ubiquité de cette corruption. La légalisation des OGM contre une opinion publique plus que réticente a été permise par une telle collusion. Hervé Kempf parle à ce propos de « trahison des scientifiques », tandis qu'Annie Thébaud-Mony, étudiant les cas de l'amiante, du nucléaire et des pesticides, dévoile une « collusion mortifère » et une « science asservie »[1]. Une même porosité se révèle dans la manière dont se développe l'industrie de la biologie de synthèse.

Il est difficile de connaître le nombre de firmes travaillant dans ce secteur protéiforme. Après un grand bouillonnement dans les années 2000, certaines ont été rachetées par les grandes firmes des secteurs de la pétrochimie, de l'agrochimie et de la pharmacie, d'autres ont fusionné et/ou changé de nom, d'autres encore ont fait faillite[2]. Nous évoquerons un cas particulier, celui d'Amyris, fondée par Jay Keasling, en guise d'illustration de la manière dont semble se structurer ce secteur naissant.

Suivons donc Jay Keasling, l'un des « papes » de la biologie synthétique. Il a dirigé le Lawrence Berkeley National Laboratory pendant des années, avant de prendre la tête du Joint Bioenergy Institute (JBEI) qui rassemble plusieurs laboratoires et institutions universitaires

1. Hervé KEMPF, *La Guerre secrète des OGM*, Seuil, Paris, 2003 ; sur le même sujet, Marie-Monique ROBIN, *Le Monde selon Monsanto*, La Découverte/Arte Éditions, Paris, 2008. Pour des analyses plus générales du phénomène, Annie THÉBAUD-MONY, *La Science asservie. Santé publique : les collusions mortifères entre industriels et chercheurs*, La Découverte, Paris, 2014, et Stéphane HOREL, *Lobbytomie*, La Découverte, Paris, 2018.

2. Un tableau du secteur est dessiné par ETC Group en 2010 et 2011, dans *The New Biomasters*, *op. cit.*, et *Who Will Control the Green Economy ?*, *op. cit.*

et est un des trois centres de recherches en bioénergie financés par le département de l'Énergie (DOE). Le JBEI a été fondé en 2007, emploie plus de deux cents chercheurs et reçoit 25 millions de dollars par an du DOE. Il est implanté à Emeryville, à côté de Berkeley, dans la baie de San Francisco, dans des locaux qui abritent aussi Synberc (Synthetic Biology Engineering Research Center). Ce dernier, dont Keasling fait aussi partie, rassemble 37 enseignants-chercheurs, leurs doctorants et postdoctorants, sous le patronage de 18 universités (dont Stanford, Harvard, le MIT, l'Université de Californie à Berkeley et l'Université de Californie à San Francisco) et de 47 firmes, des *start-up* aux multinationales. Parmi les premières, on trouve Amyris, cofondée par Keasling en 2003, Deinove, LanzaTech, Intrexon, Universal Biomining et Synthetic Genomics, l'entreprise de Craig Venter ; les grandes firmes transnationales sont DSM, DuPont-Dow, BP, Monsanto, L'Oréal, et Lockheed, firme travaillant étroitement pour l'armée [1].

Jay Keasling a cofondé Amyris en 2003 avec des collègues ; l'entreprise se présente comme une « plateforme biologique » permettant de créer une molécule appartenant à la classe des isoprénoïdes, molécule qui peut être transformée en carburants, médicaments, arômes et parfums, et autres produits chimiques à forte valeur ajoutée. Cette molécule, le farnesène, est produite à partir de canne à sucre fermentée par une bactérie ou une levure construits par biologie de synthèse. *E. coli* ou *S. cerevisiae* servent de « châssis » à ces constructions génétiques fabriquées pour produire du farnesène à partir de biomasse cellulosique. En 2004, dans le cadre d'un programme philanthropique financé par la Fondation Bill et Melinda Gates [2], Amyris (elle aussi basée à Emeryville) bénéficie d'un don de 42 millions de dollars pour développer de l'artémisinine synthétique, une substance efficace contre le paludisme. À l'état naturel, l'artémisinine est extraite de l'armoise annuelle originaire de Chine, et cultivée par de nombreux petits

1. <www.synberc.org>, consulté le 12 juin 2016. Synberc est entre-temps devenu le Engineering Biology Research Consortium, dont deux des *Big Four* sont membres, BASF et Corteva (DuPont-Dow).

2. La fondation Bill et Melinda Gates est très présente dans le financement de toutes ces nouvelles technologies, ainsi que dans l'exportation des OGM dans les pays du Sud. Son modèle économique est cependant sujet à caution : elle finance ces dons par les revenus d'investissements effectués dans des activités principalement « brunes ». Voir Lionel ASTRUC, *L'Art de la fausse générosité. La fondation Bill et Melinda Gates*, Actes Sud, Arles, 2019. On retrouvera cette fondation extrêmement riche et puissante tout au long de ce livre.

fermiers en Afrique et en Asie. Après quelques années de recherches fructueuses, Amyris parvient à faire produire de l'artémisinine synthétique à sa levure « propriétaire », et signe un contrat avec un des géants mondiaux de la pharmacie, Sanofi, pour une production industrielle estimée à 100-150 millions de traitements, soit environ un tiers des besoins annuels mondiaux. Cette dernière débute en 2013 à Garressio, en Italie, et la prouesse de Jay Keasling et de son équipe est saluée dans le monde entier, d'autant qu'Amyris a concédé à Sanofi une licence d'exploitation gratuite, et que Sanofi s'est engagée à vendre son médicament à prix coûtant.

Le processus de production des différents produits (chimiques, cosmétiques ou biocarburants) est à peu près le même, et s'appuie fortement sur les équipements très modernes et très chers de la biologie à haut débit, informatique et *Big Data*. Il y a en gros trois étapes. La première consiste à étudier l'ADN de nombreux micro-organismes (des centaines de milliers, y compris obtenus par mutations provoquées) pour isoler les gènes codant pour une fonction métabolique particulière – ici la production de la molécule de farnesène. La deuxième consiste à synthétiser des souches de microbes ou de levures exprimant cette fonctionnalité précieuse – là encore, des centaines de milliers. Enfin, la troisième est du criblage à haut débit, qui sélectionne les souches les plus performantes pour la production visée. Ces étapes sont toutes automatisées. Les progrès de la technologie dans ce domaine sont censés suivre la « loi de Carlson », qui est au séquençage des génomes ce que la loi de Moore est à l'informatique. Selon B. Bensaude-Vincent et D. Benoit-Browaeys, la technologie évolue tellement vite que, dans les laboratoires de recherche, il faut changer d'équipement tous les six mois si l'on veut rester à la pointe de la compétition [1].

Amyris a un portefeuille de brevets conséquent, résultat de sa technologie avancée, comme on peut le voir sur le site de la firme [2] : plus de 700 brevets, dont environ 400 délivrés et 300 en attente. Ces brevets concernent trois domaines. Le premier est celui de la plateforme technologique en elle-même : le *design* de l'ADN est conçu par des modèles informatiques, les génomes des micro-organismes sont ensuite synthétisés par des « synthétiseurs d'ADN », puis criblés ; au bout de la chaîne, il y

1. B. Bensaude-Vincent et D. Benoit-Browaeys, *Fabriquer la vie*, *op. cit.*

2. <www.amyris.com> dans l'onglet Investors, Corporate Presentation, consulté le 12 juin 2016. Ces informations ont depuis disparu (consultation du site le 2 décembre 2018).

a différents procédés de fermentation de la biomasse. Tout cela a permis à Amyris d'obtenir environ 150 brevets, sans compter les 200 en cours d'examen. Le deuxième domaine est celui des produits, agrocarburants, produits chimiques, pharmaceutiques et cosmétiques principalement, sur lesquels existent 200 brevets, dont 80 encore en attente. Enfin, le dernier domaine est celui des circuits métaboliques, c'est-à-dire des chemins particuliers que prennent microbes et levures pour fabriquer des isoprénoïdes (160 brevets, dont 25 non encore délivrés).

Le modèle de développement d'Amyris est semblable à celui de la majorité des *start-up* de biotechnologie : dépôts de brevets à tout va, et recherche de multiples partenaires pour financer les différentes phases, de la R&D (capital-risque) jusqu'à la production à grande échelle (grandes firmes transnationales), contre redevances et/ou partage des bénéfices. La plateforme technologique d'Amyris pouvant servir à fabriquer beaucoup de produits différents, dont des agrocarburants de deuxième génération, des partenariats sont développés dans de nombreuses directions. Avec Shell pour du biodiesel cellulosique ; avec Total pour un kérosène « bio »[1] ; avec Bunge et Cosan au Brésil pour s'assurer de l'approvisionnement en canne à sucre (la bioraffinerie d'Amyris est construite à côté de Sao Paulo) ; avec Procter & Gamble et Gruppo M&G pour des composants chimiques (plastiques, solvants) ; avec Michelin pour du caoutchouc synthétique ; avec Firmenich, Givaudan et International Fragance & Flavor pour des arômes et parfums. En avril 2010, Amyris avait déjà réussi à lever plus de 150 millions de dollars en *private equity* (des fonds d'investissement pour les sociétés non cotées) et au moins 20 millions de plus de Khosla Venture, un des grands du capital-risque de la Silicon Valley et du secteur des *cleantechs*. Enfin, Amyris collabore à un projet de la DARPA sur les *living foundries*, les « fonderies de gènes », qui explorent les « briques de base » de la vie pour les agencer en fonctionnalités standardisées et toutes prêtes à être intégrées à des châssis standardisés eux aussi[2]. En septembre 2010, l'entreprise est entrée au NASDAQ, la Bourse des valeurs de haute technologie, et

1. Total est d'ailleurs actionnaire d'Amyris à hauteur de 31 % du capital tandis qu'un fonds d'investissement, Temasek, en possède 35 % (juin 2016).

2. <www.darpa.mil>. La DARPA a récemment créé un bureau des biotechnologies, ce qui témoigne de l'intérêt des militaires pour la biotechnologie industrielle. Le programme auquel participe Amyris relève de l'approche qui vise à identifier les « briques de base de la vie », comme dans le projet BioBricks.

a réussi par ce biais à lever 85 millions de dollars supplémentaires. La valeur de son action était alors de 16 dollars, et elle avait doublé six mois après, témoignage de l'engouement des investisseurs pour les promesses mirifiques de la biologie de synthèse et d'un monde où la biomasse aurait remplacé le pétrole[1].

Mais ces rêves ont été de courte durée, les microbes étant moins coopératifs que des transistors ou des puces électroniques. La baisse des coûts de production attendue ne s'est pas matérialisée, les deux usines qui produisaient industriellement ont rencontré de gros problèmes. Sanofi a annoncé en février 2016 qu'elle n'avait pas produit d'artémisinine en 2015, alors que l'usine avait ouvert en 2013, et qu'elle arrêtait ce programme. La raison en était que les coûts de l'artémisinine naturelle, auparavant à peu près équivalents à ceux de l'artémisinine synthétique (400 dollars le kilogramme), étaient tombés à 250 dollars, rendant la production non rentable sur le marché mondial[2]. Sanofi a vendu son unité de production italienne à Huvepharma en 2016, et cette dernière a recommencé à produire de l'artémisinine synthétique en 2017, mais le problème des coûts reste important. La fondation Gates a offert début 2018 de financer des recherches pour le changement d'échelle de production (*scale up*) à hauteur de 4,5 millions de dollars[3]. Malgré cet échec relatif, Amyris annonce toujours sur son site produire de l'artémisinine (décembre 2018).

Amyris approvisionnait en outre les bus de Rio de Janeiro et de Sao Paulo en biodiesel cellulosique, mais à un prix de presque 8 dollars le litre, donc totalement dépendant des subventions publiques pour sa mise sur le marché. Une seconde bioraffinerie avait été mise en construction au Brésil pour augmenter les capacités de production, mais les autres partenaires se sont désengagés, et le chantier est à l'arrêt. L'action d'Amyris, qui avait atteint 35 dollars, est descendue à environ 0,5 dollar en juin 2016, et est remontée autour de 5 dollars en décembre 2018. Total continue cependant à maintenir Amyris à flot, les perspectives à moyen ou long terme de ces technologies

1. <http://www.fastcompany.com/3000040/rise-and-fall-company-was-going-have-us-all-using-biofuels>.

2. Mark PEPLOW, « Synthetic biology's first malaria drug meets market resistance », *Nature*, 23 février 2016, <http://www.nature.com/news/synthetic-biology-s-first-malaria-drug-meets-market-resistance-1.19426>.

3. Mark PEPLOW, « Looking for cheaper routes to malaria medicines », *Chemical & Engineering News*, vol. 96, n° 11, 2018, p. 29-31.

semblant toujours prometteuses au géant pétrolier. En décembre 2018, la firme n'annonce pourtant plus produire d'agrocarburants, mais s'est réorientée vers les arômes et parfums, les compléments alimentaires et les cosmétiques « bio ». Son siège social est désormais dans le Delaware, paradis fiscal états-unien.

L'histoire d'Amyris n'est pas isolée, la même chose se produit pour d'autres firmes engagées dans la production d'agrocarburants de deuxième génération, comme LS9 (à laquelle Keasling a aussi participé, avec George Church, un autre gourou de la biologie synthétique) ou Solazyme.

Les technophiles et les financiers se sont enflammés pour des promesses de lendemains verts et profitables, mais ceux-ci ne sont pour l'instant pas advenus. Les microbes et levures sont plus difficiles à instrumentaliser qu'il n'y paraissait au premier abord et ne jouent pas le jeu de la production industrielle, en tous les cas pas pour les agrocarburants. Les processus vivants sont nettement plus complexes et inattendus que ce à quoi, dans leur exaltation à la fois naïve et orgueilleuse, les scientifiques s'attendaient. Quant aux investisseurs et financiers, leur approche court-termiste n'est guère compatible avec le temps long de la recherche : si les entreprises du secteur ne parviennent pas à dégager des profits dans ce laps de temps, ils s'en vont financer d'autres projets plus juteux. La loi d'un ROE[1] à 15 % est plus forte que les rêves de science-fiction des chercheurs.

Ces nouvelles ne sont pas bonnes pour la communauté des biologistes de synthèse, mais elles le sont en revanche pour la planète et les êtres qui l'habitent. Tout d'abord, les plus de cent mille petits fermiers et leurs familles qui dépendent de la culture de l'armoise annuelle vont pouvoir continuer à en vivre pour l'instant. De plus, le développement de ces techniques prométhéennes se ralentira peut-être un peu (quoique les gouvernements continuent de financer la recherche dans ce domaine), ce qui nous évitera pour l'instant des marées noires dans le désert, des forêts dévorées par des micro-organismes invasifs et autres catastrophes prévisibles. Enfin, la deuxième génération de biocarburants ne se développera pas tout de suite, ce qui est une bonne nouvelle, dans la mesure où ils présentent les mêmes inconvénients que ceux de la

1. Le ROE, ou *Return on Equity*, est un des indicateurs-phares de la logique financière. Il donne une mesure du rendement du capital investi, qui, de nos jours, ne peut être inférieur à 10, voire 15 % (alors que, tout au long du XXe siècle, des rendements de 5 %, plus ou moins égaux au taux d'intérêt, étaient jugés satisfaisants).

première génération (sauf pour ceux produits par des micro-algues). En effet, les quelques firmes qui ont jusqu'à présent réussi à en produire à grande échelle l'ont presque toutes fait à partir de cultures industrielles comme la canne à sucre ou le maïs, avec tous les effets néfastes déjà mentionnés. Même si on n'utilisait que des résidus de culture ou des plantations d'arbres à croissance rapide, les problèmes seraient les mêmes. Dans le premier cas, lorsque ces « déchets » sont récupérés, ils ne se décomposent pas dans les sols, ne les enrichissent pas en matière organique et ne constituent pas une couverture contre l'érosion et l'évaporation de l'eau : les sols s'appauvrissent et se dégradent, et on doit les amender avec des fertilisants azotés (qui dégagent beaucoup de protoxyde d'azote, N_2O). Quant aux plantations d'arbres à croissance rapide, monocultures industrielles, ce sont des déserts verts qui prennent la place de cultures vivières.

Nouveaux problèmes, nouvelles demandes, nouveaux marchés : la reconversion des industriels

On pourrait penser que de tels résultats feraient réfléchir, que l'on s'arrêterait un peu pour penser à ce que l'on fait. Comme le proposait Gébé au début des années 1970 dans *L'An 01*, « on arrête tout, on réfléchit, et c'est pas triste [1] ». Eh bien, non. La fascination technique et l'appât du gain se conjuguent pour nous entraîner encore plus avant dans cette course au progrès, et de nouvelles « solutions » sont imaginées pour rentabiliser les investissements énormes qui ont été faits dans le domaine de la biologie de synthèse, et plus largement dans la convergence NBIC qui continue de représenter l'horizon technique et scientifique de nos sociétés. Les entreprises comme Amyris ou LS9 se désengagent pour l'instant du secteur des agrocarburants pour se recentrer sur la production de composés chimiques spécialisés à destination des industries extractives, chimiques, pharmaceutiques, agroalimentaires et cosmétiques, avec des volumes de production moindres mais des prix plus élevés.

Par exemple, un autre débouché, beaucoup moins vert mais sans doute plus doré pour les microbes fabriqués par la biologie de synthèse,

1. GÉBÉ, *L'An 01*, Gallimard, « Folio », Paris, 1975 [1972], qu'on a redécouvert à l'occasion du confinement dû à la pandémie de coronavirus, puisque, à cette occasion, on a vu qu'il était possible de « tout arrêter ».

est l'industrie gazière et pétrolière. Certaines firmes de biologie synthétique sont en train d'effectuer un virage à 180 degrés pour s'attacher à sauver non pas la planète, mais l'industrie pétrolière. Avec des réserves qui s'épuisent, cette industrie prospecte à tout-va pour découvrir d'autres gisements, par exemple en eaux très profondes, à plus de 3 000 mètres de fond ; elle espère aussi beaucoup de la fonte des glaces en Arctique, qui devrait rendre accessibles des gisements qui ne l'étaient pas ; enfin, elle tente d'améliorer ses techniques d'extraction pour vider des puits qui pour l'instant ne peuvent pas l'être. En effet, quand on fore un puits de pétrole, les premiers 10 % de l'huile viennent tout seuls ; puis il faut envoyer de l'eau sous pression, additionnée de produits chimiques liquéfiants et lubrifiants, pour en extraire encore de 10 à 20 %[1]. Le reste est pour l'instant laissé inexploité, car il est trop compliqué techniquement de le puiser, donc trop cher, surtout quand le prix du pétrole est bas. Mais l'ingéniosité qui fait notre force en tant qu'espèce ne s'avoue pas vaincue, et des techniques appelées *Enhanced Oil Recovery* (EOR) permettent aujourd'hui d'extraire beaucoup plus d'hydrocarbures de ces gisements, augmentant l'évaluation des réserves mondiales de pétrole de près de 70 %. La manière « classique » de faire est d'envoyer du gaz carbonique sous pression pour faire remonter le reste de l'huile ; elle est utilisée depuis le milieu des années 1990. Les Norvégiens de Statoil utilisent aussi des techniques baptisées *Microbially Enhanced Oil Recovery* (MEOR), et envoient dans les profondeurs des souches microbiennes connues pour liquéfier des huiles trop visqueuses. C'est là que la biologie de synthèse pourrait venir à la rescousse du forage pétrolier, en fabriquant des micro-organismes optimisés pour liquéfier les pétroles lourds et les sables bitumineux, ou pour désintégrer les roches qui retiennent le pétrole ou le gaz prisonniers (pétrole et gaz de schiste), bref, pour aider le secteur des hydrocarbures dits non conventionnels. Synthetic Genomics a noué un partenariat avec BP depuis 2007 pour travailler sur ces questions, et l'Energy Bioscience Institute de Berkeley mène aussi des recherches autour de ce nouveau marché potentiel. Cet institut est un grand partenariat public-privé fondé par BP en 2007 avec trois universités, dont celle de Berkeley, et un budget annuel de 50 millions de dollars pour des recherches sur l'amélioration de la production d'agrocarburants cellulosiques et les techniques MEOR.

---

1. Chiffres du DOE cités par ETC Group, *Extreme Biotech Meets Extreme Energy*, *op. cit.*

Enfin, un troisième débouché tout aussi sale est dénoncé par le rapport de l'ETC Group de 2015. Il existe des microbes qui se nourrissent de méthane (le composant principal du gaz naturel, dont les réserves sont nettement plus importantes que celles de pétrole). Ils sont appelés méthanotrophes. Par un processus de fermentation gazeuse synthétique, ces microbes peuvent transformer du méthane en carburants, plastiques, et même engendrer une source de protéines. Un bon nombre de firmes de biologie de synthèse, du fait de l'échec de la production à grande échelle d'agrocarburants, reconvertissent leurs « plateformes biologiques » pour produire des carburants et des produits chimiques non plus à partir de biomasse, dont l'approvisionnement est compliqué et la transformation coûteuse, mais à partir de méthane. Ainsi par exemple, Solazyme, avant sa faillite, a fabriqué des produits chimiques pour l'industrie du forage grâce à des micro-organismes méthanotrophes optimisés, et Calysta, une autre firme de biologie synthétique, transforme du méthane en carburants, plastiques et même nourriture pour poissons d'élevage. Ces reconversions sont largement financées par le DOE et les grandes firmes de l'industrie pétrolière.

On voit ainsi comment un chemin technologique est pris, combinaison complexe d'opportunités et de contraintes, de tâtonnements scientifiques, d'applications dans un domaine de techniques originellement développées dans un autre, de paris financiers avec leurs succès et leurs échecs, et de choix politiques, bref, un exemple de la contingence des trajectoires techniques. La détermination ultime est cependant toujours celle de la performance technique et du rendement financier. Les agrocarburants avancés ne se développeront vraiment que le jour où ils deviendront rentables. En attendant, les entreprises de biologie synthétique réorientent leur activité, tandis que les États et les firmes multinationales continuent de financer la recherche dans l'espoir de parvenir à des avancées scientifiques et techniques permettant de baisser les coûts de production et de se positionner pour l'avenir. La voie des bioénergies n'est pas abandonnée, puisque c'est la seule envisageable dans une optique où tout doit changer d'un point de vue technique pour que rien ne change des structures économiques. C'est ainsi qu'une autre « solution » pour sauver la Terre est récemment apparue, jusqu'au sein du GIEC et des États industrialisés, répondant à l'acronyme barbare de BECCS (prononcer BEX).

Des technologies à « émissions négatives »

Les BECCS, pour *Bioenergy and Carbon Capture and Storage*, sont une des dernières trouvailles des scientifiques pour ralentir le réchauffement climatique. Ce dernier évolue en effet plus vite et plus gravement que ce à quoi le GIEC s'attendait il y a encore quinze ans, et la seule façon de ne pas dépasser le seuil des 2 degrés fatidiques (plus 2 °C en 2100 par rapport au niveau préindustriel) sera de développer des technologies « à émissions négatives » à grande échelle[1]. Le troisième rapport du GIEC, paru en 2007, évoquait les BECCS mais les jugeait beaucoup trop hasardeuses ; le cinquième rapport, paru en 2014, reconnaît que la plupart des scénarios aboutissant à des trajectoires compatibles avec l'objectif des 2 °C incluent l'hypothèse de leur utilisation à grande échelle à partir de 2050, ou même avant si possible, vu l'urgence.

De quoi s'agit-il ? En fait, de la combinaison de deux technologies qui commencent à exister à petite échelle, la bioénergie, dont les biocarburants font partie, et la capture et le stockage du carbone. La capture du CO_2 s'est développée à la fin des années 1990 et est principalement utilisée par l'industrie pétrolière et gazière, qui injecte dans les puits du carbone comprimé pour récupérer le pétrole et le gaz naturel qui ne peuvent être récupérés sinon. Autrement dit, la CSC (Capture et stockage du carbone, CCS en anglais) fait partie des techniques d'*Enhanced Oil Recovery* (EOR) qui viennent d'être évoquées. Pour parvenir à des « émissions nettes négatives », l'idée est de généraliser les centrales électriques brûlant de la biomasse (bois, résidus de culture, herbes denses comme le *Miscanthus* et autres cultures dédiées) et les bioraffineries d'agrocarburants cellulosiques, de capturer le carbone issu de ces activités, puis de l'enfouir sous terre, à 500 ou 1 000 mètres de profondeur, en général dans des puits de pétrole et de gaz naturel plus ou moins vidés ou dans d'anciennes mines de charbon. L'utilisation de la biomasse est jugée « neutre en carbone », puisque ce qui est émis lors de sa combustion

1. Au-delà de toutes les controverses, la majorité des experts s'accordent au moins sur un point : si le réchauffement dépasse les 2 °C, des effets non linéaires et chaotiques (au sens des théories de la complexité mentionnées au chapitre 1), c'est-à-dire cumulatifs et complètement imprévisibles, risquent fort d'apparaître. Un rapport intermédiaire du GIEC paru en octobre 2018 a même abaissé ce seuil à 1,5 °C. Voir IPCC, *Global Warming of 1,5 °C*, <http://report.ipcc.ch/sr15/pdf/sr15_spm_final.pdf>.

a auparavant été absorbé par les plantes pendant leur croissance. Si on capte et « élimine » le CO_2 émis par les centrales à biomasse et les bioraffineries, on obtiendra donc une énergie qui engendre une diminution nette du carbone dans l'atmosphère, c'est-à-dire des « émissions négatives ».

Le rapport du GIEC de 2014 a ainsi entériné l'utilisation de ces techniques de géo-ingénierie qui visent à manipuler les grands équilibres de la biosphère (ici, l'intervention sur le cycle du carbone), désormais envisagées comme faisant partie des « solutions ». 101 des 116 scénarios permettant de rester en dessous des 2 °C simulés par les modèles du GIEC font appel aux BECCS, alors même que ces technologies ne sont pas du tout au point et présentent de grands risques sans assurer une diminution des émissions de carbone.

Une étude très documentée de l'ONG Biofuelwatch parue en novembre 2015, juste avant la Conférence de Paris sur le climat, fait un point sur ce qui existe en la matière et met en lumière l'absurdité et la dangerosité de cette démarche [1]. Premièrement, l'idée même est bâtie sur l'hypothèse fausse que les centrales à biomasse et les bioraffineries sont « neutres en carbone ». On l'a vu dans le cas des agrocarburants, si l'on prend en compte les émissions dues aux fertilisants azotés, à la mécanisation, aux transports et surtout aux changements de l'affectation des sols, les carburants d'origine végétale émettent autant de GES que les carburants fossiles, et quelquefois beaucoup plus. Il en est de même pour les centrales électriques à biomasse.

Les quelques projets pilotes de captage de carbone couplés à des raffineries ou centrales classiques montrent par ailleurs que la demande en énergie, en particulier pour comprimer le carbone sous forme liquide pour pouvoir l'injecter dans les profondeurs de la Terre, détourne entre 30 et 50 % de l'énergie produite par ces mêmes centrales et raffineries, ce qui est contre-productif des points

1. Almuth Ernsting, Oliver Munnion, Rachel Smolker et Louise Somerville-Williams, *Last-Ditch Climate Option or Wishful Thinking? Bioenergy with Carbon Capture and Storage*, novembre 2015, et le résumé post-COP 21 de cette étude daté d'avril 2016, <www.biofuelwatch.org>. Lorsqu'on tape « biofuel » sur Google (en juin 2016), l'ONG Biofuelwatch, pourtant réputée sérieuse, n'apparaît qu'à la page 9, toutes les autres adresses qui précèdent étant des émanations des lobbies des agrocarburants ou des technologies de pointe en général, des firmes de *Big Oil* et des gouvernements. En septembre 2020, c'est à la fin de la page 11. Les algorithmes de Google ne facilitent pas la tâche des chercheurs indépendants. Voir aussi le rapport *Bioenergy with Carbon Capture and Storage (BECCS)* paru le 14 mai 2018 sur <www.geoengineeringmonitor.org>.

de vue et de l'efficacité énergétique et de la rentabilité financière. En 2019, il existe deux installations à grande échelle pouvant être qualifiées de BECCS dans le monde, ainsi qu'un certain nombre de projets en voie de développement [1]. La première est une bioraffinerie d'éthanol de maïs à laquelle a été adjoint un dispositif de capture et stockage de carbone, opérée par Archer Daniels Midland et située à Decatur dans l'Illinois (USA). Généreusement financée par le DOE (144 millions de dollars), la raffinerie fonctionne depuis 2015. En avril 2017, elle avait enfoui 46 000 tonnes de CO_2 dans une formation géologique voisine [2]. Elle ne peut cependant pas prétendre à des émissions négatives. D'une part, la production d'éthanol de maïs est loin d'être neutre en carbone et, d'autre part, les procédés de raffinage et de compression du carbone sont très énergivores et fonctionnent aux énergies fossiles. Une seconde centrale à biomasse avec dispositif de CCS a été inaugurée en Angleterre en 2019 [3].

Deuxièmement, la quantité de biomasse nécessaire pour préserver nos modes de production et de consommation excède largement les possibilités de la planète : il faudrait détruire toutes les forêts et les remplacer par des cultures d'arbres à croissance rapide comme les eucalyptus, les pins ou les peupliers, monocultures industrielles avec tous les effets délétères susmentionnés, et, même ainsi, on ne parviendrait pas à maintenir le niveau de consommation énergétique auquel on est habitué. Par exemple, la centrale britannique produit 6 % de l'électricité de l'île mais consomme pour ce faire 13 millions de tonnes de bois, soit 120 % de la production totale de bois du Royaume-Uni... Les écosystèmes naturels et l'agriculture vivrière seront détruits et remplacés par ces déserts verts. Ce n'est pas une figure de style : entre manger et conduire ou se chauffer, il faudra vraiment choisir.

Troisièmement, le capital ne pouvant s'empêcher de chercher à s'accroître, les unités de CCS qui sont en opération aujourd'hui sont accolées à des centrales classiques, non « bio », et le carbone capturé est revendu à l'industrie pétrolière qui l'utilise dans le cadre

---

1. Christopher Consoli, *Bioenergy and Carbon Capture and Storage. 2019 Perspective*, Global CCS Institute, 2019, <www.globalccsinstitute.com>.

2. Voir <https://www.energy.gov/fe/archer-daniels-midland-company>.

3. Voir <https://www.novethic.fr/actualite/energie/transition-energetique/isr-rse/beccs-une-centrale-a-bois-britannique-parvient-a-capter-son-co2-mais-le-relache-dans-l-air-faute-de-debouche-146942.html>.

des techniques EOR, ou à Coca-Cola, pour les bulles. Le rapport de Biofuelwatch rapporte que ces centrales avec capture et stockage du carbone ne parviennent pas à capturer autant de carbone que ce qui est théoriquement possible, et sont de plus des gouffres financiers. Malgré cela, le DOE dépense des milliards de dollars en recherche et en subventions pour aider à leur développement. En résumé, pour limiter les émissions de gaz à effet de serre, on utilise des techniques aidant l'industrie pétrolière à exploiter ses puits jusqu'à la dernière goutte, raison pour laquelle cette dernière promeut les BECCS comme « solution » à la crise climatique. Le monde à l'envers.

Enfin, quatrièmement, lorsqu'il est enterré, le CO_2, réticent à rester dans les profondeurs, a une fâcheuse tendance à s'épandre dans les nappes aquifères profondes et les failles géologiques, avec tous les produits chimiques dont il est accompagné ; à fragiliser encore plus des sols déjà troués de part en part, puisqu'il s'agit en général d'anciens puits ou d'anciennes mines, d'où des risques sismiques importants ; et à finir par remonter à l'air libre malgré toute la haute technologie mise en œuvre. Les trois plus grands sites de stockage de carbone à l'heure actuelle sont Weyburn, au Saskatchewan, Canada, opéré par la société Cenovus Energy ; Sleipner, dans la mer du Nord, réunissant Statoil, BP, ExxonMobil et Total ; et In Salah, en Algérie, avec Statoil, BP et Sonatrach. Dans les trois cas, le CO_2 est injecté dans le cadre d'activités d'EOR et des fuites sont survenues, faisant douter de l'étanchéité des « réservoirs ». Expertises et contre-expertises sont menées au Canada, mais les juges ont donné raison à l'industrie pétrolière plutôt qu'aux fermiers des alentours qui observaient des phénomènes bizarres sur leurs terres, comme de l'eau gazeuse dans leurs mares progressivement envahies de micro-algues (le phytoplancton aime le carbone). Sur les deux autres sites, des fractures géologiques et une activité sismique anormale ont été observées, mais, là encore, sans grande publicité. Tout cela alors que ce carbone n'est enfoui que depuis quelques années, que ces « réservoirs » sont censés tenir à l'échelle du temps géologique et que, par ailleurs, le gaz carbonique est toxique pour l'homme et les animaux à partir d'une concentration de 7 % dans l'atmosphère, et létal à partir de 30 %.

En basant ses scénarios sur un déploiement des BECCS à grande échelle, le cinquième rapport du GIEC a donc inauguré une nouvelle phase dans les politiques de lutte contre le réchauffement climatique, où le recours à la géo-ingénierie semble désormais inévitable. Les experts font référence aux deux grandes familles de techniques de la géo-ingénierie. La première, l'« élimination du dioxyde de carbone » (EDC, *Carbon Dioxyde Removal* en anglais), vise à « éliminer » le carbone de l'atmosphère grâce aux BECCS, à la reforestation ou à la fertilisation des océans par du fer ou de l'urée, qui stimulent la croissance du phytoplancton. La seconde famille de techniques est connue sous le nom de « gestion du rayonnement solaire » (GRS ou *Solar Radiation Management*) et consiste à envoyer des aérosols ou des nanoparticules de soufre dans la haute atmosphère pour réfléchir le rayonnement solaire [1]. Certains scientifiques ont aussi imaginé mettre en orbite des milliards de petits miroirs qui renverraient les rayons solaires loin de la Terre. D'autres encore parient sur une modification de l'albédo, c'est-à-dire la capacité de réfléchissement de la chaleur solaire liée à la couleur de la Terre, les surfaces blanches étant recherchées et les sombres à proscrire. Des obtenteurs, des biologistes et des agronomes travaillent par exemple à la mise au point de variétés végétales particulièrement réfléchissantes. Le rapport du GIEC reconnaît néanmoins que « la connaissance à propos de la GRS […] est très préliminaire », mais que celle-ci pourrait s'avérer quand même utile car elle n'est pas très chère, et permettrait un « déploiement rapide en cas d'urgence climatique » [2]. Le texte de l'Accord de Paris signé en décembre 2015 et considéré comme un succès planétaire ne mentionne explicitement ni les BECCS ni la géo-ingénierie, mais reconnaît néanmoins que l'objectif des 2 °C, et *a fortiori* des 1,5 °C, nécessitera des « technologies à émissions négatives ». Ce terme semble devoir devenir l'euphémisme pour désigner les techniques de géo-ingénierie de la famille de l'élimination du dioxyde de carbone sans effrayer les populations.

L'exemple du développement des agrocarburants montre comment la société occidentale mondialisée compte répondre au danger climatique et plus généralement à la dégradation écologique : par l'innovation scientifique et technique. Comment, en poursuivant l'objectif exclusif de la diminution des émissions de GES et négligeant presque

1. Les aérosols ont récemment été interdits car responsables d'un « trou » dans la couche d'ozone. Quant aux nanoparticules, on commence seulement à étudier leurs effets sur la santé, mais leur taille minuscule leur permet de se glisser partout (alors que, par ailleurs et dans le même temps, on lutte contre les particules fines, beaucoup plus grosses que les nanoparticules, mais déjà dangereuses ; encore un indice de l'aveuglement qui nous touche).

2. GIEC, Rapport de 2014, *Groupe de travail III, Résumé technique*, *op. cit.*, p. 60-61.

toutes les autres dimensions de la nature, elle est prête à détruire forêts, prairies et autres écosystèmes et à transformer la Terre en désert, mais un désert décarboné. Comment une approche hyper-spécialisée et parcellisée des problèmes conduit à remettre en cause la possibilité même de se nourrir plutôt que de réfléchir à la démesure de la consommation énergétique. Il met aussi en lumière le rôle des grandes firmes multinationales et des investisseurs internationaux dans les choix techniques qui modèlent nos sociétés, autrement dit le pouvoir du capital. Certes, ce n'est ni une nouveauté ni un scoop, mais l'ampleur de ce pouvoir est inégalée dans l'histoire du capitalisme. Enfin, cet exemple dévoile la force de l'idéologie scientiste qui imprègne tous les acteurs de ces évolutions, idéologie dont le projet de la convergence NBIC qui sous-tend le modèle de la croissance verte est une caricature.

Ce modèle procède de la même vision et des mêmes structures socio-économiques mises en place à la fin du XVIIIe siècle, celles d'un capitalisme industriel dominé par une quête frénétique de ressources et de rendement, où le progrès technique est le moyen de ces fins. Ce mode de production nous a menés là où nous sommes. Il est donc vain d'en attendre des solutions à la destruction de la nature qui est en cours. Au contraire, on l'a vu, l'instrumentalisation de la vie et des processus vivants ne fait que s'approfondir, se sophistiquer et s'étendre à de nouveaux domaines, aidée en cela par la puissance des outils des sciences et techniques, dans une dynamique perverse et contre-productive. Le capitalisme industriel, extractiviste, fondé sur une exploitation scientifique et systématique des ressources naturelles, a détruit une bonne part de la diversité biologique. Que proposent les scientifiques pour remédier à ce problème ? Trouver de nouvelles ressources à exploiter et fabriquer de nouveaux organismes, une « biodiversité artificielle » pour remplacer celle qui a disparu, comme le dit Philippe Marlière.

L'agriculture industrielle pollue l'air, les sols et l'eau, détruit la paysannerie et les écosystèmes et n'a plus pour vocation de nourrir les êtres humains mais de fabriquer de l'essence et des produits chimiques. Que fait-on ? On accélère, en mettant tout en œuvre pour accroître encore la productivité et le rendement des cultures par des manipulations génétiques des plantes, soi-disant pour nourrir la planète (ce qui est par ailleurs un mensonge flagrant puisque 99 % des cultures OGM ne sont pas destinées à la nourriture humaine, directement au moins). L'extraction et l'usage des énergies fossiles émettent des gaz à effet de serre : on fabrique des agrocarburants qui, *in fine*, en émettent encore plus. Les biocarburants de première génération ne sont pas aussi écologiques qu'on le pensait : on dépense des milliards de dollars en R&D pour en mettre au point d'autres qui posent plus de problèmes qu'ils n'en résolvent. L'urgence climatique est telle qu'on imagine des procédés visant à « capturer et stocker le carbone » : non seulement ces procédés sont extrêmement énergivores, donc à l'origine de grosses émissions de CO_2, mais ils fragilisent la croûte terrestre, ce qui est une manière étrange de sauver la planète. Bref, la recherche de l'efficacité se retourne contre elle-même[1].

1. Sur l'ubiquité du phénomène de contre-productivité analysé par I. Illich, voir Hélène Tordjman, « La crise contemporaine, une crise de la modernité technique », *Revue de la Régulation*, n° 10, 2011, <http://journals.openedition.org/regulation/9456>.

3

Des semences « augmentées », ou la science au service de nouvelles enclosures

> « Ainsi donc ce qui gît au fond de l'accumulation primitive du capital, au fond de sa genèse historique, c'est l'expropriation du producteur immédiat, c'est la dissolution de la propriété fondée sur le travail personnel de son possesseur [1]. »
>
> Karl MARX

Les mouvements des enclosures en Angleterre entre les XVIe et XIXe siècles ont vu les terres communes appropriées par les grands seigneurs féodaux et les propriétaires terriens, qui les ont clôturées, et l'expropriation conséquente de la petite paysannerie plus ou moins libre. « Une révolution des riches contre les pauvres [2] », comme le disait Karl Polanyi. Vers la fin de la période, ces mouvements se sont étendus à toute l'Europe occidentale. La terre était auparavant régie par un droit coutumier souvent compliqué, mêlant différents droits (de passage, de glanage, de vaine pâture, d'affouage – c'est-à-dire de ramasser du bois dans la forêt –, etc.), liant inextricablement la vie des hommes à celle de la terre. Il faut noter que les États ont joué un grand rôle dans les enclosures à partir du XVIIIe siècle, légalisant l'appropriation brutale des seigneurs.

1. Karl MARX, *Le Capital* (1867), trad. de Joseph Roy révisée par Marx lui-même, Livre premier, t. III, section VIII, « L'accumulation primitive », Éditions sociales, Paris, 1977, p. 203.
2. K. POLANYI, *La Grande Transformation, op. cit.*, p. 6.

À la fin du mouvement des enclosures, il n'existait plus de « communs », c'est-à-dire de terres communes gérées localement par les communautés, et les liens féodaux traditionnels qui attachaient les êtres humains à la terre n'existaient plus ; seul demeurait le droit de la propriété privée, caractérisée par l'*usus* (le droit d'utiliser la terre), le *fructus* (celui de jouir de ses fruits) et l'*abusus* (celui de l'aliéner). Un marché foncier a dès lors pu émerger.

Karl Marx et Karl Polanyi racontent très bien ces mouvements d'enclosures et la dépossession des paysans qui en a résulté. N'ayant plus de terre, la seule solution de survie était pour ces paysans d'aller vendre leur force de travail aux manufactures naissantes. La révolution industrielle a ainsi bénéficié d'une abondante main-d'œuvre malléable et corvéable car déracinée et sans aucun autre moyen de subsistance, et le XIXe siècle a vu l'émergence d'un marché du travail. Mais ni la terre ni le travail n'avaient spontanément les caractéristiques de marchandises, c'est-à-dire d'objets aptes à s'échanger sur des marchés au travers du mécanisme de prix. Ils les ont acquises à la suite d'un processus institutionnel, d'ordre à la fois juridique et politique. C'est pourquoi Polanyi les qualifiait de *marchandises fictives*.

Aujourd'hui, une nouvelle classe de *marchandises fictives* apparaît, qui résulte de l'enclosure de nouvelles dimensions de la nature, en particulier du fait de l'essor des biotechnologies. Ces dernières produisent des procédés biologiques, comme ceux de la transformation d'arbres en carburants, et de nouveaux organismes vivants, variétés végétales et micro-organismes modifiés et maintenant créés de toutes pièces. Autrement dit, leurs matières premières, leurs processus de production et leurs produits sont vivants. Jusqu'à la fin du XIXe siècle, les « choses vivantes » étaient *hors commerce*. Des micro-organismes ont commencé à s'échanger sur des marchés avec l'utilisation industrielle de levures. Les semences de variétés végétales ont suivi au tournant des XIXe et XXe siècles. Avec la biologie moléculaire et l'ère des manipulations génétiques, ouverte au début des années 1970, les gènes deviennent à leur tour des matières premières et des produits de l'activité industrielle. L'information génétique est désormais une *ressource* comme une autre, et doit comme telle pouvoir être appropriée de manière privative pour pouvoir être échangée et valorisée sur un marché. Mais les gènes, micro-organismes, variétés végétales et espèces animales, pas plus que la terre ou le travail en leur temps, n'ont été produits pour l'échange marchand. Ce sont aussi des *marchandises fictives*, qui viennent au jour à l'aboutissement de dynamiques institutionnelles complexes et souvent violentes. En effet, *tout processus d'appropriation a toujours comme double inversé une expropriation.* On verra que l'appropriation privative des « ressources génétiques » *via* le droit de la propriété intellectuelle engendre des formes d'expropriation inédites.

Puisque la science s'attache désormais à reprogrammer des processus métaboliques à visée industrielle, ces derniers doivent pouvoir être appropriés de façon privative, sinon aucune industrie ne se développera. La possibilité d'être « propriétaire » de la fixation de l'azote par les plantes ou de la réponse immunitaire d'un organisme vivant étend le domaine de la propriété de façon inquiétante. Les biotechnologies sont aujourd'hui promues, on l'a vu, comme une des industries cruciales de la croissance verte et de la bioéconomie. Leur développement transforme en profondeur plusieurs secteurs d'activité : pharmacie, cosmétiques, semences et maintenant, avec la biologie de synthèse, chimie et bientôt alimentation (on commence par exemple à « fabriquer » de la viande *in vitro*, à partir de quelques cellules, au nom du bien-être animal[1], ou des « œufs » véganes). Plus profondément, il transforme notre rapport aux différentes formes de vie, qui deviennent des objets industriels et marchands comme les autres.

Le cas des « ressources phytogénétiques », en particulier les variétés végétales cultivées, est emblématique de ces évolutions. C'est celui-ci qui me servira d'illustration. Il permettra de montrer par quels types de processus institutionnels sont créées ces nouvelles *marchandises fictives* et d'identifier les formes des nouvelles enclosures qu'elles engendrent. Les cas des micro-organismes, des gènes animaux et humains ont chacun leurs spécificités, mais les dynamiques institutionnelles participent du même régime.

Deux chercheurs en droit international et en sciences politiques, Kal Raustiala et David G. Victor, ont montré que, depuis 1945, les institutions internationales se sont complexifiées et « densifiées »[2]. Ils parlent même de « prolifération ». La dynamique d'auto-accroissement du droit qu'ils décrivent n'est pas sans rappeler celle de la technique analysée précédemment. Jacques Ellul, qui était sociologue mais aussi juriste, soutenait d'ailleurs que l'évolution du droit appartenait

---

1. Voir Jocelyne PORCHER, *Vivre avec les animaux. Une utopie pour le XXIe siècle*, La Découverte, Paris, 2011 ; rééd. 2014.

2. Kal RAUSTIALA et David G. VICTOR, « The regime complex for plant genetic resources », *Program on Energy and Sustainable Development, Working Paper*, n° 14, 2003 (publié en 2004 dans *International Organizations*, vol. 58, n° 2, 2004, p. 277-309).

au phénomène technique, tellement massif qu'il englobe toutes les dimensions de la vie sociale [1]. Le cas des « ressources phytogénétiques » semble lui donner raison.

Pour appréhender la complexité juridique et institutionnelle qui caractérise le monde contemporain, Raustiala et Victor ont forgé la notion de *complexe de régimes*, c'est-à-dire « de multiples régimes se chevauchant dans leur fonctionnement mais n'étant cependant pas hiérarchiquement organisés [2] ». Dans les termes du droit, la hiérarchie des normes n'est pas clairement établie. De ce fait, les incohérences juridiques et réglementaires sont nombreuses, et une des sources principales du changement institutionnel provient de la volonté de réduire ces incohérences. Pour illustrer leur théorie des complexes de régimes, les auteurs ont choisi l'exemple des « ressources phytogénétiques » (RPG), où cette complexité se donne à voir de manière particulièrement aiguë.

Ils identifient ainsi cinq régimes élémentaires qui, chacun sous leur angle particulier, ont trait aux RPG, sauvages et/ou cultivées. Les deux premiers sont la convention « Union pour la protection des obtentions végétales » (UPOV, 1961) et les accords « Aspects des droits de propriété intellectuelle touchant au commerce » (ADPIC, 1995) de l'Organisation mondiale du commerce (OMC), deux régimes qui concernent la propriété intellectuelle sur le « vivant », dont les végétaux. Le troisième est formé par les traités de la FAO, l'Engagement sur les ressources phyto-génétiques utiles à l'agriculture et à l'alimentation de 1983 et le Traité international sur les ressources phyto-génétiques utiles à l'agriculture et à l'alimentation (TIRPAA) ou, plus simplement, Traité international des semences. Ce traité a été signé en 2001 pour compléter la Convention sur la diversité biologique en matière de circulation des ressources génétiques agricoles et alimentaires. Le quatrième régime est celui du Consultative Group on International Agricultural Research (CGIAR), qui réunit quinze centres de recherche agronomique publique, à l'origine de la Révolution verte dans les années 1960, et conservant les plus grandes collections publiques d'échantillons de variétés végétales *ex situ*, en tant que graines préservées dans de grands congélateurs (ce qu'on appelle des « banques de gènes »). *Last but not least*, la Convention sur la diversité biologique,

1. Max Weber en avait déjà analysé l'importance, voir Max WEBER, *L'Éthique protestante et l'esprit du capitalisme*, trad. Isabelle Kalinowski, Flammarion, Paris, 2000 [1920].

2. *Ibid.*, p. 3.

signée en 1992 lors du Sommet de la Terre à Rio, organise la protection de la diversité biologique au niveau international.

Raustiala et Victor ont étudié en détail les différents éléments de ce complexe de régimes, leur intrication et leurs interactions. Du point de vue de l'émergence des nouvelles marchandises dont il est question ici, les deux institutions les plus importantes sont les régimes de propriété intellectuelle et la Convention sur la diversité biologique. Ce chapitre étant centré sur le développement des biotechnologies dans le secteur des variétés végétales cultivées, ce sont les aspects concernant la propriété intellectuelle qui seront analysés ici. Le chapitre 4 entrera dans le détail du nouveau paradigme de conservation de la nature apparu au cours des années 1980, dont la Convention sur la diversité biologique est le pivot et sera précisée à cette occasion.

La privatisation des variétés végétales

Les premiers pas de la privatisation des semences

Depuis l'aube de l'humanité, dans leur grande majorité, les plantes ont été cueillies, puis cultivées et récoltées librement par les populations. Il y eut quelques exceptions dès l'Antiquité, où seuls des rois ou des princes avaient l'exclusivité de certaines plantes prestigieuses ou rares (plantes à parfum ou à teinture, par exemple). Plus proche de nous, au XIXe siècle, la Chine a tenté, sans succès, de garder le monopole des mûriers et du ver à soie. Mais, dans l'ensemble, les végétaux, comme d'autres parts de la nature, étaient ce qu'on qualifierait aujourd'hui de patrimoine commun de l'humanité.

L'histoire de la privatisation des ressources génétiques a commencé par les plantes cultivées, au tournant du XXe siècle. Les sélectionneurs ou obtenteurs de nouvelles variétés de céréales, de légumes ou de fleurs dépensaient des années de recherche, d'énergie et d'argent pour mettre au point des variétés plus productives, plus résistantes et adaptées à la mécanisation naissante. Les négociants en grains distribuaient des graines triées et calibrées, mais pas identifiées nettement comme ayant tel ou tel trait garantissant qu'elles étaient de la variété x ou y. En d'autres termes, les fermiers achetaient les semences dans leur dimension physique, graines ayant l'air d'appartenir à la même variété, propres et triées, et au pouvoir germinatif et sanitaire plus ou moins garanti par le vendeur. Le travail de l'obtenteur n'était pas reconnu, au sens où sa créativité, le fait qu'il ait eu l'idée d'une nouvelle variété puis qu'il ait réussi à la cultiver n'était pas rémunéré en tant que tel. Pour faire comprendre la différence entre ces deux dimensions, matérielle et immatérielle, le biologiste Pierre-Henri Gouyon fait la comparaison avec un livre, objet matériel mesurant 10 centimètres sur 18 et pesant 300 grammes et, dans le même temps, résultat immatériel de la créativité d'un auteur.

Historiquement, les fermiers n'achetaient pas de graines, mais gardaient la meilleure partie de leur récolte pour les semis de l'année suivante et/ou les échangeaient entre eux. C'est de ce fait, par la patiente sélection annuelle des meilleures graines de dizaines de générations de paysans de par le monde, qu'on dispose aujourd'hui de millions de variétés cultivées, chacune adaptée à certains sols et climats, à certains terroirs et certaines pratiques culturales. C'est ce qu'on appelle la sélection massale, et qui donne des variétés-populations, composées d'individus hétérogènes. Les paysans étaient eux-mêmes sélectionneurs, et ce en général collectivement, au sein des communautés et des villages. Des groupes de fermiers dans les pays du Sud tentent de continuer ces traditions séculaires, au Mexique avec le maïs ou en Asie avec le riz. Au Nord aussi, les réseaux de semences paysannes sont bien vivants. Mais dans les deux cas, ces pratiques sont en opposition avec l'avancée de la modernité agricole.

Avec l'industrialisation et l'approfondissement de la division sociale du travail, les tâches ont été séparées, pour pouvoir faire en grand et de manière plus efficace. Le métier de sélectionneur s'est complexifié avec l'évolution des sciences agronomiques et biologiques, débouchant sur la sélection généalogique. Il s'agit de choisir deux individus intéressants parmi une population, de les croiser, de sélectionner les individus les plus performants sur les traits recherchés, de les autoféconder pour les reproduire jusqu'à l'obtention d'une lignée pure, composées d'individus homogènes. Ce travail demande plusieurs années de sélection, c'est pourquoi les obtenteurs demandèrent une rétribution de leur contribution. En Europe et aux États-Unis, au début du XXe siècle, ils ont commencé à vendre leurs créations sous des noms de marque, historiquement la première forme de propriété intellectuelle sur les plantes : le blé Florence-Aurore, la pomme Golden Delicious. Au même moment, une innovation agronomique d'importance va s'étendre, celle des variétés hybrides F1, résultant du croisement de deux lignées pures. Cela permet de pallier l'absence de protection juridique des obtenteurs par un verrouillage technologique. En effet, une variété hybride perd de sa vigueur et certains de ses caractères lorsqu'elle est ressemée, obligeant ainsi les fermiers à racheter des semences tous les ans[1].

Aux États-Unis, le brevet sur les variétés végétales cultivées est introduit par le *Plant Patent Act* de 1930[2]. Depuis une décision de 1889, la doctrine juridique en matière de brevet était l'exclusion des « produits de la nature » du champ de la brevetabilité, puisque ces derniers ne résultaient pas d'une activité inventive. Mais le métier se spécialisait, et les horticulteurs, pépiniéristes et amateurs passionnés ne pouvaient vivre de leur activité (quoiqu'une bonne partie fût des propriétaires terriens à l'abri du besoin). Le lobbying de l'association des pépiniéristes (les *nurserymen*) a fini par porter ses fruits et le *Plant Patent Act* a été voté en 1930, reconnaissant que le travail de l'obtenteur était créatif de la même manière que celui du chimiste : tous deux exploitent et réassemblent des matières créées par la nature. La différence entre matière inerte et matière vivante est néanmoins problématique pour définir clairement les contours du droit. « Le droit des brevets demande de rendre publique l'information concernant l'invention, assez spécifiquement pour que cette dernière soit reproduite à l'identique. Les produits chimiques, en tant que matière inerte, étaient faciles à spécifier précisément quant à leur composition et méthodes de production et de reproduction. Les plantes, en tant que matière vivante, étaient difficiles à spécifier dans ces deux dimensions[3]. » La reproduction sexuée introduit de la nouveauté, qui peut affecter le métabolisme et donc la composition chimique de la plante ou ses méthodes de production. De ce fait, les plantes à reproduction sexuée ont été exclues du champ du brevet sur les plantes, qui ne concernait que les plantes à multiplication végétative (greffe, bouturage, etc.) qui, d'un point de vue génétique, donnent naissance à des clones.

1. Voir Jean-Pierre BERLAN, *La Guerre au vivant*, Agone, Marseille, 2001.

2. Ce qui suit sur le *Plant Patent Act* est tiré de Daniel KEVLES, « Patenting life : A historical overview of law, interests, and ethics », *Legal Theory Workshop*, Yale Law School, 20 décembre 2001.

3. *Ibid.*, p. 8.

La Convention UPOV ou la normalisation technique des semences

En Europe, il faut attendre 1961 et la signature à Paris de l'Union pour la protection des obtentions végétales (UPOV) pour que soit créé un droit de propriété intellectuelle *sui generis* sur les variétés végétales[1]. Le certificat d'obtention végétale, le COV, donne un monopole temporaire (entre vingt et trente ans selon les espèces) à l'obtenteur pour produire et commercialiser sa variété. Il peut concéder des licences pour la production et la vente par d'autres ; il sera dans ce cas rémunéré par des redevances (*royalties*) annuelles. Le COV est cependant un droit moins étendu qu'un brevet car l'utilisation de la variété à des fins de recherche reste libre de droits, ce qu'on appelle l'« exemption de recherche ». Cette disposition répond à un des traits fondamentaux de la recherche agronomique : pour mettre au point de nouvelles variétés, le chercheur-obtenteur a besoin d'avoir un accès libre, facile et gratuit à un nombre aussi étendu que possible de ressources phytogénétiques, c'est-à-dire d'autres variétés dont il va pouvoir exploiter des traits intéressants. Les concepteurs de l'UPOV reconnaissent ce besoin. En 1961, les méthodes agronomiques et procédés de sélection variétale étaient peu ou prou les mêmes pour tous, issus de la sélection généalogique, et les innovations de procédé seront exclues du Droit des obtentions végétales[2]. La Convention UPOV permet aussi aux fermiers de ressemer leurs graines, ce qu'on appelle des semences de ferme, même si les versions successives de la convention ont réduit ce droit, sous la pression des obtenteurs et la concurrence du système des brevets.

Pour être protégée par un certificat d'obtention végétale, une variété doit satisfaire quatre critères : la distinction, l'homogénéité, la stabilité, et la nouveauté. Les trois premiers critères sont ceux de l'inscription au Catalogue officiel des variétés, créé en France par une série de décrets de 1932 à 1942[3]. L'idée est de normaliser, codifier et calibrer les variétés végétales pour rationaliser l'agriculture et promouvoir son industrialisation. De plus, l'instauration d'un système de

---

1. *Sui generis*, c'est-à-dire en son genre, unique et adapté aux particularités de l'activité semencière.

2. Sur toutes ces questions, voir les travaux de Marie-Angèle Hermitte, et en particulier « La construction du droit des ressources génétiques – exclusivismes et échanges au fil du temps », *in* Marie-Angèle HERMITTE et Philippe KAHN (dir.), *Les Ressources génétiques végétales et le droit dans les rapports Nord-Sud*, Bruylant, Bruxelles, 2004, p. 1-124.

3. Un Catalogue européen sur le même modèle existe depuis 1970.

droits de propriété intellectuelle nécessite une définition et une spécification précise des variétés, garantissant que les contours du droit de propriété seront aussi clairs que possible.

La variété doit être *distincte*, c'est-à-dire bien décrite, définie, et ses traits mesurables : hauteur des tiges, taille des grains et fruits, aspect des feuilles, résistances diverses, précocité, etc. Chacune des variétés est caractérisée par une trentaine de traits en moyenne, qui sont mesurés un à un lors de la demande d'inscription d'une nouvelle variété, et notés sur une échelle de 1 à 9. Cette codification chiffrée permet de différencier les variétés et de comparer leurs caractéristiques.

Pour être légale, la variété doit aussi être *homogène*, c'est-à-dire que les individus composant la population doivent être quasiment identiques (pour des questions de mécanisation et d'industrialisation des pratiques culturales). Les variances des traits au sein des populations sont donc elles aussi mesurées et restent sous des seuils stricts. Une variété végétale dans la nature, autrement dit une variété sauvage, n'est pas homogène, pas plus qu'une variété obtenue par sélection traditionnelle, massale. On parle d'ailleurs de variétés-populations. Comme nous humains, certains individus sont plus ou moins grands, gros, fins, larges, velus ou pas, de couleurs différentes, plus ou moins fragiles ou prolixes dans leur descendance. Cette infinie variabilité au sein des populations, qui se nourrit toutes les générations de nouveauté grâce à la reproduction sexuée, confère un grand avantage adaptatif : les environnements et les pressions évolutives changent et, si certains individus sont malades ou disparaissent, d'autres résisteront. Il en va de même au niveau des variétés, comme l'histoire de la famine en Irlande au milieu du XIXe siècle l'a démontré. La pomme de terre était la principale source de nourriture, et la majorité des surfaces cultivées l'étaient d'une même variété originaire des Caraïbes. Une attaque de mildiou a dévasté les cultures, qui, étant identiques, ont presque toutes succombé, produisant une famine qui a fait un demi-million de morts et au moins autant d'émigrants. Ainsi, la diversité biologique est la source des variations et des nouveautés permettant aux populations et aux espèces d'être vivantes et de s'adapter aux coups durs, comme les épidémies, et aux changements de leurs milieux de vie, du moins tant que ceux-ci ne sont pas trop rapides. De ce point de vue, les variétés modernes sont des choses complètement artificielles, des populations de clones, qui ne pourraient survivre comme telles sans soins dans la nature (d'où la chimie lourde).

Le troisième critère est celui de la *stabilité* : les différents traits qui caractérisent la variété doivent persister dans le temps, au fur et à mesure des cycles de reproduction, étant transmis à l'identique (ce pourquoi les plantes à reproduction sexuée n'entraient pas dans le *Plant Patent Act* de 1930). Cette stabilité n'est évidemment pas non plus naturelle, les populations évoluent, on le sait depuis Lamarck et Darwin.

Pour qu'une semence puisse être cultivée et commercialisée sur le territoire national, il faut qu'elle soit inscrite au Catalogue officiel des variétés, sinon elle est illégale. Les critères d'inscription orientent ainsi tout le système agraire vers un mode de production industriel. En effet, les variétés anciennes et/ou variétés-populations sont trop hétérogènes pour être enregistrées : seules peuvent être inscrites des variétés homogènes et stables, adaptées à la mécanisation, aux engrais et plus généralement aux pratiques culturales de l'agriculture industrielle [1]. Ces critères, légitimés par la recherche du rendement maximal, normalisent les variétés végétales et contribuent à imposer un système agraire unique là où il y a encore moins d'un siècle coexistaient de nombreux systèmes différents [2].

C'est la recherche de l'efficacité maximale, cette obsession de la performance, de l'augmentation de la productivité et du rendement, qui différencie l'agriculture moderne de toutes celles qui l'ont précédée. Elle s'appuie sur le calcul minutieux (la mesure de trente caractéristiques différentes sur un épi de blé), la définition de normes strictes et artificielles (la variabilité des individus au sein de la population est contenue dans des limites très étroites, quelques pour cent maximum, selon les traits) et la systématisation. Ces règles doivent concerner toutes les espèces et tout le monde, être appliquées partout, sans distinction de conditions géographiques, climatiques, culturelles, de taille des exploitations, de spécificités liées à l'histoire et aux traditions locales. Les semences de variétés non inscrites au Catalogue officiel n'ont tout simplement pas le droit d'être produites et commercialisées. Point.

Il y a néanmoins quelques dérogations et aménagements : les légumes sont jugés selon des critères un peu moins stricts que les variétés de grande culture, les variétés non inscrites peuvent quand même être cultivées dans les jardins et, récemment, sous la pression

---

1. Pour des précisions, voir Hélène Tordjman, « La construction d'une marchandise : le cas des semences », *Annales. Histoire, sciences sociales*, vol. 63, n° 6, 2008, p. 1341-1368.

2. Voir M. Mazoyer et L. Roudart, *Histoire des agricultures du monde*, *op. cit.*, et Jack Harlan, *Les Plantes cultivées et l'homme*, PUF, Paris, 1987 [1975].

de certaines associations comme le réseau Semences paysannes, la Confédération paysanne et d'autres acteurs de la société civile, notamment l'association Kokopelli, la notion de variété de conservation est entrée dans le Catalogue européen. Il était temps d'autoriser la culture et la commercialisation de variétés anciennes ne répondant pas aux critères du Catalogue qui, si elles ne sont plus cultivées, vont disparaître. C'est ce qu'on appelle la conservation *in situ*, dans les champs, avec des variétés vivantes s'adaptant sans cesse aux conditions locales, par opposition à la conservation *ex situ* dans les banques de gènes, sous formes de graines et d'échantillons de tissus congelés. Bien sûr, comme toutes les institutions européennes, tout cela est très codifié, et cela ne veut pas dire que toutes les variétés anciennes sont légales, mais c'est un pas dans la bonne direction. Sur les milliers et les dizaines de milliers de variétés composant chaque espèce cultivée, seules quelques centaines sont cependant inscrites au Catalogue et donc effectivement cultivées ; les autres disparaissent lentement mais sûrement. La planète a perdu 75 % de sa biodiversité cultivée en un siècle, principalement à cause de l'uniformisation engendrée par la rationalisation industrielle de l'agriculture[1].

Revenons à la propriété intellectuelle. La Convention UPOV s'appuie sur les critères distinction-homogénéité-stabilité car ils permettent une description précise, mesurable et standardisée des variétés végétales. Il sera donc possible de définir de manière claire et non ambiguë le quatrième critère, celui de la nouveauté, qui légitime un droit de propriété intellectuelle. Dans la version initiale de l'UPOV (1961), une variété nouvelle est une variété qui se différencie sur au moins un trait important (sur la trentaine qui décrivent une variété) des variétés existantes. Comme les populations sont homogènes et que chacun des traits des variétés connues est noté selon le même système, les comparaisons en sont facilitées. Le texte a été modifié plusieurs fois, la dernière version actuellement en vigueur datant de 1991. L'apparition des biotechnologies dans les années 1970 et la reconnaissance des brevets sur des organismes vivants en 1980 a en effet changé la donne et obligé à revenir sur le texte de la Convention UPOV.

1. FAO, « What is happening to agrobiodiversity? », 2000, <http://www.fao.org/3/y5609e/y5609e02.htm>.

Innovation technologique et changement juridique : biotechnologies et brevetabilité des organismes vivants

Le tournant majeur dans l'enclosure des ressources génétiques est une innovation technologique. La découverte de l'ADN recombinant en 1971 par deux chercheurs californiens, Stanley Cohen et Herbert Boyer, a ouvert l'ère des manipulations génétiques et des biotechnologies. L'idée s'est imposée qu'on pouvait faire faire des choses contrôlées à des organismes vivants, leur faire exhiber des propriétés ne résultant pas de la sélection naturelle, en en modifiant le génome. Les perspectives en termes de compétitivité et de puissance économique, géopolitique et militaire ont eu raison des réticences chrétiennes des gouvernants américains. La science et la technique se sont développées à une telle vitesse que leurs conséquences potentielles n'ont pas eu le temps d'être pensées collectivement.

En 1980, la Cour suprême reconnaissait à Ananda Chakrabarty, un ingénieur de General Electric, la propriété intellectuelle d'un micro-organisme modifié pour absorber des marées noires (arrêt *Diamond vs Chakrabarty*). Ayant accompli quelque chose que la nature seule n'aurait pas fait, l'invention de Chakrabarty lui a valu un brevet, droit de monopole temporaire. Daniel Kevles raconte que le président de la Cour suprême, Warren Burger, a repris dans son arrêt les mots de Thomas Jefferson, qui avait écrit la première loi sur les brevets en 1793 : « L'ingéniosité devrait être libéralement encouragée [1] ». Les critères de brevetabilité sont les suivants : la matière doit être brevetable ; la chose ou le procédé doivent être nouveaux, donc non évidents pour l'homme de l'art ; elle doit être utile, d'un point de vue technique, industriel, commercial, médical ou autre ; enfin, la chose doit pouvoir être précisément décrite. Les questions posées à la Cour suprême par l'invention de Chakrabarty portaient surtout sur les premier et deuxième critères. Avait-on le droit de breveter un organisme vivant ? Oui, on l'avait déjà fait pour les plantes. Mais seulement dans la mesure où cet organisme résultait d'une activité inventive et n'existait pas tel quel dans la nature. Comme le micro-organisme de Chakrabarty avait été modifié, il était nouveau ; de plus, il était utile et pouvait être précisément décrit : il méritait donc la protection d'un brevet [2].

1. D. Kevles, « Patenting life », art. cité, p. 17.

2. Pour une discussion approfondie, voir M.-A. Hermitte, « La construction du droit des ressources génétiques – exclusivismes et échanges au fil du temps », art. cité.

La même année, l'administration américaine a voté le *Bayh-Dole Act*, qui complète le dispositif de privatisation de la connaissance scientifique engagé par l'arrêt Chakrabarty en permettant à des chercheurs d'institutions publiques, dont la recherche a été financée par les contribuables-citoyens, de valoriser leurs inventions de manière privée en créant des *start-up*. L'objectif était de stimuler l'innovation scientifique et technique en facilitant l'émergence d'applications industrielles de ces inventions. Le foisonnement de partenariats public-privé qu'on observe aujourd'hui poursuit ce mouvement.

Les États-Unis étant un pays de *common law*, depuis l'arrêt de 1980, d'autres décisions de justice ont été prises dont certaines acceptaient les brevets sur des gènes, des séquences génétiques et des organismes vivants, et d'autres les rejetaient, arguant que ces gènes et ces organismes, mêmes modifiés, n'avaient pas plus été inventés par l'homme que l'oxygène ou les pierres [1]. La frontière entre découverte et invention est quelquefois bien ténue.

Sous la pression des lobbies et des associations de malades (en particulier l'Association française contre les myopathies, très active car elle espère beaucoup des thérapies géniques), l'Europe a suivi la position des États-Unis, en votant une « Directive sur les inventions biotechnologiques » en juillet 1998, la directive 98/44/CE. Cette dernière vient compléter la Convention sur le brevet européen de 1973, dite Convention de Munich et révisée en 2000.

Cette directive reconnaît la brevetabilité du vivant mais tente d'exclure l'humain du domaine de la brevetabilité. Le texte fait cependant preuve d'une ambiguïté déconcertante, les articles 5.1 et 5.2 semblant se contredire. En effet, l'article 5.1 stipule que « le corps humain aux différents stades de sa constitution et de son développement, ainsi que la simple découverte d'un de ses éléments, y compris la séquence ou la séquence partielle d'un gène, ne peuvent constituer des inventions brevetables ». Juste après, l'article 5.2 ajoute : « Un élément isolé du corps humain ou autrement produit par un procédé technique, y compris la séquence ou la séquence partielle d'un gène, peut constituer une invention brevetable, même si la structure de cet élément est identique à celle d'un élément naturel. » Autrement dit, si on comprend bien, un gène simplement découvert n'est pas brevetable, mais s'il est isolé et caractérisé grâce à l'ingéniosité technique

1. Daniel Kevles actualise son analyse de 2001 dans « Can they patent your genes? », *The New York Review of Books*, 7 mars 2013.

et scientifique d'*Homo industrialus*, il le devient[1]. La frontière entre découverte et invention tend ainsi à disparaître, puisqu'il suffit de décrire scientifiquement un gène, un processus métabolique ou d'autres phénomènes naturels pour en devenir « propriétaire ». La Convention sur le brevet européen comporte néanmoins une disposition que ne comporte pas la loi américaine : un brevet peut être refusé s'il est de nature à troubler la moralité ou l'ordre public.

Quant aux végétaux, là aussi, le flou règne, porte ouverte à de nombreux litiges. La directive 98/44/CE exclut de la brevetabilité « a) les variétés végétales et les races animales, b) les procédés essentiellement biologiques pour l'obtention de végétaux ou d'animaux » (article 4.1). Un procédé est « essentiellement biologique s'il consiste intégralement en phénomènes naturels tels que le croisement ou la sélection » (article 2.2). En revanche, « les inventions portant sur des végétaux ou des animaux sont brevetables si la faisabilité technique de l'invention n'est pas limitée à une variété végétale ou à une race animale déterminée » (article 4.2). En clair, pour obtenir des brevets sur les variétés végétales, il faut d'une part que le processus d'obtention passe par des voies qui ne sont pas essentiellement biologiques mais nécessitent un ou plusieurs procédés techniques[2]. Il faut d'autre part que le procédé d'obtention s'applique à plusieurs variétés ou espèces, qu'il ne soit pas « limité à une variété déterminée ». Mentionnons enfin l'article 3.2 : « Une matière biologique isolée de son environnement naturel ou produite à l'aide d'un procédé technique peut être l'objet d'une invention, même lorsqu'elle préexistait à l'état naturel. » Une simple découverte, pour peu qu'elle soit décrite et isolée, pourra désormais être considérée comme une invention, justifiant un brevet.

1. Les gènes sont des séquences d'ADN composées de quatre bases, les acides aminés ATGC (adénine, thymine, guanine, cytosine), toujours appariées par paires. Le séquençage consiste à identifier l'ordre de ces paires, ce qui équivaut à les décrire précisément. Cela ne signifie pas pour autant avoir identifié les fonctions des gènes en question : connaître l'alphabet ne signifie pas savoir lire, et ce sont des machines qui réalisent ces tâches. D'où le *Big Data*, le génome humain étant par exemple composé d'environ 6 milliards de bases (c'est-à-dire de lettres).

2. Ces dispositions prolongent l'article 53.b de la Convention sur le brevet européen.

Certificats d'obtention végétale vs *brevets*

Avec l'extension du droit des brevets aux végétaux, les détenteurs de certificats d'obtention végétale s'estiment moins bien protégés que leurs concurrents (et le sont effectivement), puisque le COV laisse la variété libre d'accès pour la recherche et est encore assez souple quant au droit des fermiers à réensemencer leurs champs, alors que le brevet interdit ces deux pratiques. Le développement des variétés génétiquement modifiées, relevant du droit des brevets, a déséquilibré une construction institutionnelle déjà désordonnée.

Depuis l'arrêt Chakrabarty et la mise au point des premiers OGM (1983 en laboratoire, première commercialisation en 1995), les grands semenciers et obtenteurs industriels comme Monsanto et DuPont-Pioneer ont saisi l'aubaine offerte par la transgénèse. Il suffit de modifier un seul gène d'une variété connue depuis longtemps pour en faire une variété nouvelle, un produit de l'ingéniosité de l'inventeur, et méritant de ce fait un brevet. Le choix des OGM par les *Big Four* s'explique plus par ces considérations de propriété intellectuelle que par leur volonté de nourrir la planète. Mais le risque était que, ce faisant, ces « fabricants de gènes », comme les appelle Marie-Angèle Hermitte, s'approprient facilement des variétés créées par d'autres. La Convention UPOV a donc été remaniée en 1991. Le critère de nouveauté n'est plus celui de la version de 1961, portant sur un trait nouveau. Désormais, la variété est envisagée comme un « panier de caractéristiques », et si seul un trait est modifié, la variété sera dite « essentiellement dérivée ». C'est l'équivalent pour les plantes d'un brevet de dépendance. Avant de modifier une variété et de déposer une demande de brevet, le fabricant d'OGM devra demander l'autorisation à l'obtenteur de la variété initiale et passer un accord de licence qui permettra à ce dernier d'être rémunéré.

Le deuxième changement dans le texte de 1991 concerne ce qu'on appelle aujourd'hui de manière révélatrice le « privilège du fermier », c'est-à-dire son droit à ressemer sa propre récolte. Le texte initial de 1961 n'abordait pas cette question tant la pratique des semences de ferme était encore considérée comme légitime, même si elle énervait les obtenteurs. Avec le développement des OGM, Monsanto en particulier a veillé à l'application stricte de son droit de monopole. Elle fait signer des contrats aux fermiers qui achètent ses graines par lesquels ces derniers s'engagent à ne pas ressemer les fruits de leur récolte. La firme a créé un numéro vert où les gens peuvent appeler s'ils soupçonnent leur voisin d'avoir ressemé des graines sous brevet, et elle emploie la célèbre agence Pinkerton comme police privée pour vérifier que les fermiers respectent bien leurs engagements. DuPont a depuis adopté ces mêmes méthodes. En cas de doute, il est arrivé que Monsanto envoie des avions asperger de Roundup des champs de variétés *Roundup-Ready* : si ces dernières mouraient, c'est qu'elles n'étaient pas résistantes à l'herbicide, donc pas OGM, et les fermiers étaient « innocents »...

Il n'y a rien sur les semences de ferme dans le texte de 1961, et donc aucun levier juridique pour les obtenteurs qui voudraient être payés à chaque fois qu'un agriculteur ressème « leurs » graines [1]. Cette question est très délicate d'un point de vue politique dans tous les pays, et les États évitent quand ils le peuvent de se mettre les agriculteurs à dos. Le *privilège* du fermier est mentionné dans la version de l'UPOV 1991 comme un droit, mais le droit de l'obtenteur à une juste rétribution de son travail l'est aussi. Le flou persiste. Dans le secteur du blé tendre en France, les agriculteurs et les obtenteurs se sont mis d'accord pour que les premiers paient aux seconds une somme forfaitaire annuelle raisonnable pour pouvoir ressemer leurs graines. Les technocrates des administrations concernées l'ont appelée « contribution volontaire obligatoire ».

Enfin, dernière étape de la mise en place d'un régime de propriété intellectuelle sur les ressources phytogénétiques (et les ressources génétiques en général), l'Organisation mondiale du commerce (OMC) a vu le jour en 1994, transformant le précédent GATT (General Agreement on Tariffs and Trade). Parmi les multiples dispositions prises à cette occasion, les accords ADPIC sont entrés en vigueur en 1995. L'article 27.3 de ces accords oblige les membres de l'OMC à introduire dans leur droit national un système de droits de propriété intellectuelle « efficace » sur les gènes, les micro-organismes et les variétés végétales : brevets, système *sui generis*, ou une combinaison des deux. Autrement dit, les pays qui veulent adhérer à

---

1. Il faut différencier semences de ferme et semences paysannes. Les premières ne sont pas sélectionnées à la ferme, simplement ressemées de la récolte précédente. Les secondes résultent d'un travail de sélection à la ferme, donc sont des variétés originales (mais en général non inscrites au Catalogue car ne respectant pas les critères industriels).

l'OMC pour avoir accès aux marchés mondiaux doivent mettre en place un régime de protection de la propriété intellectuelle sur les organismes vivants.

Comme l'analysent Raustiala et Victor[1], les complexes de régimes sont caractérisés par différents régimes se chevauchant et s'imbriquant, sans que soit définie entre eux une hiérarchie qui dirait clairement quelle loi doit primer sur les autres. Néanmoins, dans les faits, une hiérarchie des normes existe bien, au moins partiellement, dans la mesure où l'OMC est la seule institution internationale à disposer d'un pouvoir de sanction, au travers de l'Organe de règlement des différends, tribunal arbitral. Avec les accords ADPIC, la brevetabilité des organismes vivants s'est donc inscrite de manière coercitive dans le droit international.

Pour récapituler les évolutions de la propriété intellectuelle sur les végétaux, il y a deux systèmes différents : le droit des obtentions végétales et le droit des brevets, qui offre une protection plus forte aux obtenteurs puisque les variétés ne sont pas libres pour la recherche ni pour être ressemées. Sous la pression de l'extension du système des brevets, l'UPOV s'est un peu durcie, mais le statut du paysan quant à son droit de faire des semences de ferme n'est toujours pas clair. Une chose est sûre cependant : avec l'extension de la propriété intellectuelle aux plantes cultivées, le droit des paysans à conserver leurs pratiques traditionnelles et les savoirs qui leurs sont associés se réduit et est de plus en plus contesté par l'oligopole du secteur agrochimique et semencier, dont la puissance de lobbying est bien connue[2]. Le renforcement de l'appropriation des variétés végétales par les semenciers se traduit par une expropriation croissante des paysans de droits et de pratiques millénaires.

Quant à la brevetabilité des gènes et autres formes de vie, le paysage juridique est compliqué et ambigu, les litiges nombreux et les lignes amenées à bouger sous la pression des évolutions accélérées des biotechnologies, de la biologie synthétique en particulier. Il est cependant indéniable que les régimes de droits de propriété intellectuelle se sont étendus : de plus en plus de

1. K. Raustiala et D. G. Victor, « The regime complex for plant genetic resources », art. cité.

2. Voir H. Kempf, *La Guerre secrète des OGM*, *op. cit.*, M.-M. Robin, *Le Monde selon Monsanto*, *op. cit.*, et, de manière plus générale, S. Horel, *Lobbytomie*, *op. cit.*

choses peuvent être protégées par des brevets, souvent au détriment d'autres droits humains. Comme le montre avec force un juriste américain, Peter K. Yu, les accords ADPIC marquent cette extension et font passer d'un régime *international*, où de nombreux droits différents coexistaient, à un régime *global* qui impose la même règle et la même vision à tous les pays. Il qualifie une telle approche de « schizophrénie de la propriété intellectuelle », qu'il caractérise ainsi :

> Maladie mentale qui semble avoir touché les politiques en charge de la propriété intellectuelle du fait d'une grande variété de conflits et d'intérêts divergents au sein d'un pays. Les symptômes de ce désordre incluent l'incapacité à élaborer une politique de propriété intellectuelle cohérente ; des hallucinations quant à l'existence et l'opportunité d'un système international unique et uniforme ; et l'illusion que ce qui fonctionne bien pour une région, un secteur ou un groupe fonctionnera aussi bien pour un autre[1].

Cette « maladie » aboutit ainsi à « une enclosure de l'espace politique », les pays n'étant plus libres de se donner les règles qu'ils désirent. Ce phénomène n'est pas propre à la propriété intellectuelle. Il est ressenti de façon aiguë en Europe, comme l'illustrent le « Non » français au Traité constitutionnel en 2005 ou plus récemment le *Brexit*, et dépasse les frontières de l'Union européenne. Il est porté par les traités de l'OMC et la politique de la Commission européenne, qui engendrent tous un abandon de souveraineté politique au profit d'une uniformisation marchande.

On touche là un des paradoxes du néolibéralisme. Alors que le libéralisme classique insistait sur la liberté économique *et* sur la liberté politique, l'État devant garantir les deux, le néolibéralisme tend à délaisser la seconde pour se concentrer sur la première. Dans le régime néolibéral, le rôle principal de l'État est de garantir un *level playing field* pour les grandes entreprises, c'est-à-dire les conditions d'une concurrence libre et non faussée, déléguant de plus en plus de choix décisifs aux multinationales elles-mêmes. Cet abandon de souveraineté conduit à une diminution de la sphère des libertés politiques, souvent contraires aux intérêts des grandes firmes. Ces dernières décennies

1. Peter K. Yu, « International enclosure, the regime complex, and intellectual property schizophrenia », *Michigan State Law Review*, n° 1, 2007, p. 1-33, citation p. 21.

ont ainsi vu l'émergence d'un « libéralisme autoritaire », encore un oxymore [1].

Progrès scientifique et extension de la propriété intellectuelle

La propriété intellectuelle permet que soient appropriées privativement les connaissances sur les gènes et les processus biologiques ; les avancées des sciences de la vie conduisent à identifier et créer de nouveaux objets sur lesquels des brevets seront accordés. Plus la science s'introduit au cœur des processus de la vie sur Terre, ce que fait en particulier la biologie synthétique, plus les brevets concernent des processus vitaux communs à un grand nombre d'espèces, voire à toutes. Les firmes détenant ces brevets deviennent donc « propriétaires » de processus naturels au fondement de la vie, ce qui, si on prend le temps d'y réfléchir un peu, est proprement surréaliste.

OGM « climate-ready » *: les acteurs*

Certains se rappellent sans doute le scandale des semences dites « Terminator » à la fin des années 1990. Une technique appelée GURT, *Genetic Use Restriction Technology*, avait été mise au point conjointement par le département américain de l'Agriculture (Department of Agriculture – DOA) et une entreprise semencière qui dominait le marché des graines de coton aux États-Unis, Delta and Pine Land. Cette technologie d'ingénierie génétique permettait d'obtenir des graines qui ne germeraient qu'une fois, dont les descendantes, dès la génération suivante, seraient stériles. L'ETC Group, qui s'appelait à l'époque RAFI, avait baptisé cette technologie Terminator. Un brevet avait été accordé par l'United-States Patents and Trade Office (USPTO) conjointement au DOA et à Delta and Pine Land, et Monsanto s'était portée acquéreuse de cette firme pour mettre la main sur le fameux brevet. Cette technologie laissait entrevoir une source de profit intarissable : il

1. Voir Grégoire Chamayou, *La Société ingouvernable. Une généalogie du libéralisme autoritaire*, La Fabrique, Paris, 2018.

n'y aurait plus besoin désormais de poursuivre les agriculteurs qui ressemaient des graines propriétaires devant les tribunaux, puisqu'il ne servirait à rien de les ressemer, rien ne repousserait. De plus, des variantes plus sophistiquées de GURT avaient été mises au point, qui rendaient aux semences leur capacité germinative à condition de les arroser avec un produit chimique propriétaire lui aussi [1]. Bref, pour Monsanto *and Co*, c'était la poule aux œufs d'or. Face au tollé mondial engendré par cette invention, y compris d'institutions peu enclines à la critique radicale telles la FAO et la CDB, l'oligopole de l'agrochimie s'était engagé à ne pas commercialiser de semences Terminator, et elles sont effectivement restées dans les tiroirs, aujourd'hui encore.

Ce cas met clairement en lumière la logique qui préside à la recherche en biotechnologies végétales. Contrairement à ce qui est en permanence affirmé par les *Big Four* et leurs satellites des biotechnologies, leur volonté de nourrir la planète, le but poursuivi est la valorisation des inventions scientifiques et techniques aux fins d'une appropriation monopolistique de la chaîne alimentaire humaine, une recherche de rentes. Sans semences, pas de végétaux, et sans végétaux, pas d'animaux : qui contrôle les semences détermine non seulement le choix d'un système agraire mais aussi l'ensemble de la production de nourriture, et, de plus en plus, s'approprie pour les instrumentaliser des processus au fondement de la vie sur Terre.

La nature des brevets sur les plantes et les formes de l'appropriation évoluent avec les avancées scientifiques. Au temps des premiers OGM, le temps du bricolage, les scientifiques parvenaient à insérer deux ou trois séquences génétiques dans le génome d'une plante pour lui conférer une résistance à un herbicide ou la capacité de produire de manière endogène l'insecticide naturel Bt. Les industriels étaient donc propriétaires de ces deux ou trois séquences. Mais les développements fulgurants de la génomique et de la biologie de synthèse ont changé la donne. Les constructions qui sont aujourd'hui protégées par des brevets concernent des fonctions métaboliques complexes, participant par exemple à la fixation de l'azote atmosphérique par les plantes. Au train où vont les choses, nous verrons bientôt des scientifiques et des industriels revendiquer sans sourciller la propriété de la photosynthèse. Par ailleurs, les pratiques des offices de brevets,

1. Pour un exposé de cette technologie, voir Martha L. CROUCH, « What Terminator terminates ? », 1998, <http://www.psrast.org/terminexpl.htm>.

en particulier celles de l'USPTO et de l'OEB (respectivement offices américain et européen des brevets), tendent vers une interprétation de plus en plus souple des critères de brevetabilité et de ses exclusions, sous la pression des lobbies industriels et des sacro-saints impératifs de compétitivité.

De temps en temps, une juridiction tente bien de mettre le holà et prend une décision qui pourrait freiner voire stopper ce processus général de privatisation de la vie et faire jurisprudence. Après tout, par exemple dans les textes européens, les articles nécessaires à refuser d'accorder des brevets sur les variétés végétales existent (articles 4.1 de la directive 98/44/CE et 53.b de la Convention de Munich, voir *supra*). Mais comme y figurent aussi des articles plus flous, voire contradictoires, comme l'article 4.2 de la directive de 1998, tout dépend des interprétations privilégiées par les offices de brevets. Malheureusement, comme en témoigne l'évolution du nombre de brevets déposés et délivrés, l'ampleur du mouvement d'appropriation ne fait que s'accroître.

Un des nouveaux domaines de recherche en biotechnologies végétales est la mise au point de variétés adaptées au changement climatique, qui fait déjà sentir ses effets délétères dans la plupart des régions du monde. Il faudra des variétés qui supportent les épisodes de sécheresse et d'inondation, de forte chaleur et de grand froid, les sols salins et pauvres en azote, ce qu'on englobe sous le terme générique de stress abiotique (par opposition au stress biotique engendré par les maladies et les ravageurs). Au lieu de chercher dans l'infinie richesse des variétés connues, aussi bien cultivées que sauvages, qu'il suffirait d'adapter à de nouvelles régions et/ou conditions de culture, la solution privilégiée repose une fois encore sur la haute technologie. Les scientifiques, jamais à court d'idées sophistiquées et très chères, s'attellent ainsi à reprogrammer des circuits métaboliques fondamentaux des végétaux comme leur capacité à fixer l'azote pour pouvoir pousser dans des sols pauvres, transformer le CO_2 en énergie (photosynthèse) ou utiliser l'eau de manière plus efficace. Après les semences résistantes aux herbicides comme les variétés *Roundup-Ready*, la nouvelle mode est aux semences *climate-ready*.

Une étude d'ETC Group de 2011 analyse ainsi la nature des demandes de brevets en biotechnologies végétales déposées dans les grands offices de brevets de par le monde entre début 2008 et fin 2010, en recherchant toutes celles dont les revendications mentionnent une résistance au stress abiotique[1]. En juin 2008, 532 brevets (demandés ou délivrés) représentant 55 familles de brevets ont été dénombrés (une famille de brevets est un ensemble de brevets déposés dans différentes juridictions mais se référant au même inventeur et à la même invention). Entre juin 2008 et juin 2010, 1 663 brevets appartenant à 261 familles ont été déposés, donc une augmentation très nette. Il faut noter que 91 % de ces 261 familles de brevets appartiennent au secteur privé, et seulement 9 % au secteur public. DuPont en détient 114, BASF 48, Monsanto 11 : ces trois firmes sont à elles seules propriétaires de 66 % des brevets *climate-ready*. Si l'on inclut les firmes de biotechnologies partenaires de ces trois géantes (en particulier Evogene et Mendel Biotechnology), ces firmes contrôlent les trois quarts des brevets relatifs à la résistance au stress abiotique en 2010[2].

Une ONG australienne dénommée Cambia milite pour instituer un équivalent en biotechnologie de l'*open source* en informatique, ou au minimum rendre accessibles les informations concernant les brevets sur les gènes et séquences génétiques et leurs détenteurs[3]. Leurs données sont obligatoirement incomplètes car les informations concernant les accords de licence ne sont pas publiques, il est donc impossible de savoir qui détient effectivement les droits sur telle ou telle séquence génétique. Néanmoins, on peut connaître les déposants initiaux des brevets sur les séquences génétiques et autres circuits métaboliques, ainsi que leurs propriétaires actuels. Une recherche dans leur base de données, *The Lens*, donne les chiffres suivants, qui sont compatibles avec ceux de l'étude d'ETC Group et permet d'actualiser ses chiffres[4]. En 2010, 850 brevets concernant la résistance des plantes au stress abiotique ont été demandés[5] ; en 2011, 1 337 ; en 2012, 1 671 ; en 2013, 2 113 ; en 2014, 2 193 ; et enfin en 2015, 2 114. Ces chiffres concernent les brevets et non les familles de brevets, donc surestiment le nombre d'inventions, puisqu'une même

1. ETC Group, *Capturing « Climate Genes ». Gene Giants Stockpile « Climate-Ready » Patents*, 2011, <www.etcgroup.org>.

2. *Ibid.*, p. 6-7.

3. <www.cambia.org>.

4. <www.lens.org>, consulté entre le 4 et le 7 septembre 2016.

5. ETC Group recense 1 663 brevets entre le 30 juin 2008 et le 30 juin 2010. Les chiffres de *The Lens* sont de 566 brevets en 2008, 813 en 2009 et 850 en 2010. En supposant que les dépôts sont uniformément répartis sur l'année, 566/2 + 813 + 850/2 donne une estimation pour la période considérée par ETC de 1 521 brevets, ce qui est du même ordre de grandeur.

demande déposée auprès de trois offices différents sera comptée trois fois. Un bon nombre des brevets sont déposés deux ou trois fois en moyenne : aux États-Unis, à l'Organisation mondiale de la propriété intellectuelle (OMPI), à l'Office européen des brevets (OEB) et en Australie et/ou au Canada. Par ailleurs, ils incluent les brevets déposés et les brevets délivrés. *The Lens* fournit aussi des statistiques sur les données cumulées des brevets relatifs à la résistance au stress abiotique. Globalement, quelques brevets de cette nature ont été dénombrés dans les années 1990 ; le décollage se produit en 2000, et suit depuis une courbe exponentielle. En septembre 2016, *The Lens* répertorie 15 006 brevets appartenant à 7 454 familles (inventions), les trois quarts déposés aux États-Unis et seulement 352 auprès de l'OEB. Un peu moins de la moitié ont été effectivement délivrés (45 % en septembre 2016). En décembre 2018, il y a 21 294 brevets regroupant 10 120 familles, avec à peu près toujours la même proportion entre brevets demandés et brevets effectivement délivrés [1].

Cette base de données différencie aussi les déposants initiaux et les actuels propriétaires des brevets sur les variétés *climate-ready*, ce qui fournit des informations précieuses sur les stratégies des acteurs dans ce secteur, dominé par deux géants des semences, Monsanto et DuPont (qui, rappelons-le, a avalé Pioneer Hi-Bred en 1999 et a fusionné avec Dow Chemical en 2015 pour devenir Corteva en 2019). En septembre 2016, le premier déposant est Pioneer Hi-Bred, avec 3 363 dépôts de demandes de brevets, auxquels il faut rajouter les 279 de DuPont, ce qui fait 3 642 dépôts pour le groupe. Juste derrière, Monsanto a déposé 2 982 demandes. Deux filiales de BASF ont demandé 1 183 brevets, et deux filiales de Bayer ont déposé 796 demandes. Syngenta a quant à elle déposé 482 demandes de brevets. Les *Big Five* (à l'époque) totalisent donc 9 085 demandes de brevets concernant la résistance au stress abiotique, sur un total de 15 006, ce qui fait 60 % des demandes de brevets pour ces variétés. La comparaison de ces chiffres avec ceux des propriétaires de ces brevets (en septembre 2016) est éclairante. Les portefeuilles de brevets les plus fournis sont ceux de Monsanto (3 462) et de Pioneer (2 557). Les autres sont loin derrière : le troisième est Bayer, avec 529 brevets, puis viennent Stine Seed Farmland (un grand semencier américain familial – non coté – spécialisé dans le soja et le maïs),

1. *The Lens*, consulté le 12 décembre 2018, <www.lens.org>.

BASF et Syngenta. À part Stine Seed et Monsanto, toutes ces firmes ont vendu une partie des brevets déposés ou délivrés. Stine Seed a acheté 43 brevets, et Monsanto 480, ce qui témoigne de la volonté de la firme de se positionner sur le marché des semences *climate-ready*. Cette constatation est encore renforcée par la comparaison avec les chiffres de l'étude d'ETC Group : Monsanto détenait environ 7 % du total de ces brevets entre 2008 et 2010 et est en 2016 propriétaire de 23 % des brevets relatifs à la résistance au stress abiotique.

La consultation de *The Lens* en décembre 2018 confirme cette tendance. Monsanto est désormais le premier propriétaire de brevets concernant le stress abiotique chez les végétaux (4 624), devant Pioneer (2 974), et en détient plus qu'elle n'en a demandé, ce qui signifie que la firme continue d'acheter d'autres brevets. Il faut noter que Monsanto est propriétaire *via* Monsanto Technology LLC, pour Limited Liability Company, une forme hybride d'entreprise de droit états-unien associant absence de personnalité morale et exemption d'impôts sur les bénéfices… Les juridictions concernées n'ont pas changé non plus : les trois quarts des brevets sont déposés aux États-Unis, environ 15 % auprès de l'OMPI et un peu moins en Australie. Les demandes auprès de l'Office européen des brevets ne représentent qu'à peine plus de 2 % du total des demandes.

Vers une appropriation des processus au fondement de la vie sur Terre

L'évolution des modes d'appropriation des variétés végétales n'est pas que quantitative mais aussi qualitative. Les revendications exprimées dans les demandes de brevets sont de plus en plus vastes, autrement dit l'étendue des brevets s'accroît. Ce mouvement est très général et s'observe aussi dans les autres domaines de la *high-tech*. Ce n'est pas étonnant, c'est même consubstantiel aux évolutions scientifiques actuelles. En effet, les techniques issues de la convergence NBIC visent à instrumentaliser la matière, les animaux, les végétaux et les êtres humains en modifiant les processus physiques, chimiques et biologiques à leur base, en bricolant atomes et gènes, donc très en amont de leurs effets observables. On l'a vu, la biologie de synthèse fournit par exemple des outils pour reprogrammer les circuits métaboliques de certains micro-organismes pour que ceux-ci soient plus efficaces dans la dégradation de la lignine ou la production d'huile.

Les brevets portent la plupart du temps sur des voies métaboliques que l'on peut retrouver chez un grand nombre de micro-organismes ou d'autres espèces. De même, les brevets concernent de plus en plus non pas des gènes entiers mais les séquences qui codent pour certains traits, comme la résistance au stress hydrique, séquences communes là encore à un grand nombre d'espèces [1]. Cet ADN dit *homologue*, s'il est breveté, étendra donc la propriété bien au-delà de l'espèce initialement modifiée. L'étude d'ETC Group donne des exemples de brevets déposés par DuPont, BASF et Syngenta dont les revendications s'étendent à plus de trente espèces cultivées, parmi lesquelles le maïs, le riz, le blé, le soja, les pommes de terre, l'avoine, l'orge, les pois, le tabac, le palmier à huile, les solanacées, les plantes fourragères... c'est-à-dire « virtuellement toutes les cultures vivrières [2] ».

Ainsi, plus la science progresse dans sa compréhension des processus métaboliques qui font que des variétés résistent (ou pas) à la sécheresse et à la chaleur, à la salinité ou au manque d'azote ou de carbone, plus les inventions des scientifiques touchent des processus fondamentaux à la base de la vie sur Terre et plus ce mouvement d'appropriation devient dangereux. Voyons brièvement quelques-unes des directions prises par la recherche publique et privée, qu'il ne faut plus réellement différencier dans la mesure où la plus grande part de cette activité s'exerce aujourd'hui au sein de partenariats publics-privés composés des mêmes acteurs : les grandes firmes agrochimiques et leurs partenaires biotechnologiques, le CGIAR et d'autres institutions publiques comme les universités, quelques grandes ONG environnementales et les fondations philanthropiques habituelles (Bill et Melinda Gates et Rockefeller en particulier, toutes deux très actives dans le domaine agricole) [3].

Certaines plantes, les légumineuses (trèfle, pois, fèves, haricots, soja, toutes les plantes à cosses), ont la capacité de fixer l'azote atmosphérique pour s'en servir pour leur croissance. Ce processus est dû à une symbiose entre la plante et des colonies microbiennes vivant autour de ses racines qui fixent l'azote dans le sol : un engrais

---

1. La proximité génétique à l'intérieur d'un genre est souvent très grande. Par exemple, nous partageons environ 98 % de notre génome avec les chimpanzés, n'en déplaise aux transhumanistes.

2. ETC Group, *Capturing « Climate Genes ». Gene Giants Stockpile « Climate-Ready » Patents*, *op. cit.*, p. 16.

3. Ce qui suit provient principalement de ETC Group, *Outsmarting Nature ? Synthetic Biology and Climate Smart Agriculture*, 2015, <www.etcgroup.org>.

naturel en somme. Les chercheurs en biologie synthétique tentent de transplanter cette fonction éminemment complexe (et codée par plusieurs dizaines de gènes) à des plantes qui en sont dépourvues, en particulier les céréales. Mais comme le note l'étude d'ETC Group, c'est une tâche très compliquée « car la photosynthèse et la fixation de l'azote sont normalement des processus incompatibles chez les plantes (parce que l'oxygène produit pendant la photosynthèse est toxique pour la nitrogénase – l'enzyme nécessaire à fixer l'azote [1] ». Alors qu'il suffit d'associer des cultures de légumineuses et des cultures céréalières pour parvenir au même résultat, des sols riches en azote sans épandre d'engrais chimiques, les scientifiques préfèrent explorer une reprogrammation totale du métabolisme des plantes en rendant compatibles des choses qui ne le sont pas naturellement [2].

Une deuxième voie, relevant là aussi typiquement des solutions proposées par les adeptes de la convergence NBIC, est d'« améliorer » le processus de la photosynthèse, qui est jugé « pas assez efficace » (*sic*). Rappelons que, sans photosynthèse, il n'y aurait pas de vie sur Terre : avec la lumière, les végétaux transforment le CO_2 atmosphérique en hydrates de carbone, source d'énergie pour leur croissance, et la nôtre, et rejettent de l'oxygène dans l'atmosphère. On distingue deux types de photosynthèse, selon les molécules de carbone concentrées par les plantes. La photosynthèse C3, qui est le processus mis en œuvre par la majorité des plantes cultivées, fixe des chaînes de carbone composées de trois atomes de carbone ; la photosynthèse C4, que l'on trouve chez le maïs et la canne à sucre, fixe des chaînes de carbone composées de quatre atomes, d'où leur croissance plus rapide et leur utilisation « plus efficace » de l'eau et des nutriments. L'idée des docteurs Folamour de la biologie synthétique est de transformer des plantes « C3 » comme le riz et le blé en plantes « C4 ». Le génome du riz ayant été l'un des premiers à être séquencé, les chercheurs disposent d'une multitude de données sur la génétique et les processus métaboliques du riz, ce qui en a fait le candidat idéal pour leurs expériences. De plus, dans la mesure où cette céréale nourrit une bonne partie de l'humanité, la rhétorique habituelle concernant la production de nourriture en quantité suffisante pour une population mondiale en croissance

1. *Ibid.*, p. 11.

2. Les Amérindiens le savaient depuis des siècles, qui associaient maïs, courges et haricots, les « trois sœurs ».

constante est déjà prête[1]. Un consortium de recherche international a ainsi été créé sous l'égide de l'International Rice Research Institute (IRRI) basé aux Philippines, centre d'origine du riz, un des quinze centres de recherche du CGIAR, avec l'aide généreuse de la fondation Bill et Melinda Gates[2]. Dans la mesure où il faut recréer tout le métabolisme de la plante, ce qui suppose des manipulations sur des dizaines de gènes à la fois, voire plus, ce riz n'est pas encore prêt à voir le jour. Néanmoins, comme le fait remarquer l'article de la *Technology Review* (la revue grand public du MIT), les nouvelles techniques d'« édition » du génome, que l'on va voir dans un instant, permettent d'espérer rapidement des succès dans cette entreprise[3].

Les recherches sont aussi très actives dans l'identification de centaines de souches microbiennes qui pourraient avoir des effets bénéfiques sur les rendements des cultures (comme le *Bacillus thuringiensis*, utilisé depuis longtemps). À l'issue de cette étape, les méthodes de la biologie synthétique permettront d'« améliorer » ces micro-organismes (et de demander quelques brevets au passage), pour les déverser ensuite en masse sur les cultures. Ces techniques sont qualifiées de « lutte biologique ». Les effets potentiellement dévastateurs des modifications de la flore microbienne que ces épandages de bactéries manipulées pourraient avoir sur l'activité des sols et les équilibres des écosystèmes, toujours mal connus, ne sont pas de nature à freiner la recherche. Monsanto a par exemple engagé un partenariat en 2013 avec l'entreprise de Craig Venter, Synthetic Genomics, ainsi qu'une collaboration avec le danois Novozymes, premier producteur mondial d'enzymes. DuPont-Dow se lance dans des partenariats de recherche avec des *start-up* de biotechnologies dans la même perspective. On assiste aussi aujourd'hui à une ruée sur les micro-organismes marins, en particulier ceux qui vivent dans les conditions extrêmes des grands fonds[4].

---

1. Pour un exemple guère plus caricatural que d'habitude, voir Kevin BULLIS, « Supercharged photosynthesis », *Technology Review*, février 2015, <https://www.technologyreview.com/s/535011/supercharged-photosynthesis/>.

2. Des détails sur ce projet peuvent être trouvés à l'adresse suivante : <http://c4rice.irri.org/>.

3. Un autre projet du même genre mené à l'université de l'Illinois, États-Unis, et baptisé RIPE (*Realizing Increased Photosynthetic Efficiency*), est lui aussi largement financé par la fondation Gates. Voir <https://ripe.illinois.edu/objectives/our-story>.

4. Robert BLASIAK, Jean-Baptiste JOUFFRAY, Colette C. C. WABNITZ, Emma SUNDSTROM et Henrik OSTERBLOM, « Corporate control and global governance of marine genetic resources », *Science Advances*, no 4, 2018, eaar 5237.

Un dernier exemple de l'imagination fertile des chercheurs dans le domaine des semences *climate-ready*, parmi des dizaines (voir le nombre de brevets déposés), concerne la résistance à la sécheresse. On connaît aujourd'hui la manière dont les végétaux se protègent de fortes chaleurs et du manque d'eau. Une plante en situation de stress hydrique produit une hormone, l'acide abscissique, qui engendre une réponse du métabolisme entier : « La plante se met en "mode survie" en inhibant sa croissance et sa consommation d'eau [...] et ferme les petits pores sur ses feuilles pour réduire la perte d'eau[1]. » Une équipe de biologistes synthétiques de l'Université de Californie, dans un partenariat avec Syngenta, a réussi à modifier la plante utilisée comme modèle en biologie végétale, *Arabidopsis thaliana*, pour qu'elle sécrète de l'acide abscissique et enclenche son « mode survie » non pas en réponse à un stress hydrique, mais au contact d'un fongicide produit par Syngenta. Autrement dit, ces chercheurs ont réussi à instrumentaliser la plante de sorte à induire une réponse au stress hydrique totalement contrôlable de l'extérieur, en l'arrosant avec un produit chimique couramment utilisé par ailleurs. Syngenta et l'Université de Californie ont déposé une demande de brevet auprès de l'Office mondial de la propriété intellectuelle, dont une des revendications comprend la phrase suivante : « Dans certaines applications, la formulation comprend en outre au moins un fongicide, un herbicide, un pesticide, un nématicide, un insecticide, un agent d'activation, un synergiste, un phyto-protecteur végétal, un régulateur de croissance, un insectifuge, un acaricide, un molluscicide ou un engrais[2]. » Rien ne manquant à la panoplie, la couverture est garantie. La démarche est identique à celle de la technologie Terminator : on identifie les circuits qui mènent à une réponse métabolique particulière, germination ou « mode survie », puis on modifie ces circuits de telle sorte qu'ils ne soient activés que par l'ajout d'une « clé » chimique que l'agriculteur devra acheter auprès du producteur de semences. Confrontée à un épisode de sécheresse, une telle plante ne pourra pas résister puisque son métabolisme de réaction au stress hydrique aura été modifié pour ne se déclencher que si elle est arrosée du fongicide de Syngenta, alors qu'elle y parvenait naturellement avant la modification. Il s'agit là d'un véritable acte de piraterie contre la nature, des processus métaboliques naturels sont littéralement pris en otage. Comment qualifier cela autrement ?

1. ETC Group, *Outsmarting Nature ?*, *op. cit.*, p. 14.
2. *Ibid.*, p. 15.

L'augmentation de l'étendue des brevets est, on le voit, portée par la science et ses soi-disant progrès, mais aussi par les pratiques des conseils en propriété intellectuelle des firmes agrochimiques et de biotechnologie et par celles des offices de brevets. Un certain nombre des demandes de brevets portent ainsi non seulement sur les graines modifiées, mais aussi sur tout ce que ces graines permettent de produire grâce à la générosité de la nature, plantes, fleurs, fruits, et même jusqu'aux produits transformés issus de ces derniers : tous les produits contenant la séquence génétique brevetée seront propriété des firmes, et ce, sur toutes les espèces mentionnées dans la demande de brevet. Des brevets sur des mutations aléatoires obtenues par sélection conventionnelle sur l'orge (donc rien à voir avec la transgénèse) ont ainsi été accordés par l'OEB en 2016 aux firmes Carlsberg et Heineken. Ils couvrent la semence et la plante, la récolte, le procédé de brassage et toutes les boissons qui seront fabriquées à partir de cette orge, y compris la bière. Ainsi, même si « les procédés essentiellement biologiques d'obtention de végétaux ou d'animaux » sont en principe exclus de la brevetabilité (articles 53.b de la Convention sur le brevet européen et 4.1. de la directive 98/44/CE, voir *supra*), des brevets sont de plus en plus souvent délivrés sur des variétés conventionnelles et des *gènes natifs* (existant dans la nature, non modifiés). Ces variétés sont obtenues par des procédés essentiellement biologiques, mais dès lors que des techniques de biologie moléculaire, telles la sélection assistée par marqueurs ou la mutagénèse aléatoire, sont utilisées par les obtenteurs pour accélérer et faciliter leur travail, des brevets peuvent être accordés. Tout le travail d'interprétation de la loi repose sur le terme *essentiellement*.

La responsabilité de l'Office européen des brevets est ici écrasante, puisque l'office a accepté de délivrer des brevets sur des séquences génétiques simplement décrites, pas même modifiées, considérant encore une fois que, sans l'ingéniosité humaine, ces séquences n'auraient pu être décrites et assimilant *de facto* des découvertes à des inventions. S'il suffit de reproduire une mutation existante pour pouvoir se l'approprier de manière exclusive, les millions de variétés résultant du long travail de sélection effectué par des générations de paysans et d'obtenteurs risquent de devenir la propriété exclusive des *Big Four*[1]. En effet, vu le temps, l'énergie et le prix d'une demande de

1. Sur les pratiques de l'OEB ces dernières années, voir Christoph THEN, Ruth TIPPE, Katherine DOLAN, Eva GELINSKI et Johanna ECKHART, *No Patents on Broccoli, Barley, and Beer*, 2018, <www.no-patents-on-seeds.org>.

brevet et/ou de son extension internationale par le Traité de coopération sur les brevets (*Patent Cooperation Treaty* – PCT), seules les grandes firmes se lancent dans cette démarche.

De plus, la complexité du droit de la propriété intellectuelle et les contradictions qu'on trouve dans les textes mêmes laissent encore plus de latitude à l'oligopole de l'agrochimie. Ainsi, si la directive de 1998 et la Convention sur le brevet européen excluent les variétés végétales du domaine de la brevetabilité, la modification par transgénèse donne droit à des brevets tant qu'elle ne s'applique pas à une seule variété (puisque cela reviendrait à devenir propriétaire de ladite variété) mais concerne plusieurs variétés ou espèces (article 4.2 de la directive 98/44/CE). Cet article permet ainsi de contourner l'exclusion de la brevetabilité des variétés végétales et des races animales décrétée juste avant, article 4.1. Comme le résument Christoph Then et Ruth Tippe :

> La voie la plus facile [pour l'industrie] est de revendiquer des caractéristiques spécifiques d'une plante (ou d'un animal) en décrivant par exemple son génome, sa composition ou ses traits agronomiques, et formuler les revendications en incluant toutes les espèces animales ou végétales et tous les procédés qui pourraient être utilisés en théorie (y compris l'ingénierie génétique) pour produire une plante aux caractéristiques décrites. Plus la revendication est large (toutes les plantes, tous les procédés), plus la probabilité d'obtenir le brevet est forte [1].

Ces dernières années, un grand nombre de décisions plus ou moins contradictoires ont été prises par l'OEB sur la question de la brevetabilité des variétés conventionnelles (non OGM). Sous la pression de multiples associations de citoyens et d'ONG, la Grande Chambre de recours de l'OEB a fini par produire une décision le 14 mai 2020 interdisant les brevets sur les variétés conventionnelles, grande victoire pour les associations et les citoyens européens. Mais selon l'association No Patents on Seeds, il reste un certain nombre de points techniques non résolus, dont les *Big Four* vont tenter de tirer parti [2]. C'est néanmoins une belle victoire.

1. Christoph Then et Ruth Tippe, *European Patents on Plants and Animals – Is the Patent Industry Taking Control of our Food ?*, 2014, p. 15, <http://no-patents-on-seeds.org/sites/default/files/news/european_patents_on_plants_and_animals_2014_2.pdf>.

2. <https://www.no-patents-on-seeds.org/index.php/en/node/638>.

Les brevets sur les procédés d'obtention : les nouvelles techniques d'obtention variétale

Les techniques d'« édition du génome »

De nouvelles techniques d'obtention végétale ont été récemment mises au point, les « NPBT » ou *New Plant Breeding Techniques*, issues de la biologie synthétique. Parmi ces nouvelles technologies, celles dites de l'« édition du génome » sont jugées les plus prometteuses et sont celles qui se développent le plus rapidement. Elles démultiplient la puissance de l'intrusion des scientifiques dans les processus biologiques, et ouvrent dans la foulée de nouvelles portes à l'appropriation de la vie sur Terre par l'industrie biotechnologique.

Dans la perspective réductionniste du tout-génétique, où les êtres vivants sont uniquement déterminés par leur information génétique, il peut être utile d'« éditer » leurs génomes, c'est-à-dire en gros d'y effectuer des corrections pour les améliorer. Le comité d'éthique de l'Inserm préfère quant à lui traduire le terme *editing* par « "ingénierie", pour son caractère technique et neutre. Ceci sous-entend d'emblée que la technique elle-même n'appelle pas de question éthique contrairement à son usage dans certains contextes [1] ». Outre l'habituel lieu commun de la neutralité de la technique, cela sous-entend aussi d'emblée que la réflexion éthique menée par ce comité ne risque pas de faire transpirer ses participants.

À l'image de leur caractère invasif, les noms de ces techniques sont plutôt barbares : ZFN pour *Zinc Finger Nucleases*, TALENs (*Transcription Activator-Like Effector Nucleases*), et la dernière en date, apparue en 2012 et qui a déjà fait beaucoup de bruit, CRISPR-Cas9.

Parmi les différentes techniques d'édition du génome, CRISPR-Cas9 est celle qui enthousiasme le plus les scientifiques et les journalistes, car elle présente une avancée majeure dans les possibilités de manipulation génétique, mais aussi parce qu'elle est le fait de plusieurs chercheuses et chercheurs qui s'écharpent dans une guerre des brevets internationale et très médiatisée. Comme toujours, les grandes découvertes scientifiques sont le fait d'un grand nombre de travaux qui finissent par s'articuler plus ou moins subitement, l'histoire ne retenant que ceux qui ont accompli ce pas final. Isaac Newton disait de lui qu'il

1. Comité d'éthique de l'Inserm, *Saisine concernant les questions liées au développement de la technologie CRISPR-Cas9*, février 2016, p. 2, <www.ethique-inserm.fr>.

était un nain sur les épaules d'un géant. Les enjeux symboliques (le prix Nobel) et économiques et financiers étant énormes, la question de la paternité de la découverte est devenue aiguë, d'où la guerre des brevets.

CRISPR (prononcer « *crispère* ») signifie *Clustered Regularly Interspaced Short Palindromic Repeats* et désigne de courtes séquences d'ADN en forme de palindrome, qui se répètent en plusieurs lieux du génome, séquences observées chez bon nombre de bactéries à partir des années 2000 [1]. On a découvert qu'elles encadrent des séquences d'ADN viral introduites dans le génome des bactéries leur permettant ensuite de reconnaître leurs « attaquants ». Elles participent donc à la réponse immunitaire. L'ADN des bactéries en est modifié, faisant apparaître un système immunitaire adaptatif au niveau du génome, même chez des êtres unicellulaires. La question du mécanisme de cette réponse immunitaire est alors devenue centrale. En simplifiant beaucoup, les choses se passent ainsi. Lorsque la bactérie est en contact avec un virus la première fois, elle recopie une séquence d'ADN viral et l'intègre dans son propre ADN, encadrée de deux séquences CRISPR. Si elle est à nouveau infectée par un virus porteur de la même séquence, elle le reconnaît. Un ARN messager porteur de cette séquence vient se « coller » à l'ennemi et la bactérie produit une ou plusieurs protéines Cas (ou *CRISPR-associated*) ayant la capacité de tuer le virus en coupant son ADN *au niveau de la séquence*. Une fois élucidé ce mécanisme de la réponse immunitaire des bactéries, il n'était pas question de s'en tenir là. Dès avant que cela soit fait, les applications potentielles se profilaient déjà, et les scientifiques ont entrepris de synthétiser ces complexes CRISPR-Cas, *in silico* et *in vitro*.

Jusqu'à la fin des années 2000, les progrès des manipulations génétiques étaient considérablement freinés par l'incapacité des scientifiques d'intervenir précisément sur un lieu ciblé de l'ADN. Par exemple, la production de variétés végétales génétiquement modifiées est laborieuse parce les transgènes se fixent sur un lieu non contrôlé de l'ADN, donnant des résultats très variés, ce qui exige de trier les cellules modifiées pour ne retenir que celles dont la transformation est

1. Ce qui suit provient en grande partie et sauf mention contraire de Heidi LEDFORD, « CRISPR, the disruptor », *Nature*, 3 juin 2015 ; Nathanael HERZBERG et Hervé MORIN, « La saga CRISPR-Cas9 », une série de six articles publiés dans *Le Monde* durant l'été 2016.

jugée adéquate[1]. En effet, contrairement à ce que croyaient jusqu'à il y a peu les biologistes orthodoxes formés au dogme central de la biologie moléculaire, les interactions entre gènes sont nombreuses, plusieurs gènes peuvent coder pour la même protéine et, inversement, un même gène peut intervenir dans la régulation de plusieurs fonctions différentes. De ce fait, la place exacte de l'insertion d'un transgène a en général des effets phénotypiques importants[2].

Deux équipes sont finalement parvenues, en 2012, à quelques mois d'intervalle, à recréer artificiellement un complexe CRISPR-Cas9 qui associe la protéine Cas9, fonctionnant comme un « ciseau moléculaire » capable de couper un double brin d'ADN, et une courte séquence d'ARN messager qui reconnaît la séquence d'ADN qui lui correspond, où le « ciseau » viendra couper. Autrement dit, il est désormais possible de couper l'ADN présent dans une cellule ou dans son noyau en un point précis, ce qui n'était auparavant pas possible aussi facilement. On peut ainsi cibler une séquence génétique pour l'activer ou la désactiver, augmenter ou diminuer son expression, l'écrire différemment pour la « réparer » ou l'« augmenter », voire la faire disparaître.

En adjoignant certains gènes à ce « kit de bricolage du génome », on pourra cibler très précisément l'endroit de l'ADN où un complexe de gènes pourra être inséré, ce qui augmente considérablement les potentialités de la transgénèse. Pour l'instant, cependant, la majeure partie des recherches concernent la mutation contrôlée de gènes déjà là, leur expression ou leur « réparation » éventuelle, ce qu'on appelle de la mutagenèse dirigée. En d'autres termes, pour l'heure, CRISPR est essentiellement utilisé pour modifier génétiquement des organismes sans qu'il y ait insertion de gènes étrangers, c'est-à-dire de transgénèse. Cette distinction a de l'importance, car les promoteurs de l'édition des génomes soutiennent que, dans la mesure où il n'y a pas d'insertion de gènes étrangers dans le génome, les organismes concernés ne sont pas des OGM et ne doivent donc pas être soumis à la réglementation particulière concernant ces derniers. C'est ce qu'a assuré le département

1. Ce qui est généralement fait en insérant avec le ou les gènes « d'intérêt » un gène de résistance aux antibiotiques. Pour trier les semences OGM *in vitro*, on les arrose de l'antibiotique en question : seules les cellules porteuses du transgène survivent. Puis on séquence le génome des cellules survivantes pour vérifier l'adéquation de la transformation. Je remercie Guy Kastler, de la Confédération paysanne, pour ses explications à ce sujet.

2. Ce que des biologistes hétérodoxes comme Richard Lewontin disent depuis bien longtemps (voir en particulier *The Doctrine of DNA*, *op. cit.*).

de l'Agriculture des États-Unis aux grandes firmes agrochimiques pour les pousser à investir dans cette technologie. Cet argument est fallacieux car, bien entendu, ces organismes sont génétiquement modifiés, certains gènes activés, voire suractivés, d'autres éteints, ce qui est de nature à modifier profondément le métabolisme de l'organisme et sa composition. Les critiques parlent d'« OGM cachés ». Suite à la saisine de la Cour de justice de l'Union européenne par un groupement d'associations et de syndicats d'agriculteurs, cette dernière a fini, le 25 juillet 2018, par donner raison aux critiques en reconnaissant que, même sans l'insertion d'un transgène, on avait bien là des organismes génétiquement modifiés [1]. Mais les promoteurs de ces techniques sont repartis à l'attaque, en argumentant qu'on ne pourra jamais se passer de pesticides si l'on n'a pas recours à l'édition des génomes…

Les grandes manœuvres de l'industrie

La puissance de l'outil, qui n'est pourtant encore que potentielle, a convaincu l'industrie et certains gouvernements, en particulier les États-Unis, le Royaume-Uni et la Chine, et les grandes manœuvres ont déjà commencé. Outre la gloire, les deux grands enjeux sont pour l'instant celui du financement de la recherche et celui du contrôle des précieux brevets [2].

Voyons tout d'abord comment semble se structurer cette industrie naissante et d'où proviennent les financements. Selon la procédure désormais habituelle depuis le *Bayh-Dole Act* de 1980, les chercheurs les plus éminents créent des *start-up* pour valoriser leur recherche, pour l'instant essentiellement dans les domaines agricoles et des thérapies géniques. Des *start-up* dédiées à CRISPR ont été créées dès 2012. Les plus connues, car fondées par les inventeurs, sont les suivantes.

Editas Medecine, Inc., qui compte parmi ses fondateurs Feng Zhang et Jennifer Doudna, est basée à Cambridge, dans le Massachusetts. Lorsqu'il est apparu qu'aucun accord sur un dépôt collectif de brevets n'était en vue, J. Doudna a quitté Editas pour fonder ses propres entreprises. Editas est entrée sur le NASDAQ, le marché new-yorkais

---

1. Voir Jean-Luc Juthier, « Arrêt mutagénèse : des réactions très contrastées », 10 août 2018, <www.infogm.org/6613-europe-ogm-arret-mutagenese-reactions-tres-contrastees>.

2. Pour ce qui est de la gloire, Jennifer Doudna et Emmanuelle Charpentier ont obtenu le prix Nobel de chimie à l'automne 2020.

des valeurs de haute technologie, en février 2016. L'offre publique initiale (*Initial Public Offering* ou IPO) a permis de lever 94 millions de dollars, qui sont venus s'ajouter aux 120 millions de capital-risque déjà débloqués par la fondation de Bill Gates et Google Ventures. Par ailleurs, un partenariat de recherche et développement sur plusieurs années a été signé avec Juno Therapeutics pour un montant de 700 millions de dollars. Selon Robert Kolker, la valeur de marché d'Editas est, en septembre 2016, d'environ 900 millions de dollars [1].

Jennifer Doudna a quant à elle cofondé deux *start-up*, Caribou Biosciences et Intellia Therapeutics, toutes deux basées à Berkeley ou dans ses environs. Caribou n'est pas encore publique, chiffres et données sont donc peu accessibles, mais elle annonce sur son site engager son énergie dans des recherches agricoles et industrielles, en plus de son intérêt pour les recherches médicales où elle collabore avec Intellia (thérapies géniques, mise au point de modèles animaux « sur des souris, des rats, des lapins et de plus grands animaux » – âmes sensibles s'abstenir). Caribou a signé un accord de licences croisées avec DuPont, où les deux firmes mettent en commun leurs portefeuilles de brevets CRISPR pour développer des variétés *climate-ready*, accord dont les termes sont tenus secrets. Intellia a fait son entrée sur le NASDAQ en mai 2016, pour une valeur de plus de 110 millions de dollars, et a passé des accords de collaboration avec Regeneron et Novartis. Elle a atteint en septembre 2016, seulement quatre mois plus tard, une valeur de marché du même ordre que celle d'Editas, 900 millions de dollars.

CRISPR Therapeutics a été cofondée par Emmanuelle Charpentier ; la firme est basée à Bâle en Suisse mais fait une partie de sa recherche à Cambridge, Massachusetts. Ses activités portent aussi pour l'essentiel sur les thérapies géniques [2]. Son introduction sur le NASDAQ a eu lieu à l'automne 2016, pour un montant de 90 millions de dollars (alors que la firme a accumulé près de 50 millions de pertes entre 2015 et 2016). CRISPR Therapeutics a bénéficié d'environ 200 millions

---

1. Robert Kolker, « How gene editing technique will change the world, *Bloomberg Business Week*, 2016, <http://www.bloomberg.com/features/2016-how-crispr-will-change-the-world/>. La plupart des chiffres mentionnés proviennent de cet article.

2. Il est intéressant de remarquer que la plupart des recherches de toutes ces firmes portent peu ou prou sur les mêmes maladies monogéniques, myopathie de Duchesne, fibrose kystique, hémophilie, drépanocytose, beta-thalassémie et quelques autres, ainsi que sur l'instrumentalisation des lymphocytes T pour renforcer le système immunitaire dans sa lutte contre le HIV et certains cancers.

de dollars de capital-risque. Elle a surtout signé des partenariats de montants colossaux à l'automne 2015 : 365 millions dans une *joint-venture* avec Bayer et un accord de recherche et développement sur quatre ans avec Vertex Pharmaceuticals pour 2,5 milliards de dollars.

Selon les évaluations de Kolker, cette industrie embryonnaire a déjà bénéficié d'au moins 1 milliard de dollars de fonds de capital-risque, auquel il faut ajouter de multiples financements de la fondation Bill et Melinda Gates, des départements américains de l'Agriculture et de l'Énergie, des National Institutes of Health (NIH) et de la DARPA (sans compter les sommes énormes obtenues grâce aux partenariats avec les grandes firmes).

Entre août 2017 et mai 2018, la valeur de marché des trois firmes cotées s'est appréciée de 50 % pour Intellia, de 100 % pour Editas et de 300 % pour CRISPR Therapeutics. Puis, entre mai et juin, les courbes se sont inversées pour les trois *start-up*, pour revenir en août 2018 à une appréciation globale de 60 % pour Editas et Intellia, et de 160 %, quand même, pour CRISPR Therapeutics [1]. Ces mouvements sont étroitement liés aux annonces concernant les progrès dans les traitements médicaux sur les humains et les perspectives de nouveaux médicaments. En juin 2018, deux études parues dans *Nature Medicine* ont jeté un doute sur l'innocuité de ces manipulations génétiques, ce qui a effrayé les investisseurs. On retrouve exactement le même schéma de financement et de comportement des investisseurs, purement spéculatif et court-termiste, que dans le cas des agrocarburants avancés [2].

Le deuxième enjeu économique est d'abord d'ordre juridique, puisqu'il concerne les brevets et licences, autrement dit qui possède et contrôle réellement la technologie CRISPR, qui peut l'exploiter et s'en approprier les bénéfices économiques. Un conflit sanglant oppose depuis 2012 les chercheurs de Boston (autour de Feng Zhang et du Broad Institute) et l'équipe de Berkeley (menée par Jennifer Doudna et Emmanuelle Charpentier). Comme on l'a évoqué dans la première partie de ce chapitre, le droit de la propriété intellectuelle sur le vivant

1. Voir Bloomberg, <https://www.bloomberg.com/news/articles/2018-08-23/crispr-inventor-doudna-sees-first-human-therapy-5-10-years-away>.

2. Comportements documentés depuis longtemps, voir par exemple John K. Galbraith, *Brève histoire de l'euphorie financière*, Seuil, Paris, 1991 [1989], et André Orléan, *Le Pouvoir de la finance*, Odile Jacob, Paris, 1999, en particulier sur la bulle dite de la « nouvelle économie » à la fin des années 1990 et qui présente de nombreux points communs avec ce dont je parle ici. On y reviendra dans le dernier chapitre.

est extrêmement compliqué et varie au fur et à mesure des découvertes scientifiques et des décisions jurisprudentielles. La question ici est de savoir qui a été le premier à inventer CRISPR (en fait, à faire le dernier pas, puisque de multiples autres ont préparé le terrain, qui n'auront jamais leur nom au fronton des mairies). Le litige, en 2020, n'est toujours pas scellé, malgré de multiples rebondissements [1].

La propriété des brevets ne dit cependant rien de qui exploite effectivement CRISPR, puisque les propriétaires concèdent en général des licences d'exploitation, exclusives ou non, à divers industriels pour utiliser cette technologie. Ces informations n'ont légalement pas à être divulguées, ce que l'on peut en connaître ne provient que de communiqués de presse. De ce que l'on sait pour l'instant, bon nombre de licences ont déjà été concédées.

Le schéma général de la valorisation des inventions est le suivant : les universités sont propriétaires (sauf en Suède), la loi obligeant les chercheurs des organismes de recherche publique à céder leurs droits à leurs institutions d'appartenance. Ces dernières concèdent des licences d'exploitation aux inventeurs, qui ont créé des *start-up* pour valoriser leurs découvertes. Ces *start-up* explorent la technologie dans des travaux de recherche et vendent à leur tour des licences à d'autres entreprises, en général plus grandes et donc plus à même de faire passer l'invention à la phase industrielle. Le Broad Institute a ainsi délivré des licences pour exploiter CRISPR à Editas Medecine, qui en a elle-même concédé à Juno Therapeutics. Broad a par ailleurs vendu des licences à Monsanto, à GE Healthcare et

1. Jacob S. Sherkow, spécialiste de la propriété intellectuelle en matière de biotechnologies, a écrit plusieurs articles intéressants sur le sujet, dont « CRISPR : Pursuit of profit poisons collaboration », *Nature*, 13 avril 2016, <http://www.nature.com/news/crispr-pursuit-of-profit-poisons-collaboration-1.19717>, ainsi qu'une histoire détaillée des origines de la bataille juridique actuelle et de ses enjeux : « The CRISPR patent interference showdown is on : How did we get here and what comes next », 29 décembre 2015, <https://law.stanford.edu/2015/12/29/the-crispr-patent-interference-showdown-is-on-how-did-we-get-here-and-what-comes-next/> ; « University of California's CRISPR patent win in Europe likely to be challenged », 28 mars 2017, <https://scipol.duke.edu/content/university-california%E2%80%99s-crispr-patent-win-europe-likely-be-challenged> ; voir aussi Megan Molteni, « CRISPR's epic patent fight changed the course of biology », *Wired*, 9 novembre 2018, <https://www.wired.com/story/crisprs-epic-patent-fight-changed-the-course-of-biology/> ; Heidi Ledford, « Pivotal CRIPSR patent battle won by Broad Institute », *Nature*, 10 septembre 2018, <https://www.nature.com/articles/d41586-018-06656-y> ; Jacob S. Sherkow, « The CRISPR patent decision didn't get the science right : That doesn't mean it was wrong », 11 septembre 2018, <https://www.statnews.com/2018/09/11/crispr-patent-decision-science/>.

Evotec. L'université de Berkeley a délivré des licences à CRISPR Therapeutics, ERS Genomics et Caribou, qui ont respectivement autorisé Vertex et Bayer, Regeneron, Intellia et Genus à explorer les possibilités industrielles de CRISPR. Intellia a quant à elle passé un accord avec Regeneron et Novartis, et Caribou avec DuPont. Ces deux dernières ont mis en commun leur portefeuille de brevets concernant CRISPR et ses applications agricoles. DuPont a aussi signé des accords de licence avec l'université de Vilnius, avec ERS Genomics et avec le Broad Institute, pour diversifier son accès à la technologie vu l'incertitude entourant la paternité des brevets.

Cette technique n'a que quelques années, mais entre la guerre des brevets et les accords de licences en cascade qu'il sera de plus en plus difficile de démêler, les avocats de la propriété intellectuelle ont de beaux jours devant eux[1].

Le vertige des applications potentielles de CRISPR-Cas9

Les grands domaines de recherche et d'applications sont au nombre de quatre, pour l'instant. Le premier concerne les outils de la recherche elle-même : médicale, pharmaceutique, agronomique, militaire. Des chercheurs ont par exemple entrepris d'activer ou de désactiver systématiquement tous les gènes des plus ou moins 30 000 que compte le génome humain, un à un, pour découvrir lesquels étaient « essentiels à la vie » (stratégie de recherche du génome minimal). Leur conclusion est qu'environ 1 600-1 800 gènes sont « essentiels », mais la fonction de près de 20 % de ces gènes « essentiels » reste inconnue. Bien sûr, ces expériences se font *in vitro*, sur des cellules humaines en éprouvettes, et non *in vivo*. Les animaux n'ont pas cette chance. En effet, d'autres recherches portent sur la mise au point de modèles animaux et végétaux adaptés à l'étude de problèmes spécifiques. Cela fait des

1. En janvier 2018, il y a environ 6 000 brevets accordés liés à la technologie CRISPR, voir IPStudies, « Myths and realities on DuPont CRISPR assets », 16 février 2018, <https://www.ipstudies.ch/2018/02/myths-and-realities-on-dupont-crispr-assets/>. Selon cette étude, les premiers propriétaires sont les universités et la première firme industrielle DuPont. Ces données confirment les enjeux agricoles de CRISPR. Voir aussi Sara Wyant, « Who is leading the charge for new precision breeding tools ? », *Agri-Pulse*, 20 février 2018, <https://www.agri-pulse.com/articles/10623-who-is-leading-the-charge-for-new-precision-breeding-tools>.

années que des chercheurs travaillent dans cette direction : le premier animal breveté, une souris génétiquement modifiée pour avoir une plus grande prédisposition au cancer, a été produite à Harvard en 1991 et appelée *oncomouse* (*sic*). La palette des tortures faites aux animaux pour faire avancer la recherche médicale et contribuer au « progrès humain », but qui justifie tout, est ainsi en passe d'être enrichie par la possibilité d'activer ou de désactiver un gène ou un autre, leur donnant telle ou telle maladie qu'on pourra ensuite mieux étudier, pour le bien de l'humanité. La loi de bioéthique en discussion en France à l'été 2020 autorise quant à elle la production d'embryons humains modifiés par « édition génique », « pour ne pas prendre de retard dans la recherche internationale[1] ».

De manière générale, la biologie à haut débit nécessite de travailler sur des collections de millions de mutations. Ces dernières étaient auparavant produites par irradiation et par l'exposition à divers poisons chimiques (y compris dans l'activité d'obtention végétale dite conventionnelle), mais les résultats de ces traitements sont aléatoires. CRISPR permettra, permet déjà, de créer toutes les mutations souhaitées pour en étudier les effets, comme elle va faciliter l'exploration de l'ADN dit non codant, qui représente plus de 90 % de l'ADN[2].

Le deuxième grand domaine qui risque d'être bouleversé par cette innovation radicale est bien sûr celui de la médecine, et particulièrement celui des thérapies géniques, qui n'ont jusqu'à présent donné que peu de résultats malgré les milliards engloutis. Un bon nombre de mutations génétiques facteurs ou cofacteurs de cancers, de la chorée de Huntington, de la maladie d'Alzheimer, de la myopathie de Duchesne et d'autres maladies graves ont été identifiées. Les espoirs des chercheurs sont de parvenir à remplacer ces gènes « mal écrits » par des versions « correctement orthographiées », ce qui selon eux est aujourd'hui envisageable grâce à la précision de CRISPR. Une autre piste est non pas la réparation mais l'amélioration des gènes existants, dans une approche typiquement transhumaniste. D'autres recherches portent sur les vecteurs transportant les complexes CRISPR-Cas9

1. Zoé Jaquinot, « La loi "bioéthique" ouvre la voie aux embryons humains OGM », *inf'OGM*, 3 décembre 2019, <https://www.infogm.org/6916-loi-bioethique-ouvre-voie-aux-embryons-ogm>.

2. Dans une séquence d'ADN, certaines paires d'acides aminés codent pour des gènes qui ne s'exprimeront pas au niveau phénotypique, et une majorité de paires de bases semblent inutiles, ne codant apparemment pour rien. Dans leur grande humilité, les biologistes et généticiens qualifient ces dernières d'« ADN poubelle » (*junk DNA*).

au cœur des cellules visées. Ces complexes n'y vont en effet pas spontanément, et doivent être « attachés » à des virus modifiés ou synthétisés exprès pour jouer ce rôle (donc nouveaux eux aussi…). Des « bionano-objets » sont aussi pressentis pour tenir ce rôle de vecteur.

Toutes ces pistes ne semblent pas poser de problèmes éthiques à la majorité des chercheurs engagés dans cette aventure, très peu aux divers comités d'éthique en charge des évolutions des biotechnologies, et encore moins aux investisseurs. En revanche, la voie qui consiste à modifier les cellules germinales, et donc à agir d'emblée sur toute la descendance de manière irréversible, interroge certains. Cette pratique est légalement interdite par plusieurs textes internationaux, dont le plus important est la Convention d'Oviedo (qu'ont signée la majorité des pays européens, mais ni les États-Unis ni la Chine, qui ont cependant mis en place des législations nationales interdisant ces pratiques). Cela n'empêche pas plusieurs équipes de chercheurs d'explorer les possibilités de telles modifications. Qui pourrait être contre se débarrasser une fois pour toutes de pathologies héréditaires lourdes et invalidantes ? Le pas a été franchi en novembre 2018, avec la naissance de deux petites jumelles chinoises dont le génome a été modifié par CRISPR-Cas9 avant implantation *in utero*. Le « médecin » chinois a procédé à une désactivation du gène CCR5, qui, quand il est dysfonctionnel, semble protéger de l'infection par le VIH. Ces petites filles, si elles survivent, transmettront donc cette mutation induite à leur descendance. Elles pourraient aussi ne pas survivre, vu que ce gène CCR5 est aussi impliqué dans les réponses immunitaires au virus de la grippe : quand il est désactivé, la probabilité de mourir de la grippe ou d'autres maladies infectieuses est plus élevée. Mais elles ne mourront sans doute pas du sida. Enfin, ce gène joue un rôle dans le fonctionnement du cerveau et, lorsqu'il est désactivé, semble améliorer les capacités cognitives chez les souris. La question ici est de savoir si le médecin le savait et a poursuivi sciemment le but d'une amélioration génétique des capacités cognitives, ou si c'est un sous-produit de la transformation visant à immuniser au VIH. He Jiankui, le scientifique responsable de cette « prouesse » technique, déclarait : « C'est à la société de décider quoi faire ensuite. » Science et questionnement moral ne font décidément pas bon ménage[1].

1. « World's first gene-edited babies created in China, claims scientist », *The Guardian*, 26 novembre 2018, <https://www.theguardian.com/science/2018/nov/26/worlds-first-gene-edited-babies-created-in-china-claims-scientist> ; Antonio REGALADO, « Chinese scientists

Le troisième grand domaine concerné par les applications potentielles de l'édition des génomes est l'environnement au sens large, de l'agriculture aux écosystèmes. DuPont-Dow-Pioneer est la première grande firme agrochimique à avoir investi dans la technologie CRISPR, suivie de près par Monsanto. Elle détient un grand nombre de brevets et a noué des partenariats avec la plupart des acteurs importants dans le secteur, des universités aux *start-up* de biotechnologie. Elle a annoncé en avril 2016 avoir réussi à mettre au point une variété de maïs cireux hybride, maïs à haute teneur en « bon » amidon, c'est-à-dire adapté aux transformations industrielles (certaines préparations alimentaires, adhésifs, papier et carton, et agrocarburants bien sûr), en utilisant CRISPR. Elle promet que d'ici 2021, « s'il n'y a pas de freins réglementaires », elle pourra mettre ce maïs sur le marché. En janvier 2018, elle est la première firme en termes de nombre de brevets liés à cette technologie, après les grandes universités comme le MIT, Harvard et Berkeley[1]. Syngenta et Bayer-Monsanto investissent également.

CRISPR et plus généralement les différentes techniques d'édition du génome appartenant à la classe des *New Plant Breeding Techniques* dessinent désormais l'horizon de l'obtention variétale et animale. Grâce à ces techniques, il sera désormais possible de désactiver les allergènes présents dans les arachides ou le blé (gluten), de produire des plantes résistantes à la sécheresse, d'enlever les gènes de la maturation trop rapide des tomates, de créer du blé résistant au mildiou, d'obtenir une pomme de terre qui se conserve mieux ou d'enrichir en nutriments les diverses variétés cultivées. De manière générale, on aura des variétés de meilleur rendement, plus nourrissantes et nécessitant moins d'intrants chimiques, ce qui est bon pour l'environnement. Cela ne vous rappelle rien ? Exactement le même discours de légitimation que celui des OGM première génération : les problèmes de nutrition (trop peu au Sud, mauvaise au Nord, pour aller vite) seront résolus une fois de plus par des solutions de haute technologie. Une nouvelle légitimation apparaît, en accord avec l'air

are creating CRISPR babies », *MIT Technology Review*, 25 novembre 2018, <https://www.technologyreview.com/s/612458/exclusive-chinese-scientists-are-creating-crispr-babies/> ; David Cyranovski, « First CRISPR Babies : 6 questions that remain », *Nature*, 30 novembre 2018, <https://www.nature.com/articles/d41586-018-07607-3>.

1. Voir l'étude très précise sur la répartition des brevets CRISPR du cabinet suisse IP Studies déjà citée : <https://www.ipstudies.ch/2018/02/myths-and-realities-on-dupont-crispr-assets/>.

du temps : le bien-être animal. On envisage par exemple de fabriquer des cochons plus résistants à la chaleur, donc qui souffriront moins des conditions d'élevage, ou des poulets « naturellement » immunisés contre diverses maladies, dont le régime médicamenteux sera allégé. Plutôt que de modifier des conditions d'élevage honteuses, il s'agit d'y adapter les animaux. Ce choix de l'artificialité n'a bien sûr pas d'autre objectif que la baisse des coûts de production, puisque la mutagénèse dirigée permet de raccourcir considérablement le délai d'obtention d'une nouvelle variété végétale ou d'une nouvelle race animale (on peut explorer systématiquement les effets de toutes les mutations), d'environ dix ou quinze ans à deux ans, si aucun problème ne survient. Le temps, c'est de l'argent.

Une autre application d'envergure dans le domaine environnemental est celle dite du « forçage » ou « guidage » génétique (*gene drive*). L'idée est d'induire une mutation génétique désirée dans la population d'une *espèce sauvage* et de la « forcer » à être transmise à sa descendance en modifiant les gènes promoteurs de ce gène modifié, ou bien en intervenant directement sur les cellules germinales. On pourrait ainsi rendre à nouveau vulnérables aux produits chimiques des adventices et ravageurs qui y sont devenus résistants, ce qui permettrait aux *Big Four* de continuer à vendre les mêmes vieux poisons pendant des décennies encore. D'autres chercheurs envisagent de modifier le moustique anophèle, porteur du parasite *Plasmodium falciparum*, vecteur du paludisme, pour le rendre inhospitalier à ce dernier, ou, encore plus radical, d'induire une stérilité chez les anophèles qui se propagerait très vite à toute la population puisque, avec le forçage génétique, au lieu des 50 % de chances d'être transmis, un trait peut être transmis avec une probabilité d'environ 97-98 %. L'espèce pourrait ainsi disparaître, et le paludisme avec elle, croient ces scientifiques qui s'imaginent déjà consacrés bienfaiteurs de l'humanité. Ce programme de recherche est déjà accepté par l'Union africaine[1]. Un premier pas vers une expérimentation grandeur nature du *gene drive* est en train d'être fait au Burkina Faso, qui envisage un lâcher de moustiques génétiquement modifiés pour être stériles (cela a déjà été fait au Panama et au Brésil, mais pas dans l'optique d'une modification irréversible). Il semblerait que les

1. Voir le NOUVEAU PARTENARIAT POUR LE DÉVELOPPEMENT DE L'AFRIQUE (NEPAD), *La Technologie du* « gene drive » *pour la lutte contre le paludisme et son élimination en Afrique*, 2017, <www.nepad.org>.

populations concernées n'aient pas été mises au courant de l'expérience de manière objective [1].

On pourrait en fait faire disparaître toutes les espèces qui nous embêtent, « mauvaises » herbes qui compliquent le travail de l'agriculteur, espèces envahissantes qui se multiplient du fait des transports et des déséquilibres croissants dans des écosystèmes de plus en plus artificialisés, parasites porteurs de maladies : les applications du « forçage génétique » sont potentiellement infinies. Les premiers résultats sur des mammifères montrent cependant que la technique n'est pas du tout au point [2], mais il n'est pas sûr que de petits détails techniques ralentissent les apprentis sorciers dans leurs expérimentations.

Bill Gates finance déjà la recherche sur la stérilisation des anophèles dans l'optique de lutter contre la malaria à hauteur de 75 millions de dollars [3]. La DARPA finance les recherches sur le forçage génétique à hauteur de 100 millions de dollars. ETC Group demande un moratoire immédiat sur cette technologie et une saisine d'urgence de cette question par les agences des Nations unies concernées, la Convention sur la diversité biologique, mais aussi la Convention sur l'interdiction d'utiliser des techniques de modification de l'environnement à des fins militaires ou toutes autres fins hostiles (ENMOD), la Convention sur les armes biologiques, et le Comité sur la sécurité alimentaire de la FAO [4]. Une demande de moratoire a été examinée – et rejetée – par la Convention sur la diversité biologique à Cancun, fin 2016 [5]. Malgré tous ces cris d'alarme, la recherche continue de plus belle, et les scientifiques sont prêts à lâcher leurs bestioles modifiées

1. Christophe NOISETTE, « Burkina Faso – 10 000 moustiques OGM bientôt disséminés », *InfOGM*, 24 septembre 2018, <https://www.infogm.org/6631-burkina-faso-10000-moustiques-ogm-bientot-dissemines>.

2. Voir, par exemple, Ewen CALLAWAY, « Controversal CRISPR "gene drives" tested in mammals for the first time », *Nature*, 6 juillet 2018, <www.nature.com/articles/d41586-018-05665-1>.

3. Voir Antonio REGALADO, « Bill Gates doubles his bet on wiping out mosquitoes with gene editing », *MIT Technolgy Review*, 6 septembre 2016, <www.technologyreview.com/s/602304/bill-gates-doubles-his-bet-on-wiping-out-mosquitoes-with-gene-editing/>.

4. ETC GROUP, « Stop the gene bomb ! ETC Group comment on NAS report on gene drives », 8 juin 2016, <http://www.etcgroup.org/content/stop-gene-bomb-etc-group-comment-nas-report-gene-drives>. Voir aussi Baptiste MORIZOT et Virginie ORGOGOZO, « Faut-il relâcher le "*gene drive*" dans la nature ? Enjeux civilisationnels des "OGM sauvages" », 2016, <https://www.normalesup.org/~vorgogoz/gene-drive.html>.

5. Voir Ewen CALLAWAY, « "Gene drive" moratorium shot down at UN biodiversity meeting », *Nature*, 21 décembre 2016, <www.nature.com/news/gene-drive-moratorium-shot-down-at-un-biodiversity-meeting-1.21216>.

dans la nature. Il y a donc urgence absolue à se saisir de cette question, qui est pourtant loin de faire la une des journaux.

Enfin, le dernier (ou le premier ?) domaine majeur d'application de CRISPR est le domaine militaire. La DARPA, l'agence des recherches « avancées » et « radicales » ou « disruptives » du gouvernement américain, finance le développement de la biologie synthétique et des autres techniques liées à la convergence NBIC depuis leurs débuts. Un des projets concerne les *living foundries*, des « fonderies à gènes » qui sont en fait les plateformes biologiques à même de synthétiser différentes gammes de molécules, micro-organismes, tissus, etc. Une *start-up* de chercheurs du Broad Institute a par exemple reçu un financement de la DARPA de 32 millions de dollars pour industrialiser la production de nouvelles molécules et cellules, donc rendre la biologie synthétique plus accessible [1].

Dans le même temps, la même agence commence à financer des programmes de recherche en matière de biosécurité génétique, pour s'apprêter à combattre la créature qu'elle a contribué à créer. En effet, avec la démocratisation du séquençage des génomes et même de la synthèse de nouveaux organismes, un amateur averti peut s'adonner aux joies du bidouillage génétique dans son garage. La mode du *Do-it-yourself* s'étend jusqu'à la biologie de synthèse et a donné naissance à la « biologie de garage » (DIYBio, *Do It Yourself Biology*), comme il y avait le « rock de garage » [2]. Vu la relative facilité qu'il y a à se saisir de ces techniques, le danger est grand qu'elles tombent dans des mains malintentionnées, de terroristes en particulier. Une des directions explorées est la mise au point d'outils moléculaires à même d'intervenir dans les cellules en cas d'édition du génome intempestive provoquée par une attaque biologique, de mauvaises conditions de manipulation, ou tout simplement parce qu'il adviendra des effets non prévus par les algorithmes des scientifiques. Dans son programme *Safe Genes* [3], l'agence explique viser trois objectifs. Le premier concerne la mise au point de constructions génétiques à même de contrôler voire de neutraliser des systèmes d'édition de

1. Foundry Broad Institute, « DARPA awards $32 million contract to MIT, Broad Institute Foundry to bolster DNA design and manufacturing », 24 septembre 2015, <www.broadinstitute.org/news/7263>.

2. Sur la « *Do-it-yourself biology* » ou DYBio, voir Sara Aguiton, *La Démocratie des chimères, op. cit.*

3. Pour une présentation rapide mais à la source, voir <http://www.darpa.mil/news-events/2016-09-07>.

génomes qui iraient au-delà de ce pour quoi ils ont été prévus. Le deuxième explore des molécules synthétiques qui pourraient jouer un rôle prophylactique en limitant l'édition. Concernant le troisième objectif, la DARPA veut « développer une capacité à éliminer des gènes modifiés et non désirés des environnements et restaurer les systèmes tels qu'ils étaient avant ». Le comité d'éthique de l'Inserm va dans le même sens en appelant à prévoir des « mesures de réversibilité [1] ».

On pourrait sourire face à l'ironie de la situation si cela n'était pas si dangereux : l'agence qui a sans doute le plus poussé dans cette direction, qui continue à financer des projets pour que ces techniques deviennent moins chères, donc encore plus accessibles, prend aujourd'hui conscience que ces évolutions présentent des dangers inouïs. Mais il semble qu'elle n'ait toujours pas bien compris la nature du danger. Elle veut créer de nouveaux organismes allant chasser ceux qui auront désobéi ; et pourquoi les seconds obéiraient-ils mieux ? Faudra-t-il envisager une troisième génération pour neutraliser la deuxième ? De la même manière, elle prétend pouvoir « restaurer des environnements à leur état antérieur » après un *gene drive*, comme si la complexité des écosystèmes et l'infinité des interactions qui s'y produisent étaient contrôlables et manipulables au point qu'on puisse refaire le chemin dans le sens inverse, comme s'il n'existait pas d'irréversibilités.

Les SNAFU*s possibles*

La DARPA a raison d'avoir peur de ces évolutions technologiques, et de l'édition des génomes en particulier. Plusieurs chercheuses et chercheurs travaillant sur ces techniques ont manifesté publiquement leur inquiétude, comme Jennifer Doudna, Georges Church, Kevin Esvelt ; ils en appellent au politique pour mettre en place les régulations adéquates... et continuent leurs recherches. Dans un article de juin 2016 dans la revue *STAT*, Sharon Begley répertorie « quatre sources de *SNAFUs* possibles », de choses dont les chercheurs sont

1. Comité d'éthique de l'Inserm, *Saisine concernant les questions liées au développement de la technologie CRISPR-Cas9*, *op. cit.* ; Ryan Cross, « New CRISPR inhibitors found with the help from the US Department of defense funding », *Chemical and Engineering News*, 10 septembre 2018.

conscients qu'elles pourraient mal tourner [1]. En anglais, un *SNAFU* signifie *Situation Normal All Fucked-Up* ; je laisse aux lecteurs le soin de traduire.

Le premier *SNAFU* est pudiquement qualifié d'« effet hors cible », lorsque le système CRISPR-Cas édite une autre partie du génome que celle qui était visée. Il y a environ 6 milliards de lettre A, T, G, C dans le génome humain, et les mêmes séquences peuvent se retrouver sur différents gènes, voire différents chromosomes. Un complexe CRISPR-Cas peut donc modifier les unes ou les autres de ces séquences. Selon les séquences effectivement « corrigées », les effets phénotypiques peuvent être drastiques, et totalement imprévisibles, malgré les algorithmes sophistiqués construits pour tenter de les prévoir.

Le deuxième problème vient du fait que, au point de coupure de l'ADN par la protéine Cas9, d'autres fragments d'ADN flottant dans le cytoplasme de la cellule peuvent s'insérer, ce qui à nouveau peut engendrer des effets tout à fait imprévus. Church, pourtant un des gourous de la biologie de synthèse et cofondateur de nombreuses *start-up*, donc peu suspect d'être « anti-progrès », parle à ce propos de « vandalisme du génome » plutôt que d'édition [2]. Jennifer Doudna confie ses cauchemars au *New-Yorker* : elle a été « dégoûtée » des « *designer babies* » chinois, mais n'envisage pas pour autant d'arrêter ses recherches, et se montre par ailleurs « confiante dans la capacité des scientifiques à s'autoréguler » [3].

Une troisième source de difficultés est liée aux vecteurs utilisés pour introduire les complexes CRISPR dans les cellules. Ces derniers sont en général véhiculés par des nanoparticules, dont on ne connaît absolument pas les effets à long terme sur les organismes vivants, ou par des virus synthétisés exprès, virus qui peuvent rester actifs pendant des années et continuer à éditer le génome de leur hôte durant un temps indéterminé.

Enfin, le dernier *SNAFU* mentionné par la journaliste est engendré par les potentiels conflits d'intérêts. Le premier essai clinique sur

---

1. Sharon Begley, « They're going to CRISPR people : What could possibly go wrong ? », *STAT*, 23 juin 2016, <www.statnews.com/2016/06/23/crispr-humans-penn-clinical-trial/>.

2. Sharon Begley, « Scientists unveil the "most clever CRISPR gadget" so far », *STAT*, 20 avril 2016, <www.statnews.com/2016/04/20/clever-crispr-advance-unveiled/>.

3. Michael Specter, « The gene hackers », *The New Yorker*, 9 novembre 2015, <www.newyorker.com/magazine/2015/11/16/the-gene-hackers>.

l'homme qui va bientôt commencer grâce à un partenariat entre la Penn State University à Philadelphie et le Parker Institute for Cancer Immunotherapy fondé par le milliardaire Sean Parker présente des risques de ce point de vue. Parker a donné 250 millions de dollars pour financer l'essai et risque d'être enclin à minimiser les risques pour que son entreprise apparaisse comme un succès. Les recherches sur les thérapies géniques avaient subi un ralentissement au début des années 2000 suite à la mort d'un patient au cours d'un essai, parce que la transformation génétique avait activé des gènes stimulant les leucémies. C'était à Penn State, et le chercheur qui coordonnait cet essai avait par ailleurs une entreprise de biotechnologie qui avait investi dans le même essai. Une collusion mortifère, dit Annie Thébaud-Mony[1].

À ces quatre *SNAFUs* prévisibles concernant les tentatives de thérapie génique sur les êtres humains, nous pouvons en ajouter quelques autres, liés entre autres à l'utilisation spécifique de l'édition des génomes pour « forcer génétiquement » des espèces sauvages à évoluer dans le sens désiré.

S'il est peu surprenant de voir Bayer-Monsanto et DuPont intéressés par le forçage génétique, comment des chercheurs, ayant donc une formation scientifique poussée, peuvent-ils ne pas comprendre que l'éradication d'une « mauvaise » herbe par stérilité héréditaire induite va laisser vide une niche dans l'écosystème concerné, niche qui sera occupée par une autre espèce qui deviendra peut-être encore plus invasive, ou produira d'autres effets inattendus, les systèmes complexes ayant *toujours* des propriétés émergentes ? Comment peuvent-ils ne pas imaginer que cette stérilité induite sera inévitablement transmise aux variétés cousines, dont certaines peuvent être de toute première importance en termes de sécurité alimentaire ? Des expériences sont déjà menées aux États-Unis pour éliminer une « mauvaise » herbe de la famille des amarantes, espèce centrale dans le régime alimentaire de nombreuses populations d'Amérique du Sud. Et qui va juger qu'une herbe est « mauvaise » ? Comment peuvent-ils penser que d'éradiquer les anophèles nous débarrassera du parasite responsable de la malaria, qui ira vraisemblablement chercher de nouveaux hôtes ? Et si les anophèles sont vraiment éradiqués, quelles en seront les conséquences sur les écosystèmes concernés ? Et s'ils se croisent avec des

1. A. Thébaud-Mony, *La Science asservie*, *op. cit.*

espèces cousines[1] ? Sans compter que l'OMS a montré plus d'une fois que l'on pourrait déjà grandement limiter les cas de paludisme simplement en fournissant des moustiquaires imprégnées d'insecticide aux populations concernées. Par ailleurs, les traitements à base d'artémisinine naturelle sont efficaces et faciles à produire sur place pour un coût modique, et ont de plus l'avantage de faire vivre des dizaines de milliers de familles. Pourquoi ne pas encourager leur diffusion ? Pourquoi faire simple quand on peut faire compliqué ? Pourquoi faire naturel quand on peut faire artificiel ? Et si chaque pays poursuit ses propres objectifs de développement économique en bricolant ses écosystèmes sans s'inquiéter des répercussions sur les écosystèmes des pays voisins, ce qui risque fort de se produire, qu'adviendra-t-il de la diversité biologique mondiale, déjà tellement menacée ?

Dans le cas des expérimentations sur des thérapies humaines, deux études parues en juin 2018 dans *Nature Medicine* mettent en lumière le rôle du gène p53 dans la réussite ou l'absence de réussite des modifications induites par les complexes CRISPR. Il semblerait que ce gène détruise ces modifications, sauf s'il est dysfonctionnel. Autrement dit, les manipulations par la technologie CRISPR ne seraient efficaces que lorsque le gène p53 fonctionne mal. Mais ce gène participe à la reconnaissance de mutations cancéreuses chez l'être humain. Le prix à payer pour une manipulation CRISPR réussie serait donc une augmentation de la probabilité de cancers. C'est la publication de ces études qui a fait chuter les cours boursiers d'Intellia, Editas et CRISPR Therapeutics entre mai et juin 2018, cours qui remonteront très certainement à la prochaine publication présentant des résultats positifs. Une autre étude parue en décembre 2019 à propos des jumelles chinoises montre qu'il y a vraisemblablement des effets hors cible, et que le médecin ayant procédé à la modification génétique n'avait pas correctement étudié ces effets potentiels[2].

1. C'est ce qui est arrivé au Brésil, où des moustiques génétiquement modifiés pour ne pas survivre, donc participer à leur propre extinction, se sont croisés avec d'autres espèces, et sont visiblement en très bonne santé, voir Alexandre AGET, « Ces moustiques génétiquement modifiés devaient être éradiqués : ils ressortent renforcés et increvables », *UP Magazine*, 17 septembre 2019, <https://up-magazine.info/index.php/le-vivant/innovations-vertes/27084-ces-moustiques-genetiquement-modifies-devaient-etre-eradiques-ils-ressortent-renforces-et-increvables/?utm_source=newsletter-18&utm_medium=-email&utm_campaign=NewsletterQuotidienne>.

2. « Des mutations inquiétantes sur les bébés chinois génétiquement modifiés par CRISPR », *UP Magazine*, 4 décembre 2019, <https://up-magazine.info/index.php/le-vivant/

Appropriation et expropriation

Le chemin parcouru depuis les premières variétés végétales vendues sous des noms de marque jusqu'aux *New Plant Breeding Techniques* est considérable. Le paysage juridique de la propriété intellectuelle sur les semences est devenu très complexe, avec la coexistence de deux régimes différents, le droit des obtentions végétales (UPOV) et le droit des brevets. Ce dernier est beaucoup plus dur, et tend à s'étendre avec l'essor des biotechnologies. En effet, malgré l'interdiction formelle de breveter une variété en tant que telle, l'utilisation de procédés techniques permet de contourner cette interdiction : de plus en plus de variétés conventionnelles, non génétiquement modifiées, sont brevetées [1]. De même, alors que les procédés d'obtention sont exclus de la protection dans la Convention UPOV (car au moment où elle a été rédigée, tout le monde utilisait peu ou prou les mêmes procédés), les nouvelles techniques rivalisent d'ingéniosité et sont protégées par des milliers de brevets. Enfin, les avancées scientifiques modifient la nature et la portée de ce qui est approprié de manière privative. Avant la domination de la génétique, la description des variétés protégées se faisait au niveau phénotypique, celui de leurs caractéristiques physiques. De plus en plus, les descriptions se font au niveau génotypique : ce qui est approprié est l'information génétique codant pour ces caractéristiques physiques. Ce déplacement de perspective engendre une forme de *dématérialisation* des variétés végétales, qui sont perçues comme de l'information, et non plus comme des plantes. Il est ainsi plus facile de les réifier, et leur industrialisation semble moins problématique. On verra dans le chapitre 5 que ce mouvement de *dématérialisation de la nature* est beaucoup plus global et général, il ne concerne pas que les ressources génétiques.

Toute appropriation a comme symétrique une expropriation, et l'évolution des formes d'appropriation des variétés végétales se traduit par de nouvelles formes d'expropriation.

Tout d'abord, alors qu'une variété sous certificat d'obtention végétale peut encore être ressemée par les paysans (leur *privilège*),

---

innovations-vertes/28764-des-mutations-inquietantes-sur-les-bebes-chinois-genetiquement-modifies-par-crispr/>.

1. Comme mentionné un peu plus haut, une décision de la Grande Chambre de recours de l'OEB du 14 mai 2020 interdit explicitement les brevets sur les variétés conventionnelles, mais il faudra voir comment cette décision sera interprétée dans les faits.

cette pratique des semences de ferme est interdite par le brevet. Une variété sous brevet doit être rachetée tous les ans : les paysans sont dépossédés de la pratique millénaire qui consistait à adapter leurs graines à leur terroir simplement en choisissant chaque année quelles graines garder pour les semis de la campagne suivante [1]. Il s'agit de l'« expropriation du producteur immédiat » dont parlait Marx. De plus, la circulation des semences s'accompagnait d'une transmission des pratiques et savoirs associés : comment sélectionner ses graines, les trier, les sécher, où, quand et comment les semer et les cultiver, quelles variétés choisir pour quelles conditions pédoclimatiques et quels usages, selon quels critères déterminer les assolements, comment enrichir les sols, etc. Avec la mainmise de l'industrie agrochimique sur les semences, tous ces savoirs traditionnels sont en voie de disparition, puisque les graines ne circulent plus librement, et que les graines qui circulent sont industrielles et n'ont que faire de ce genre de savoirs. Les paysans sont non seulement dépossédés de leurs outils mais aussi de leurs connaissances ancestrales. Pensez qu'il y a aujourd'hui des ONG qui vont, au Nord comme au Sud, réapprendre aux agriculteurs des techniques qu'ils connaissaient depuis des millénaires, comme l'art de la rotation des cultures et des cultures associées ou le recyclage des déchets organiques en compost et autres fumures. Il en va de même avec les plantes médicinales : une fois privatisées et synthétisées par l'industrie pharmaceutique, elles reviennent dans leurs centres d'origine dépouillées des prescriptions d'utilisation traditionnelles et parées des paillettes de la modernité, mais difficilement utilisables sous cette forme par les populations locales car « hors sol », et souvent sans l'attirail technique qui leur est complémentaire.

Ce genre de dépossession représente le stade ultime de la contre-productivité selon Ivan Illich, qui se produit lorsque des institutions industrielles remplacent par des marchandises ayant une valeur d'échange la production autonome de valeurs d'usage. « Dans une société sur-industrialisée à ce point, les gens sont conditionnés à obtenir des choses et non à les faire. Ce qu'ils veulent, c'est être éduqués, transportés, soignés ou guidés plutôt que d'apprendre, de

1. Avec les variétés modernes parfaitement homogènes, la question ne se pose plus non plus, il n'y a pas véritablement de semences paysannes et d'adaptation aux terroirs puisque le système agraire est totalement standardisé, artificialisé et censément reproductible sous toutes les latitudes.

se déplacer, de guérir et de trouver leur propre voie. Ce qui peut être fourni et consommé déclasse ce qui peut être fait[1]. »

L'extension des brevets aux variétés conventionnelles et aux gènes natifs grâce aux subterfuges techniques et juridiques évoqués plus haut fait de plus peser une menace sur l'ensemble de la chaîne alimentaire. En effet, si les offices de brevets ne se décident pas à appliquer la loi dans son esprit, pas seulement dans sa lettre, les *Big Four* seront progressivement en mesure de contrôler l'approvisionnement en semences des agriculteurs du monde entier. Cet oligopole pourra alors décider de ce qui sera cultivé (cultures industrielles ou cultures vivrières) et comment (on l'a dit, la nature des semences conditionne celle des pratiques culturales). C'est ici l'ensemble de la population mondiale qui est concernée par cette prise de pouvoir des *Big Four*, qui décideront pour nous de ce que nous pouvons manger (ou pas). De plus, les pratiques laxistes de l'OEB et de l'USPTO risquent de s'étendre au monde entier du fait des différents accords internationaux de libre-échange.

Le système de l'UPOV est loin d'être parfait, puisqu'il institue une propriété intellectuelle sur les variétés végétales, et nécessite d'abord que ces variétés soient standardisées. Il promeut *de facto* un système agraire industriel, dont on connaît les ravages. Néanmoins, à côté du risque de généralisation des brevets sur les semences, le droit des obtentions végétales est un peu plus doux. Les semences restent libres et gratuites pour les travaux de recherche, ce qui permet aux obtenteurs d'avoir accès à tous les traits existants.

Par ailleurs, le flou juridique concernant les semences de ferme reste encore suffisant pour autoriser les agriculteurs à ressemer leurs graines. Au fur et à mesure de l'extension des brevets, les variétés et les connaissances les concernant seront de moins en moins accessibles, à moins de pouvoir payer les redevances associées aux accords de licence. Les petits sélectionneurs sont voués à disparaître. Quant aux chercheurs, ils devront limiter leur curiosité, ce qui ne sera peut-être pas un mal, sauf si leurs institutions d'appartenance ont les compétences juridiques et le budget suffisants pour négocier des accords de licence en cascade. L'expropriation dérive ici de la monopolisation des connaissances agronomiques et génétiques, un enjeu vital lui aussi à l'heure où il faut adapter les plantes cultivées au changement climatique et à la dégradation générale de la biosphère. L'accès

1. Ivan ILLICH, *Némésis médicale*, *op. cit.*, p. 660.

aux ressources génétiques est théoriquement garanti par des accords internationaux, Convention sur la diversité biologique et Traité international sur les ressources phytogénétiques utiles à l'agriculture et à l'alimentation, mais le durcissement du droit des brevets couplé à la généralisation des techniques de la biologie de synthèse et du *Big Data* met à mal cette construction institutionnelle.

En effet, un dernier type d'expropriation, sur lequel nous avons pour l'instant très peu de recul, est engendré par les progrès de la science et la remontée vers l'amont des connaissances scientifiques qui peuvent relever du brevet, connaissances de plus en plus abstraites et dont la portée est donc de plus en plus générale. Avec la domination du paradigme du tout-génétique en biologie, toutes les connaissances peuvent *in fine* s'écrire en lettres ATGC et sont donc brevetables sous cette forme d'information génétique. Il en est ainsi non seulement pour des gènes, mais également pour des séquences génétiques, plus petites et donc ayant plus de chances d'apparaître dans un grand nombre d'organismes différents et/ou dans un grand nombre de processus métaboliques différents (ADN homologue). Comme les grandes firmes déposent des demandes de brevets sur de telles séquences à la chaîne et que des millions sont déjà brevetées, Bayer-Monsanto, BASF et leurs joyeux collègues seront sans doute rapidement en mesure d'avancer que tel processus participant à la fixation de l'azote ou à la photosynthèse leur « appartient ». Autrement dit, l'appropriation des connaissances *via* les brevets permet celle des choses sur lesquelles porte cette connaissance, ce qui aboutit à une enclosure des processus vitaux.

Cette évolution est renforcée par un phénomène lié, celui de la numérisation des ressources génétiques sous forme d'« information séquentielle numérique ». Alors qu'ils étaient conservés et échangés en tant qu'échantillons biologiques, les génomes des organismes vivants circulent aujourd'hui de plus en plus souvent comme des programmes numériques [1]. L'édifice institutionnel qui protège les ressources génétiques et en garantit l'accès (Convention sur la diversité biologique et Traité international des semences, détaillés dans le chapitre suivant) est ainsi mis à mal par une nouvelle forme de « biopiraterie ».

Une grande partie de la biodiversité sauvage et cultivée se trouve dans les pays du Sud, en particulier dans les forêts tropicales, qui recèlent 80 % de la diversité biologique terrestre connue (l'exploration

1. C'est d'ailleurs ainsi que les génomes des virus SARS-CoV-2 ont été très rapidement accessibles à la communauté des chercheurs du monde entier.

des ressources marines commence juste). Les populations autochtones en connaissent et en utilisent une partie, pour se nourrir, se soigner, construire des habitations : vivre, tout simplement. Ces savoirs indigènes ou traditionnels ont été accumulés par les communautés locales au fil des générations. Quand une firme de biotechnologie découvre un gène « intéressant » dans la forêt tropicale et dépose un brevet dessus, il y a un risque que les populations locales ne puissent plus accéder librement à leur ressource. De plus, dans les faits, elles sont rarement associées aux retombées financières éventuelles de l'invention, voire consultées. Et l'antériorité de leur connaissance n'est pas reconnue, puisque ce n'est pas elles qui auront le brevet [1]. Les Indiens d'Amazonie ou les Peuples de la forêt d'Afrique équatoriale ont rarement accès à des avocats spécialistes en propriété intellectuelle. On a parlé à propos de ces pratiques de bio-piraterie. Certains exemples ont été très médiatisés, comme l'utilisation des produits du margousier indien (le *neem*) dans la lutte contre les infections fongiques, ou la tentative d'un semencier américain, Rice Tec, de s'approprier le riz basmati en demandant un brevet sur une version très légèrement modifiée, mais dont les revendications recouvraient en grande partie le riz basmati originel, incluant ses utilisations. Ces brevets sont en général révoqués, mais après de longues et coûteuses luttes juridiques. Une des motivations de la création de la Convention sur la diversité biologique était justement de contrer ces pratiques en organisant la circulation des ressources génétiques au niveau international et en codifiant un partage équitable des bénéfices résultant de leur utilisation. Le Traité international sur les ressources phytogénétiques utiles à l'agriculture et à l'alimentation, ou Traité international des semences, est venu compléter cette convention en 2001. Il organise un système d'échange multilatéral pour 64 espèces cultivées ainsi que la répartition équitable des bénéfices résultant des brevets. À défaut de pouvoir vivre tranquilles sur leurs territoires, les communautés autochtones peuvent au moins, théoriquement, bénéficier des retombées financières de cette exploitation des ressources génétiques.

Les ressources phytogénétiques considérées par le Traité international des semences sont des ressources physiques, des graines et des

1. Cela est beaucoup plus général et témoigne de l'absurdité fondamentale d'autoriser une appropriation privative des connaissances, qui sont *toujours* le résultat d'un lent travail d'élaboration collective, et ne relèvent pas de l'invention individuelle, qui devrait seule être – éventuellement – concernée par le brevet.

échantillons de tissus. Mais avec la dématérialisation des semences, considérées uniquement comme de l'information génétique, une nouvelle question apparaît : celle de leur transformation en « information séquentielle numérique ». Il est en effet facile aujourd'hui de représenter des génomes, c'est-à-dire des chaînes de lettres ATGC, par des bits, de les coder par des 0 et des 1. Résultat : du fait des nouvelles techniques de la biologie de synthèse associées au *Big Data*, des génomes entiers sont numérisés, et donc accessibles d'un simple clic sur Internet. Les grandes firmes et certains États du Nord (dont l'Union européenne) argumentent que seules les variétés dans leur dimension physique sont concernées par les textes internationaux, l'information séquentielle numérique n'étant pas une ressource en soi. Or c'est sur cette information séquentielle numérique que travaillent les obtenteurs utilisant les techniques de l'édition des génomes. Si les génomes sont numérisés, ils seront accessibles pour la création de nouvelles variétés en dehors du champ d'application des textes internationaux précités, et de nouveaux milliers de brevets pourront être obtenus. C'est d'ailleurs un des projets du Forum économique de Davos, The Earth Bank of Codes, mentionné au premier chapitre et qui vise à numériser toutes les ressources génétiques mondiales, micro-organismes, végétaux, animaux, humains. Si cette évolution se confirme, les multinationales pourront ainsi facilement s'approprier toutes les ressources génétiques mondiales et contrôler toutes les formes de la vie sur Terre. Toutes les manifestations de la vie seront potentiellement brevetables. C'est un nouveau cauchemar. Des discussions très vives ont lieu en ce moment dans l'enceinte du Traité international des semences. Les industriels affirment que les versions numériques des variétés végétales ne sont pas des ressources génétiques, ne relèvent pas du traité et sont donc directement appropriables. Les opposants, organisations de la société civile, La Via Campesina au premier rang, argumentent au contraire que, puisqu'on peut aujourd'hui créer de nouvelles variétés à partir des informations numériques sur les génomes, celles-ci sont des ressources génétiques et doivent être gérées dans le cadre du traité [1]. La discussion ayant eu

1. La Via Campesina, « L'UE rejoint le clan des biopirates génétiques qui tentent de s'emparer du Traité international des semences », 22 novembre 2019, <https://viacampesina.org/fr/lue-rejoint-le-clan-des-biopirates-genetiques-qui-tentent-de-semparer-du-traite-international-des-semences/> ; Frédéric Prat, « Le Tirpaa, traité international des semences, en danger », *inf'OGM*, 27 novembre 2019, <https://www.infogm.org/6912-tirpaa-traite-

lieu au mois de novembre 2019 n'a débouché sur aucun consensus. Les débats sont vifs. Il faut espérer que la société civile sera entendue et l'emportera dans cette discussion apparemment technique mais de toute première importance. Sinon, les multinationales pourront potentiellement revendiquer la propriété de toutes les formes de vie sur Terre.

L'ampleur d'une telle expropriation de tous, êtres humains, plantes et animaux, de processus naturels fondamentaux par quelques grandes firmes multinationales est difficile à concevoir et à nommer correctement. Spoliation ? Prédation ? Piraterie ? Prise d'otage ? Détournement ? Vol aggravé ? Pillage ?...

international-semences-en-danger>, ainsi qu'une vidéo d'Éric Meunier sur le site d'*inf'OGM*, <https://www.infogm.org/6092-video-eric-meunier-dematerialisation-des-semences>.

4

Protéger la nature à l'ère contemporaine : « capital naturel » et « services écosystémiques »

> « Qu'est-ce que la vie ? C'est l'éclat d'une luciole dans la nuit. C'est le souffle d'un bison en hiver. C'est la petite ombre qui court dans l'herbe et se perd au couchant [1]. »
>
> CROWFOOT

Un récif corallien vaut-il plus ou moins cher qu'une forêt tropicale ? Et qu'une zone humide ? Quelle est la valeur du service rendu par les abeilles dans leur travail répété de pollinisation ? Comment évaluer celle de la séquestration du carbone par les forêts ? Selon un nombre croissant d'experts, économistes et écologues principalement, donner une valeur monétaire à la nature permettrait d'en limiter la destruction. En effet, s'il existait un système de prix reflétant les valeurs des différentes richesses naturelles, investir dans leur protection s'avérerait profitable alors que les détruire coûterait, de « vrais » prix fourniraient les signaux adéquats et permettraient un « bon alignement des incitations » des acteurs publics et privés. L'idée qui sous-tend une telle vision est qu'on ne protégerait que ce qui a une valeur monétaire et, symétriquement, qu'il serait loisible de détruire ce qui n'en a pas puisque cela ne coûte rien : le calcul utilitariste dans sa version étroi-

1. Paroles de Crowfoot, un chef Blackfeet, en 1890. *Pieds nus sur la Terre sacrée*, textes rassemblés par Teri MCLUHAN, photos de Edward S. CURTIS, Denoël, Paris, 1974 [1971], p. 21.

tement économique. Autrement dit, nous aurions jusque-là détruit la nature car nous ne nous rendions pas compte de sa valeur. Ce qu'elle nous procurait, eau et air purs, sols permettant l'agriculture, mers, forêts, bois et animaux, était considéré comme gratuit, naïfs que nous étions. Ce que nous prélevions dans les sols, les mers et les forêts était un cadeau, et comme tel non rétribué. Garrett Hardin avait analysé en 1968, dans un article désormais célèbre, ce qu'il avait appelé la « tragédie des communs » : lorsque les terres n'appartiennent à personne ou à tout le monde, dans une vision étroitement utilitariste, il n'y a pas d'incitation à les protéger, et le chacun pour soi mène à la surexploitation [1]. Il légitimait par là la propriété privée de la terre. Or tout cela est précieux et ceux qui le détruisent doivent en supporter le coût. Si donc la nature avait un prix, dans toutes ses dimensions, les acteurs en tiendraient compte dans la construction de leurs stratégies, qui seraient ainsi moins destructives. Dans le jargon des économistes, il s'agit d'*internaliser* les externalités environnementales, en faisant payer la pollution par exemple [2]. Cette « conservation néolibérale » ou cet « environnementalisme de marché », comme ce mouvement est aujourd'hui dénommé par les critiques, a pris son essor au début des années 1990. La Convention sur la diversité biologique signée en 1992, en promouvant le développement d'« instruments de marché » pour protéger la biodiversité, a entériné ce changement de paradigme des politiques de protection de la nature.

Depuis, au fil de la prise de conscience des dégâts infligés à la planète par le mode de développement occidental, ces nouvelles approches d'« économie écologique » se répandent à grande vitesse au sein des arènes où institutions internationales et États, firmes transnationales et ONG de conservation discutent des mesures à prendre pour ralentir le changement climatique, la disparition des espèces et des écosystèmes, l'acidification des océans. De multiples exercices visant à donner un prix à la nature sont entrepris par des armées d'experts [3].

1. Garrett Hardin, « The tragedy of the Commons », *Science*, vol. 162, n° 3859, décembre 1968.

2. Rappelons que les externalités sont des effets non voulues de l'activité des agents économiques, n'étant de ce fait pas gérés par le mécanisme de prix. La pollution en est l'exemple emblématique. Pour l'économie standard, l'efficacité recquiert de les internaliser, c'est-à-dire de les faire entrer dans le marché.

3. Pour une introduction, voir Jean Gadrey et Aurore Lalucq, *Faut-il donner un prix à la nature* ?, Institut Veblen, Les Petits Matins, Paris, 2015.

La manière précise dont se déroule cette valorisation monétaire de la nature sera analysée dans le chapitre 5. Dans celui-ci, je voudrais éclairer les bases idéologiques et institutionnelles de cette nouvelle approche de la conservation de la nature, qui sont deux facettes, deux dimensions du même phénomène. Dans des perspectives différentes, Marcel Mauss, Joseph Schumpeter, Karl Polanyi ou Louis Dumont avaient déjà en leur temps insisté sur l'intrication des institutions, des représentations collectives et des idéologies, et ce dans toutes les sociétés, qu'elles soient traditionnelles ou modernes. Pour le dire autrement, l'opposition, classique en sciences sociales, entre matérialisme et idéalisme n'a pas lieu d'être : structures économiques, institutions et idéologies sont en interaction permanente, ou, mieux, sont les différentes facettes d'une même dynamique[1]. Les choix institutionnels qui ont été faits ces dernières décennies et qui régissent nos rapports avec la nature reflètent la dynamique profonde du capitalisme contemporain, y compris dans ses aspects idéologiques.

La financiarisation des esprits

La financiarisation des esprits en matière environnementale a commencé au début des années 1990, dans le sillage des négociations ayant abouti à la signature de la Convention sur la diversité biologique. Elle relève du mouvement beaucoup plus général de financiarisation du capitalisme entamé au tournant des années 1980 et illustre bien l'aspect idéologique du phénomène. L'emploi de catégories financières pour penser des réalités *a priori* bien loin de la sphère financière fait partie intégrante du *Zeitgeist* contemporain. L'idée est donc de donner une valeur monétaire à la nature dans toutes ses dimensions, pour orienter les comportements des agents économiques dans le bon sens. Pour ce faire, il faut d'abord reconnaître que la nature a une valeur, que c'est un *capital* à préserver. C'est ainsi qu'une nouvelle sous-discipline de la théorie économique est apparue, l'« économie écologique », fondée sur la notion de « capital naturel ». Dans une analogie avec la théorie financière, on considère que le « capital naturel » produit des rendements annuels. Ces derniers sont les flux de « services » que la nature rend tous les ans aux êtres humains. Les récifs coralliens et les zones

1. Voir Vincent DESCOMBES, « Philosophie des représentations collectives », *History of the Human Sciences*, vol. 13, n° 1, 2000, p. 37-49.

humides protègent les côtes de l'érosion et des inondations ; les forêts fournissent du bois d'œuvre et absorbent du carbone ; les sols filtrent l'eau ; les abeilles pollinisent les cultures. Ces rendements du « capital naturel » sont appelés « services écosystémiques »[1].

La transformation de la nature en « capital naturel » est la dernière étape en date d'un processus de réification de la nature entamé aux débuts de l'époque moderne. Dès le XVIIe siècle en effet, Descartes envisage « l'Homme comme maître et possesseur de la nature », placé en son centre et la dominant de son intelligence. Les développements ultérieurs de la philosophie politique, celle de John Locke en particulier, consacrent cette vision anthropocentrique d'une nature au service de l'être humain. Dans son *Second Traité du gouvernement*, Locke justifie la propriété privée de la terre par le travail que l'homme y consacre : la terre appartient à celui qui la travaille dit le dicton, et des terres non ou mal cultivées, c'est-à-dire insuffisamment exploitées, peuvent être appropriées par les gens qui les mettraient mieux en valeur[2]. Ce type d'argument a légitimé l'accaparement des terres amérindiennes et, plus généralement, toute l'entreprise de la colonisation : la nature « sauvage » ne sert pas les desseins de l'homme moderne et « civilisé », contrairement à une nature domestiquée dans une optique de fructification et de production.

Avec les nuisances de la révolution industrielle apparaissent les premières préoccupations qu'on qualifierait aujourd'hui d'environnementales. Il faudra néanmoins attendre la fin du XIXe et le début du XXe siècle pour que se constitue un véritable mouvement de protection de la nature. Comme l'analyse l'historien William Cronon, ce mouvement a consisté à sanctuariser des pans entiers d'une nature considérée comme sauvage, la *wilderness*[3]. Le problème de cette conception de la nature comme *wilderness* selon Cronon est qu'elle repose sur une vision dualiste de l'homme et de la nature, de l'humain et du « non-humain », comme on dit peu élégamment de nos jours. Seule est considérée comme « naturelle » une nature intouchée, sans habitants humains, telle qu'à l'origine du monde, et c'est cette nature-là qu'il

1. Quelques économistes-écologues critiquent néanmoins cette vision, voir par exemple Clive L. Spash : « The shallow or the deep ecological economics movement ? », *Ecological Economics*, vol. 93, 2013, p. 351-362.

2. John Locke, *Second Traité du gouvernement*, PUF, Paris, 1994 [1689].

3. William Cronon, « The trouble with wilderness, or getting back to the wrong nature », *in* W. Cronon (dir.), *Uncommon Ground : Rethinking the Human Place in Nature*, Norton, New York, 1995, p. 69-90.

s'agit de protéger. Or une telle nature n'existe pas et, sauf dans quelques endroits extrêmement inhospitaliers, n'a jamais existé, en tout cas depuis l'apparition de l'espèce *Homo*.

Cette approche en termes de sanctuarisation a pris un visage plus scientifique au début des années 1980, avec l'émergence de la biologie de la conservation, mais reste centrée sur l'idée de *wilderness*. Michael Soulé, un de ses représentants les plus connus, reconnaît ainsi « une préférence pour la nature plutôt que pour l'artifice, pour la *wilderness* plutôt que pour les jardins », et rappelle que le « principe normatif le plus fondamental » est que « la diversité biotique a une valeur intrinsèque, n'ayant rien à voir avec sa valeur instrumentale ou utilitariste »[1]. Autrement dit, s'il faut absolument que la nature existe *pour* quelque chose, c'est pour elle-même et non pour les êtres humains.

Le postmodernisme vert

Avec les années 1990 émerge un nouveau paradigme, qui prend le contre-pied du précédent. Ses tenants se réclament d'une « nouvelle conservation », d'un « environnementalisme pragmatique » ou encore d'un « postmodernisme vert »[2] qui marque un retour à la vision anthropocentrique qui prédominait jusqu'à la fin du XIXe siècle.

Cette « nouvelle conservation » est en particulier portée par l'association The Nature Conservancy et son (ex-)directeur scientifique Peter Kareiva. Il a écrit en 2012, avec deux collègues, Michelle Marvier et Robert Lalasz, un article considéré depuis comme le manifeste de ce changement de paradigme, qui attaque presque terme à terme les positions d'un Michael Soulé, c'est-à-dire les positions de la majorité des conservationnistes durant presque tout le XXe siècle[3].

---

1. Michael E. SOULÉ, « What is conservation biology ? », *BioScience*, vol. 35, n° 11, 1985, p. 731.

2. George WUERTHNER, « Anthropocene boosters and the attack on wilderness conservation », *Independent Science News for Food and Agriculture*, 12 mai 2015, <https://www.independentsciencenews.org/environment/anthropocene-boosters-and-the-attack-on-wilderness-conservation/>.

3. Peter KAREIVA, Michelle MARVIER et Robert LALASZ, « Conservation in the Anthropocene : Beyond solitude and fragility », *The Breakthrough Institute*, 2012, <https://thebreakthrough.org/index.php/journal/past-issues/issue-2/conservation-in-the-anthropocene#body36>, ainsi que Peter KAREIVA et Michelle MARVIER, « What is conservation science ? », *BioScience*, vol. 62, n° 11, 2012, p. 962-969.

Le point de départ du raisonnement est que la conservation a failli. Malgré la multiplication des aires protégées, qui couvrent aujourd'hui presque 15 % des terres émergées, les espèces et les habitats continuent de disparaître à un rythme alarmant. Un bon nombre de scientifiques qualifient le mouvement contemporain de « sixième extinction », et les perspectives à court et moyen terme sont très sombres [1]. Il faut donc, selon les auteurs, agir vite et surtout de façon pragmatique. Dénonçant la vision romantique de la *wilderness*, ils font valoir la nécessité de mettre en œuvre des actions de conservation qui incluent les populations, et non qui les excluent, et de rechercher le bien-être des humains dans un même mouvement. Il est vrai que chasser de leurs territoires des populations indigènes, dont les pratiques sont en général bien moins agressives que celles des multinationales extractives ou chimiques et de l'agriculture industrielle, pour y créer des zones sanctuarisées que pourront visiter à grands frais les touristes venant des villes et pays du Nord, est à la fois absurde et violent. Leur argument est ici indéniablement fort. Mais les auteurs vont beaucoup plus loin. Ils considèrent que la nature est moins fragile et beaucoup plus résiliente qu'on ne le suppose d'ordinaire et affirment par exemple que les forêts de Tchernobyl grouillent de vie ou qu'il y a plus de coraux dans l'atoll de Bikini qu'avant les explosions nucléaires (sans préciser quelles formes de vie…) [2]. Ils proposent ensuite de reconnaître que l'humanité est entrée dans l'ère de l'Anthropocène, qu'elle détruit des écosystèmes et en crée d'autres, et qu'il faut en quelque sorte accompagner le mouvement plutôt que de déplorer avec nostalgie la disparition d'une *wilderness* qui n'a jamais existé :

> La conservation devrait chercher à soutenir et à informer le bon type de développement – un développement par *design*, avec à l'esprit l'importance de la nature pour des économies prospères. Et elle utilisera le bon type de technologie pour améliorer la santé et le bien-être des natures humaines et non humaines. Au lieu de critiquer le capitalisme, les conservationnistes devraient s'associer avec les grandes firmes dans un effort basé sur la science pour qu'elles intègrent la valeur des bénéfices apportés par la nature

---

1. Voir par exemple Elisabeth Kolbert, *La Sixième Extinction. Comment l'Homme détruit la vie*, trad. Marcel Blanc, Vuibert, Paris, 2015 [2014].

2. Il est vrai que de nombreux animaux sauvages sont revenus autour de Tchernobyl, loups, chevaux et autres, mais c'est sans doute parce que l'homme y est absent. Comment évolueront ces populations dans l'avenir ? Nul ne le sait.

> dans leurs opérations [...]. Plutôt que de préserver la biodiversité pour elle-même, une nouvelle conservation devrait chercher à améliorer ces systèmes naturels qui profitent au plus grand nombre, particulièrement aux pauvres.

Soulé et les conservationnistes « historiques » critiquent vivement ces positions et le débat fait rage[1]. Il faut reconnaître que la confiance que ces scientifiques ont dans leurs propres capacités a de quoi faire peur : accepter de détruire des écosystèmes pour en recréer d'autres qui seraient « plus profitables au plus grand nombre » relève de la même démarche d'apprenti sorcier qu'on a mise en lumière dans d'autres domaines. La référence à l'ingénierie ou au *design* et l'horizon d'une recréation humaine d'écosystèmes dans une perspective d'amélioration signalent que la convergence NBIC a atteint les milieux de la conservation. C'est ainsi que le *gene drive* est légitimé : faire disparaître des espèces invasives ou porteuses de maladies permettra d'avoir des écosystèmes plus « efficaces ». La *destruction créatrice*, notion aujourd'hui invoquée à tout bout de champ pour légitimer les destructions d'emplois, est maintenant convoquée pour accepter celle de la nature. Le promoteur du concept, Joseph Schumpeter, qui n'avait pas de mots assez durs pour critiquer l'optimisme béat de l'esprit des Lumières dont il qualifiait les représentants de « dévots de la raison », doit se retourner dans sa tombe[2].

Quand l'écologie rencontre l'économie : le « capital naturel », une vision utilitariste de la nature

Le « postmodernisme vert » fait ici la jonction avec une évolution quelque peu similaire de l'économie des ressources et de l'environnement, qui a donné naissance à ce que Robert Costanza a dénommé « économie écologique ». Ce dernier a fondé en 1989 une revue du même nom, *Ecological Economics*, qui, en partant d'un point de vue différent, arrive à la même conclusion : il faut fonder la conservation sur la reconnaissance de ce que la nature apporte aux sociétés

1. Voir M. Soulé, « The "new" conservation », *Conservation Biology*, vol. 27, n° 5, 2013, p. 895-897, et Keith Kloor, « The great schism in the environmental movement », *Slate*, 12 décembre 2012, <http://www.slate.com/articles/health_and_science/science/2012/12/modern_green_movement_eco_pragmatists_are_challenging_traditional_environmentalists.html>.

2. Joseph Alois Schumpeter, *Capitalisme, socialisme et démocratie*, trad. Gaël Fain, Payot, Paris, 1990 [1942].

humaines, y associer les acteurs économiques, en particulier les firmes, et cesser d'opposer protection de la nature et développement économique.

L'économie écologique s'est développée à la suite des réflexions des années 1970 sur les « limites à la croissance » du rapport Meadows et du débat entre « soutenabilité faible » et « soutenabilité forte » [1]. Selon les économistes néoclassiques, les deux grands facteurs de production sont le capital et le travail. La terre et ses ressources, centrales dans les raisonnements des économistes classiques tels Adam Smith et David Ricardo, ont progressivement disparu des modèles économiques, qui proposent une vision toute industrielle : les ressources naturelles sont supposées être disponibles en quantité infinie et, de toute façon, si certaines venaient à manquer, il n'y a rien que le progrès technique ne pourrait accomplir pour s'en passer. En termes plus techniques, on postule une parfaite substituabilité entre les facteurs de production : moins de ressources naturelles pourra être compensé par plus de capital manufacturé, comme le travail peut être remplacé par du capital, grâce à la technologie. C'est la teneur de la position dite de « soutenabilité faible ». La « soutenabilité forte », que promeut entre autres Costanza, suppose au contraire que la substituabilité entre facteurs de production n'existe pas, ou à peine : le « capital naturel » ne peut pas être remplacé par du capital manufacturé. Il faut donc le préserver.

La notion de capital naturel est fondée sur une vision « fonctionnelle » du capital : « Un stock qui rapporte un flux de biens et services de valeur dans le futur », par exemple « un stock d'arbres ou de poissons produit un flux ou rendement annuel de nouveaux arbres ou poissons » [2]. Le problème est que la valeur de ce capital naturel est invisible aux acteurs économiques car il n'a pas de prix, il est hors marché, et sa destruction, qui représente une perte de valeur, n'entraîne aucun coût pour ceux qui le détruisent. Autrement dit, ces destructions sont des externalités négatives : les signaux de prix qui coordonnent l'activité économique sont faussés et suscitent des comportements néfastes des agents. Un « bon alignement des incitations » exige que les prix intègrent toutes les dimensions des conditions de l'offre et de la demande et incluent les bénéfices et coûts

1. Robert Costanza et Herman E. Daly, « Natural capital and sustainable development », *Conservation Biology*, vol. 6, n° 1, 1992, p. 37-46.

2. *Ibid.*, p. 38.

associés. C'est là que l'approche de la nouvelle conservation et celle en termes de capital naturel se rejoignent. C'est en effet en donnant une valeur monétaire à ce capital qu'on pourra rendre visibles les contributions de la nature aux activités productives et au bien-être humain, et que les firmes pourront intégrer les coûts et bénéfices associés à la nature dans leurs opérations, comme le désirent aussi Kareiva et ses collaborateurs.

L'article fondateur de Robert Costanza et son équipe fit grand bruit en 1997 en présentant une première estimation de la valeur mondiale du capital naturel [1]. Comme tout capital, le capital naturel est un stock résultant de l'accumulation de flux de richesses, ici de « services écosystémiques ». Pour reprendre leurs termes, « les services écosystémiques consistent en des flux de matériaux, d'énergie et d'information provenant de stocks de capital naturel qui se combinent avec des services de capital manufacturé et humain pour produire le bien-être humain [2] ». Ils précisent que, dans la mesure où ces services sont pour la plupart hors marché, « une manière de penser à leur valeur est de déterminer ce qu'il en coûterait de les répliquer dans une biosphère artificielle et produite grâce à la technologie [3] ». Quel serait par exemple le coût de polliniser les cultures à la main une fois que l'industrie chimique aura tué tous les insectes pollinisateurs ? Ou bien celui de mettre en œuvre des capacités de capture et de stockage du carbone [4] permettant d'absorber les quantités de CO_2 auparavant séquestrées par les forêts ? D'autres modes d'évaluation de la valeur des flux annuels de services écosystémiques reposent sur des enquêtes menées auprès des gens leur demandant par exemple ce qu'ils seraient prêts à payer pour avoir accès à de l'eau pure ou à un parc naturel près de chez eux, ou bien combien faudrait-il qu'on les paie pour qu'ils y renoncent [5]. Si les auteurs reconnaissent que de telles « évaluations sont difficiles et

1. Robert Costanza, Ralph d'Arge, Rudolph de Groot, Stephen Farber, Monica Grasso, Bruce Hannon, Karin Limburg, Shahid Naeem, Robert V. O'Neill, Jose Paruello, Robert G. Raskin, Paul Sutton et Marjan van den Belt, « The value of the world's ecosystem services and natural capital », *Nature*, n° 387, 15 mai 1997, p. 253-60.

2. *Ibid.*, p. 254.

3. *Ibid.*, p. 255.

4. Voir *supra*, chapitre 2.

5. L'habituation mentale à ce genre de raisonnement progresse tous les jours : au printemps 2017, une boutique a ouvert à Paris qui propose comme « service » de pouvoir respirer de l'oxygène pur, non pas médical, mais simplement garanti sans particules fines. Son prix pourrait servir d'indicateur de la valeur que les gens accordent au fait de respirer de l'air frais. On précisera les méthodes d'évaluation environnementale dans le chapitre 5.

entachées d'incertitudes, le choix que nous n'avons pas est de les faire ou de ne pas les faire[1] ». La survie de la planète est en jeu.

Ils continuent ensuite en développant un raisonnement « à la marge » typique de la microéconomie : quelle est la variation du bien-être humain entraînée par une variation minime (marginale) de la fourniture d'un service ou d'un autre ? À l'appui de la démonstration, le raisonnement est illustré par un graphique qu'on s'attendrait davantage à trouver projeté dans un cours de microéconomie de première année que publié dans *Nature*, une des revues scientifiques les plus réputées au plan international[2]. Qu'à cela ne tienne, ils poursuivent en rassemblant un grand nombre d'études locales effectuées les années précédentes (ces idées sont dans l'air du temps depuis une décennie au moins) et fournissent une évaluation synthétique de dix-sept services écosystémiques déjà identifiés et étudiés, concernant seize biomes (des macro-écosystèmes tels que les déserts, les prairies, les forêts, les zones humides). Il s'agit pour les principaux « services » de la régulation de la composition chimique de l'atmosphère, de la régulation du climat, de celle des flux hydriques, de la formation des sols, des cycles des nutriments (azote, phosphore, potassium), des habitats pour les espèces animales et végétales, de la pollinisation, de la fourniture de nourriture, de matières premières et de ressources génétiques, et des « services culturels » rendus par la nature aux êtres humains (usages récréatifs comme l'écotourisme et les sports de plein air, services « esthétiques, artistiques, éducatifs, spirituels et /ou scientifiques »).

En répertoriant toutes les évaluations monétaires des services fournis par un hectare d'un biome particulier, puis en multipliant par le nombre d'hectares de ce biome au niveau mondial, on obtient la valeur monétaire de la contribution de ce biome au bien-être humain. Reste à additionner ces valeurs pour l'ensemble des biomes retenus : en 1997, la valeur annuelle mondiale du capital naturel est comprise entre 16 000 et 54 000 milliards de dollars, avec une moyenne de

1. R. Costanza *et al.*, « The value of the world's ecosystem services and natural capital », art. cité, p. 255.

2. Par exemple, il y est représenté un graphique d'équilibre partiel représentant l'équilibre entre l'offre et la demande de services écosystémiques, sachant que, dans le modèle de la microéconomie, l'ajustement entre les deux s'effectue *via* un mouvement de prix. Mais quel ajustement est possible quand l'offre est totalement inélastique, puisque la nature, bête qu'elle est, ne réagit pas aux signaux de prix ? À moins qu'on ne se mette à la « produire », comme le désirent les postmodernistes verts…

33 000 milliards (33 trillions). Le PIB mondial à cette époque est, rapportent les auteurs, d'environ 18 trillions de dollars.

Outre un certain nombre de problèmes méthodologiques sur lesquels je reviendrai au chapitre 5, il faut d'ores et déjà noter une *erreur conceptuelle fondamentale*. Cet exercice de monétisation est censé fournir les bons signaux de prix aux agents économiques, c'est-à-dire les signaux leur permettant de préserver la nature. Or ce qui est calculé ici n'est pas la « valeur de la nature », mais, en accord avec la vision anthropocentrique décrite plus haut, la valeur de sa contribution au bien-être humain, dans une optique purement utilitaire. Ces valeurs ne permettront donc de protéger que les dimensions des écosystèmes directement *utiles*, chacune étant envisagée séparément des autres. Celles qui ne nous apportent rien directement, comme les hectares de pleine mer, seront très faiblement évaluées, et pourront donc continuer à être détruites.

La thèse du découplage

Un tel environnementalisme « pragmatique » est poussé encore plus loin par certains chercheurs comme ceux du Breakthrough Institute, dont Kareiva et Marvier font partie, qui comprend essentiellement des universitaires spécialisés en écologie, en développement durable et en physique nucléaire, des membres de The Nature Conservancy, plus quelques fondateurs de firmes de *high-tech* et quelques représentants de Google et Facebook. Cet institut, *think tank* environnementaliste, propose d'intensifier encore notre exploitation de la nature pour « découpler le développement humain et les impacts environnementaux ». Cette thèse du « découplage » grâce à des solutions techniques a de plus en plus d'adeptes, par exemple chez les rédacteurs du Pacte vert pour l'Europe, qui veulent « dissocier la croissance économique de l'utilisation des ressources ».

Le principe rejoint celui de l'« intensification soutenable » en agriculture, qu'ils promeuvent d'ailleurs : seule une hausse considérable de la productivité et des rendements pourra permettre de ne pas avoir besoin d'utiliser plus de terres pour l'agriculture (en particulier grâce aux OGM). C'est ainsi que l'empreinte écologique de cette dernière pourra être contrôlée. Ils sont aussi très pro-nucléaire, la seule énergie « zéro carbone » à même de soutenir la croissance mondiale, et attendent le salut de solutions technologiques comme la capture et le stockage du carbone et la géo-ingénierie. L'idée générale est toujours la même : découpler l'activité économique de son empreinte écologique en accroissant considérablement sa productivité, grâce à l'innovation technologique.

Cet institut, qui distribue des dizaines de bourses chaque année à de jeunes chercheurs – et de moins jeunes aussi – pour créer un réseau et diffuser ses idées à travers le monde, a publié récemment un « manifeste éco-moderniste » qui développe de façon plus radicale l'idée qu'une nature sauvage n'a jamais existé, et en tous les cas n'existe plus [1]. À l'instar de Kareiva, Marvier et Lalasz, ce manifeste entend en finir avec l'environnementalisme « traditionnel » et prendre la mesure des risques mais surtout des nouvelles opportunités qui accompagnent l'entrée dans l'ère de l'Anthropocène. Comme on peut le lire, « le savoir et la technologie, appliqués avec sagesse, pourraient permettre que ce soit un bon, voire un remarquable Anthropocène. Un bon Anthropocène exige que les humains utilisent leurs capacités techniques, économiques et sociales sans cesse grandissantes pour améliorer la condition humaine, stabiliser le climat, et protéger la nature ». On retrouve une fois de plus l'optimisme technologique et l'*hubris* qui caractérisent la convergence NBIC et le mouvement transhumaniste. Par exemple, un de leurs partenaires est Steward Brand, figure historique de la Silicon Valley, fondateur d'une autre de ces multiples organisations entre institut, *think tank* et fondation, The Long Now Project, dont la vision prospective s'étend aux « dix mille ans qui viennent ». Un des projets promus, baptisé *Revive & Restore*, concerne la « génomique de la conservation ». Il s'agit, grâce à la biologie synthétique et à ses techniques, comme celles de l'édition des génomes et du *gene-drive*, de « proposer une grande palette de services de sauvetage génétique pour les clients de la conservation de la vie sauvage », services pour lesquels « il y a un marché » [2]. L'équipe de *Revive & Restore* travaille en particulier avec George Church, du MIT, pour « dés-éteindre » (*sic*) le mammouth laineux et modifier le génome des éléphants

1. Ce manifeste est téléchargeable sur <www.ecomodernism.org>.

2. Voir <http://reviverestore.org/annual-report/#2016AnnualReport>, consulté le 18 juillet 2017. On notera le basculement qui s'est opéré depuis l'article de R. Costanza *et al.*, « The value of the world's ecosystem services and natural capital », art. cité. À l'époque, l'« offre de nature » était totalement inélastique aux mouvements de prix. Avec les progrès de l'ingénierie écologique, les humains en viennent à se substituer à la nature en *en produisant de nouvelles formes*, puisqu'« il y a un marché ».

d'Asie pour qu'ils résistent à un mauvais virus de l'herpès qui les tue. Elle collabore aussi avec Kevin Esvelt, toujours du MIT et l'un des pères du forçage génétique, pour se débarrasser d'espèces invasives de rongeurs qui détruisent la faune et la flore de certaines îles ou qui constituent les réservoirs de la maladie de Lyme. Il y aura bien un de ces jours un ou une de ces scientifiques qui « dés-éteindra » le *T-Rex*. Ne serait-ce pas magnifique ? Arrêtons de voir les choses en noir, soyons optimistes, la nouvelle ère qui s'ouvre à nous est pleine d'opportunités à saisir, nous pourrons créer une planète comme un jardin bien domestiqué, riche d'une biodiversité que nous fabriquerons selon les lignes identifiées par la science et l'économie. À bas les Cassandre et vive l'Anthropocène !

Les institutions de la conservation de la nature

Cette approche économiciste de la conservation s'est progressivement incarnée dans le droit international de l'environnement. Comme dans le cas précédemment évoqué des variétés végétales, les institutions organisant la protection de la nature sont plurielles et leurs liens normatifs pas toujours très clairs. Il s'agit là aussi d'un complexe de régimes, qui recoupe d'ailleurs partiellement celui des semences, puisque celles-ci, dans ce nouveau paradigme, appartiennent à la catégorie des ressources génétiques, service écosystémique d'approvisionnement [1]. Néanmoins, parmi le grand nombre de protocoles, conventions et accords internationaux, la Convention sur la diversité biologique occupe une place centrale, au même niveau que la Convention-cadre des Nations unies pour le changement climatique, d'ailleurs signée au même moment [2].

---

1. Voir *infra*, chapitre 5.

2. Parmi ces accords internationaux, on peut mentionner la Convention on International Trade in Endangered Species of Wild Fauna and Flora (CITES, 1973), le Protocole de Carthagène sur la biosécurité (2003) qui régule la circulation internationale des organismes génétiquement modifiés, le Traité international sur les ressources phyto-génétiques utiles à l'agriculture et à l'alimentation (2001). Je ne tenterai pas ici de dessiner rigoureusement le complexe de régimes de la conservation de la nature mais en donnerai juste un aperçu.

Du statut de patrimoine commun de l'humanité à la souveraineté nationale sur les ressources de la biodiversité : la Convention sur la diversité biologique

En 1992, la Convention sur la diversité biologique (CDB) est signée à Rio, au Sommet de la Terre, sous l'égide des Nations unies. Elle prend acte de l'inquiétant taux de disparition des espèces et se donne trois objectifs : conserver la biodiversité, promouvoir son utilisation durable ou soutenable et organiser un partage équitable des bénéfices retirés de l'exploitation des ressources représentées par la diversité biologique.

La notion de diversité biologique renvoie à l'infinie diversité que prennent les formes de la vie sur Terre. Telle qu'elle se présente à nos sens, elle recouvre la variabilité des paysages, forêts, montagnes, mers, déserts, marais, etc., mais aussi le foisonnement des espèces animales et végétales qui se sont développées et adaptées à ces différentes conditions de vie, foisonnement qui avait tant frappé Charles Darwin il y a deux siècles. La science a depuis lors rationalisé cette richesse de la nature et de la vie en y distinguant trois niveaux d'appréhension.

La diversité biologique, raccourcie en biodiversité dans les années 1980, est tout d'abord *génétique* ou intra-spécifique. Dans cette acception, elle renvoie à la variabilité du patrimoine génétique d'une espèce, c'est-à-dire à toutes les variations génotypiques et phénotypiques des individus composant une population donnée. Elle est fondamentale en agriculture, puisqu'elle conditionne les capacités d'adaptation d'une plante aux modifications environnementales. On a par exemple une centaine de milliers de variétés de riz, chacune possédant des traits particuliers résultant d'adaptations aux conditions de culture et aux caractéristiques d'un terroir données. *A contrario*, son absence peut se révéler catastrophique, les plantes perdant leur capacité d'adaptation aux changements environnementaux. Le deuxième niveau auquel s'appréhende la biodiversité est celui des espèces (biodiversité *spécifique*), ce à quoi on pense en général spontanément quand on pense à la diversité de la vie. On a recensé environ 7 000 espèces d'amphibiens dans le monde, 5 500 espèces de mammifères, 10 000 espèces d'oiseaux, entre 2 et 7 millions d'espèces d'insectes tropicaux, environ 50 000 espèces d'arbres tropicaux (alors qu'il n'y a qu'une vingtaine d'espèces d'arbres dans la forêt boréale canadienne) pour un total d'espèces végétales inventoriées estimé autour de 400 000 [1]. Ce nombre décroît à une vitesse faramineuse depuis deux siècles de capitalisme industriel, même si Elizabeth Kolbert montre que le processus d'extinction contemporain a vraisemblablement débuté à la fin de la dernière glaciation, il y a entre 12 000 et 15 000 ans, comme semble l'indiquer l'extinction de la mégafaune. Selon diverses études, le réchauffement climatique provoquera la disparition d'environ un quart de toutes les espèces d'ici 2050 (chiffre moyen fondé sur un scénario de réchauffement « moyen » lui aussi). Enfin, le dernier niveau auquel on définit la diversité biologique est celui des *écosystèmes* ou des biomes. Là aussi, bon nombre d'habitats et d'écosystèmes disparaissent, comme les zones humides côtières de Louisiane, de Camargue ou de l'estuaire de la Loire, les forêts primaires, et tant d'autres.

Avant d'entrer dans les détails de la CDB, un bref retour en arrière est nécessaire. Avec le développement de la propriété intellectuelle sur les plantes, la FAO s'est inquiétée de ce que les obtenteurs et les paysans risquaient de ne plus avoir un accès libre et gratuit aux « ressources phytogénétiques utiles à l'agriculture et à l'alimentation » (RPGAA), ce qui représente un danger pour la sécurité alimentaire mondiale. En 1983, elle propose de déclarer les RPGAA « patrimoine commun de l'humanité » (dans l'Engagement international pour les ressources phytogénétiques utiles à l'agriculture et à l'alimentation, signé, pour certains avec des réserves, par 113 pays). Ce statut n'aura duré que neuf ans, jusqu'à la CDB. En effet, des ressources génétiques en accès libre et gratuit, c'était une aubaine pour les scientifiques et les industriels des biotechnologies (essentiellement au Nord), qui ont envoyé un grand nombre d'équipes de bioprospection dans les forêts tropicales et autres *biodiversity hotspots*, puis ont utilisé ces ressources pour fabriquer des inventions brevetées. Pour arrêter ce pillage, les populations et les gouvernements des pays du Sud ont demandé la souveraineté sur leurs ressources génétiques, ce qui a été acté par la CDB, qui consacre ainsi la souveraineté nationale sur les ressources génétiques, au même titre que sur les ressources minières par exemple. Ces ressources ne sont donc plus communes à l'humanité, mais nationalisées et potentiellement objets de propriété.

1. Chiffres tirés d'Elizabeth Kolbert, *La Sixième Extinction*, *op. cit.*, Vuibert, Paris, 2015 [2014], sauf le dernier : Steven Bachman, *State of the World's Plants Report, Royal Botanic Gardens*, Kew, 2016, p. 84.

Cette convention, signée par 188 pays, fournit un cadre juridique global à l'intérieur duquel les États souverains pourront définir leur politique environnementale tant qu'elle est en accord avec les grands principes et les procédures préconisées [1]. Le premier objectif poursuivi par la CDB est celui de la conservation de la diversité biologique (dont les ressources génétiques sont un des aspects). Son respect implique que les pays prennent des mesures pour surveiller l'état de leurs zones sauvages, des espèces en danger, et les protéger, favoriser le maintien des petits fermiers et des populations autochtones sur leurs terres pour la conservation *in situ* (aux champs ou en forêt) des ressources génétiques et des savoirs traditionnels associés, organiser une conservation *ex situ* des ressources (dans des banques de gènes), lutter contre les espèces invasives, surveiller de près les organismes génétiquement modifiés. Le deuxième objectif est celui de l'utilisation durable des ressources. Les États doivent promouvoir le « développement durable », collaborer avec le secteur privé dans des partenariats public-privé pour trouver des solutions locales moins polluantes, élaborer des politiques qui limitent effectivement l'érosion de la biodiversité dans l'activité économique de tous les jours, dépolluer et replanter les zones dégradées. Pour impliquer tous les acteurs dans la protection de la diversité biologique, la convention favorise les dispositifs monétaires incitatifs, voire des « instruments de marché » (*market-based instruments*), sur la présomption que nous ne comprendrons et n'agirons que lorsque nos actions et leurs conséquences sur la nature seront directement traduites en espèces sonnantes et trébuchantes. Le troisième objectif poursuivi par la CDB est celui d'un partage équitable des bénéfices produits par l'exploitation des ressources entre, d'une part, les populations locales qui la plupart du temps connaissent les plantes et leurs usages depuis des centaines et des milliers d'années et les préservent pour les générations futures et, d'autre part, les scientifiques et industriels qui exploiteront un composant ou une fonction de la plante ou de l'organisme pour leurs constructions biologiques et déposeront des brevets pourvoyeurs de rentes. Pour ne pas freiner le développement de la science et de la technologie, la CDB insiste sur le fait que les États doivent garantir l'accès aux ressources génétiques à tout scientifique ou industriel intéressé. En échange les populations locales doivent donner leur « consentement préalable, libre et éclairé » et être associées

1. Plusieurs études bien faites présentent la CDB et ses développements sur le site de l'International Union for the Conservation of Nature (IUCN) : <www.iucn.org>.

aux retombées positives des découvertes à venir. Cela peut être sous forme d'argent, comme un pourcentage des redevances sur les futurs brevets, sous forme d'investissements locaux et/ou de transferts de technologies, ou toute autre forme satisfaisant les deux parties.

La CDB propose en effet une *approche contractuelle*, où les deux parties, après négociation, signeront un Accord de transfert de matériel (ATM) qui prévoit les conditions de l'accès aux ressources, leur utilisation future, ainsi qu'un partage équitable des bénéfices s'il y en a [1]. La mise en œuvre de ce système s'est révélée très difficile concrètement. Puisque les États sont désormais souverains à ce niveau, quelle va être l'instance qui va suivre ces affaires ? La plupart du temps, les différentes agences ou administrations ne sont pas formées aux subtilités de l'utilisation et de la circulation des ressources génétiques, à un droit de la propriété intellectuelle compliqué, en pleine évolution et souvent radicalement différent des catégories de pensée en usage localement, et ne sont pas toujours à la hauteur des attentes des scientifiques européens et américains rodés à ce genre d'exercice. Quant aux populations locales, on imagine combien les raisonnements et attitudes des équipes qui arrivaient chez elles devaient être éloignés de leur vision du monde. Elles ont néanmoins assez vite appris ce nouveau langage, certaines d'entre elles en tout cas, aidées par des ONG. Jouer ce jeu de la propriété intellectuelle est souvent pour ces peuples le seul moyen de survivre. C'est un exemple typique de ce que les économistes *mainstream* appellent un « bon alignement des incitations » qui réconcilie des intérêts potentiellement divergents : les scientifiques et industriels ont leurs brevets, les populations locales ont de l'argent et une incitation à protéger leur diversité biologique puisque cela peut leur rapporter, et tout le monde est content.

La CDB entérine ainsi le changement de paradigme des politiques de conservation de la nature dont il a été question plus haut. Jusque-là centrées sur la sanctuarisation d'un certain nombre d'espèces, d'espaces et d'habitats (parcs naturels, zones « semi-protégées » comme les zones Natura 2000 dans l'Union européenne, CITES), ces politiques doivent désormais être l'affaire de tous, intégrées dans les stratégies des agents publics et privés *via* des mécanismes incitatifs et monétaires.

---

1. Pour des précisions sur ces ATM, voir par exemple Florence Bellivier et Christine Noiville, *Contrats et vivant*, LGDJ, Paris, 2004. Ce sont ces contrats que le projet The Earth Bank of Codes veut gérer automatiquement à l'aide de la *blockchain*.

L'idéologie libérale de la croyance dans les vertus du mécanisme de marché s'incarne dans le régime institutionnel de protection de la biodiversité.

Restaurer un peu de libre accès aux ressources phytogénétiques utiles à l'agriculture et à l'alimentation

Comme Raustiala et Victor l'ont montré, les complexes de régimes institutionnels sont caractérisés par des incohérences légales[1]. Le changement majeur représenté par la CDB et les accords sur la propriété intellectuelle de l'OMC (accords ADPIC), qui instituent la privatisation des ressources génétiques au niveau international, n'est pas apparu sur un vide institutionnel mais sur un terrain déjà miné par les contradictions entre des systèmes de propriété intellectuelle et la subsistance d'institutions construites sur un accès libre et gratuit aux ressources phytogénétiques, en l'occurrence le Consultative Group on International Agricultural Research (CGIAR) et ses banques de gènes accessibles à tous ceux qui en faisaient la demande. Quel devait être le statut de ces collections ? La convention n'en disait rien. Cette lacune, ajoutée à la difficulté de mise en œuvre concrète des ATM et à l'inquiétude persistante pour la sécurité alimentaire de la privatisation des semences, a conduit la FAO à élaborer un nouveau traité pour compléter la CDB et limiter l'appropriation que cette convention permet. La dynamique du changement institutionnel procède ici encore de mécanismes typiquement elluliens : des incomplétudes et incohérences légales posent des problèmes concrets dans l'exercice du droit, problèmes auxquels on répondra par l'addition d'un nouveau régime, qui engendrera de nouvelles incohérences appelant de nouvelles réponses juridiques, dans un processus de complexification dont on ne sait où il s'arrêtera.

Le Traité international sur les ressources phytogénétiques utiles à l'agriculture et à l'alimentation (TIRPAA, ou plus simplement Traité international des semences), signé en 2001, crée un système d'échange multilatéral de semences pour 64 espèces jugées essentielles à la nourriture de l'humanité. « Dans une mer de souveraineté et

1. K. Raustiala et David G. Victor, « The regime complex for plant genetic resources », art. cité.

de propriété privée, il sculpte un droit de propriété collectif spécifique[1]. » Les semences des espèces incluses dans le système multilatéral sont librement accessibles, et les firmes qui utiliseraient ces semences pour des innovations commerciales doivent reverser un pourcentage de leurs profits à un fonds géré par le traité et destiné à la conservation *in situ* et *ex situ*. Le traité reconnaît aussi explicitement les droits des communautés autochtones et leur participation à la création et au maintien de la biodiversité sauvage et cultivée. Mais il reconnaît dans le même temps la légitimité du droit des brevets. De nombreuses phrases sont au conditionnel, les définitions sont souvent imprécises, bref, le flou artistique permet de nombreuses interprétations différentes.

Sous ce traité « ombrelle », différents systèmes juridiques peuvent coexister, des régimes où le droit des brevets prime sur tout le reste à des régimes instituant un véritable libre accès aux ressources phytogénétiques. C'est le cas par exemple de Norgen, une mise en commun des collections des pays scandinaves qui favorise le libre accès aux semences et l'étend même à des espèces n'appartenant pas au système multilatéral du traité. C'est aussi cette institution qui gère le « grand frigo » de Svalbard, au Spitzberg, installé dans le permafrost, la plus grande banque de gènes du monde. Celle-ci duplique différentes collections nationales et les sauvegarde, au cas où des collections seraient détruites par des guerres, des catastrophes naturelles, ou disparaîtraient lentement par manque de soin et de volonté politique, comme c'est malheureusement le cas en Russie par exemple, avec les riches collections débutées par le grand agronome Nikolaï Vavilov. La réserve mondiale du Svalbard conserve aujourd'hui plus de 4 millions d'accessions, des plantes cultivées et leurs cousines sauvages, et les 1 750 banques de gènes publiques et privées à travers le monde plus de 7 millions[2].

Comme on l'a dit au chapitre précédent, ce traité est désormais menacé par la numérisation des semences. En particulier, si tous les échantillons maintenus à Svalbard sont numérisés, ils seront appropriables d'un clic pour qui le veut, ce qui permettra d'échapper aux devoirs de partage équitable des bénéfices imposés par le système multilatéral du Traité international des semences. La teneur des

1. *Ibid.*, p. 20.

2. FAO, *Climate-Smart Agriculture Sourcebook*, 2013, dans le chapitre sur les ressources phytogénétiques, téléchargeable sur le site de la FAO, <www.fao.org>.

discussions en novembre 2019 n'incite guère à l'optimisme, mais le problème est extrêmement compliqué [1].

Malgré la subsistance de quelques « îlots » de libre accès et de propriété commune, la tendance de fond à l'œuvre depuis 1980 est celle d'une privatisation croissante des ressources génétiques, expropriant toujours un peu plus ceux qui détenaient et conservaient ces ressources traditionnellement, petits fermiers qui faisaient leurs graines, communautés autochtones riches de savoirs agricoles et médicinaux, au profit des grandes firmes des industries agrochimiques, pharmaceutiques et cosmétiques [2]. Du fait de l'imbrication de plusieurs régimes différents, les États ont néanmoins une certaine latitude pour naviguer dans ce paysage juridique complexe et pourraient tout à fait favoriser le libre accès et limiter l'appropriation s'ils en avaient la volonté politique.

L'émergence d'une gouvernance internationale : le pouvoir de la « *soft law* »

L'environnementalisme de marché est porté par des réseaux d'acteurs, agences des Nations unies, États, firmes transnationales, scientifiques venant de la recherche publique et privée, grandes ONG de conservation et, quelquefois, militaires. Le foisonnement institutionnel et les multiples relations entre tous ces acteurs sont tels qu'il est impossible d'en dresser une cartographie en quelques pages. Je vais cependant tenter une esquisse, pour mettre en lumière le mode de prise de décision qui caractérise aujourd'hui la gouvernance internationale de la protection de la nature. Il est en effet frappant de constater que, une fois encore, les évolutions qu'on vient d'évoquer sont actées sans que les peuples soient consultés, ni même informés. Ainsi, l'approche financière du capital naturel et de sa valorisation s'est très vite diffusée

1. Sylvain AUBRY, « The future of digital sequence information for plant genetic resources for food and agriculture », *Frontiers in Plant Science*, 30 août 2019, <https://www.frontiersin.org/articles/10.3389/fpls.2019.01046/full>.

2. À la suite du prix Nobel d'économie décerné à Elinor Ostrom en 2011 pour ses travaux sur la gouvernance économique des communs, certains auteurs optimistes croient déceler un retour à des formes de propriété commune (voir par exemple Benjamin CORIAT (dir.), *La Crise de l'idéologie propriétaire et le retour des communs*, Les Liens qui libèrent, Paris, 2015. Au vu des grandes évolutions que nous décrivons ici, il me semble que, bien malheureusement, cette position relève surtout du *wishful thinking*.

dans les arènes internationales et forme désormais le cadre d'interprétation de la gestion de la crise écologique. Les politiques nationales s'inscrivent ensuite dans ce schéma de pensée, et les parlements ne peuvent plus se prononcer que sur des aspects de détail concernant la forme que doit prendre la transcription dans les droits nationaux des grandes lignes formulées par la Convention sur la diversité biologique, la Commission européenne ou le Programme des Nations unies pour l'environnement (PNUE). Ces grandes lignes elles-mêmes et les termes dans lesquels les débats sont posés ne peuvent plus être discutés par les pouvoirs législatifs nationaux : les principes fondamentaux de la loi émanent avant tout de normes définies par ces nébuleuses d'acteurs, d'où le terme de *soft law*. La légitimité politique d'une telle loi est problématique, dans la mesure où la grande majorité de ces acteurs ne sont pas élus. Ils décident néanmoins d'un chemin collectif pour nous tous, humains et non-humains.

De plus, l'inflexion des politiques de conservation a conduit à l'entrée de nouveaux acteurs dans les arènes de discussion, des acteurs du secteur privé : grandes firmes, banques, gestionnaires de fonds, soit par le biais d'institutions philanthropiques comme les fondations Rockefeller ou Gates, soit directement, soit encore à travers le groupement en associations comme le World Business Council on Sustainable Development, modifiant les équilibres entre États et secteur privé. L'articulation entre public et privé s'opère à deux niveaux. Le premier est celui de grands projets et d'associations globales dont le statut juridique est non identifié, ce qui ne les empêche pas de produire des normes qui influenceront ensuite les pratiques juridiques et économiques. À un second niveau plus microéconomique, on trouve les inévitables partenariats public-privé (PPP) créés pour mettre en œuvre des projets précis s'inscrivant dans ces normes générales. Ainsi, pour schématiser, la hiérarchie du paysage institutionnel de la conservation comporte trois niveaux : celui des grandes agences internationales appartenant à l'ONU ; celui de ces objets institutionnels non identifiés, appelés « forums multi-parties prenantes » ; et enfin celui des partenariats public-privé développant des projets de conservation particuliers. Examinons-les tour à tour.

Le cadre institutionnel international

Le cadre général de l'action est celui de la Convention sur la diversité biologique (CDB), et plus particulièrement celui des objectifs d'Aichi 2011-2020 (« Vivre en harmonie avec la nature ») définis durant la Conférence des parties à Nagoya en 2010 [1]. Ils sont au nombre de vingt et obéissent à la vision générale énoncée par la CDB comme suit : « D'ici à 2050, la diversité biologique est valorisée, conservée, restaurée et utilisée avec sagesse, en assurant le maintien des services fournis par les écosystèmes, en maintenant la planète en bonne santé et en procurant des avantages essentiels à tous les peuples. »

Voici quelques-uns de ces objectifs :

– Objectif 2 : « D'ici à 2020 au plus tard, les valeurs de la diversité biologique ont été intégrées dans les stratégies et les processus de planification nationaux et locaux de développement et de réduction de la pauvreté, et incorporés dans les comptes nationaux [...]. »

– Objectif 4 : « D'ici à 2020 au plus tard, les gouvernements, les entreprises et les parties prenantes, à tous les niveaux, ont pris des mesures ou ont appliqué des plans pour assurer une production et une consommation durables, et ont maintenu les incidences de l'utilisation des ressources naturelles dans des limites écologiquement sûres. »

– Objectif 5 : « D'ici à 2020, le rythme d'appauvrissement de tous les habitats naturels, y compris les forêts, est réduit de moitié au moins et si possible ramené à près de zéro. »

– Objectif 7 : « D'ici à 2020, les zones consacrées à l'agriculture, l'aquaculture et la sylviculture sont gérées d'une manière durable, afin d'assurer la conservation de la diversité biologique. »

Les autres objectifs concernent entre autres la limitation de l'utilisation des engrais, la préservation des connaissances et savoirs traditionnels « qui présentent un intérêt pour la conservation et l'utilisation durable de la diversité biologique » (pour les autres, tant pis), le développement de la base scientifique et technique permettant de mieux gérer la biodiversité et la mobilisation de moyens financiers suffisants pour assurer la réalisation de tous ces objectifs.

Au-delà du style en forme de liste de vœux pieux et de l'utilisation du présent de l'indicatif et du passé composé qui laisse accroire qu'on

---

1. <https://www.cbd.int/doc/strategic-plan/2011-2020/Aichi-Targets-FR.pdf>.

y est déjà, le paradigme de l'environnementalisme de marché affleure partout. Il n'est pas question de limiter notre empreinte sur la nature, encore moins de remettre en cause l'approche utilitaire, mais de le faire « avec sagesse » ; comme les destructions continueront, nous allons devenir très bons dans la « restauration » et la « remédiation », c'est-à-dire dans la recréation d'écosystèmes artificiels simplifiés mis au point par des ingénieurs écologues, un *ersatz* de nature[1]. Il faudra « valoriser » le capital naturel et les services écosystémiques, prendre en compte les nécessités du développement économique, associer les firmes à la protection de la nature et recourir à la science et à la technique pour fournir de nouvelles « solutions ».

En 2020, aucun de ces objectifs n'est atteint[2]. Les objectifs pour la prochaine décennie devaient être discutés à la conférence des partis de la CDB à Kunming (Chine) en 2020, reportée à 2021 pour cause de crise sanitaire.

Outre le PNUE, les autres institutions de l'ONU impliquées sont la FAO et, dans une moindre mesure, le Programme des Nations unies pour le développement (PNUD) et l'Unesco. La Banque mondiale joue aussi un rôle très actif dans la mise en place de bon nombre de projets, particulièrement *via* son agence privée, l'International Finance Corporation (IFC). L'année 2015 a marqué une avancée dans les engagements internationaux en faveur de la protection de la nature, avec les accords de Paris de la COP 21 (Conférence des parties de la Convention-cadre des Nations unies sur les changements climatiques – CCNUCC) et la publication par l'ONU des Objectifs de développement durable (ODD), ou *Sustainable Development Goals*. Ces derniers visent à harmoniser les politiques nationales et internationales en fournissant un cadre clair à l'action collective. Les dix-sept objectifs pour 2030 articulent un ensemble de lignes directrices destinées aux gouvernements, aux acteurs privés et à la société civile. Le but général est « d'éradiquer la pauvreté, de protéger la planète et de garantir la prospérité pour tous[3] ». Six objectifs sont directement liés à la protection de

1. Cette tendance qu'a le capitalisme industriel à détruire tout ce qui peut lui servir pour en recréer des formes appauvries et artificielles, des *ersatz*, a déjà été perçue au XIXe siècle : voir en particulier William MORRIS, *L'Âge de l'ersatz, et autres textes contre la civilisation moderne*, trad. Olivier Barancy, Éditions de l'Encyclopédie des nuisances, Paris, 1996 [1894].

2. *The Guardian*, 15 septembre 2020, « World fails to meet a single target to shop destruction of nature-UN report », <https://www.theguardian.com/environment/2020/sep/15/every-global-target-to-stem-destruction-of-nature-by-2020-missed-un-report-aoe>.

3. <www.un.org/sustainabledevelopment/fr/objectifs-de-developpement-durable/>.

la nature : les objectifs 7, « énergies propres et d'un coût abordable », 11, « villes et communautés durables », 12, « consommation et production durables », 13, « mesures relatives à la lutte contre les changements climatiques », 14, « vie aquatique » et 15, « vie terrestre ».

En 2012 a été créée l'Intergovernemental Science Policy Platform on Biodiversity and Ecosystem Services (IPBES), sous les auspices du PNUD, de la FAO, de l'Unesco et du PNUE, ce dernier en assurant l'administration. Elle se veut l'équivalent pour la biodiversité de ce qu'est le GIEC pour le climat, c'est-à-dire un groupe d'experts « produisant de la connaissance » pour éclairer la décision publique, revendiquant une parfaite neutralité politique et s'interdisant absolument d'être prescriptifs. C'est « une agence intergouvernementale qui évalue l'état de la biodiversité et des services écosystémiques qu'elle procure aux sociétés[1] ». Elle regroupe un millier de scientifiques et son secrétariat est localisé à Bonn. Elle a noué des partenariats avec tous les grands accords intergouvernementaux s'occupant de la protection de la nature, en particulier la CDB et la CCNUCC. Un de ses programmes majeurs est une évaluation « des multiples valeurs de la nature et de ses bienfaits », dont les résultats ont été publiés dans un rapport paru en mai 2019. Notez l'évolution sémantique : la diversité biologique, déjà devenue biodiversité, est maintenant désignée par l'acronyme BES, Biodiversity and Ecosystem Services. Ce rapport confirme toutes les craintes les plus sombres[2].

Enfin, pour compléter le tableau du premier niveau du complexe de régimes qui organise la conservation de la biodiversité, il faut mentionner l'International Union for the Conservation of Nature (IUCN). C'est une organisation à nulle autre pareille, une « association de membres », gouvernements, ONG et fondations, fondée en 1948 et ayant le statut d'observateur à l'ONU. Son but est de faire entendre au plus haut niveau les préoccupations concernant la protection de la nature. Son secrétariat est assuré par le PNUE. Elle compte aujourd'hui 1 300 membres et fait travailler 16 000 experts dans des domaines allant des aires protégées aux océans, des forêts au droit de l'environnement, et aujourd'hui, en accord avec l'air du temps, au capital naturel et aux services écosystémiques[3]. Elle commence même à défendre le

1. <www.ipbes.net>.

2. Un résumé en français du rapport peut être trouvé sur le site de l'Agence française pour la biodiversité, à l'adresse suivante : <https://www.afbiodiversite.fr/sites/default/files/resume-IPBES_fr.pdf>.

3. <www.iucn.org>.

forçage génétique, dans une perspective toute techniciste de la conservation. L'IUCN fait paraître tous les ans une « liste rouge » d'espèces en danger qui fait autorité, et a joué un rôle majeur dans les discussions préparant plusieurs conventions internationales d'importance, en particulier la CITES, signée en 1973, et la CDB. Outre son rôle scientifique et informatif, l'IUCN participe directement à un très grand nombre de projets de conservation dans le monde entier.

Des objets institutionnels non identifiés

Au deuxième niveau de la hiérarchie de ce complexe de régimes [1], on trouve divers programmes et projets rassemblant à la fois des institutions internationales, des gouvernements, des firmes, des ONG, des scientifiques et des experts. Le statut juridique de ces « forums multi-parties prenantes » est peu clair, mais leur pouvoir est néanmoins tout à fait réel. Pour tenter de cerner les contours de ces objets institutionnels non identifiés, regardons un des programmes qui est en train de prendre une place centrale dans le dispositif international de la protection de la biodiversité : The Economics of Ecosystems and Biodiversity (TEEB).

Le projet TEEB vise, dans la droite ligne de l'approche de la protection de la nature en termes de capital naturel et de services écosystémiques, à « rendre visibles les valeurs de la nature » pour les « intégrer dans les processus de décision à tous les niveaux » [2]. Il a démarré à l'occasion d'une réunion du G8+5 [3] à Potsdam, Allemagne, en 2007, sous l'impulsion du ministère allemand de l'Environnement et de la Commission européenne. Sa direction est confiée à Pavan Sukhdev, ancien banquier de la Deutsche Bank [4]. En 2010, TEEB

1. J'entends ici hiérarchie du point de vue institutionnel et non du point de vue de la hiérarchie des normes. Cette dernière est très ambiguë, comme dans tout complexe de régimes.

2. Les citations de TEEB proviennent de leur site : <www.teebweb.org>, consulté le 11 mai 2017.

3. Le G8+5 comprend les pays du G8 (Allemagne, France, Angleterre, Italie, États-Unis, Canada, Russie et Japon) et les cinq grands pays dits émergents : Brésil, Inde, Chine, Mexique et Afrique du Sud. La Russie est sortie du G8 en 2014 suite à la crise ukrainienne, et le G8 est redevenu G7.

4. Pavan Sukhdev est un produit exemplaire du système des portes-tambour : en même temps qu'il était à la Deutsche Bank, où il a travaillé à la mise en place des plateformes de marché (*front-office*) en Inde pour les échanges de produits dérivés structurés, il a pris la tête

produit un rapport très influent, présenté à la COP 10 de la CDB à Nagoya, et décliné en quatre versions : l'une exposant les principes de base et les trois autres destinées aux décideurs qui souhaitent « verdir » leurs pratiques, dans les domaines respectifs des politiques nationales et internationales, des politiques locales et régionales et du *business*.

L'analyse repose sur trois principes fondamentaux (*core principles*) : « *reconnaître* les bénéfices fournis par les écosystèmes et la biodiversité, *démontrer* leur valeur en termes économiques, et suggérer des façons de *capturer* ces valeurs dans la prise de décision [1] ». La reconnaissance des bénéfices (premier principe) repose essentiellement sur le deuxième principe, celui de la démonstration des valeurs économiques de la biodiversité. Celle-ci est faite grâce à une généralisation des calculs coûts-avantages en matière environnementale. Le troisième principe, celui de la « capture » des valeurs de la nature, est mis en œuvre par la création des « instruments de marché » promus par la CDB : taxes et subventions, paiements pour services écosystémiques ou marchés de droits. Ces instruments, aujourd'hui, aussi désignés par le barbarisme « solutions basées sur la nature », seront précisés dans le chapitre suivant.

Voir qui siège au conseil de direction de TEEB et qui en sont les partenaires principaux permet d'identifier les réseaux d'acteurs qui ont contribué à imposer cette vision très particulière de la protection de la nature au niveau international. Concernant l'équipe dirigeante, on y trouve la directrice exécutive actuelle de l'IUCN, ainsi que la précédente directrice, quelques universitaires, le *chief scientist* du PNUE et son actuel directeur exécutif, deux membres haut placés de la Commission européenne et un de la FAO, un membre de la banque AMRO, un du Sustainable Food Trust et un de la fondation Gordon & Betty Moore. Et Pavan Sukhdev. Quant aux partenaires et donateurs, nombreux, ils se répartissent entre acteurs étatiques et institutions internationales (Commission européenne, ministères de l'Environnement allemand, anglais, japonais, ministère des Affaires

du projet TEEB en 2008. En 2011, il a été nommé en charge de la *Green Growth Initiative* du PNUE. Il y a quelques années, il a fondé une entreprise de conseil en risques environnementaux et comptabilité « verte », GIST Advisory, tout en restant membre de l'équipe dirigeante de TEEB. Voir <www.teebweb.org/about/teeb-study-leader/>. Il est par ailleurs étonnant de voir que, comme Pavan Sukhdev, un certain nombre de fondateurs, cadres et/ou contributeurs de grandes ONG et *think tanks* environnementaux viennent du monde de la banque et de la finance (on peut voir par exemple qui sont les membres du conseil de direction du World Resources Institute : <http://www.wri.org/about/board>, consulté le 16 juillet 2017).

1. Souligné dans le texte.

étrangères norvégien, gouvernement suisse, le CGIAR, l'Agence suédoise de coopération et de développement), secteur privé (Price Waterhouse Cooper, Havas, Trucost) et universités (Imperial College et London School of Economics), ainsi que l'ONG Conservation International.

Ces réseaux apparaissent encore plus fortement lorsqu'on s'intéresse à une des émanations de TEEB, « TEEB for business », fondée en 2012 et devenue en 2014 « The Natural Capital Coalition ». Cette dernière regroupe environ 250 organisations partageant la « vision commune d'un monde où le business conserve et améliore le capital naturel » (*enhance*, une fois de plus) [1]. Les membres de cette coalition sont essentiellement des institutions internationales et/ou étatiques (le PNUE, la CDB, la Commission européenne, la FAO, l'IFC), des firmes (parmi lesquelles de grandes bienfaitrices de la nature et de l'humanité comme Coca-Cola, Dow, H&M, KPMG, Deloitte, LVMH, Nestlé, Novartis, PwC, Suez, Roche, Shell, Unilever, Crédit Suisse, Walmart, Lafarge Holcim), des ONG et *think tanks* (The Nature Conservancy, l'IUCN, le WWF, The Global Canopy Programme, The Land Trust, Earth Economics, Fauna & Flora International), des institutions de recherche publique (les universités de Cambridge, d'Arizona State, d'Ohio State, du Surrey) et privée (le *think tank* World Resources Institute, la firme Applied Genomics, The Earth Genome, TEEB, The Natural Capital Project), trois fondations (Gordon & Betty Moore, Calouste Gulbenkian et Rockefeller), plus l'International Federation of Accountants et le World Business Council on Sustainable Development (WBCSD). Les « participations croisées » sont fréquentes. Par exemple, dans le Natural Capital Project, dont un des cofondateurs est Peter Kareiva, on retrouve The Nature Conservancy et le WWF ; parmi les partenaires/donateurs de The Earth Genome, il y a le World Resources Institute, l'université d'Arizona State et le WBCSD ; les partenaires et donateurs de The Nature Conservancy et du WWF n'apparaissent malheureusement pas sur leur site internet, ni même dans leurs rapports financiers [2].

Ainsi, depuis dix ou quinze ans, des armées d'experts et de consultants collaborent à ces grands projets, du genre TEEB, et développent des outils conceptuels et techniques pour mener à bien la gigantesque

1. <www.naturalcapitalcoalition.org>.

2. Ces informations proviennent de la consultation des sites de ces diverses organisations durant le mois de juillet 2017.

tâche qu'ils se sont assignée : mesurer les différentes dimensions de la nature pour les rendre « visibles » aux décideurs, qui, de ce fait, les prendront en compte dans leurs décisions (si tant est qu'ils y aient un intérêt monétaire bien sûr).

Les recherches s'organisent autour de trois grands axes. Le premier consiste à *définir et évaluer les écosystèmes et les services qu'ils rendent*. Depuis 1997 et l'article de Costanza et ses collaborateurs, les recherches se sont multipliées et l'ONU s'est chargée de la question en 2005 avec le Millenium Ecosystem Assessment (MEA) ; puis est venu le projet TEEB déjà cité, suivi des travaux menés dans le cadre européen avec la Common International Classification of Ecosystem Services (CICES). Le rapport de l'IPBES fait le point le plus récent (2019) sur l'état de la biodiversité mondiale. Le deuxième axe vise à *développer une « comptabilité environnementale »*, permettant d'intégrer les calculs touchant au capital naturel dans les comptes nationaux comme dans les comptes privés. Dans ce domaine, deux programmes internationaux sont menés par la Banque mondiale (le programme Wealth Accounting and the Valuation of Ecosystem Services – WAVES) et par la Commission statistique de l'ONU (System of Environmental-Economic Accounting – SEEA)[1] afin d'établir un standard international qui permettrait de traiter le capital naturel comme les autres d'un point de vue comptable. Enfin, le troisième axe s'attache à la *définition des standards, benchmarks et codes de bonne conduite pour un investissement responsable*, dans une démarche dite d'*Environmental, Social and Corporate Governance* (ESG), qui correspond à ce qu'on appelle en France la responsabilité sociale et environnementale des entreprises (RSE). En effet, puisqu'il s'agit d'un vaste projet d'ingénierie sociale où les grandes entreprises, en partie responsables de la crise écologique, seraient amenées à se comporter « vertueusement » par intérêt, il faut pouvoir distinguer les firmes qui le font effectivement et celles qui font semblant, voire qui ne s'en donnent pas la peine. Ce domaine est en pleine effervescence, des initiatives privées et publiques multiplient les labels de bonne conduite. Nous y reviendrons au chapitre 6 concernant la dimension spécifiquement financière du régime de la croissance verte.

Enfin, le troisième niveau institutionnel de ce complexe de régimes est constitué d'une multiplicité de dispositifs mettant en œuvre les grands

1. Voir <www.wavespartnership.org> et <www.unstats.un.org>.

principes élaborés au sein de ces objets institutionnels non identifiés du genre TEEB. Par exemple, les Principles of Responsible Investment de l'ONU ont abouti en 2014 à la signature par un certain nombre d'investisseurs institutionnels de l'Engagement de Montréal : mesure et publicité de l'empreinte carbone des portefeuilles financiers, signé par plus de 120 investisseurs gérant collectivement plus de 10 milliards de dollars. Dans le domaine agricole, on peut penser au programme Water Efficient Maize for Africa (WEMA), partenariat public-privé qui, sous l'égide du CIMMYT (le centre du CGIAR dédié au maïs et au blé), réunit l'USAID, l'African Agricultural Technology Foundation, les fondations Howard Buffett et Bill et Melinda Gates, et Monsanto. Nous en verrons d'autres exemples dans les deux chapitres suivants.

Pouvoir politique et souveraineté démocratique

Je voudrais faire trois remarques quant à la façon dont s'exerce le pouvoir politique dans ce nouveau régime de conservation de la nature, exemplaire de la place de l'État dans le régime néolibéral.

Premièrement, un bon nombre des initiatives concrètes prennent la forme de forums multi-parties prenantes et de partenariats public-privé. Les États sont aujourd'hui presque tous surendettés, et les politiques libérales dictées par l'orthodoxie néoclassique imposent partout les mêmes mesures d'austérité en vue de la réduction des déficits publics [1]. Il s'agit donc d'inciter les agents privés, firmes et investisseurs, à financer la protection de la nature, d'où l'accent mis sur les profits potentiels qu'ils pourraient en retirer. Autrement dit, les États, dans ce domaine comme dans d'autres, ont tendance à abandonner certaines de leurs prérogatives et domaines d'intervention traditionnels au profit des grandes entreprises et des investisseurs institutionnels. Cette privatisation partielle des politiques publiques, que le juriste Peter Yu qualifiait d'« enclosure de l'espace politique », pose la question de la nature de la souveraineté politique dans le régime contemporain.

Deuxièmement et de manière liée, le mélange des genres entre acteurs politiques, économiques et scientifiques débouche bien souvent

1. Sauf depuis la crise du Covid-19 de 2020, à l'occasion de laquelle des milliards sont « magiquement » apparus (comme d'ailleurs lors de la crise des *subprimes* en 2008-2009). Lorsqu'il s'agit en revanche d'agir pour l'écologie et le climat, il n'y a pas d'argent.

sur des conflits d'intérêts, des pressions sur les scientifiques, voire une corruption pure et simple. De nombreux chercheurs publics travaillent aussi pour l'industrie, et la multiplication des PPP, outre la tendance à la privatisation de la recherche publique qu'elle recèle, risque fort d'accroître encore cette « collusion mortifère ». Peut-être anecdotique mais néanmoins révélateur : le premier rapport de l'IPBES, concernant les insectes pollinisateurs, est paru début 2016 et a été contesté pour des raisons de conflits d'intérêts. En effet, deux scientifiques ayant participé à sa rédaction travaillaient pour Bayer et Syngenta, firmes chimiques parmi les plus grandes du monde, qui produisent certains des insecticides néonicotinoïdes à l'origine de la disparition des abeilles et autres pollinisateurs[1].

Plus récemment, des archives de Monsanto ont été déclassifiées sur ordre de la justice américaine. Ces *Monsanto Papers* confirment ce que certains journalistes et chercheurs avaient déjà dénoncé : Monsanto n'hésite pas à faire pression sur les scientifiques qui lui déplaisent et en achète d'autres pour signer les études de ses propres experts et leur donner un gage d'objectivité (ce que l'on appelle le *ghostwriting*)[2]. Autre exemple, parmi tant d'autres : une firme de lobbying financée par la Fondation Bill et Melinda Gates a infiltré le groupe d'experts de haut niveau sur la biologie synthétique à la CDB pour empêcher que cette dernière prononce un moratoire sur la technologie du forçage génétique. Des « *gene drive files* » exposent l'intensité du lobbying des firmes de biotechnologie dans différentes arènes internationales en faveur de l'acceptation de cette technologie pourtant si dangereuse (voir *supra*, chapitre 3)[3]. Le moratoire n'a pas été obtenu, mais des

---

1. Voir *Le Monde* du 24 février 2016. Sur la même page, le journal relate les critiques adressées à la Commission européenne pour son laxisme et sa faiblesse face au pouvoir des lobbies de l'agrochimie l'ayant conduite à autoriser la mise sur le marché de bon nombre de produits « phytosanitaires » dont l'innocuité n'a jamais été établie (voire dont la toxicité *a été établie*, comme les herbicides à base de glyphosate). L'ampleur de la « capture réglementaire » est bien documentée et analysée par S. Horel, *Lobbytomie*, *op. cit.* D'un point de vue plus général, on peut aussi lire le rapport *Impunité « made in Europe ». Les liaisons dangereuses de l'Union européenne et des lobbies contre un traité contraignant sur les multinationales*, 2018, publié par l'ENCO, European Network of Corporate Observatories.

2. <https://corporateeurope.org/food-and-agriculture/2018/03/what-monsanto-papers-tell-us-about-corporate-science>. Stéphane Foucart et Stéphane Horel, « *Monsanto Papers*, désinformation organisée autour du glyphosate », *Le Monde*, 4 octobre 2017, et S. Horel, *Lobbytomie*, *op. cit.*

3. Corporate Europe Observatory, « Gene Drive Files reveal covert lobbying tactics to influence UN expert group », 3 décembre 2017, <https://corporateeurope.org/food-and-agriculture/2017/12/gene-drive-files-reveal-covert-lobbying-tactics-influence-un-expert>.

règles d'encadrement strictes ont été décidées, et en particulier la nécessité de demander aux populations concernées un « consentement préalable, libre et informé », selon la formule consacrée. Enfin, les grandes manœuvres des industriels autour du contenu du Pacte vert pour l'Europe ont été mises en lumière par l'association Corporate Europe Observatory (CEO), qui montre comment l'intensité de leur lobbying aboutit à vider une part importante de l'*European Green Deal* de sa substance[1].

De manière générale, du fait de cette « capture du régulateur », les États ont tendance à travailler pour les firmes, en mettant en place des réglementations et des conditions institutionnelles favorables au marché. On l'a vu avec la déréglementation des mouvements de capitaux dès le début des années 1980, et on le voit depuis une décennie avec le détricotage en France du droit du travail et des différentes protections accordées par l'État-providence mis en place au sortir de la Seconde Guerre mondiale.

Troisièmement, toutes ces études et projets mènent à l'adoption de mesures concrètes qui s'inscrivent dans le droit international et s'imposent ensuite aux nations sans que jamais les citoyens ne soient consultés sur la voie qui est choisie. Pour la plupart, ils ne sont même pas au courant, et tomberaient sans doute des nues en sachant que les experts, scientifiques, ingénieurs et consultants en écologie passent leur temps à estimer le prix de la séquestration du carbone par les forêts, de la pollinisation, de la protection des côtes « fournie » par les récifs coralliens ou de la diversité génétique d'un écosystème. En dépit de leur volonté affichée de préserver la planète, leur activité est au fond typique des *bullshit jobs* dénoncés par l'anthropologue David Graeber.

In fine, ces choix fondamentaux concernant l'avenir de la Terre, et le nôtre en tant qu'humanité, sont essentiellement faits par des experts, travaillant de concert avec les grandes firmes transnationales, en dehors de tout processus démocratique, celui-ci n'intervenant qu'à la fin pour valider ou amender à la marge les options retenues. Les armées d'experts écologues-économistes d'aujourd'hui dessinent un monde où la « nature » elle-même résultera de choix techniques, sera le produit de sciences et de techniques toujours plus puissantes et envahissant les recoins les plus intimes des processus vitaux. Est-ce cela

1. Corporate Europe Observatory, *A Grey Deal ? Fossil Fuels Fingertips on the European Green Deal*, 7 juillet 2020, <https://corporateeurope.org/en/a-grey-deal>.

que les gens désirent ? Rien n'est moins sûr, mais comme ils n'ont pas la parole, comme rien n'est prévu dans l'architecture institutionnelle qu'on vient d'esquisser pour qu'ils puissent s'exprimer, il est facile de parler à leur place. Le droit « dur », en opposition à la *soft law*, résulte non seulement d'un processus délibératif explicite au sein d'instances exécutives, législatives et judiciaires, mais s'affirme publiquement et clairement à tous : « Nul n'est censé ignorer la loi. » Il est de plus entériné par différentes procédures de vote. Ici, au contraire, on est face à un processus vague et mouvant, des ensembles d'allers et retours entre des scientifiques, juristes, experts et ex-banquiers appartenant à différentes catégories d'organisations dont certaines, au premier rang desquelles les grandes entreprises, ont des intérêts financiers directs dans le modèle qui sera promu, et dont aucune ne représente les peuples.

5

La dématérialisation de la nature : une nouvelle classe de *marchandises fictives*

> « Mais se touchant le crâne, en criant “J'ai trouvé !”,
> La bande au professeur Nimbus est arrivée,
> Qui s'est mise à frapper les cieux d'alignement,
> Chasser les dieux du firmament [1]. »
>
> Georges BRASSENS

Depuis une quarantaine d'années et l'émergence d'un régime de capitalisme dit financiarisé ou néolibéral, les modes d'exploitation et d'enclosure de la nature changent en profondeur et de nouveaux modes apparaissent qui trouvent dans le paradigme dominant des sciences de la nature et dans les biotechnologies leur origine et leur instrument. Des pans entiers de l'environnement sont ainsi happés par les nouvelles activités gestionnaires et productives. Les formes de l'appropriation physique et juridique se modifient radicalement, car ce qui est exploité et valorisé de la nature aujourd'hui est d'un autre ordre, souvent qualifié d'immatériel, faute de mieux. Ce dernier terme renvoie à la centralité de l'information, de la science et de la connaissance dans les processus de production et dans les objets produits. Le droit se modifie en conséquence, avec l'acceptation de la propriété intellectuelle sur le vivant, avec la qualification et la standardisation de nouveaux objets destinés à entrer dans la sphère de l'échange

1. Georges BRASSENS, « Le Grand Pan », 1964.

marchand. Séquences génétiques, variétés végétales et races animales, processus naturels, collections d'échantillons biologiques, bases de données d'informations séquentielles numériques, services rendus par les écosystèmes constituent une nouvelle classe de *marchandises fictives* dérivées de la nature[1].

Ces objets sont étonnants, difficiles à appréhender, multidimensionnels. Le terme d'immatériel souvent utilisé me paraît susceptible d'induire des erreurs d'appréciation à l'égard de ce qui est réellement en jeu. Tout d'abord, ce qui est approprié et valorisé peut être immatériel, comme l'information génétique ou la connaissance scientifique d'une fonction biologique, mais le « support » de cette propriété intellectuelle est lui éminemment matériel puisqu'il s'agit de micro-organismes, de plantes, et d'animaux vivants et de processus biologiques. Ensuite, la mise en forme conceptuelle, économique et juridique de ces *marchandises fictives* sous forme d'actifs immatériels est elle aussi très matérielle, puisqu'elle repose sur une construction institutionnelle et réglementaire, un ensemble de dispositifs rendant ces objets aptes à la valorisation marchande. Comme on le verra, les conséquences socio-économiques et politiques d'une telle institutionnalisation sont majeures. Enfin, la science, qui joue un grand rôle dans ces phénomènes et façonne la matière et la vie à sa guise, a le pouvoir de modifier les conditions de la vie sur Terre de manière irréversible, jouant sur la matérialité de nos existences au sens premier du terme. C'est pourquoi, dans ce contexte, je préfère qualifier la nature de *dématérialisée* plutôt que d'immatérielle, dans la mesure où on a affaire à un processus institutionnel construit et voulu, à un projet, et non à une essence intrinsèque[2].

Le marché, une des institutions centrales du capitalisme, est le lieu où est valorisé le capital sous la forme d'achats et de ventes de biens, de services et d'actifs financiers. La plupart des relations que nous entretenons avec nos semblables passent par cette institution, qui y impose sa marque. Il s'agit maintenant de lui confier un spectre plus étendu de nos relations avec la nature. Pour ce faire, il faut requalifier cette dernière dans des dimensions scientifiques et techniques, juridiques, économiques et institutionnelles, ce qui aura des consé-

---

1. K. Polanyi, *La Grande Transformation*, *op. cit.*, p. 106.

2. Razmig Keucheyan, dans *La nature est un champ de bataille. Essai d'écologie politique*, Zones, Paris, 2014, fait le même genre d'observation, qu'il qualifie suivant Marx d'abstraction réelle.

quences directes sur notre perception de la nature, nos relations avec elle et, *in fine*, sur sa survie.

L'idée de base, donc, est que l'on pourrait limiter la destruction de la nature en utilisant judicieusement les signaux de prix pour aligner l'intérêt des agents privés sur l'intérêt général. Encore faut-il pour cela que la nature ait un prix. La nature et la vie, dans l'intrication foisonnante de leur complexité, ne peuvent être évaluées d'un seul mouvement. C'est pour cela que la notion de service écosystémique s'est propagée si facilement : en découpant la biosphère en entités discrètes, elle permet à chaque fonction des écosystèmes d'être analysée séparément, pour pouvoir ensuite lui appliquer l'une ou l'autre des multiples méthodes d'évaluation environnementale. L'acronyme « BES » pour *Biodiversity and Ecosystem Services* est performatif, au sens de John Austin[1] : appréhender la nature par les services qu'elle rend à l'espèce humaine positionne l'homme en son centre, comme si la nature n'existait que pour lui, et prépare à son découpage en différents « services » qui pourront ensuite être évalués et valorisés.

Je propose ici un cadre analytique permettant de comprendre comment sont créées ces marchandises fictives. La transformation en objet marchand d'une chose qui ne l'était pas passe par trois grandes étapes. La première est celle de la *définition* même de la marchandise (ou du service ou de l'actif) : identifier ses contours, la qualifier de telle sorte à la rendre mesurable, comparable et fongible, c'est-à-dire la standardiser ; et définir les droits de propriété la concernant. La deuxième étape est celle de l'*évaluation* ou monétisation, c'est-à-dire la détermination d'une valeur monétaire. De nombreuses méthodes d'évaluation environnementale ont été développées depuis des décennies dans une optique d'aide à la décision publique : les unes et les autres sont mobilisées pour attribuer des valeurs aux services écosystémiques. Enfin, la troisième étape est celle de la *valorisation* de ces services par différents dispositifs permettant de passer des valeurs théoriques aux valeurs effectives, c'est-à-dire aux prix. Donner une valeur monétaire à un objet ne crée pas de capital en soi, il faut qu'il y ait échange. Il y a une grande variété d'arrangements institutionnels

1. John L. AUSTIN, *Quand dire, c'est faire*, Seuil, Paris, 1991 [1962]. Voir également Fabian MUNIESA et Michel CALLON, « La performativité des sciences économiques », *in* Philippe STEINER et François VATIN (dir.), *Traité de sociologie économique*, PUF, Paris, 2013, p. 281-316.

dédiés à la valorisation, des marchés de droits aux « paiements pour services écosystémiques » : certains de ces dispositifs sont de véritables marchés, comme les marchés de carbone, d'autres des mécanismes incitatifs passant par des prix (par exemple les taxes et subventions).

Je présenterai successivement ces trois moments en m'appuyant sur l'exemple des services écosystémiques. Ce dernier donne à voir comment s'opère la déconstruction et la dématérialisation des formes de la vie sur Terre dans l'optique de leur valorisation marchande. On le verra, celle-ci prend des chemins très divers, de nombreux dispositifs éclosent, la dynamique institutionnelle s'adaptant à la diversité des objets.

Si peu de véritables « marchés de la biodiversité » existent encore, les arrangements fondés sur les incitations monétaires se multiplient. Néanmoins, au-delà de cette diversité, au moins quatre constantes apparaissent. Premièrement, les nouvelles formes d'appropriation de la nature engendrent systématiquement une expropriation, dont le caractère est souvent inédit. Deuxièmement, tous ces dispositifs reposent sur l'idée que c'est aux agents privés que revient la responsabilité de lutter contre la dégradation écologique, et ils ne le feront que si c'est dans leur intérêt bien compris. Troisièmement, qu'elle intervienne au moment originaire de la qualification technique ou bien dans l'ultime étape de la valorisation, la finance, en accord avec l'esprit du temps, en constitue le modèle de référence. La dématérialisation qui s'opère est intimement liée au phénomène contemporain de financiarisation des économies et des esprits. Enfin, à chacune de ces étapes, des choix techniques (au sens de Jacques Ellul) sont faits, et tous ces dispositifs lient inextricablement marché et technique.

Le grand inventaire des manifestations de la vie sur Terre

La normalisation technique des services écosystémiques

La notion de services écosystémiques recouvre une bonne part des manifestations de la vie sur Terre, des micro-organismes aux phénomènes planétaires régulant les grands équilibres de la biosphère, en passant par la vie animale et végétale.

En 2005, dans le sillage du premier exercice systématique de recension des « biens et services fournis par les écosystèmes » à l'homme réalisé par Robert Costanza et ses coauteurs[1], le Millenium Ecosystem Assesment (MEA), commandé par Kofi Annan alors secrétaire général de l'ONU et soutenu activement par le World Resources Institute (WRI), distingue dix-sept services rendus par la nature aux sociétés humaines, répartis en quatre grandes catégories[2]. Les services dits de prélèvement ou d'approvisionnement comprennent la nourriture, l'eau douce, les fibres (dont le bois), les ressources génétiques et les plantes médicinales. Les services de régulation incluent la régulation de l'air, du climat, des flux hydriques, de l'érosion, la purification de l'eau et le traitement des « déchets », la régulation des maladies et des parasites, ainsi que celle des risques naturels. Les services « culturels » rendus par la nature peuvent être récréatifs (écotourisme), impliquer des valeurs esthétiques ou des valeurs spirituelles et religieuses. La quatrième catégorie est celle des services dits de support, comme la photosynthèse ou la formation des sols, sans lesquels les trois groupes de services précédents ne pourraient exister. Pour éviter les problèmes de double compte, seuls les services appartenant aux trois premières classes sont évalués.

Le Millenium Ecosystem Assesment visait à faire un « premier examen complet de la condition du capital naturel sur la Terre » et ses conclusions sont assez catastrophiques : à part les services d'approvisionnement, en hausse (nous prélevons toujours plus), la plupart de ces services sont « en cours de dégradation ou d'exploitation de manière non rationnelle ». Le rapport note que la situation ne fait qu'empirer : par exemple, en un siècle d'utilisation des engrais azotés, plus de la moitié ont été épandus entre 1985 et 2005 ; de la même manière, les émissions de CO_2 ont crû de 32 % entre 1750 et 2005, mais 60 % de cette hausse ont eu lieu depuis 1960. Il avertit enfin que les conséquences de la dégradation de la vie sur Terre toucheront de manière disproportionnée les plus fragiles et les plus pauvres.

Le MEA, qui a pris le Groupe intergouvernemental d'experts sur l'évolution du climat (GIEC) pour exemple lors de sa constitution, travaille sur plusieurs scénarios, dont tous montrent une augmenta-

1. R. Costanza *et al.*, « The value of the world's ecosystem services and natural capital », art. cité, p. 255.

2. Ce qui suit provient d'un rapport de synthèse publié sur le site du MEA à l'adresse suivante : <http://www.millenniumassessment.org/documents/document.447.aspx.pdf>. Le rapport complet, téléchargeable sur le site du MEA, est intitulé *Ecosystems and Human Well-Being : A Synthesis*, 2005.

tion de la probabilité d'effets « non linéaires brutaux et potentiellement irréversibles », épisodes climatiques extrêmes, effondrement de la pêche, ou épidémies subites et massives[1]. Le rapport mentionne aussi les chiffres très alarmants de disparition des espèces animales et végétales, ce qui a été confirmé depuis par de nombreuses études[2]. Enfin, le MEA estime que « les changements [exigés] sont énormes, et non en cours actuellement ». Du point de vue institutionnel, le MEA rassemble l'habituel mélange d'organisations internationales comme le PNUE, la FAO ou la Banque mondiale, des agences gouvernementales dédiées à l'environnement ou au développement, des ONG et *think tanks* comme l'IUCN et le WRI, ainsi qu'un grand nombre d'universités.

Cet exercice de recension du capital naturel de la Terre a été poursuivi par le projet TEEB déjà évoqué, qui retient vingt-deux services et propose une évaluation monétaire de chacun, dans la lignée de Costanza et de son équipe. Face à la multiplication de ces exercices comptables, l'Agence européenne de l'environnement a lancé le programme Common International Classification for Ecosystem Services (CICES), en lien avec l'agence statistique de l'ONU et son programme de comptabilité environnementale, dans une volonté d'avancer le chantier de la standardisation internationale de la définition et de la mesure des services écosystémiques. La généralisation de ces dispositifs au niveau international exige en effet une uniformisation des poids et mesures en la matière, autant que faire se peut vu la nature des objets considérés. La nomenclature de la CICES reprend les trois grandes classes de services identifiées par le MEA, *approvisionnement*, *régulation et maintenance* et *services culturels*, et

1. On peut en observer en ce moment un exemple redoutable dans le nord de la Méditerranée occidentale avec l'invasion de la bactérie *Xilella fastidiosa*, qui décime les plantations d'oliviers dans les Pouilles, au sud de l'Italie, et se propage rapidement aux Baléares et à la Corse, où de nombreux végétaux sont menacés : oliveraies, vignes, plantations d'agrumes, châtaigniers (autrement dit la base de l'agriculture locale), forêts de chênes verts, lauriers-roses, et de nombreuses autres espèces endémiques. *Xilella fastidiosa* arrive vraisemblablement du Costa Rica en passant par la Californie, où elle a ravagé des vignobles entiers. Les transports internationaux et les déséquilibres induits par les monocultures industrielles sont des déterminants fondamentaux de cette catastrophe annoncée pour les écosystèmes terrestres méditerranéens. Voir Stéphane Foucart, « "Xylella fastidiosa", accident industriel ? », *Le Monde*, 27 avril 2015, <http://www.lemonde.fr/idees/article/2015/04/27/xylella-fastidiosa-accident-industriel_4623366_3232.html>.

2. E. Kolbert, *La Sixième Extinction*, *op. cit.* ; <https://www.afbiodiversite.fr/sites/default/files/resume-IPBES_fr.pdf>.

distingue en tout vingt services écosystémiques recouvrant peu ou prou les catégories de Costanza, du MEA et de TEEB[1].

Un des traits de la classification CICES est d'être construite « en cascade », ou de manière pyramidale, ce qui correspond à la vision occidentale de la nature depuis Linné au moins, même si la catégorisation est différente. Au sommet figurent les *sections*, c'est-à-dire les trois grandes classes de services écosystémiques. Tout ce qu'on rencontre comme type de service écosystémique peut entrer dans l'une de ces trois cases, l'ensemble étant considéré comme exhaustif. Autrement dit, cette classification a vocation à englober toutes les manifestations de la vie sur Terre.

Pour donner une idée plus précise de la structure de la typologie, attachons-nous aux services d'approvisionnement, qui recouvrent en fait les biens et services matériels fournis directement à l'homme par les écosystèmes, et qui, pour la plupart, sont déjà exploités et marchands depuis des décennies, voire plus. La *section* approvisionnement comprend trois *divisions* : nutrition, matériaux et énergie[2]. Chacune est divisée en *groupes* : la nutrition et les matériaux proviennent soit de la biomasse, soit de l'eau ; l'énergie peut être soit biosourcée (*biomass based*), soit mécanique. Les groupes sont divisés en *classes* : la nourriture qui provient de la biomasse peut appartenir à l'une des six catégories suivantes : plantes cultivées, animaux d'élevage et leurs *outputs*, plantes sauvages, algues et leurs *outputs*, animaux sauvages et leurs *outputs*, plantes et algues d'aquaculture *in situ*, animaux d'aquaculture *in situ*. Enfin, les classes peuvent être réparties en *types*, où les espèces considérées sont choisies par les utilisateurs de la classification en fonction de leurs besoins d'analyse (par exemple, loups, dorades, saumons, crevettes, etc., pour l'aquaculture *in situ*).

Dans la section régulation et maintenance, il y a trois divisions : médiation des « déchets », toxiques et autres nuisances, médiation des flux (comme les flux hydriques) et maintenance des conditions physiques, chimiques et biologiques. Dans cette dernière catégorie, on trouve par exemple le groupe maintenance du cycle de vie, habitat et

1. Voir le site de la CICES, <https://cices.eu/>, ainsi que Roy Haines-Young et Marion Potschin, « Categorisation systems : the classification challenge », *CEM Working Paper*, n° 15, 2016. Les auteurs évoquent leur expérience de construction de la CICES et discutent certains des aspects des choix de catégorisation retenus.

2. Dans ce qui suit, on a gardé les dénominations des catégories utilisées par les auteurs de la CICES.

protection des ressources génétiques, qui lui-même comprend deux classes : pollinisation et dispersion des semences et maintien des habitats et des populations (*nursery*). Les catégories des services de régulation concernent aussi les grands cycles de l'eau, du carbone, des nutriments, la décomposition et le recyclage de la matière organique par divers processus (les « déchets »), et la régulation du climat (en particulier les capacités de séquestration des gaz à effet de serre par les océans, les forêts et les sols).

Enfin, au-delà de ce qui touche à la sécurité de nos corps, il y a les nourritures de l'âme, les services culturels : troisième section, deux divisions. Ces dernières distinguent d'une part les interactions physiques et intellectuelles avec des biotes, des écosystèmes et des paysages de terre et de mer et, d'autre part, les interactions spirituelles, symboliques et autres avec les mêmes entités. Par exemple, les randonnées en montagne, la plongée sous-marine et l'apprentissage des plantes médicinales sauvages relèvent de la première catégorie, et tout ce qui touche au caractère sacré et/ou religieux de la nature pour les peuples autochtones de la seconde. Quoique l'apprentissage des vertus médicinales de certaines plantes puisse aussi appartenir à certains cérémonials, faisant entrer cette activité dans la catégorie spirituelle et symbolique… La catégorisation est malaisée, les frontières toujours mouvantes, ce qui est peu étonnant au vu de l'idée sous-jacente : découper la nature, appréhendée du point de vue d'une interaction utilitariste des êtres humains avec elle, en petits morceaux conceptuels bien distincts et définis, dans l'optique de pouvoir les mesurer et comparer leurs valeurs respectives.

En 2016, R. Haines-Young et M. Potschin, les principaux concepteurs de la CICES, reviennent sur l'épineux problème de la catégorisation. Il s'agit d'appréhender ce que les sols, les arbres et autres végétaux, les animaux des plus petits aux plus grands, les micro-organismes, les grands cycles naturels comme celui du carbone, tous ces êtres et processus vivants en interaction permanente apportent au bien-être humain. Certains de ces services, ceux d'approvisionnement en particulier, se matérialisent par des biens depuis longtemps échangés sur des marchés : produits de l'agriculture et de l'élevage, bois de construction et bois de chauffe. Les ressources génétiques, qui sont classées dans la division matériaux des services d'approvisionnement, ont commencé à s'échanger sur le mode marchand à partir des années 1960 et la création de l'UPOV, et le mouvement s'est accéléré avec la brevetabilité du vivant à partir de l'arrêt Chakrabarty de la

Cour suprême américaine en 1980[1]. En revanche, à part quelques services culturels comme l'écotourisme ou les sports de plein air, les autres services écosystémiques ne font l'objet d'aucune intégration dans la vie économique et les mécanismes de marché. Il est même très nouveau de penser à la vie sur Terre comme à un catalogue de services – cela n'avait jamais été fait auparavant.

Les auteurs le reconnaissent, la nature présente une infinité d'interdépendances, et fixer ses processus dans des catégories aux frontières bien nettes relève toujours d'un certain arbitraire. Par exemple, le traitement des déchets participe à la formation des sols, mais aussi aux interdépendances fonctionnelles des écosystèmes. Où va-t-on finalement le classer ? Cela dépendra du contexte et de l'usage fait de ce grand catalogue naturel. Mais cette ambiguïté fondamentale accroît le risque de compter les mêmes services deux fois, ce qui est évidemment à proscrire dans la logique comptable qui préside à l'exercice. L'article discute aussi d'autres questions de catégorisation. Par exemple, fallait-il inclure les minerais et ressources fossiles ? Il a été décidé que les services abiotiques seraient écartés, car cette classification vise à fournir un cadre à l'action privée et publique en matière de préservation de la biodiversité : seuls sont comptés les processus organiques – et l'eau.

Ces catégorisations n'ont évidemment rien d'objectif. La diversité de la vie est ici appréhendée au travers d'un prisme anthropocentrique qui envisage les relations entre les êtres humains et la nature d'un strict point de vue utilitariste, et dépendant des connaissances produites par la science occidentale. Par exemple, les sociétés de chasseurs-cueilleurs comme celles des Indiens d'Amérique ne distinguaient pas entre la pollinisation par les insectes et le maintien de la fertilité des sols, mais englobaient ces processus vitaux dans des catégories ayant trait à la Terre nourricière et à la générosité de la nature[2]. Aujourd'hui, on parle de *services de régulation* en termes de *gestion des flux*, d'*approvisionnement* et de *bénéfices pour les êtres humains*, sans plus faire référence à la matérialité de la nature telle que nous pouvons en faire

1. Voir *supra*, chapitre 3.

2. Pour une étude passionnante de la formation des catégories et des différences culturelles considérables qui s'y expriment, voir George LAKOFF, *Women, Fire and Dangerous Things. What Categories Reveal about the Mind*, The University of Chicago Press, Chicago, 1987. Le spécialiste de linguistique cognitive y montre entre autres que même la catégorisation des couleurs, que l'on penserait déterminée par la physiologie de l'œil et la physique de la lumière, diffère selon les cultures et les milieux.

l'expérience par nos sens, les pluies qui rincent les sols, les plantes qui poussent, les milliers d'animaux des plus petits aux plus grands qui interagissent dans chaque lieu et paysage. Tout est confondu et abstrait, comme dans les termes désormais en vogue de *biomasse* et de *vivant* : désincarné.

Le délicat problème de la mesure

Après la catégorisation vient la mesure. Pour la plupart des services d'approvisionnement, l'unification des poids et mesures s'est faite, en Occident, entre la fin du XVIIIe siècle et le début du XIXe. Avant la Révolution française, comme le raconte Denis Guedj, « on vendait les fruits à cidre à la *poinçonnée* ; le sel au *muid*, au *setier*, à la *mine*, au *minot*, au *boisseau* et à la *mesurette* ; la chaux se vendait au *poinçon*, et le minerai à la *razière*. On achetait l'avoine au *picotin* et le plâtre au *sac* ; on se procurait le vin à la *pinte*, à la *chopine*, à la *camuse*, à la *roquille*, au *petit pot* et à la *demoiselle*[1] ». Le système décimal est venu rationaliser tout ça.

Le problème est nettement plus compliqué pour les services de régulation et les services culturels : quelles mesures seraient aptes à rendre compte de l'évolution de la pollinisation, du rôle joué par les mangroves et autres zones humides côtières dans la prévention de l'érosion et des risques d'inondation, de la valeur spirituelle d'une montagne sacrée ou de la richesse d'un écosystème et de sa capacité à offrir un habitat satisfaisant aux espèces locales ? Autrement dit, quelles sont les mesures adaptées à ces nouveaux objets destinés à entrer dans la sphère de la rationalité scientifique et marchande ? Ces questions font travailler des milliers d'experts à travers le monde, certains services écosystémiques ayant donné lieu à beaucoup plus de recherches que d'autres.

C'est le cas des services d'habitat ou de la séquestration du carbone par les forêts, qui ont été travaillés parce que des dispositifs de valorisation étaient projetés en aval et nécessitaient une fongibilité des objets et des mesures précises ; en sens inverse, il existe aussi des marchés de crédits carbone parce que ce dernier est relativement facile à mesurer[2].

1. Denis GUEDJ, *La Méridienne*, Seghers, Paris, 1987, cité par Élisabeth et Robert BADINTER, *Condorcet, 1743-1794 : un intellectuel en politique*, Fayard, Paris, 1988, p. 117.
2. Voir D. MACKENZIE, « Making things the same », art. cité.

Qu'on le prenne par l'un ou l'autre bout, le marché a besoin de la mesure et de la précision des objets. Étalonner la diversité biologique est un casse-tête, et même, en tant que projet, une contradiction dans les termes. Au vu du caractère infiniment complexe et varié des processus vivants, toutes ces mesures présenteront un degré plus ou moins grand de simplification et d'arbitraire, donc d'artificialité. De ce fait, la normalisation technique de la biodiversité prendra des formes très différentes selon les objets, loin de toute « naturalité ». Un caractère cependant leur est commun : comme il s'agit d'objets compliqués, divers et mouvants, la définition d'une métrique opère en général par une montée en abstraction, qui aboutit à une perception de la nature comme un réservoir de ressources immatérielles. La catégorisation est le premier pilier de l'opération de dématérialisation, la mesure en est le second.

Les ressources génétiques par exemple, qui ne sont qualifiées de *ressources* que depuis la biologie moléculaire et l'émergence des biotechnologies, s'expriment dans le vocabulaire du tout-génétique qui imprègne l'évolution des sciences de la vie depuis plusieurs décennies. La dématérialisation s'opère ici par l'assimilation d'une fonction métabolique ou d'un processus biologique à la connaissance que l'on peut en avoir. La compréhension de ces processus étant dominée par le déterminisme génétique de la biologie contemporaine, ils seront écrits sous cette forme : des chaînes de bases ATGC composant les séquences génétiques codant pour les fonctions métaboliques qu'il s'agira d'identifier et de définir précisément (et maintenant, avec la numérisation, par des 0 et des 1). On l'a vu dans l'exemple des semences. Alors qu'auparavant les variétés végétales étaient mesurées par leurs caractères phénotypiques, c'est-à-dire leurs caractères agronomiques et physiques, elles tendent de plus en plus à l'être par leurs traits génotypiques. Autrement dit : est-ce que le gène codant pour la résistance à certains ravageurs ou au stress hydrique est présent ? Les semences sont réduites à leur dimension d'information génétique. On voit ici comment la science participe à la qualification technique de ces marchandises fictives.

La mesure des services de régulation comme la prévention de l'érosion par les récifs coralliens, la filtration de l'eau par les sols, le maintien des habitats et des écosystèmes, la dégradation des matières organiques ou la séquestration du carbone par les sols, les forêts et les océans pose des problèmes plus redoutables, tous différents vu la variété des objets.

Prenons l'exemple d'une forêt. Comment mesurer sa capacité à séquestrer du CO_2 ? Une industrie de l'expertise en la matière s'est développée ces dernières décennies, avec ses modèles et ses artefacts techniques dédiés, provenant en partie des techniques traditionnelles de gestion des forêts. Grâce à la photosynthèse, les végétaux transforment du carbone atmosphérique en différentes molécules de carbone, qui composent leur matière environ pour moitié. La biomasse est ainsi composée environ pour moitié de carbone. Évaluer la quantité de carbone stockée par les forêts exige donc de mesurer leur biomasse totale [1]. Celle-ci comprend les arbres, les herbes et buissons qui forment les sous-bois, les systèmes racinaires, le bois mort et la vie organique des sols. Une des méthodes consiste à faire des inventaires exhaustifs sur de petits échantillons, puis à extrapoler leurs résultats à l'ensemble d'un territoire. On va ainsi couper tout ce qui pousse sur une petite surface de forêt, le sécher dans des fours et le peser, pour obtenir la quantité totale de biomasse présente sur la parcelle étudiée. On ajoutera environ 20 % de biomasse pour la vie racinaire, et encore entre 10 % et 20 % pour la vie organique des sols, qu'on ne sait pas encore bien mesurer. Plutôt que de tout détruire pour le peser, les scientifiques ont trouvé un indicateur de la biomasse végétale, qui est la taille du diamètre du tronc des arbres à hauteur de poitrine. Des séries d'équations, dénommées allométriques, proposent différentes modélisations entre ces diamètres et le poids global de la biomasse présente. Outre ces modélisations, la science sera ici essentiellement statistique, puisqu'elle consistera à définir les bons échantillons à retenir pour servir de base aux extrapolations concernant l'ensemble d'une forêt. Les nouvelles technologies viennent à la rescousse des scientifiques de terrain. De nombreux outils d'imagerie satellitaire ont récemment été développés, utilisant ondes infrarouges, micro-ondes, radars et lasers. Elles permettent d'obtenir des données de biomasse globale, qui seront croisées avec les observations de terrain.

Ces méthodes induisent aussi une certaine forme de dématérialisation et de désincarnation de la nature : une forêt n'est plus perçue comme une population d'arbres aux essences variées et caractérisées par de subtiles interactions, mais comme un « stock de biomasse » et/ou un

1. Pour des détails sur ces procédures de mesure, voir par exemple Holly K. Gibbs, Sandra Brown, John O. Niles et Jonathan A. Foley, « Monitoring and estimating tropical forest carbon stocks : Making REDD a reality », *Environment Research Letters*, vol. 2, n° 4, 2007. Ce qui suit provient en partie de cet article.

« puits de carbone ». Le terme même de biomasse est révélateur, par l'indifférenciation qu'il véhicule. Dans cette perspective, la diversité des espèces qui fait la richesse d'une forêt n'existe plus, pas plus que l'âge des arbres, leur caractère rare ou remarquable. Quant à leur vie sociale et sensible, n'en parlons même pas [1]. Une telle vision explique qu'on n'ait pas de scrupules à couper une forêt ancienne pour replanter en monoculture de pins ou d'eucalyptus, espèces à croissance rapide : seuls le volume de biomasse et la capacité d'absorption du CO_2 comptent.

Le cas des services d'habitat est étudié depuis les années 1970, bien que sous une autre terminologie, avec l'innovation nord-américaine de la gestion des zones humides selon un principe de compensation : un hectare détruit ici sera compensé par un hectare protégé ou restauré ailleurs, pour parvenir au résultat dit de *no net loss* : pas de perte nette de biodiversité. C'est un dispositif institutionnel très encadré faisant obligation aux développeurs, promoteurs, industriels et bétonneurs de tous types de compenser les dégâts que leurs activités causent aux habitats et/ou à certaines espèces. Ceux-ci doivent suivre ce qu'on appelle la hiérarchie de l'atténuation (*mitigation hierarchy*), qui demande aux aménageurs de tenter dans un premier temps de ne pas détruire d'habitats fragiles, précieux ou protégés ; si cela est impossible, ils doivent limiter leurs atteintes environnementales au maximum ; enfin, si malgré ces efforts des habitats sont quand même détruits, obligation légale leur est faite de restaurer et/ou de compenser ces dommages en préservant, restaurant, voire « recréant » une zone *jugée équivalente* ailleurs. C'est pourquoi on parle aussi de la doctrine ERC, pour « éviter, réduire, compenser », qui est entrée dans la loi européenne par une directive de 1976. L'idée est cependant que la compensation est supposée n'intervenir qu'en dernière instance, tout devant être fait en amont pour éviter de dégrader l'environnement.

Si, malgré leurs efforts, les aménageurs se retrouvent dans l'obligation de compenser, charge leur incombe de se mettre en contact avec les acteurs qui s'occupent de restaurer des habitats dégradés. Pour simplifier et faciliter les opérations, dans l'optique de les généraliser, les gouvernements promeuvent aujourd'hui un système

1. Des recherches récentes ont montré que les végétaux, les arbres en particulier, étaient eux aussi doués de certaines formes de sensibilité et ont développé des systèmes de communication très sophistiqués. Voir Stefano MANCUSO et Alessandra VIOLA, *L'Intelligence des plantes*, trad. Renaud Temperini, Albin Michel, Paris, 2018 [2013].

de « compensation par l'offre ». Il s'agit de favoriser la création de « banques de compensation » ou « banques de biodiversité » (*biodiversity and mitigation banks*), opérateurs publics ou privés possédant ou gérant de grandes étendues plus ou moins sauvages et s'occupant de la préservation, pour le compte de l'État et/ou des collectivités locales, des hectares que les entreprises qui les détruisent doivent « compenser ». Ces « banques » vendent des « crédits biodiversité » qui permettent à leurs acheteurs de détruire une certaine surface ailleurs, d'où le terme quelquefois utilisé de « droits à détruire » par analogie avec les « droits à polluer » que sont les crédits carbone. Malgré leur nom, ces agents ne sont pas des banques : ils vendent des services de restauration d'habitats que les bétonneurs sont légalement tenus d'acheter. La demande pour de tels crédits est donc contrainte, déterminée par la loi. Les pouvoirs publics d'un nombre croissant de pays incitent aussi les firmes n'ayant pas d'obligations de ce point de vue à entrer dans des programmes de compensation sur un mode volontaire, pour se comporter en entreprises « citoyennes », ce qu'elles pourront ensuite valoriser en termes d'image de marque. Air France propose par exemple de financer la plantation d'arbres pour compenser ses émissions de CO_2.

Développé de longue date aux États-Unis, le système de la compensation commence à essaimer et il existe aujourd'hui plusieurs centaines de ces opérateurs vendant des « hectares de préservation d'habitats et/ou d'espèces » [1]. La première « banque d'actifs naturels » en France est une filiale de la Caisse des dépôts et consignation, la CDC-Biodiversité, qui a acheté 357 hectares dans la plaine de la Crau, au nord-est de la Camargue, pour restaurer un écosystème de steppe méditerranéenne abîmé et vendre des crédits biodiversité aux aménageurs qui doivent compenser les dégâts qu'ils occasionnent non loin de là. Certains des promoteurs de l'aéroport de Notre-Dame-des-Landes utilisaient d'ailleurs cet argument : certes, des zones humides seront détruites dans

1. Sur l'histoire de ce dispositif aux États-Unis, voir Morgan ROBERTSON, « *No net loss* : wetland restoration and the incomplete capitalization of nature », *Antipode*, vol. 32, n° 4, p. 463-493, 2000 ; sur son aspect réglementaire, Valérie BOISVERT, « Des limites de la mise en marché de l'environnement. Des services écosystémiques aux "banques de conservation" », *Écologie et politique*, n° 52, 2016, p. 63-80. Pour une synthèse des systèmes et expériences de compensation écologique au niveau international, voir le rapport de la Mission économie biodiversité (MEB) de la CDC-Biodiversité, *La Compensation écologique à travers le monde : source d'inspiration ?*, 2016, <http://www.mission-economie-biodiversite.com/wp-content/uploads/2016/12/N10-COMPRENDRE-FR-BD.pdf>.

l'estuaire de la Loire, mais d'autres seront préservées ailleurs grâce à ce mécanisme de compensation : *no net loss*[1]. La généralisation de ce genre de dispositifs en Europe est prévue par la directive « Habitats » 92/43/CE, qui oblige les aménageurs à compenser les destructions qu'ils provoquent dans les zones Natura 2000 (zones soi-disant protégées). Une résolution du Parlement européen d'avril 2012 demande d'étendre le principe de *no net loss* à d'autres zones. En France, la loi « Reconquête de la biodiversité » promulguée le 8 août 2016 reprend ce principe, en précise les modalités et codifie la « compensation par l'offre », c'est-à-dire celle fournie par des opérateurs dédiés comme CDC-Biodiversité.

Le problème majeur des spécialistes mettant au point ces dispositifs est celui des équivalences : si un bétonneur détruit un hectare d'habitat de la grenouille de Floride, quel type d'habitat préservé ailleurs sera apte à compenser cette destruction ? Les zones humides détruites par la construction de l'aéroport de Notre-Dame-des-Landes auraient-elles pu être compensées par des hectares de steppe préservés dans la plaine de la Crau ou seulement par la restauration d'autres zones humides ? Comment juger de ces « équivalences écologiques » ?

La question centrale pour compenser un habitat endommagé ou détruit est donc celle de la définition de l'équivalence écologique : pour parvenir à l'objectif « pas de perte nette de biodiversité », il faut que celle qui est préservée, restaurée, voire « recréée » de toutes pièces soit égale ou supérieure à celle qui est abîmée. Il n'y a jusqu'à présent pas de moyens de définir une telle équivalence de façon non ambiguë, et l'étude de la MEB juste mentionnée note que, la plupart du temps, les parties prenantes et leurs experts procèdent au cas par cas. Rien que pour les zones humides aux États-Unis, il existe une quarantaine de métriques différentes[2].

---

1. Voir Maxime COMBES, « De Notre-Dame-des-Landes à Sivens : quand la compensation écologique institue un droit à détruire », *Bastamag*, 27 novembre 2014, <https://www.bastamag.net/De-Notre-Dame-des-Landes-a-Sivens>, ainsi que Arnaud BECHET et Anthony OLIVIER, « Cossure : un exemple à ne pas suivre ? Regards critiques sur la première expérience de compensation par l'offre initiée en France », *Le Courrier de la nature*, juillet-août 2014, <https://naturalistesenlutte.files.wordpress.com/2014/11/courrier-de-la-nature-nc2b0284.pdf>.

2. THE WILLAMETTE PARTNERSHIP, « *Measuring up : Synchronizing Biodiversity Measurement Systems for Markets and Other Incentive Programs*, 2011, étude financée par l'Office of Environmental Markets (« Bureau des marchés environnementaux ») dépendant

Pour mieux comprendre, voyons la métrique utilisée par le Departement of Environment, Food and Rural Affairs (DEFRA), le ministère anglais de l'Environnement, assez représentative de la majorité des métriques construites en vue d'évaluer les équivalences écologiques utilisées dans les dispositifs de compensation. Ce qui suit provient d'un article du DEFRA qui établit les grandes lignes des dispositifs de compensation voulus par la nouvelle politique britannique Biodiversity 2020 et fournit une mesure unique pour des opérations de compensation sur tout le territoire. La mise en œuvre concrète des arrangements institutionnels échoit aux autorités locales, dans la mesure du possible. Le DEFRA assure suivre les recommandations du Business and Biodiversity Offsets Partnership (BBOP), autre objet institutionnel non identifié qui, s'étant positionné très tôt, est aujourd'hui en mesure de peser sur la définition des normes, standards et « meilleures pratiques » en matière de compensation[1].

Pour rendre des hectares d'habitats fragiles et/ou menacés *mesurables* en termes de diversité biologique, il faut que la valeur de la biodiversité de 2 hectares de terre très différents (par exemple un hectare de forêt de feuillus et un hectare de prairie ou un hectare de champ cultivé en agriculture intensive) soit *comparable* et qu'on puisse transcrire leur rapport dans une formule du type « un hectare de montagne boisée égale 6 hectares de prairie et 12 hectares de champs cultivés ». Le type de mesure retenu doit donc permettre à cette biodiversité en voie de standardisation d'être *fongible*, c'est-à-dire séparable en morceaux qu'on pourra ensuite additionner, soustraire et multiplier. Une approche sémantique, qui tiendrait compte du sens, soucieuse de caractériser le type de diversité biologique rencontré (habitat d'espèces protégées, type et nombre d'espèces végétales, nature des interactions fonctionnelles entre les différentes formes de vie présentes, y compris humaines, etc.), ne permettrait que difficilement les comparaisons exigées par l'exercice. C'est pourquoi, la plupart du temps, les auteurs de métriques se rabattent sur une

du ministère américain de l'Agriculture, <http://willamettepartnership.org/wp-content/uploads/2015/04/Measuring-Up-w-appendices-final.pdf>.

1. DEFRA, « The metric for biodiversity offsetting pilot in England », *Technical Paper*, mars 2012, téléchargeable sur <www.defra.gov.uk>, et BBOP, « No net loss and loss gain calculation in biodiversity offsets », 22 mars 2012, <http://www.forest-trends.org/documents/files/doc_3103.pdf>.

approche syntaxique, formelle, plus abstraite. Ici, on pourra raisonner sur des qualités universelles et mesurables des écosystèmes, n'ayant rien à voir avec leur nature.

Le ministère de l'Environnement du Royaume-Uni classe ainsi les différents types d'habitats selon deux critères : la distinction et la condition. La distinction d'un écosystème renvoie à sa richesse intrinsèque, nombre et rareté des espèces qui y vivent et des habitats. Celle-ci peut être élevée, moyenne ou faible. Lorsqu'un habitat de distinction élevée est détruit par des aménageurs, ces derniers doivent compenser leurs dégâts en restaurant un habitat du même niveau de distinction (*like-for-like*). Quand c'est un habitat à faible distinction, comme un champ cultivé en agriculture intensive, les pouvoirs publics peuvent demander aux bétonneurs de compenser avec un habitat de plus grande distinction (*trade up*). Dans ce schéma, compenser la destruction d'hectares de zone humide par la restauration d'hectares de steppe méditerranéenne ne pose aucun problème, tant que la « richesse » d'un écosystème du point de vue du nombre d'espèces qu'il abrite et de son unicité est jugée équivalente. Le second critère permettant d'évaluer la « qualité » d'un habitat est celui de sa condition, plus ou moins « favorable », c'est-à-dire plus ou moins dégradée. Là aussi, il y a trois états. En croisant les critères de distinction et de condition, on obtient neuf types d'habitats, chacun affecté d'une valeur numérique traduisant sa richesse en termes d'« unités de biodiversité » (expression orwellienne à souhait).

Les offreurs de crédits biodiversité, lorsqu'ils vendent ces « droits à détruire », s'engagent à préserver ou restaurer les zones qu'ils gèrent ; ils compensent donc les dégâts occasionnés par les aménageurs qui achètent ces permis. La question de l'équivalence écologique se pose alors : quel est le « taux d'échange » ? Combien d'hectares faut-il restaurer pour compenser la destruction d'un hectare d'habitat à distinction élevée ? Moyenne et faible ? La pratique, commune à un bon nombre de métriques, consiste à utiliser des multiplicateurs : si par exemple 3 hectares de zone endommagée valant 3 fois 10 « unités de biodiversité » = 1 hectare de zone compensée valant 1 fois 30 « unités de biodiversité », le multiplicateur (taux d'échange) est d'un tiers (1/3), ce qui signifie que les bétonneurs détruisant 3 hectares d'un habitat ont obligation d'acheter un crédit pour un hectare, de meilleure « qualité » certes, mais seulement un hectare. L'organisation internationale à statut juridique non identifié qui s'occupe *de facto* de la standardisation des métriques utilisées dans les dispositifs de compensation au niveau international, le BBOP[1], recommande que ces multiplicateurs ne soient pas inférieurs à 1, sinon la dégradation est trop facile. Ce n'est pas l'avis des experts du gouvernement anglais, qui écrivent que les discussions avec les parties prenantes les conduisent à accepter des multiplicateurs inférieurs à 1.

Le vocabulaire – « banque de biodiversité », « monnaie », « taux d'échange », « échange équitable » – dévoile sans doute davantage à cette étape une financiarisation des esprits que de la nature en tant que telle, même si l'évolution est inquiétante. Ces dispositifs de compensation sont surtout nombreux dans les pays anglo-saxons ; la France vient néanmoins de s'y mettre avec la « réserve d'actifs naturels » de Cossure dans la plaine de la Crau. Quand on y regarde de plus près, ce qu'on fera un peu plus bas, on voit des usines à gaz réglementaires détaillant toutes les obligations de toutes les parties contractantes (l'aménageur qui est obligé par la loi de compenser, le gestionnaire du projet de restauration, la représentante des collectivités locales, l'intermédiaire qui met tout ce monde en contact), et non des marchés fluides. Cependant, si la standardisation des mesures se poursuit, la compensation sera plus facile et ces dispositifs risquent de s'étendre, surtout qu'ils sont portés par les gouvernements dans un nombre de plus en plus grand de pays. La standardisation signifie une montée en abstraction, pour pouvoir comparer des choses qui ne sont *a priori* pas comparables : peut-on compenser la destruction d'une zone humide par la restauration d'une steppe méditerranéenne ? Tout dépend de la manière dont on a défini la « monnaie de biodiversité ». Pour l'instant, en France, on ne le peut pas, mais, en Angleterre, on s'en approche. S'il ne s'agit pas encore de finance (par exemple, il n'y a pas de marché secondaire pour les crédits biodiversité, on ne peut pas les revendre, donc pas spéculer), l'idée est à peu près la même que celle des marchés de permis d'émission de gaz à effet de serre, qu'on évoquera plus bas. Même si l'échelle est sans commune mesure pour cause de difficulté de standardisation, si ce mouvement se poursuit, nous risquons fort de voir un jour apparaître une véritable « finance biodiversité » comme il y a aujourd'hui une « finance carbone ».

1. BBOP, « No net loss and loss gain calculation in biodiversity offsets », art. cité.

La question de la propriété

La deuxième étape de la construction de la marchandise « services écosystémiques » renvoie à sa qualification juridique en objet privé, c'est-à-dire à la définition des droits de propriété. L'échange marchand ne peut en effet avoir lieu que si les droits de propriété sur les objets échangés sont clairement définis, en particulier pour que l'éventuel surplus créé soit appropriable. Là encore, les choses sont très variées selon le type de service considéré.

Les services de prélèvement (nourriture, eau, bois, ressources génétiques et plantes médicinales) s'échangent depuis plus ou moins longtemps sur le mode marchand, sauf pour ce qui concerne les ressources génétiques. Leur privatisation s'est faite progressivement, en particulier avec le mouvement des enclosures et le démantèlement des droits coutumiers comme le droit de glanage, de vaine pâture ou d'affouage. Le statut de l'eau n'est toujours pas clair, entre bien commun et bien privé, et de nombreuses tensions existent sur son appropriation. La tendance est néanmoins à sa privatisation au profit de grands groupes tels Veolia et Suez, nos champions nationaux[1]. Concernant les ressources génétiques, on a vu chapitre 3 que c'est un mouvement juridique de grande ampleur, comme celui des enclosures en leur temps, qui a vu reconnaître la possibilité de leur appropriation privative.

La propriété des services de régulation est plus compliquée à définir. Que pourrait bien vouloir dire être propriétaire d'un peu de pollinisation, de filtration de l'eau par les sols, de séquestration de carbone ou d'habitat d'une espèce de grenouille ? Si l'on veut mettre en place des « instruments de marché » pour inciter les firmes à ne plus détruire la nature, il faut que les revenus éventuels de ces services soient appropriables. Pour l'instant, on considère ces services comme attachés à la terre qui les recèle, et c'est le droit foncier qui s'applique. La propriété ne concerne donc pas directement les services écosystémiques en eux-mêmes, pour lesquels elle est trop malaisée à définir, mais les flux de revenus futurs susceptibles de provenir de leur valorisation. C'est en cela qu'on peut parler de financiarisation de

1. ETC Group, *Who Will Control the Green Economy ?*, *op. cit.*, identifie Veolia et Suez comme les deux plus grandes entreprises mondiales de gestion et distribution de l'eau. En septembre 2020, Veolia propose de racheter Suez. On verra ce qu'en disent les autorités de la concurrence...

la nature, envisagée comme un portefeuille de services, par analogie avec un portefeuille financier.

L'évaluation monétaire des services écosystémiques

Après l'opération préliminaire de définition des contours de la future marchandise « services écosystémiques » (qualification technique et qualification juridique) vient la deuxième étape, celle de l'attribution d'une valeur monétaire à chacun de ces services. Il ne s'agit pas encore d'un prix, qui ne se forme que dans l'échange, mais d'une valeur de référence, qui a l'ambition de déterminer la « vraie valeur » des écosystèmes, ce que les économistes appelleraient leur « valeur fondamentale ». Un objet ne peut en effet pas être présenté sur un marché s'il n'a pas de valeur préexistante.

Donner une valeur à la nature

Cet exercice d'évaluation monétaire des « actifs naturels » ou « environnementaux » a été entrepris dès les années 1960, dans le cadre d'analyses coûts/avantages visant à aider les décideurs publics. Si, pour protéger une côte des inondations, il coûte moins cher de maintenir la zone humide qui y prospère que de la détruire et de construire des digues, alors on conservera la zone humide. Raser une forêt d'une valeur de 1 000 pour convertir les terres en zone agricole n'a de sens que si les gains attendus de cette conversion sont supérieurs à 1 000. S'il vaut mieux, en termes monétaires, y construire un centre commercial, c'est cette dernière solution qui sera choisie. Lorsqu'il s'agit de construire un barrage, pouvoir évaluer les avantages et les inconvénients du projet à l'aune d'un équivalent général peut être tout à fait utile, tout au moins si l'on accepte que la rationalité instrumentale et le calcul coût/avantage qui en dérive soient la logique d'action la plus adaptée à régir nos rapports avec la nature. Ces approches locales et microéconomiques de la monétisation de parts de la nature se font donc depuis assez longtemps. Ce qui est nouveau en revanche, c'est une vision beaucoup plus macroéconomique, apparue à la fin des années 1980 et dans la décennie 1990, dont le but est d'agréger tous ces calculs microéconomiques pour parvenir à une évaluation globale de la valeur du capital naturel dans le monde entier.

Dans cette veine, une équipe menée par Rudolph de Groot dans le cadre du programme TEEB approfondit et actualise le travail initial de Costanza et de ses collaborateurs [1]. Cette étude réunit les résultats de plusieurs centaines d'études de cas d'évaluation des services écosystémiques (ce qu'on appelle une méta-analyse) pour la construction d'une base de données globale sur la valeur du capital naturel. Celle-ci est riche d'enseignements.

Il convient de noter, pour éviter la caricature, que ces différentes études n'ont pas pour but principal de « marchandiser » la nature. La monétisation de la diversité biologique se veut d'abord un outil d'aide à la décision publique. C'est d'ailleurs comme cela que ces évaluations ont été initialement utilisées. Plus récemment, avec le développement de l'environnementalisme de marché, on donne une valeur monétaire aux écosystèmes à titre heuristique, pour « rendre visible l'invisible » comme le disent les rapports TEEB, afin que les acteurs économiques prennent conscience de la valeur des écosystèmes, y compris pour leur activité. Ce n'est que depuis la Convention sur la diversité biologique que certains envisagent d'aller plus loin et de construire des dispositifs de valorisation, portés par la foi dans les mécanismes de marché.

De Groot et son équipe distinguent douze biomes (des complexes écosystémiques : forêts tropicales, récifs coralliens, zones humides, prairies, etc. [2]) et vingt-deux services (qui correspondent peu ou prou aux catégories du Millenium Ecosystem Assessment).

Les différentes métriques ont été ramenées à un équivalent général monétaire, le flux annuel de dollars internationaux (corrigés par la parité des pouvoirs d'achat) par hectare, ce qui permet d'agréger les évaluations en une « valeur économique totale ». Dans une perspective toute financière, la valeur économique totale d'un écosystème (d'un capital naturel) est la somme des flux de

1. Rudolph DE GROOT, Luke BRANDER, Sander VAN DER PLOEG, Robert COSTANZA, Florence BERNARD, Leon BRAAT, Mike CHRISTIE, Neville CROSSMAN, Andrea GHERMANDI, Lars HEIN, Salman HUSSAIN, Pushpam KUMAR, Alistair MCVITTIE, Rosimeiry PORTELA, Luis C. RODRIGUEZ, Patrick TEN BRINK, Pieter VAN BEUKERING, « Global estimates of the value of ecosystems and their services in monetary units », *Ecosystem Services*, vol. 1, 2012, p. 50-61.

2. Leur travail d'évaluation ne porte que sur dix de ces douze biomes, les déserts et zones polaires n'étant pas encore assez étudiés pour être inclus dans l'étude.

valeur engendrés chaque année par les différents services rendus aux êtres humains par la nature. Il faut donc tout d'abord estimer ces valeurs, puis les agréger pour chaque écosystème, et enfin en faire la somme pour obtenir la valeur totale du capital naturel. Dans cette étude, les auteurs s'attachent aux deux premières opérations, et obtiennent ainsi les valeurs annuelles des biomes considérés. Par exemple, un hectare d'océan engendre *théoriquement*, en moyenne, un flux de revenus de 491 dollars par an, tandis qu'un hectare de récif corallien est évalué à 352 249 dollars par an ; un hectare de zone humide côtière est à l'origine d'un flux annuel de 193 845 dollars ; un hectare de forêt tropicale « vaut » 5 264 dollars par an, et seulement 3 013 dollars pour une forêt tempérée. Ces valeurs ne sont que potentielles car pour la plupart hors marché. D'où l'urgence, pour les promoteurs des instruments de marché, de développer les dispositifs institutionnels adéquats pour valoriser cet énorme gisement de richesses qui n'attend que cela et attirer les investissements vers des projets « protecteurs » de la nature.

Dans ce genre d'exercice, les questions parmi les plus importantes concernent les méthodes d'évaluation de la valeur engendrée par chaque service écosystémique, très diverses et très discutées, ainsi que la légitimité de l'opération d'agrégation de ces valeurs dans la mesure où les méthodes d'évaluation sont très différentes et la plupart des services sont interdépendants. Attachons-nous tout d'abord aux méthodes d'évaluation ou de monétisation. La généralisation du calcul coûts/avantages au domaine environnemental n'était pas récente, il existe beaucoup de travaux d'économistes discutant les avantages et inconvénients des diverses méthodes. Je n'entrerai pas dans les analyses précises, très techniques, mais esquisserai les principales approches communément utilisées [1].

Pour ce qui concerne l'évaluation environnementale, c'est-à-dire la détermination de la valeur des « actifs naturels », on a coutume de raisonner en « valeur économique totale ». En effet, la plupart de ces « actifs » portent différentes valeurs, certaines marchandes mais la plupart hors marché. Un premier groupe est

1. Ce qui suit s'inspire principalement d'un rapport du Centre d'analyse stratégique (CAS, ex-Commissariat au plan) : Bernard CHEVASSUS-AU-LOUIS, Jean-Michel SALLES et Jean-Luc PUJOL (dir.), *Approche économique de la biodiversité et des services liés aux écosystèmes. Contribution à la décision publique*, 2009. Voir en particulier le chapitre 5.

qualifié de valeurs d'usage direct. Il s'agit des valeurs retirées par la consommation finale (par exemple l'alimentation) et intermédiaire (matières premières et énergie), ainsi que des valeurs retirées d'un usage direct sans consommation, comme les usages récréatifs ou esthétiques d'un écosystème (par exemple un parc naturel et l'écotourisme en général). Le deuxième groupe comprend les valeurs d'usage indirect, qui proviennent du maintien des écosystèmes sans qu'il y ait une interaction directe avec les êtres humains. Dans cette catégorie on trouve la régulation des flux hydriques, la pollinisation, la fixation du CO_2 ou la formation des sols, toutes fonctions des écosystèmes nécessaires aux usages directs. Un troisième type de valeur est dite valeur d'option. Il s'agit là de la valeur dérivant du fait de maintenir des options ouvertes pour l'avenir, donc de ne pas rétrécir le domaine des choix et des usages futurs. Son contraire donne le coût des irréversibilités. Enfin, la quatrième classe de valeurs concerne les valeurs de non-usage et se réfère à la nature dans sa dimension patrimoniale. Elle inclut principalement la valeur qu'on peut attribuer à la conservation des écosystèmes pour les générations futures, ainsi qu'une valeur dite d'existence, dérivant du simple fait de savoir que telle ou telle forme de vie existe encore quelque part même si on n'en profite pas directement, comme les baleines, la grande faune africaine ou les forêts tropicales. Son soubassement est quelquefois analysé comme un « droit moral à l'existence ».

Ces différentes valeurs renvoient à des choses très différentes, plus ou moins concrètes et palpables, et plus ou moins entachées d'incertitude. Les valeurs d'usage direct font en général l'objet d'un échange marchand, et le prix de marché dans ces cas-là donnera une approximation de la valeur de l'alimentation ou de l'énergie[1]. Les choses se compliquent en revanche très vite dès que l'on veut évaluer des valeurs plus impalpables trouvant leur source dans des préférences concernant le présent ou le futur, ou des « droits moraux », ou lorsqu'il s'agit d'évaluer ce que la formation des sols ou la pollinisation apportent à l'agriculture. Dans le premier cas, l'exercice oblige à faire

1. Bien que même ce cas apparemment simple ne le soit pas tant que cela : les prix, valeurs d'échange, ne reflètent pas tout le temps les valeurs d'usage. Pensez aux grandes variations de prix sur les marchés internationaux de denrées agricoles : est-ce que, parce que le prix du blé est divisé par deux en un an, sa valeur d'usage l'est aussi ? Le besoin en pain a-t-il changé ?

des hypothèses quelquefois héroïques concernant les préférences des agents ; dans le second, l'analyse bute sur la complexité irréductible des écosystèmes, caractérisés par un grand nombre d'interdépendances fonctionnelles encore souvent mal connues. Dans ce cas comme dans d'autres, l'ignorance ne semble pas être un frein à l'action, puisque comme le disaient déjà en 1997 Costanza et ses collaborateurs, monétiser ou non les écosystèmes est « un choix que nous n'avons pas » (sous-entendu, c'est notre seule planche de salut). Il s'agira alors de choisir les hypothèses et d'opérer les simplifications les moins mauvaises, et une grande part de la littérature sur ces questions discute de ces choix théoriques et techniques.

Outre la détermination d'une valeur monétaire par les prix de marché pour tous les services marchands, on peut regrouper les différentes méthodes d'évaluation environnementale en quatre groupes : les approches par les coûts, les approches par les préférences révélées, celles construites sur des préférences déclarées, et enfin les méthodes dites de « transfert de valeur ».

Les approches par les coûts peuvent considérer soit les coûts de restauration et de « remplacement » d'écosystèmes abîmés ou détruits, soit les coûts évités par une non-destruction. Dans le premier cas, on peut par exemple s'appuyer sur les dommages et intérêts accordés par la justice suite à une catastrophe environnementale comme une marée noire, ou bien sur le coût de la dépollution et de la remédiation, c'est-à-dire le coût de ramener un écosystème à son état antérieur, si tant est que cela soit possible (c'est un des domaines de l'« ingénierie écologique »). Dans le deuxième cas, on tente d'évaluer ce que coûterait la mise en place de dispositifs techniques visant à effectuer les fonctions écosystémiques de manière artificielle et technique dans le cas où les écosystèmes seraient tellement dégradés que ces fonctions ne seraient plus assurées. C'est comme cela que certaines études sont parvenues à une estimation de la valeur globale de la pollinisation d'environ 150 milliards de dollars par an : c'est ce que coûterait le fait de devoir polliniser les cultures à la main quand les insectes pollinisateurs auront tous été tués par les divers poisons de l'agriculture industrielle. Mais la même méthode par les coûts pourrait aboutir à une valeur de la pollinisation très différente. En effet, des scientifiques développent aujourd'hui des « libellules-robots » ou « micro-drones » visant à remplacer les abeilles. Le coût d'un tel programme de pollinisation artificielle est encore inconnu, mais il n'y a aucune raison pour qu'il soit identique à celui d'une pollinisation « à la main » [1]. Quelle est alors la « vraie valeur » de la pollinisation ?

On peut de la même manière calculer ce qu'il en coûterait de construire des usines de capture et de stockage du carbone pour remplacer les forêts, tourbières et autres prairies disparues.

Néanmoins, ces approches par les coûts mesurent principalement les valeurs d'usage direct et indirect, mais ne peuvent permettre d'évaluer les valeurs de non-usage : comment monétiser une perte irréversible comme la disparition des éléphants d'Afrique ? Dans les approches strictement économiques dont nous parlons ici, le coût de remplacement d'une espèce disparue n'a aucun sens (quoique, comme on l'a dit, certains rêvent maintenant de « dés-éteindre » le mammouth et imaginent des services marchands de recréation d'espèces disparues). De même, réduire la pollinisation aux seuls services directs qu'elle rend à l'homme par la pollinisation des cultures n'a pas de sens. Les insectes et les oiseaux ne pollinisent pas seulement les cultures mais une bonne partie de la vie végétale de la planète. Quel serait le coût d'une vie sans plantes ? Il est infini, car la vie sur Terre disparaîtrait tout simplement.

Un deuxième type de perspective consiste à observer les comportements des agents sur des marchés liés d'une manière ou d'une autre aux services écosystémiques à monétiser, comportements qui révéleraient les préférences individuelles pour ces services. Par exemple, les coûts de transports (en énergie consommée et en temps) pour accéder à un beau paysage ou à une rivière à truites révèle la valeur que les gens accordent à ces paysages ou à la pêche à la mouche. La valeur des services non marchands liés à l'écotourisme est principalement évaluée de la sorte. Une autre approche du même genre est celle dite des « prix hédonistes », qui analyse la formation du prix d'un bien en le décomposant en différentes caractéristiques, dont des caractéristiques environnementales. Prenons deux maisons à peu près identiques en termes de surface habitable, de qualité de construction, d'ancienneté et d'autres caractéristiques, l'une située dans une zone périphérique urbaine sans verdure, l'autre dans une banlieue verdoyante : la différence de prix de ces deux maisons est censée révéler la préférence des acheteurs pour la verdure, autrement dit la

1. Peter Van der Shaft, « Pollination drones seen as assistants for ailing bees », *Robotics Business Review*, 27 mars 2018, <www.roboticsbusinessreview.com/agriculture/pollination-drones-assist-ailing-bees/>.

valeur qu'ils attribuent à un environnement verdoyant. Dans ces deux cas, coûts de transports et prix hédonistes, on n'évalue pas directement la valeur d'un service écosystémique, mais le comportement des gens sur des marchés indirectement liés permet d'induire ces valeurs, d'où le terme de préférences révélées.

Un troisième groupe d'approches procède par enquêtes et questionnaires directement auprès des gens pour leur demander à combien ils évalueraient tel ou tel service écosystémique. On leur demande soit combien il faudrait les payer pour compenser par exemple la conversion d'une forêt proche de chez eux en terre agricole ou en base de loisirs (ce qu'on appelle le consentement à recevoir), soit combien ils seraient prêts à payer pour maintenir en l'état cette forêt près de chez eux (le consentement à payer). Une étude de John B. Loomis et Douglas S. White parue en 1996 et souvent citée[1] évalue ainsi la valeur annuelle moyenne donnée par un ménage à une espèce emblématique menacée. Les chiffres proviennent d'enquêtes menées principalement aux États-Unis et donnent les consentements à payer d'un ménage pour la mise en œuvre de politiques de protection de ces espèces. Le foyer américain moyen serait prêt à payer annuellement 46 dollars pour la préservation des grizzlis, 26 dollars pour celle des baleines grises, 70 dollars pour la chouette tachetée du Nord, 24 dollars pour le pygargue à tête blanche, 63 dollars pour protéger les saumons du Pacifique et seulement 8 dollars pour ceux de l'Atlantique. On peut imaginer que le Français moyen et le Syrien moyen ne donneront pas la même valeur au panda géant…

Enfin, un dernier type de méthode procède par « transfert de valeur », en utilisant l'évaluation d'un service écosystémique ou d'un écosystème obtenue dans un contexte particulier et en transférant sa valeur à un service ou un écosystème jugé similaire ailleurs. La dimension locale et unique de chaque écosystème est ici tout simplement niée.

Les méthodes d'évaluation fondées sur les préférences individuelles, qu'elles soient révélées ou déclarées, souffrent de multiples biais, fondamentalement liés à la façon dont la théorie économique

1. John B. Loomis et Douglas S. White, « Economic benefit of rare and endangered species : Summary and meta-analysis », *Ecological Economics*, vol. 18, no 3, 1996, p. 197-206, cité *in* B. Chevassus-au-Louis, J.-M. Salles et J.-L. Pujol (dir.), *Approche économique de la biodiversité et des services liés aux écosystèmes*, *op. cit.*, p. 208.

néoclassique définit et envisage les préférences individuelles. Celles-ci sont supposées être stables, ne pas évoluer dans le temps, et exogènes : elles tombent en quelque sorte du ciel et ne résultent pas des conditions sociales, culturelles, géographiques et historiques dans lesquelles toute vie humaine prend place. De plus, les agents économiques sont, par hypothèse, dotés de capacités cognitives et computationnelles illimitées : ils connaissent parfaitement leurs préférences, et ne sont influencés ni par les autres ni par la façon dont sont posés les problèmes. Ainsi, dans cette vision, les déterminations sociales, culturelles et psychologiques des choix individuels ne peuvent être comprises. Parmi les critiques que l'on peut adresser à ces méthodes d'évaluation, mentionnons les suivantes.

Tout d'abord, dans le cas des préférences révélées, ce qui est révélé peut être différent de ce qu'on cherche à appréhender. Par exemple, dans l'approche par les coûts de transports, le temps passé et l'argent dépensé pour atteindre un beau lieu peuvent aussi révéler le goût pour les voyages et/ou pour la conduite automobile. Sans compter que la valeur du temps est loin d'être évidente à mesurer elle aussi, et varie certainement considérablement d'une personne à l'autre. De même, dans la méthode des prix hédonistes, on suppose que les différences de prix de l'immobilier révèlent des caractéristiques environnementales, mais peut-être reflètent-elles d'autres caractéristiques qui n'ont pas été identifiées.

Ensuite, concernant les méthodes reposant sur le recueil des préférences des agents *via* des enquêtes et des questionnaires, les résultats sont extrêmement sensibles à la manière dont les enquêtes sont faites : les préférences exhibent des effets de cadrage[1]. Par exemple, les consentements à recevoir pour la conversion d'une forêt en terres agricoles ne seront pas les mêmes que si la forêt est rasée pour construire un centre commercial : les réponses obtenues dépendront de la façon dont la question est posée. De manière générale, et c'est un résultat robuste qu'on retrouve dans de nombreux contextes différents, les gens ne réagissent pas de la même manière selon que le problème est posé positivement, en termes de gain (les bienfaits d'une politique de protection), ou négativement, en termes de perte (la destruction d'une forêt ou la disparition d'une espèce). Les pertes engendrent une réaction

1. Amos TVERSKY et Daniel KAHNEMAN, « The framing of decisions and the psychology of choice », *Science*, n° 211, 1981, p. 453-458.

plus importante que les gains ; on observe ainsi que les consentements à recevoir sont en général beaucoup plus importants que les consentements à payer. Dans la même veine, le rapport du CAS mentionne une étude sur les prix de cosmétiques dont l'huile de palme venait de plantations « *tiger-friendly* ». Lorsque seul un petit texte expliquait cela, les gens étaient prêts à payer 15 % de plus que pour la même crème non « *tiger-friendly* », alors que quand les crèmes étaient présentées à côté de photos de tigres bien portants, les gens étaient prêts à payer 37 % de plus [1].

Enfin, même en admettant que les préférences soient stables et exogènes, ce qui est plus que douteux, reste l'épineux problème de leur agrégation : faire la moyenne de données obtenues par les différentes méthodes est-il légitime ?

D'ailleurs, les moyennes obtenues recouvrent de très grandes disparités et on peut légitimement se poser des questions quant au sens de ces valeurs. Pourquoi le pygargue à tête blanche, emblème des États-Unis, « vaut-il » moins que la chouette tachetée ? Pourquoi le saumon du Pacifique est-il évalué à 63 dollars alors que celui de l'Atlantique ne « vaut » que 8 dollars ? Y a-t-il plus de pêcheurs dans l'Ouest américain que dans l'Est ? Autrement dit, cette différence est-elle due à un biais d'échantillonnage ? Comment fonder des politiques publiques sur des données aussi fragiles ?

Résultats et limites de la monétisation des services écosystémiques

Nonobstant ces difficultés méthodologiques, le grand inventaire se poursuit. De Groot et ses collaborateurs ont posé les bases de la monétisation de la nature menée par le projet TEEB. Ils ont créé une base de données recensant plus de six cent études proposant des évaluations monétaires de vingt-deux services écosystémiques qu'ils ont ensuite agrégées par biomes pour obtenir les valeurs globales mentionnées plus haut. Ces évaluations résultent de l'éventail des méthodes juste mentionnées. Le détail de ces valeurs pour deux biomes, les océans et les récifs coralliens, est donné dans le tableau suivant.

1. B. Chevassus-au-Louis, J.-M. Salles et J.-L. Pujol (dir.), *Approche économique de la biodiversité et des services liés aux écosystèmes*, *op. cit.*, p. 197.

L'évaluation monétaire des océans et des récifs coralliens
(flux annuels de dollars internationaux par hectare[1])

	Océans	Récifs coralliens
Services d'approvisionnement		
nourriture	93	677
eau		
matières premières	8	21 528
ressources génétiques		33 048
ressources médicinales		
ressources ornementales		472
Services de régulation		
qualité de l'air		
régulation du climat	65	1 188
modération des désordres		16 991
régulation des flux hydriques		
dégradation des déchets		85
prévention de l'érosion		153 214
maintien de la fertilité des sols		
pollinisation		
contrôle biologique		
Services d'habitat		
service de *nursery*		
protection des ressources génétiques	5	16 210
Services culturels		
information esthétique		11 390
loisirs	319	96 302
inspiration pour l'art et la culture		
expérience spirituelle		
développement cognitif		1 145
Total	**491**	**352 249**

La lecture de ces chiffres amène à faire deux remarques.

Tout d'abord, les catégories retenues et les résultats interrogent. Qu'est-ce que l'« information esthétique » ? L'océan n'inspire-t-il pas

1. R. de Groot *et al.*, « Global estimates of the value of ecosystems and their services in monetary units », art. cité.

l'art et la culture ? N'est-il pas source d'expérience spirituelle ? En quoi les récifs coralliens participent-ils plus au « développement cognitif » que la mer ? La participation des récifs coralliens à la régulation du climat est jugée beaucoup plus importante que celle des océans, alors que le rôle de ces derniers dans la séquestration du carbone est[6] fondamental : ils produisent plus de la moitié de l'oxygène et absorbent entre 25 et 30 % du CO_2, mais cela n'apparaît pas dans ces résultats. De même pour la protection des ressources génétiques : si la diversité des espèces paraît plus grande dans les récifs coralliens que dans la pleine mer, c'est qu'elle se voit plus. Avec le développement des techniques de la biologie de synthèse, on commence seulement à réaliser l'infinie richesse des océans en micro-organismes dont beaucoup présenteront vraisemblablement des fonctionnalités intéressantes pour l'industrie. Ainsi, la démarche de ce genre de travail ressemble à celle de la personne qui a perdu ses clés un soir et les cherche dans la lumière du lampadaire : les services et les écosystèmes les plus étudiés sont ceux qui seront le plus valorisés, même si les résultats obtenus sont en contradiction avec les connaissances du moment en biologie et en écologie.

Ensuite, ces services et écosystèmes sont éminemment locaux et contextuels, uniques. En additionnant des hectares de récifs coralliens de la Grande Barrière australienne, des Antilles, des océans Pacifique et Indien, on considère qu'ils sont tous similaires et jouent les mêmes rôles fonctionnels, ce qui n'est évidemment pas le cas. Ainsi, cette méthode qui consiste à agréger des choses dissemblables pour parvenir à une évaluation moyenne est-elle en contradiction avec le but poursuivi : pour soi-disant protéger la diversité biologique, on l'écrase, on la lisse, on la fait disparaître dans un raisonnement « en moyenne ». Ce paradoxe est encore renforcé par la multiplicité des méthodes d'évaluation : ici sont additionnées des valeurs obtenues directement des prix de marchés observés, par des approches par les coûts, des valeurs construites sur les préférences individuelles et des valeurs résultant de « transferts de valeurs » : tout est mélangé dans une indifférenciation générale. Or, du fait à la fois de l'unicité physique des écosystèmes et de la diversité des méthodologies d'évaluation, les « mêmes » écosystèmes vont se voir affectés de valeurs monétaires extrêmement différentes. Les valeurs minimales des récifs coralliens rapportées par de Groot et son équipe sont d'environ 37 000 dollars par hectare, tandis que leurs valeurs maximales dépassent les 2 millions de dollars l'hectare (pour une valeur moyenne de 350 000 dollars).

Pour les zones humides côtières, les valeurs vont de 300 dollars à près de 900 000 dollars par hectare (avec une moyenne un peu inférieure à 200 000 dollars), alors que, pour les zones humides intérieures, les estimations varient de 3 000 dollars à plus de 100 000 dollars (pour une moyenne de 25 000 dollars) [1]. Et au fur et à mesure que les données s'accumulent, on n'observe pas un resserrement des estimations autour des moyennes, mais une confirmation des divergences. La Global Value Exchange, la base de données créée par les auteurs dans le cadre du projet TEEB, continue d'être alimentée par de nouvelles estimations. Sa consultation en décembre 2017 fournit pour les récifs coralliens du Sri Lanka deux valeurs, une à 1 400 dollars, l'autre à 75 000 dollars (toujours en flux annuels par hectare). La valeur d'un hectare de récif caribéen est d'environ 1 500 dollars, alors que l'hectare de récif en Polynésie française atteint 17 000 dollars. Les valeurs des trois estimations concernant les barrières de corail des États-Unis donnent respectivement 7 300, 35 113 et 916 500 dollars [2]. En juillet 2020, la valeur esthétique de l'hectare de récif aux îles Samoa est de quelques dollars, tandis qu'à Hawaï il atteint plusieurs milliards de dollars.

Les écarts considérables des chiffres susmentionnés mettent en lumière la fragilité des méthodologies d'évaluation et, au-delà, le non-sens de tout l'exercice. Par exemple, les trois évaluations concernant les États-Unis proviennent de la même étude, réalisée à Hawaï, et utilisent la même méthode ; les deux estimations sri-lankaises viennent d'une autre même étude et résultent aussi de la même méthodologie. Simplement, elles concernent des récifs coralliens différents, plus ou moins fréquentés par les touristes et autres plongeurs : de ce fait, la valeur estimée est multipliée par un facteur d'environ 60 au Sri Lanka, et d'environ 130 aux États-Unis. Si, à l'échelle de Hawaï, des récifs coralliens présentent de telles divergences d'évaluation, que peut-il en être entre Hawaï et les Antilles ou l'océan Indien ? Laquelle de ces valeurs représente la « vraie » valeur d'un récif corallien ? Les récifs moins touristiques mériteraient-ils moins d'être protégés que ceux qui attirent beaucoup de monde ? Les pays où la plongée n'est pas à la mode peuvent-ils voir leurs paysages sous-marins détruits pour cette

1. Dans bien des cas, les écarts types des évaluations sont supérieurs aux moyennes obtenues, ce qui devrait interroger les auteurs (voir le tableau 3 de l'étude, *ibid.*, p. 55)

2. TEEB Global Value Exchange, <http://www.globalvaluexchange.org/news/0ad95653e1>, consulté le 20 novembre 2017, puis le 26 juillet 2020.

unique raison ? Comment, sur des bases aussi lacunaires et biaisées, ces chiffrages peuvent-ils prétendre fournir de bons signaux aux agents privés et publics ?

Ces tentatives d'évaluation du capital naturel procèdent par une transposition directe de la théorie financière standard à ces nouveaux objets définis par la science. La valeur théorique d'un écosystème est la somme des flux de revenus futurs qu'un investisseur qui posséderait cet écosystème pourrait toucher. Théorique, car il n'existe pour l'instant pas de dispositifs de valorisation, de transformation de valeur en prix, pour chacun des services identifiés. Ces évaluations prétendent néanmoins donner des repères, quelque chose comme les valeurs fondamentales des écosystèmes et du capital naturel. Les valeurs données dans le tableau précédent sont des flux annuels. Pour que l'analogie soit parfaite, il faut sommer ces flux sur les années à venir et les actualiser pour tenir compte du fait que 1 000 dollars aujourd'hui ne sont pas identiques à 1 000 dollars dans dix ans : on retrouve alors exactement le modèle de la valeur présente, qui donne la « vraie » valeur ou valeur fondamentale d'un actif financier [1]. Comme André Orléan l'a montré, une telle perspective naturaliste fonde la plupart des théories économiques, aussi bien les variantes classique et marxiste articulées sur la valeur travail, que la version néoclassique fondée sur la valeur utilité [2]. Depuis plus de deux siècles, ces théories sont construites sur le postulat que les choses ont des valeurs intrinsèques, substantielles dit Orléan, qui préexistent à l'échange marchand. L'institution marchande, au travers du mécanisme de formation des prix, permet théoriquement de refléter ou de révéler ces valeurs préexistantes, ces « vraies » valeurs. Les exercices d'évaluation du capital naturel s'inscrivent dans cette démarche : tenter d'identifier les « valeurs intrinsèques » des écosystèmes. Conformément à la définition même des services écosystémiques, c'est-à-dire les services que la nature rend aux êtres humains, et corrélativement à l'importance qu'ils ont pour le développement économique, cette approche est fondée sur l'utilité et relève de ce point de vue de la théorie néoclassique.

1. Ce type de financiarisation par importation de concepts financiers se produit dans de nombreux domaines, voir par exemple Ève Chiapello, « Financialisation of valuation », *Human Studies*, vol. 38, n° 1, 2015, p. 13-35, et les travaux de sociologie de la finance autour de Michel Callon et Donald Mackenzie cités dans cet article.

2. André Orléan, *L'Empire de la valeur*, Seuil, Paris, 2011.

Cependant ces « vraies » valeurs n'ont pas grand-chose d'objectif ou de « vrai ». La variabilité des évaluations le montre bien. Ces valeurs sont de plus vouées à se modifier rapidement.

Par exemple, dans l'évaluation précédente, les océans ne « valent » presque rien alors que les récifs coralliens recèlent beaucoup de richesse potentielle. Mais, depuis quelques années, les industries des biotechnologies s'intéressent de très près aux ressources génétiques marines, et de nombreuses missions de bioprospection ont été lancées. Un certain nombre de firmes, anticipant des développements prometteurs, ont déposé des brevets en série sur des séquences génétiques d'organismes marins. Une étude récente montre que, sur 13 000 séquences génétiques marines brevetées provenant de 862 espèces allant du microbe au cachalot, la firme BASF, géant allemand de la chimie, l'une des *Big Four* des semences, en détient 47 %, contre 37 % pour les autres firmes et 12 % pour les universités [1]. Cette ruée sur les océans est facilitée par le vide juridique de leur statut : ils n'appartiennent à personne ni ne sont déclarés patrimoine commun de l'humanité, et tout le monde peut se servir. Nul doute que l'hectare de pleine mer va prendre de la valeur, celle du service ressources génétiques étant réévaluée à la hausse. Les « vraies » valeurs des écosystèmes n'ont pas fini de varier. De plus, les services identifiés sont pour l'instant au nombre de vingt-deux, mais rien ne dit que de nouvelles connaissances concernant la biologie des sols et la biologie marine, la génétique ou les cycles biogéochimiques ne permettront pas d'en identifier plus tard encore d'autres. La monétisation et la valorisation des terres et des mers sur une telle base sont donc potentiellement infinies.

Les dispositifs de valorisation des services écosystémiques

Après avoir successivement analysé la façon dont les services écosystémiques sont définis puis monétisés, abordons la troisième et dernière étape de la création de ces nouvelles marchandises fictives : leur valorisation. Ce n'est effectivement que dans l'échange que les valeurs potentielles seront transformées en valeurs réelles, en prix, et

---

1. Voir R. Blasiak *et al.*, « Corporate control and global governance of marine genetic resources », art. cité.

participeront au mécanisme économique fondamental de l'accumulation du capital.

Faisons une expérience de pensée et mettons-nous à la place d'une propriétaire d'une parcelle de forêt tropicale. La forêt tropicale recèle beaucoup de richesses exploitables. Jusqu'à il y a peu, les principaux modes d'exploitation consistaient soit à la gérer pour en tirer du bois de coupe et ses sous-produits, soit à la raser pour y faire pousser du soja ou du palmier à huile, comme cela se fait malheureusement toujours en Amérique latine et en Asie du Sud-Est. Selon ce qui rapporte le plus et sa préférence pour le futur ou le présent (comme raisonnent les économistes), on choisira l'une ou l'autre de ces deux possibilités. Mais, depuis la Convention sur la diversité biologique et sa promotion des instruments de marché, de nouvelles possibilités s'offrent, certaines des richesses invisibles de la forêt sont devenues visibles – et valorisables. Le gigantesque travail de mise en forme de la nature qu'on vient d'esquisser commence à porter ses fruits, si l'on peut dire : de nouveaux dispositifs et arrangements institutionnels ont vu le jour et permettent à la propriétaire d'envisager d'autres manières de valoriser sa forêt sans la détruire. Elle pourrait aller voir le maire du bourg situé en aval de la rivière qui traverse sa parcelle et faire valoir auprès de lui que sa gestion raisonnée et durable de la forêt fournit de l'eau propre à sa ville. Ils signeraient alors un contrat de paiement pour service environnemental (PSE) qui garantirait à la propriétaire un revenu stable et à long terme. Une autre possibilité serait d'aménager la forêt pour développer un site d'écotourisme, en construisant des bungalows discrets, limitant les voies de déplacement pour ne pas trop gêner la vie sauvage et organisant un peu de pêche. Elle pourrait aussi continuer en partie à l'exploiter pour du bois de coupe, mais avec des pratiques durables et certifiées par le Forest Stewardship Council (FSC), label créé en 1994 par une ONG qui le gère toujours : elle devrait se plier à d'autres contraintes que pour l'abattage classique, mais le bois pourrait être vendu plus cher.

La propriétaire de la forêt a encore quatre autres possibilités, ouvertes plus récemment. La première est de valoriser les ressources génétiques innombrables renfermées dans une forêt tropicale, tous genres et espèces confondus. Des universités et de grandes firmes américaines et européennes voudraient signer des contrats de bioprospection, qui leur donneraient le droit de récolter des échantillons, contre un partage plus tard des redevances engendrées par les brevets qu'elles auront réussi à déposer grâce aux plantes ou micro-organismes collectés chez elle. Elles signeront alors un accord de transfert de matériel (ATM) qui spécifiera les conditions sous lesquelles ces ressources peuvent être prélevées, leur utilisation, et prévoira le partage des bénéfices en résultant. La deuxième est de valoriser le fait qu'il y a plusieurs races de grenouilles protégées dans sa forêt : elle pourra alors se transformer en « banque de biodiversité » et vendre des crédits d'« habitat » ou de compensation dont les entreprises ont besoin pour continuer à détruire des habitats ailleurs. La troisième possibilité est d'entrer dans le programme Reducing Emission from Deforestation and Forest Degradation (REDD+) de l'ONU, qui lui octroiera des crédits pour la quantité de carbone séquestrée chaque année par la forêt, et négociables sur les marchés de carbone. Enfin, elle pourrait décider de titriser les revenus engendrés par l'un et/ou l'autre de ces dispositifs et émettre des obligations adossées à sa forêt (*Forest Backed Bonds*), ce qui lui permettrait d'obtenir un montant de cash tout de suite pour financer l'un de ces projets, un mode de valorisation strictement financier.

Face à toutes ces options, comment choisir ?

En personne efficace et rationnelle, la propriétaire terrienne se laissera guider par les signaux de prix : elle évaluera les rendements anticipés des différentes possibilités (selon les prix de marché qu'elle prévoit), les risques associés à chacune d'elle, fera ses calculs et décidera de son investissement. Va-t-elle faire du bois FSC ou expérimenter ces nouveaux outils créés pour l'inciter à investir dans la préservation de sa forêt ? Selon la théorie, cela dépendra de la structure des prix relatifs (toutes choses égales par ailleurs) : il faut que les marchés de crédits biodiversité se développent, et que les prix de ces crédits soient suffisamment élevés pour garantir un rendement satisfaisant, avec un risque minimal. Par ailleurs, plus il existera de dispositifs de valorisation pour les différentes fonctions et utilités des écosystèmes, plus la perspective de rendements associés à la préservation de la forêt sera élevée et incitera les propriétaires de forêts tropicales à les conserver et à y favoriser le maintien de la biodiversité. En clair, la valeur de ce capital naturel augmentera avec le nombre de services écosytémiques qui pourront être monnayés.

Une prolifération de nouveaux arrangements institutionnels

Selon leur nature, les différents services écosystémiques sont valorisés par des dispositifs différents. L'idéal vers lequel on devrait tendre, selon les plus extrêmes des tenants de l'environnementalisme de marché, est de mettre au point un mécanisme de valorisation pour chaque service, ce qui permettrait d'obtenir un prix qui révèle la « vraie valeur » d'une forêt tropicale ou d'une prairie en ayant internalisé toutes les externalités environnementales. Ce mode de valorisation n'est pas marchand au sens strict du terme ; il s'apparente plus à la valorisation financière, on l'a dit, puisque ce qui s'achète et se vend est l'espérance d'un flux de revenus futurs, un pari, une promesse, comme pour un titre financier.

Malgré les fondations théoriques et philosophiques bancales sur lesquelles il est construit, le projet de protéger la diversité biologique et les écosystèmes grâce à de justes incitations monétaires et à la capacité soi-disant autorégulatrice du mécanisme de prix continue de se déployer à l'échelle internationale. De nombreux dispositifs de valorisation ont vu le jour ces dernières années.

Le premier de ces dispositifs, historiquement et par son ampleur, est issu du Protocole de Kyoto en 1997. En appliquant la logique des instruments de marché de la CDB à la question du réchauffement climatique, les gouvernants et leurs experts ont décidé de créer des marchés de carbone où s'échangeraient des permis d'émission de gaz à effet de serre (GES). L'idée provient de la vision du monde des économistes, qui considèrent le marché comme un outil neutre apte à servir des buts très différents, y compris la lutte contre la pollution et le réchauffement climatique. Les gouvernements fixent des limites totales aux émissions et distribuent des permis d'émission ou crédits carbone du même montant. Les agents publics et privés, s'ils désirent émettre plus de carbone que ce à quoi leur donne droit leur stock de permis, pourront aller sur le marché et acheter des crédits supplémentaires aux agents dont les émissions de GES sont en deçà de leurs « droits à polluer ». L'« instrument » qu'est le marché donne ainsi aux agents une certaine flexibilité dans le choix de leurs stratégies de réduction des émissions, tout en garantissant qu'on n'excède pas la quantité globale fixée par les États. Les premiers marchés de ce type, fondés sur le principe du *cap and trade* (« plafonner et échanger »), ont été développés aux États-Unis dans les années 1970 pour limiter les émissions de soufre à l'origine des pluies acides qui détruisaient les forêts, et, suite à Kyoto, des marchés de carbone ont été créés, principalement dans les pays industrialisés.

Le plus grand marché officiel à ce jour est le marché européen, le système communautaire d'échange de quotas d'émission (SCEQE, ou *European Union Emission Trading Scheme* – ETS), ouvert en 2005, mais il existe aussi un certain nombre de marchés privés fonctionnant sur un mode volontaire (alors que le marché européen s'intègre dans un schéma de régulation européen). S'il est vrai que les émissions de GES de l'Union européenne ont fortement baissé, de 23 % entre 1990 et 2014, les différents rapports en imputent en général la cause à la conjonction de plusieurs facteurs : augmentation de l'utilisation des énergies renouvelables, amélioration de l'efficacité énergétique (des habitations, des procédés de production, des voitures), crise de 2007-2008 et récession qui s'en est suivie (qui ont eu un fort impact sur la consommation d'énergie et la construction), et diminution du chauffage du fait de la douceur des hivers, donc du réchauffement climatique lui-même[1]. Depuis 2015, avec la reprise économique, les émissions en Europe sont reparties à la hausse.

Ces rapports ne mentionnent pas les performances du marché du carbone européen, et pour cause ! Les dotations de permis d'émission allouées par l'UE aux quelque 11 000 grandes installations très polluantes participant au marché ont été systématiquement trop élevées par rapport aux besoins des industries, ce qui se traduit par une pression à la baisse permanente des prix. Après une hausse jusqu'à 30 euros la tonne équivalent carbone (TCO_2eq) en avril 2006, le prix du carbone s'est maintenu autour de 12-13 euros jusqu'en 2010, puis systématiquement en dessous de 10 euros la tonne de 2012 à 2017. Depuis 2018, ce prix est remonté et fluctue entre 25 et 30 euros (juillet 2020). Ces prix relativement bas témoignent du fait que ce mécanisme incitatif est plutôt confortable : en moyenne et dans l'ensemble, les firmes ont trop de permis. On se demande comment peuvent jouer les incitations dans un tel contexte. De plus, ces permis ont été distribués gratuitement, contrairement au principe affiché du pollueur-payeur, ce qui équivaut à subventionner les entreprises

1. Voir par exemple *Les Chiffres clés du climat en France et dans le monde*, 2015, <http://www.developpement-durable.gouv.fr/IMG/pdf/Chiffres_cles_du_climat_en_France_et_dans_le_monde_2015.pdf>, et différents articles sur le site de l'Agence européenne de l'environnement, par exemple « EU greenhouse gas emissions at lowest level since 1990 », 21 juin 2016, <http://www.eea.europa.eu/highlights/eu-greenhouse-gas-emissions-at>.

polluеuses ! On peut aussi se demander pourquoi l'Union européenne continue d'allouer, gratuitement encore pour un bon nombre de firmes, des permis en quantité excessive. Elle préfère ajouter d'autres dispositifs au marché pour qu'il « fonctionne mieux », le rapprochant encore un peu plus d'une usine à gaz [1]. Une refonte de ce marché est au menu du Pacte vert.

Un autre dispositif qui tend à se développer est celui des paiements pour services environnementaux. Par exemple, l'exploitant d'une rivière dont la pureté de l'eau est importante (eau potable, tourisme) peut proposer de payer une somme convenue aux agriculteurs travaillant en amont pour qu'ils ne la polluent pas. Ce faisant, ils rendent un service à l'exploitant en aval et sont dédommagés pour cela. Cette somme sera déterminée contractuellement par l'ensemble des parties prenantes. Un cas d'école est le programme associant Vittel-Nestlé Waters et les agriculteurs des Vosges, principalement des éleveurs laitiers, pour protéger les bassins versants des sources de l'eau de Vittel dont la pureté était menacée par l'usage de pesticides. Avec l'aide de l'INRA pour définir le cahier des charges, Nestlé Waters a convaincu la trentaine d'agriculteurs concernés de passer à des pratiques culturales propres : plus de maïs, plus de pesticides, et une vache par hectare. En échange, la firme a racheté une partie des terres pour les leur donner en usufruit, a mis en œuvre un service gratuit de compostage et d'épandage des déjections animales, et fournit un ensemble de conseils techniques et financiers. Les collectivités locales, la SNCF et d'autres acteurs locaux sont associés au projet. Nestlé Waters a signé des contrats individuels de long terme (trente ans) avec chacun des agriculteurs concernés. La firme a dépensé 25 millions d'euros pour la mise en œuvre de ce programme, qui concernait initialement 5 000 hectares. En 2015, cette zone est de 10 000 hectares, et continue d'être améliorée, par exemple par le replantage de haies [2]. Il faut noter que dans ce cas, il ne s'agit pas d'un paiement direct aux agriculteurs mais d'un ensemble d'investissements les aidant à modifier leurs pratiques. Malgré cette préoccupation environnementale affichée, un scandale a éclaté en 2018, car Nestlé pompe beaucoup trop d'eau, assèche la nappe phréatique, et la mairie de Vittel, pour ne pas contrarier la firme, propose d'aller

1. Voir Simon Evans, « Will the reformed EU Emissions Trading System raise carbon prices ? », *CarbonBrief*, 6 décembre 2017, <www.carbonbrief.org/qa-will-reformed-eu-emissions-trading-system-raise-carbon-prices>.

2. Voir <www.nestle-waters.fr/preserver-respecter/proteger-les-sources/agrivair>.

faire d'autres forages en surface plus loin pour fournir la ville en eau potable. L'infrastructure additionnelle serait à la charge des habitants, qui se sont insurgés contre Nestlé et la mairie[1].

Il existe de nombreuses variations sur ce thème. L'État équatorien a proposé en 2007 un arrangement consistant à *ne pas exploiter* des gisements pétroliers dans le parc naturel Yasuni, en forêt amazonienne, en échange d'un paiement financé par la communauté internationale d'un montant de la moitié de ce que l'État percevrait si ces gisements étaient exploités. Autrement dit, le reste du monde paierait l'Équateur pour préserver sa forêt, « puits de carbone », et ne pas émettre le CO_2 que générerait l'extraction du pétrole. L'État équatorien, par la voix de son président Rafael Correa, avait demandé 3,6 milliards de dollars, qui devaient être déposés sur un compte au PNUD. En 2013, seul un dixième de cette somme était rassemblé sous la forme de promesses de dons, et 13 millions effectivement déposés sur le compte. Correa a donc annoncé la fin du projet, le pays ayant un besoin urgent de devises (et de pétrole). L'extraction a repris dans ce parc, un des plus riches *biodiversity hotspots* au niveau mondial, et pays de deux peuples indiens vivant en isolement volontaire.

Ce projet de paiement pour service environnemental à grande échelle a été beaucoup discuté. Les enthousiastes y ont vu le début d'une Internationale écologiste, le Nord et le Sud main dans la main pour œuvrer de concert à la sauvegarde de la planète. D'autres, plus nuancés, ont alerté sur le risque de dérive vers un genre de chantage écologique[2] : « Si vous ne nous payez pas, on continue de polluer, et tout le monde en pâtira. »

Le dispositif le plus à la mode ces dernières années, et qui se développe très rapidement dans de nombreux pays, est celui de la compensation, que nous avons présenté un peu plus haut. Rappelons que l'idée est de définir des « crédits biodiversité » représentant des « unités de biodiversité », crédits que les aménageurs sont légalement obligés d'acheter pour compenser leurs destructions. L'argent issu de ces crédits (émis par des « banques de biodiversité ») servira à financer la préservation de zones

1. Lorène Lavocat, « À Vittel, Nestlé privatise la nappe phréatique », *Reporterre*, 26 mai 2018, <https://reporterre.net/A-Vittel-Nestle-privatise-la-nappe-phreatique>.

2. Voir Matthieu Le Quang, « La trajectoire politique de l'initiative Yasuni-ITT en Équateur : entre capitalisme vert et écosocialisme », *Cahiers d'histoire*, n° 130, 2016, p. 105-121, <https://chrhc.revues.org/4998>, et Alain Karsenty, « Biodiversité et chantage écologique », *Passages*, n° 164, 2010, consultable sur <http://agents.cirad.fr/index.php/Alain+KARSENTY/Cronique_revue_Passages_Biodiversite_contre_petrole>.

représentant la même richesse en termes d'« unités de biodiversité » que les zones détruites. La notion d'équivalence écologique est ici centrale, mais ne nécessite pas obligatoirement le recours à la monétisation de la nature.

Dans les pays anglo-saxons, la rencontre entre l'offre et la demande s'effectue par des plateformes privées comme Species Banking ou Ecosystem Marketplace aux États-Unis [1], qui, par des métriques de leur choix, proposent des équivalences de valeur des crédits selon le type d'espèce concernée, la localisation du territoire et un ensemble d'autres critères. Par exemple, Species Banking propose quarante-cinq programmes dans le monde entier, pour acheter des crédits d'habitats d'espèces protégées, de la salamandre de Californie à différents types de crevettes et de faucons. Les experts en question se présentent comme des « courtiers environnementaux » : ils mettent en relation les aménageurs, les autorités locales et les propriétaires de terres qui conduiront la restauration ou recréation d'habitats. En Angleterre, les plus connus sont The Environment Bank et Environmental Market Exchanges [2]. En France, tout passe pour l'instant par la CDC-Biodiversité, filiale semi-privée de la Caisse des dépôts.

Il y a trois autres grandes parties prenantes à ces dispositifs de compensation. D'abord, les firmes qui occasionnent des dégâts et sont dans l'obligation légale de les compenser, demandeuses de « crédits biodiversité ». Ensuite, les « banques de biodiversité ou d'actifs naturels », propriétaires et/ou gestionnaires de grands espaces et chargés de la restauration effective, qui offrent lesdits crédits. Enfin, l'État et les collectivités territoriales et leurs émanations (comme le Conservatoire du littoral, les réserves et parcs naturels, etc.) qui établissent les obligations et les cahiers des charges de chacun des acteurs précédents, surveillent le déroulement des projets et vérifient que les équivalences écologiques sont respectées.

Évoquons rapidement l'exemple de la « réserve d'actifs naturels » de Cossure dans la plaine de la Crau, 357 hectares de steppe méditerranéenne propriété de la CDC-Biodiversité, première expérience de compensation par l'offre en France [3]. Cette plaine dédiée au pastora-

1. Voir <www.speciesbanking.com> et <www.ecosystemmarketplace.com> consultés le 12 octobre 2017.

2. Voir par exemple le guide publié par The Environment Bank, <http://www.environmentbank.com/documents/BiodiversityOffsetting-Ageneralguide_000.pdf>.

3. Voir <https://www.cdc-biodiversite.fr/reference/cossure-premier-site-naturel-de-compensation-francais/>, « Restauration du verger de Cossure : premier projet alliant ingénierie et compensation écologique », *Actu Environnement*, 27 juin 2012, <www.actu-

lisme depuis plusieurs milliers d'années est couverte d'une végétation particulière, les coussouls, pâtures à moutons, et abrite plusieurs espèces en danger, dont l'outarde canepetière et nombre d'autres oiseaux, ainsi que le lézard ocellé. C'est le dernier écosystème de ce type en Europe occidentale. La plaine de la Crau a progressivement été rongée par des infrastructures logistiques (elle se trouve au nord de l'étang de Berre, grand site pétrochimique, et au nord-ouest du port de Marseille), militaires (l'aéroport d'Istres) et par des vergers industriels. Il y reste un petit espace de coussouls, la Réserve naturelle des Coussouls de Crau. Les bétonneurs continuant de vouloir agrandir leurs infrastructures logistiques, le ministère de l'Écologie a décidé d'en faire un site pilote pour y « expérimenter une ingénierie écologique de réhabilitation » fondée sur un dispositif de compensation. La CDC-Biodiversité s'est portée acquéreuse de 357 hectares contigus à la Réserve naturelle existante pour restaurer l'endroit et le ramener à son état originel de coussouls. La restauration en a été confiée au Conservatoire des espaces naturels de la région Provence-Alpes-Côte d'Azur sous la supervision scientifique de l'Institut méditerranéen de biodiversité et d'écologie marine et continentale (IMBE). En plus d'être propriétaire, la CDC-Biodiversité joue aussi le rôle de « courtier environnemental », en supervisant la restauration, et délivrant des « crédits d'actifs naturels » qui seront vendus aux aménageurs locaux. Dans le cadre de la hiérarchie de l'atténuation, ces derniers sont obligés par la loi de limiter les impacts de leurs projets, et de les compenser si c'est impossible. Le projet a démarré en 2008, la restauration en 2009, et est prévu pour durer trente ans.

Le prix du crédit a d'abord été fixé à 39 000 euros l'hectare par la CDC, représentant le cumul de tous les coûts *anticipés* de restauration (achat du foncier, restauration et suivi du projet sur trente ans), qui l'a ensuite porté à 44 000 euros. En janvier 2016, seule la moitié des permis ont été vendus. Selon Harold Levrel, un des spécialistes

environnement.com/ae/news/cdc-biodiversite-cnrs-imbe-restauration-compensation-vergers-cossure-16042.php4>, Angela Bolis, « Compenser par l'offre un "permis de détruire" la biodiversité ? », *Le Monde*, 20 mai 2016, <www.lemonde.fr/biodiversite/visuel/2016/05/20/compenser-par-l-offre-un-permis-de-detruire-la-biodiversite_4923424_1652692.html>, et Thierry Dutoit *et al.*, « Première expérimentation de compensation par l'offre : bilan et perspective », *Sciences, eaux & territoires*, n° 16, 2015, p. 64-69, <http://www.set-revue.fr/sites/default/files/articles/pdf/ingenierie-ecologique-compensation-offre-biodiversite-set-revue.pdf>, consultés le 15 octobre 2017.

français de la compensation, ce prix n'est pas dissuasif et n'incite pas les aménageurs à limiter leurs destructions. Il fait valoir que, aux États-Unis, les dispositifs de compensation valorisent l'hectare de zone humide entre 100 000 et 300 000 dollars[1]. Les permis vendus ont compensé une extension des entrepôts logistiques de Saint-Martin-de-Crau (145 permis), donc, en plus du bétonnage, un accroissement de la circulation de camions. Une dizaine de permis sont venus compenser une pollution de 4 millions de litres de pétrole provenant de la rupture d'un oléoduc en 2009 (un oléoduc dans une réserve naturelle…). En 2012, les nappes phréatiques étaient toujours polluées, et le pompage a pris plusieurs années.

Au dire des différents analystes, les résultats de la réhabilitation du site sont mitigés. Si un certain nombre d'oiseaux, dont l'outarde canepetière, sont effectivement revenus, la reprise d'une végétation de coussouls est beaucoup plus problématique, et la CDC déclare aujourd'hui ne pas pouvoir garantir le retour de la zone à un écosystème de coussouls. Thierry Dutoit, le responsable scientifique de la Réserve des Coussouls de Crau, ne s'en étonne guère : « Il est impossible de reproduire ou de recréer, dans l'état des connaissances scientifiques actuelles, 6 000 ans d'interactions entre plantes, climat méditerranéen et pâturages ovins transhumants[2]. »

Tel qu'il a été mis en place, le projet de Cossure n'a pas permis de réduire les destructions dans la plaine de la Crau, qui restent trop faciles et trop peu chères. Selon un rapport d'évaluation effectué par la CDC-Biodiversité en 2016, entre 2008 et 2015, 900 hectares de pelouses sèches dans la Crau ont été détruits et seuls 165 crédits ont été achetés (donc une compensation de 165 hectares), soit 18,4 %, alors que les préconisations du BBOP sont de 100 % minimum[3]. De plus, rien n'est dit de ce qui se passera après trente ans, l'engagement de la CDC courant jusque-là seulement et aucune servitude environnementale n'étant inscrite nulle part. Enfin, le risque (et la tendance) est que la compensation permette de sauter les deux

1. Voir le compte rendu d'une table ronde sur la question de la compensation organisée à l'Assemblée nationale le 27 janvier 2016, <http://www.assemblee-nationale.fr/14/pdf/cr-dvp/15-16/c1516029.pdf>.

2. Thierry Dutoit, « In memoriam le coussoul de Crau ? », *Courrier de l'environnement de l'INRA*, n° 58, 2016, p. 37-44, ici p. 42. Cet article fait une brève histoire de l'écosystème steppique de la plaine de la Crau.

3. <http://www.consultations-publiques.developpement-durable.gouv.fr/IMG/pdf/annexes_3_a_5_et_calendrier_des_operations.pdf>.

premières étapes du triptyque ERC : éviter de détruire, ou limiter l'ampleur des destructions.

Bref, non seulement la démarche générale de la compensation est bancale, mais, à supposer qu'elle soit adoptée, il n'est pas même acquis qu'elle pénalise réellement les bétonneurs. En revanche, contrairement aux craintes exprimées par Sandrine Feydel et Christophe Bonneuil [1], l'outil de la compensation ne permet pas, à l'heure actuelle, de spéculer sur ces droits à détruire. Il faudrait pour cela que les permis puissent être titrisés et/ou revendus sur un marché secondaire, ce qui est pour l'instant formellement interdit : il n'existe pas de tel marché. Le prix des permis ne dépend pas de l'offre et de la demande, et il n'y a pas d'échange, simplement un achat une fois pour toutes. On l'a dit, la financiarisation dans ce cas s'opère plus dans les esprits, comme en témoignent les concepts de capital naturel, de banque de compensation et de réserve d'actifs naturels, que dans la réalité des mécanismes économiques mis en œuvre. C'est pour l'instant la même chose aux États-Unis, où ces dispositifs sont nés.

Outre-Atlantique, où la compensation s'est développée dès les années 1970 pour protéger les zones humides et les bassins versants, un cadre législatif complexe a été mis en place sous l'égide de l'Environmental Protection Agency (EPA), de l'Army Corps of Engineers et maintenant de l'Office of Environmental Markets dépendant du ministère de l'Agriculture. Il précise les obligations de chacune des parties prenantes, les procédures de suivi des opérations de restauration, et contrôle leur bonne mise en œuvre. En 2016, selon Ecosystem Marketplace, on dénombre 81 projets concernant le secteur des forêts et de l'usage de la terre (le secteur AFOLU des rapports du GIEC), visant à éviter la déforestation ou à la compenser. 76 projets sont dédiés à la préservation d'espèces et d'habitats, 1 973 concernent les zones humides et les rivières, tandis que 97 ont pour but la protection des bassins versants. Enfin, 113 concernent plusieurs services écosystémiques à la fois (*multiple assets type*), ce qui tend à confirmer l'extension d'une vision financière de la nature envisagée comme un portefeuille d'actifs à valoriser. Toujours selon la même source, la valeur des transactions sur ces « marchés » serait de 2,2 milliards de dollars par an pour les zones humides, de 383 millions annuels pour les bassins versants, de 200 millions pour

1. Sandrine Feydel et Christophe Bonneuil, *Prédation. Nature, le nouvel eldorado de la finance*, La Découverte, Paris, 2016.

les espèces et habitats et de 58 millions pour le secteur AFOLU. Ces chiffres sont à prendre avec des pincettes, certains se contredisant d'une page à l'autre. Ils sont néanmoins corroborés par les chiffres officiels de l'Environmental Protection Agency, d'un ordre de grandeur à peu près identique[1].

Enfin, mentionnons un dernier arrangement marchand à visée environnementale créé sous l'égide des Nations unies en 2005 et empruntant à la fois aux marchés de carbone et au principe de la compensation. Il s'agit d'un dispositif destiné à valoriser la fonction de séquestration du carbone par les forêts, mentionné plus haut et connu sous l'acronyme REDD+, pour *Reducing Emission from Deforestation and Forest Degradation*. L'idée est de lutter contre la déforestation en allouant des crédits d'émission de GES aux propriétaires et/ou exploitants des forêts qui les maintiennent en l'état plutôt que de les raser pour de l'agriculture industrielle ou du bois de coupe. Ces crédits rémunèrent la séquestration du carbone par les forêts, donc les tonnes de CO_2 qui n'auront pas été émises puisque la forêt n'aura pas été touchée. L'évaluation de la quantité de carbone non émise se fait par rapport à un scénario de référence, d'une déforestation partielle ou totale. L'essentiel des forêts « à haut pouvoir de séquestration de CO_2 » sont les forêts tropicales, situées dans les pays du Sud, et la majorité des pays gros émetteurs de GES sont au Nord. Cela fait dire aux critiques que ce dispositif permet aux pays du Nord de continuer à émettre tandis que les pays du Sud s'engagent à préserver leurs forêts pour absorber les émissions de GES des pays industrialisés.

Le mécanisme a ensuite été étendu pour englober les activités d'afforestation et de gestion durable des forêts (d'où le + accolé à REDD). Dès lors, on pourra dans certains cas compenser la destruction d'une forêt tropicale par une plantation d'eucalyptus, puisque la forêt n'est considérée que comme un « puits de carbone » : tant que ce qui est émis quelque part est compensé par une baisse des émissions ou une absorption ailleurs, la quantité globale de CO_2 n'augmente pas. On est bien dans la logique du Protocole de Kyoto et de la compensation. De même, une forêt gérée pour du bois de coupe mais de manière « durable » (certifiée

1. Ecosystem Marketplace, *An Atlas of Ecosystem Markets in the United States*, 2016, <http://www.forest-trends.org/documents/files/doc_5440.pdf> et <www.epa.gov/cwa-404/mitigation-banking-factsheet>.

par exemple par le label FSC) pourra obtenir des crédits d'émission REDD+.

Là encore, ce mécanisme est une véritable usine à gaz. Il faut en effet, pour chaque projet désirant entrer dans le dispositif onusien : 1. déterminer un scénario de référence ; 2. calculer le nombre de tonnes de CO_2 dont l'émission sera évitée ; 3. faire certifier ces analyses ; 4. déterminer à qui les crédits seront alloués, c'est-à-dire qui détient les droits de propriété sur le carbone non émis (propriétaire ? exploitant ? habitants ?) et signer les contrats afférents ; et 5. contrôler *ex post* que le projet est bien conforme aux engagements. De plus, comme l'expliquent Alain Karsenty et ses collaborateurs, l'architecture du dispositif est toujours en négociation, non stabilisée, en particulier au niveau de la rémunération[1]. Faut-il calculer cette dernière par projet de conservation ou par pays ? Et qui va payer ? Des fonds internationaux ont été créés pour acheter ces crédits REDD+. Le plus connu est celui de la Banque mondiale, le Forest Carbon Partnership Facility, qui a dépensé environ 1 milliard de dollar en dix ans d'existence, de 2008 à 2018. Mais les crédits REDD+ peuvent aussi être vendus directement sur les marchés volontaires de CO_2 (donc pas sur le plus grand d'entre eux qui est le marché européen, qui n'est pas volontaire mais obligatoire). Toutes les étapes précédemment citées peuvent être discutées et négociées, ce qui fait dire à Alain Karsenty que « REDD+ est un instrument d'une complexité incroyable qui fait d'abord le bonheur des consultants et des cabinets d'experts[2] ».

Après une quinzaine d'années d'existence, les résultats de ce dispositif en termes de déforestation et de retombées pour les populations locales sont clairement négatifs. Tout d'abord, vu que REDD+ est construit sur un scénario hypothétique, les chiffres de « déforestation évitée » sont par définition invérifiables : à « prévoir le pire pour prétendre ensuite l'avoir évité », comme le dit Alain Karsenty, on peut aboutir à n'importe quel chiffre, tout dépend du scénario de référence. En attendant, entre 1992 et 2016, la Terre a perdu 129 millions d'hectares de forêts (sur environ 4 milliards d'hectares)[3], et ce malgré

1. Alain KARSENTY, Aurélie VOGEL, Driss EZZINE DE BLAS et Judicaël FÉTIVEAU, « La problématique des "droits sur le carbone" dans REDD+ », *Vertigo. La revue électronique en sciences de l'environnement*, 2012, <http://journals.openeditions.org/vertigo/12974>.

2. Alain KARSENTY, « Réflexions sur le système REDD+ », *Alternatives internationales*, n° 17, 2015.

3. « Second avertissement à l'humanité » signé par plus de 15 000 scientifiques, paru dans *Biosciences* le 13 novembre 2017 et repris dans *Le Monde* du 14 novembre 2017.

72 millions d'hectares concernés par des projets REDD+. On peut effectivement dire que cela aurait été pire sans REDD+, mais c'est totalement invérifiable[1].

De plus, comme des projets concernant des forêts gérées de manière « durable » sont éligibles au programme REDD+, des arbres continuent à être coupés et des forêts détruites sous son ombrelle. Des détenteurs de concessions forestières parviennent même à être payés pour cela. Plusieurs enquêtes montrent en effet qu'il est extrêmement facile pour les exploitants de contourner les critères de certification et de labellisation. Le site Redd Monitor recense de nombreux cas de ce type. Il fait état d'un rapport de 2017 commandé par le gouvernement norvégien (grand contributeur au mécanisme REDD+) sur la gestion durable des forêts ; les conclusions de ce rapport sont alarmantes[2]. La grande majorité des forêts certifiées (89 %) se trouveraient dans les pays du Nord, et ne concernent donc pas les forêts tropicales. Entre 30 et 45 % des forêts pluviales d'Afrique centrale et de l'Ouest seraient sous concessions forestières, c'est-à-dire menacées. De manière générale, dans les pays du Sud, même quand il existe une certification, il semblerait que celle-ci ne permette ni de réduire les émissions de CO_2 ni de limiter la dégradation de la forêt. La première grande raison de cet état de fait est institutionnelle : les plans de gestion ne sont pas respectés, les autorités en charge du suivi sont souvent corrompues, la gouvernance du processus est inadéquate et le contrôle ineffectif. C'est la raison pour laquelle la gestion durable des forêts est plus protectrice dans les pays du Nord, dont les cadres institutionnels sont en général plus contraignants. La seconde relève de l'avidité des firmes forestières, qui privilégient une gestion à court terme (« *cut and run* ») plutôt qu'une gestion raisonnée à long terme, dont les profits immédiats sont moindres.

*Appropriation et expropriation (*bis*)*

Enfin, *last but not least*, REDD+ contribue au phénomène global d'accaparement des terres et d'expropriation des paysans et des populations

1. A. Karsenty, « Réflexions sur le système REDD+ », art. cité.
2. REDD Monitor, « Norvegian funded study exposes the myth of sustainable forest management », 30 janvier 2018, <http://www.redd-monitor.org/2018/01/30/norwegian-funded-study-exposes-the-myth-of-sustainable-forest-management/#more-28896>.

autochtones[1]. Ce phénomène n'est certainement pas récent. Laurence Roudart et Marcel Mazoyer analysent la vague récente de *landgrabbs* à la lumière d'exemples historiques fameux remontant à la Rome antique et, plus proches de nous, aux enclosures britanniques et à la colonisation[2]. Le regain de ce mouvement depuis les crises financières et alimentaires de 2007-2008 est néanmoins particulièrement inquiétant, comme on l'a vu, par son ampleur et parce qu'il fragilise des populations déjà vulnérables, envers et contre tous les textes internationaux garantissant aux populations indigènes le droit de vivre sur leurs terres ancestrales[3].

La part des terres accaparées dédiée à des projets de conservation n'est pas connue. Elle est sans doute assez faible, mais augmente ces dernières années, notamment si l'on prend en compte les forêts gérées de manière « durable » et les plantations potentiellement éligibles aux crédits REDD+. Ainsi, le site Redd Monitor relate plusieurs exemples de cas où des populations autochtones ont été expropriées des forêts où elles vivaient depuis des siècles parce qu'elles les détruiraient. De grandes ONG environnementales comme le WWF, The Nature Conservancy, Conservancy International et d'autres promoteurs de projets REDD+ jugent que la séquestration du carbone par les forêts est un objectif qui légitime l'expropriation des peuples autochtones. Or il a plusieurs fois été montré que ceux-ci préservent mieux les forêts que ces nouveaux dispositifs. Il n'y a donc aucune raison de les chasser de leurs terres[4]. Ce phénomène, qualifié par certains de *green grabbing*[5], est dans la droite ligne de ce qu'on a évoqué concernant la création des parcs naturels, qui ont d'abord été vidés de leurs habitants traditionnels sous prétexte d'en sanctuariser la *wilderness*.

1. On estime leur nombre total à environ 1,5 milliard de personnes au minimum, voir Miguel Altieri et Victor Manuel Toledano, « The agroecological revolution in latin America : rescuing nature, ensuring food sovereignty and empowering peasants », *The Journal of Peasant Studies*, vol. 38, n° 3, 2011, p. 587-612.

2. Laurence Roudart et Marcel Mazoyer, « Les acquisitions de terre à grande échelle : perspective historique », *International Development Policy*, n° 6, 2015, <http://journals.openedition.org/poldev/2018>.

3. Ben White, Saturnino M. Borras, Ruth Hall, Ian Scoones et Wendy Wolford, « The new enclosures : Critical perspectives on corporate land deals », *The Journal of Peasant Studies*, vol. 39, n° 3-4, 2012, p. 619-647.

4. L'IPBES le confirme dans son dernier rapport paru en octobre 2020.

5. Le premier à avoir utilisé l'expression « *green grabbing* » est un journaliste du *Guardian*, John Vidal : « The great green land grab », *The Guardian*, 13 février 2008, <www.theguardian.com/environment/2008/feb/13/conservation>. Voir aussi James Fairhead, Melissa Leach et Ian Scoones, « Green grabbing : A new appropriation of nature ? », *Journal of Peasant Studies*, vol. 39, n° 2, 2012, p. 237-261.

Ce mouvement va encore s'accélérer avec le Pacte vert européen qui, sous la pression des industries fossiles, a réduit ses ambitions de baisse des émissions de GES et accepté le principe général de la compensation carbone. Les plus grosses firmes émettrices du monde, Total, Eni, BP, Exxon et leurs collègues, pourront continuer à émettre tant qu'elles compensent, soit en plantant des « forêts », soit en construisant des dispositifs de capture et de stockage du carbone. Eni envisage ainsi d'acheter 8 millions d'hectares de terres en Afrique pour y conduire des activités d'afforestation, donc de nouvelles plantations industrielles, qui lui donneront le droit à des crédits REDD+ qu'elle pourra ensuite aller vendre sur les marchés de carbone volontaires [1]. Autrement dit, dans ce schéma, il ne s'agit pas de laisser les énergies fossiles dans le sol, seule solution à la lutte contre le réchauffement climatique, mais de compenser les émissions de GES par une augmentation du pouvoir de séquestration des terres. Les populations autochtones seront expropriées, au nom de la lutte contre le réchauffement climatique.

Une étude récente publiée par le Center for International Forestry Research (CIFOR), le centre de recherche sur les forêts du Consultative Group on International Agricultural Research (CGIAR), synthétise les résultats de 85 publications sur les violations des droits des peuples indigènes aggravées par des projets REDD+ [2]. Sa lecture est accablante : les droits des peuples autochtones sont systématiquement bafoués dans bon nombre de pays, des activistes environnementaux assassinés (201 en 2016, 207 en 2017 [3], 212 en 2019), des femmes violées, des populations entières expulsées *manu militari* de leurs terres, même quand leurs titres de propriété sont garantis. Les activités responsables sont toujours les mêmes : l'agriculture industrielle, l'exploitation minière et pétrolière, la foresterie et la conservation. Ces deux dernières sont souvent encadrées par des projets REDD+. Dans de nombreux cas, les populations locales sont accusées de détruire les forêts (en Équateur, en Tanzanie, au Kenya, en République démocratique du Congo, etc.), ce qui est supposé justi-

1. CEO, *A Grey Deal ? Fossil Fuels Fingertips on the European Green Deal*, *op. cit.*, et REDD Monitor, « Eni plans 8,1 millions hectares land grab in Africa for carbon offsets plantations », 17 mars 2019, <https://redd-monitor.org/2019/03/17/oil-company-eni-plans-8-1-million-hectare-land-grab-in-africa-for-carbon-offset-plantations/>.

2. Juan Pablo Sarmiento Barletti et Anne M. Larson, « Rights abuse allegations in the context of REDD+ readiness and implementation », *CIFOR Info brief*, n° 190, 2017.

3. « 207 environmental defenders have been killed in 2017 while protecting their community's land or natural resources », *The Guardian*, 13 juillet 2017, <www.theguardian.com/environment/ng-interactive/2017/jul/13/the-defenders-tracker>.

fier la maltraitance et l'expropriation. Plusieurs tribus de « Pygmées » survivant dans le bassin du fleuve Congo ont été ainsi chassées de leurs terres ancestrales pour permettre la création de parcs naturels : elles tentent d'y survivre aux alentours, mais meurent lentement de faim car elles sont interdites de chasse. Le WWF a armé des rangers pour être sûr qu'elles n'entrent pas illégalement dans la forêt[1]...

Pourtant, lors de la création de REDD+ sous l'égide de la Convention-cadre pour le climat des Nations unies, et lors des conférences des parties ultérieures, y compris la COP 21 à Paris en 2015, les procédures d'association des populations locales aux projets REDD+ étaient clairement explicitées et le respect des droits des peuples indigènes réitéré. Comme dans le cadre des programmes de bioprospection encadrés par la CDB, avant chaque projet, les populations concernées doivent donner leur « consentement préalable, libre et informé », et des accords concernant le partage des bénéfices sont établis. Qui touchera le produit de la vente des crédits carbone ? Autrement dit, qui est « propriétaire » du carbone séquestré par les forêts ? Dans la grande majorité des cas, surtout dans les pays où les institutions encadrant les droits fonciers sont insuffisamment solides et développées, ce ne sont pas les peuples qui touchent les bénéfices, mais les exploitants de forêts et/ou des officiels locaux plus ou moins corrompus. Sont même apparus récemment des « *carbon cow-boys* », des entrepreneurs peu scrupuleux utilisant les droits REDD+ ou d'autres schémas de compensation carbone pour s'approprier les revenus issus de la séquestration de carbone par les forêts. Par ailleurs, les études compilées par les auteurs du CIFOR mettent en lumière que le « consentement préalable, libre et informé » n'est à peu près jamais effectivement demandé. Les transactions ont souvent lieu dans le plus grand secret, et même lorsque ce n'est pas le cas, les dispositifs REDD+ sont d'une telle complexité que les peuples concernés ont rarement la possibilité d'entrer dans les discussions d'égal à égal. Comme le soulignent les auteurs, « le rapport 2016 du rapporteur spécial de l'ONU sur le droit des peuples indigènes confirme que

1. Laurence Caramel, « Dans le bassin du Congo, les Pygmées persécutés au nom de la protection de la nature », *Le Monde*, 24 septembre 2017, <http://www.lemonde.fr/afrique/article/2017/09/24/dans-le-bassin-du-congo-les-pygmees-sacrifies-sur-l-autel-de-la-protection-de-la-nature_5190365_3212.html>. L ; le terme « Pygmée » est péjoratif, il englobe différentes tribus de « peuples de la forêt » comme elles se désignent elles-mêmes. Voir par exemple <https://www.survivalinternational.org/tribes/pygmies>.

la violation des droits indigènes au nom de la conservation est une constante globale[1] ».

Une perspective réductionniste et impérialiste

Ce chapitre a détaillé les trois grandes étapes de la construction des *marchandises fictives* que sont les services écosystémiques : celle de leur définition, celle de leur monétisation, et enfin leur valorisation par des mécanismes plus ou moins marchands tels les marchés de carbone, les « banques de biodiversité » ou le dispositif REDD+. Entrer dans les détails de cette construction était certes un peu laborieux, mais, le diable étant souvent dans les détails, nécessaire pour mettre en lumière la nature profonde de l'exercice. Quelle est-elle ? D'une manière peut-être un peu paradoxale, l'entreprise consistant à donner un prix à la nature est à la fois réductionniste et impérialiste. Réductionniste car il s'agit d'abord et avant tout de définir la nature comme un catalogue d'objets discrets, envisagés séparément les uns des autres, seule manière de pouvoir les mesurer, les comparer et leur donner une valeur en termes d'« unités de biodiversité » ou de dollars. Or les interdépendances fonctionnelles au sein des écosystèmes et entre les écosystèmes sont nombreuses, complexes, et encore souvent mal connues.

Prenons l'habitat d'une espèce protégée qui devrait être restauré ou réhabilité, un problème typique de cette discipline en plein développement qu'est l'ingénierie écologique. Cet habitat dépend, en simplifiant beaucoup, du couvert végétal. Celui-ci dépend entre autres de la richesse des sols, qui résulte de la dégradation des matières organiques, qui dépend à son tour de la présence de micro-organismes et d'invertébrés, populations qui ne se développeront qu'en l'absence de produits toxiques et que si le renouvellement de l'apport en matières organiques est suffisant. Le couvert végétal dépend aussi de la dissémination des graines et de la pollinisation, fonctions assurées par des populations d'oiseaux et d'insectes qui doivent elles aussi trouver des conditions d'existence favorables. Autrement dit, la survie de l'espèce protégée repose sur l'ensemble des interactions caractérisant un écosystème particulier, les équilibres subtils qui s'établissent entre les différentes

1. J. P. Sarmiento Barletti et A. M. Larson, « Rights abuse allegations in the context of REDD+ readiness and implementation », art. cité, p. 6.

populations animales et végétales qui y vivent. Penser que l'on peut recréer artificiellement une telle complexité révèle une fois encore cette attitude d'*hubris* qui caractérise les sciences et techniques contemporaines. L'infinie diversité de la vie, bien qu'en diminution, reste et restera toujours beaucoup plus compliquée et incertaine que les modèles des écologues et les standardisations qui en découlent. On peut du moins l'espérer.

Ce réductionnisme s'accompagne d'une certaine forme d'impérialisme, dans la mesure où cette vision de la nature comme un capital engendrant des flux de services écosystémiques prétend rendre compte de tous les aspects de la vie sur Terre, considérés sous l'unique angle des bénéfices qu'ils apportent à l'être humain. En plus d'être bêtement utilitariste, la notion de *Biodiversity and Ecosystem Services* (BES) est « exhaustive » comme le revendiquent R. Haines-Young et M. Potschin [1] : toutes les interactions entre l'être humain et la nature y entrent, de la nourriture à la formation des sols, de la régulation du climat à la valeur spirituelle des paysages.

Impérialiste aussi est l'importation dans le champ de l'écologie des catégories économiques et financières pour penser la nature et nos relations avec elle. Des flux, des stocks, du capital, des services... tous ces termes reflètent la domination sans partage d'une vision économiciste du monde. Dans l'indifférenciation qu'elle produit, cette vision nie la richesse de la nature et sa diversité : un hectare de forêt tropicale égale 3 hectares de forêt tempérée ou 1/10e d'hectare de récif corallien. Une forêt tropicale n'est qu'un « puits de carbone », tandis qu'un récif corallien ou une mangrove sont essentiellement des protections à l'érosion des côtes. Quant à la « biomasse », elle englobe tout ce qui vit ou a vécu sur Terre, tous les organismes non fossilisés. Les formes matérielles de la vie sur Terre, leur beauté spontanée et leur infinie diversité sont ramenées à un équivalent général quantitatif unique. D'une manière quelque peu similaire à ce qui se passe pour l'appropriation des gènes, variétés végétales et micro-organismes, où toutes ces formes de vie sont évaluées à travers le prisme de l'information génétique (une succession de *bits*), les notions de capital naturel et de services écosystémiques conçoivent une nature indépendante de ses manifestations concrètes, *désincarnée* ou *dématérialisée*.

1. R. Haines-Young et M. Potschin, « Categorisation systems : the classification challenge », art. cité.

En tentant de mettre de côté les faiblesses conceptuelles qu'on vient d'évoquer et en adoptant un point de vue empirique et pragmatique, que peut-on attendre du développement de ces dispositifs de monétisation et de valorisation ?

À court terme, et dans des contextes locaux particuliers, certains dispositifs peuvent avoir un impact positif, comme en témoignent certains arrangements de paiement pour services environnementaux qui peuvent par exemple rétribuer des agriculteurs bio pour les services qu'ils rendent, et ainsi contribuer au développement de l'agriculture du même nom. Mais la généralisation de tels mécanismes ne répond pas aux problèmes de fond, elle ne fait au contraire que perpétuer les processus et phénomènes qui nous ont menés dans l'impasse où nous sommes aujourd'hui, et ce pour au moins trois raisons.

La première trouve son origine dans un résultat de la théorie économique néoclassique, qui est l'inefficacité du mécanisme de prix en présence d'externalités. Il a été montré qu'un système de prix permettait d'arriver à un équilibre économique sous un certain nombre d'hypothèses contraignantes. Une de ces hypothèses est l'absence d'externalités, c'est-à-dire d'effets adventices produits par les actions des agents qui ne seraient pas pris en compte par le marché et le système de prix. L'exemple classique en est la pollution. C'est d'ailleurs le problème au fondement de la démarche consistant à donner un prix à la nature, pour « internaliser » les externalités environnementales et faire apparaître ces dimensions autrement cachées. Si l'on suit la théorie économique, l'idée est que les capitaux s'investissent dans les activités, les actifs ou les services dont la productivité est la plus élevée, c'est-à-dire ceux qui sont comparativement les plus efficaces pour produire de la valeur, étant entendu que celle-ci contribue positivement au bien-être humain. Le prix de chaque bien, service ou actif doit donc refléter sa « vraie » valeur [1], sa contribution à la richesse globale. S'il y a des externalités, c'est-à-dire des effets non reflétés dans le système de prix, les valeurs ne seront pas les « vraies » et les capitaux n'iront pas là où ils le devraient. Une activité très rentable tant qu'on ne prend pas en compte ses effets en termes de pollution va attirer beaucoup plus de capitaux que ce qui serait légitime si l'on prenait en compte tous les coûts induits par les destructions environnementales.

1. En supposant que tous les problèmes liés aux méthodes d'évaluation mentionnés plus haut soient résolus.

Faire confiance au marché et au système de prix pour refléter les « vraies » valeurs des services écosystémiques dans leur contribution au bien-être humain suppose donc pareillement que ces derniers soient indépendants les uns des autres, ou au moins que toutes les externalités les affectant soient internalisées. Sinon, le système de prix fournira des signaux biaisés aux agents économiques. Vu le nombre d'interdépendances entre les différents services écosystémiques, chaque action sur l'un de ces services engendrera immanquablement des effets sur les autres, donc des externalités. Par exemple, la restauration de l'habitat des ours entraînera la réduction et/ou la disparition d'autres populations animales dont l'ours est prédateur, ce qui affectera à leur tour des populations végétales dont se nourrissaient les proies habituelles des ours. Cela peut éventuellement conduire à une érosion des sols, ce qui diminuera la qualité de la filtration de l'eau : les « vraies » valeurs de ces deux services (habitat et filtration de l'eau) ne sont pas indépendantes. De manière plus générale, au vu de la nature de l'objet, c'est-à-dire la nature dans son ensemble et la multitude des interdépendances qui la caractérise, il est impossible de concevoir qu'un système de prix puisse refléter les valeurs relatives d'un service par rapport à un autre. La nature est un système d'une telle complexité qu'il faut l'envisager de façon globale. La découper artificiellement en catégories discrètes et indépendantes les unes des autres est conceptuellement faux, un contresens, une absurdité.

Une deuxième raison pour laquelle la nouvelle approche en termes de capital naturel et de services écosystémiques ne saurait être une solution à la dégradation de la planète est que cette perspective fait appel aux plus bas instincts des êtres humains, à une raison purement utilitaire, voire cupide. Fonder la protection de la nature sur la rationalité économique, c'est-à-dire sur la recherche de l'efficacité et du profit maximum, consacre la révolution anthropologique portée par le capitalisme, où tout sens du collectif, de l'intérêt général et du bien commun a disparu. Cette vision étant en partie à l'origine du désastre, comment pourrait-elle en être la solution ? La protection de la nature et l'aménagement du territoire ne peuvent être conçus que collectivement, dans une perspective qui dépasse les intérêts particuliers et se soucie de l'intérêt des communautés qui l'habitent, qu'elles soient humaines, animales ou végétales. En confiant cette prérogative à des acteurs privés ne s'intéressant qu'à leur profit, les États abandonnent une fois de plus une part de leur souveraineté et de leur responsabilité.

Et puis que donnera l'application du principe de concurrence dans le domaine des services écosystémiques ? Au vu des expériences sur les autres marchés concurrentiels, les investisseurs se précipiteront sur l'achat des récifs coralliens et des forêts tropicales, dont la valorisation attendue est de bien meilleur rapport que celle des océans ou des forêts tempérées. Et quand de nouvelles découvertes sur le fonctionnement des écosystèmes viendront modifier les méthodes d'évaluation et les « vraies » valeurs de ceux-ci, on assistera à des réallocations massives de ressources financières. En fin de compte, seuls seront « protégés » les services écosystémiques qui rapportent immédiatement, c'est-à-dire ceux qui seront valorisés par un dispositif ou un autre. De plus, les services répertoriés sont pour l'instant au nombre de vingt-deux, mais rien ne dit que de nouvelles connaissances scientifiques ne permettront pas d'en identifier d'autres. La valorisation des terres et des mers sur une telle base est donc potentiellement infinie, ce qui excite déjà les convoitises.

Le phénomène croissant d'accaparement des terres au niveau mondial vient à l'appui de cette assertion. En effet, plus le nombre de services écosystémiques valorisables en bon argent se multipliera, plus les perspectives de profits associées à la propriété foncière feront de même. Cela entraîne déjà, on l'a vu, des achats massifs de terres par des firmes transnationales et des investisseurs institutionnels, aboutissant à une concentration des terres toujours croissante et une expropriation des communautés paysannes et forestières indigènes. Avec l'augmentation des perspectives de valorisation d'une gamme toujours plus étendue de services écosystémiques, ce mouvement d'accaparement des terres, et toute la violence, l'injustice et la pauvreté qui l'accompagnent, ne pourront aller qu'en augmentant.

Enfin, la troisième raison pour laquelle cette perspective est une impasse est sans doute encore plus fondamentale. Elle concerne la position de l'être humain dans le monde qu'il habite. La vision en termes de services écosystémiques place l'être humain au sommet de la nature, pour ainsi dire, trônant au-dessus de toutes les autres formes de vie qui sont là à son service. Elle s'exprime notamment dans une fuite en avant extractiviste : on éventre les montagnes pour y trouver des richesses minières, on arrache les arbres pour planter des déserts verts ou construire des routes, tout cela pour nourrir la frénésie de consommation qui s'est emparée de nous. De manière plus générale, la perspective encore majoritairement mécaniste et utilitariste des sciences de la nature et des sciences économiques, dont la jonction préside à l'approche en termes de services écosystémiques, justifie cette domination de l'homme sur la nature. En coupant cette dernière en petits bouts discrets, on perd de vue son unité et le fait que nous en faisons partie, malgré tous nos efforts pour en divorcer. Comme l'écrit Erwin Chargaff, « le merveilleux tissu à l'incroyable finesse est lacéré lambeau par lambeau, chaque fil est arraché, décortiqué et mesuré, et à la fin le souvenir même de la forme est perdu et ne peut plus être retrouvé [1] ». Tant qu'une telle vision dualiste perdurera, les êtres humains d'un côté et la nature de l'autre, les destructions continueront. Nous ne pourrons les arrêter que si nous opérons une véritable révolution intellectuelle et philosophique, et recherchons une position fondée sur le respect et l'harmonie avec la nature, nous êtres humains appartenant au monde vivant, à égalité de légitimité et de droit à l'existence avec les autres êtres vivants, animaux et végétaux.

1. E. Chargaff, *Le Feu d'Héraclite*, *op. cit.*, p. 100.

6

Faire confiance à la finance ?

« Nous sommes capables d'éteindre le soleil et les étoiles parce qu'ils ne rapportent aucun dividende[1]. »

John Maynard KEYNES

L'esquisse des contours du nouveau régime de capitalisme qui se met en place sous l'appellation de croissance verte ou de *Green New Deal* ne serait pas complète sans un chapitre sur la finance, « verte » aussi bien évidemment.

Le régime qui a succédé au fordisme a émergé au tournant des années 1980. Comme l'ont bien montré les auteurs de l'École de la régulation, il est en particulier marqué par une hypertrophie et une domination de la sphère financière. Celles-ci se manifestent par un ensemble de phénomènes désormais bien identifiés, dont les principaux sont les suivants. Tout d'abord, selon les préconisations de la théorie économique standard, les marchés de capitaux ont été libéralisés, les réglementations limitant les mouvements de capitaux démantelées, dans l'idée de parvenir à un grand marché global fonctionnant vingt-quatre heures sur vingt-quatre. C'est ce qu'on a appelé la globalisation financière. Ensuite, nombre d'États ont favorisé l'épargne financière, pour canaliser les économies des ménages vers le financement des

1. John Maynard KEYNES, « De l'autosuffisance nationale » (1933), *L'Économie politique*, n° 31, 2006, p. 14.

entreprises. Le développement des retraites par capitalisation procède de ce mouvement, comme la baisse de la fiscalité sur les plus-values financières. De ce fait, de nouveaux acteurs ont émergé, les investisseurs institutionnels, comprenant les différents fonds qui mutualisent et gèrent l'épargne privée et publique (fonds de pension et fonds mutuels, assurances, *private equity*, *hedge funds*, fonds souverains[1]). Enfin, l'idéologie financière s'est étendue à des domaines à l'origine non financiers, comme on en a vu des exemples aux chapitres précédents. Les grandes firmes en particulier sont aujourd'hui gérées dans l'intérêt quasi exclusif des actionnaires, les autres parties prenantes (salariés, fournisseurs, sous-traitants, clients) étant considérées comme secondaires. Le pouvoir des propriétaires du capital conduit à légitimer nombre de pratiques auparavant considérées comme immorales : *stock-options* et autres parachutes dorés, rachats d'actions et licenciements boursiers, distribution de dividendes exorbitants sans hausses de salaires et alors même que l'entreprise lance des plans de licenciement, dividendes qui sont de plus souvent financés par de l'endettement. Le maître mot est celui de la maximisation de la valeur actionnariale, tous les autres objectifs, y compris productifs, lui étant soumis[2]. Cet ensemble de phénomènes consacre le pouvoir de la finance et a fait justement dire aux auteurs régulationnistes qu'on a désormais affaire à un régime de capitalisme financiarisé, actionnarial ou patrimonial[3].

C'est dans ce contexte général que prend place le mouvement de « verdissement » dont on a exposé différentes dimensions. En effet, si l'on veut concrétiser les grandes déclarations sur l'impérieuse nécessité de maintenir le développement économique sur une trajectoire permettant de limiter la croissance des températures en dessous du seuil fatidique des deux 2 °C, il va falloir agir sérieusement, et vite.

1. Les fonds de *private equity* investissent dans des sociétés non cotées, souvent des *start-up*, et incluent donc le capital-risque. Les *hedge funds* sont les fonds spéculatifs, investissant dans des actifs à haut rendement et haut risque, pudiquement qualifiés en français de « fonds alternatifs ».

2. William LAZONICK et Mary O'SULLIVAN, « Maximizing shareholder value : A new ideology for corporate governance », *Economy and Society*, vol. 29, n° 1, 2000, p. 13-35.

3. On peut trouver des analyses de différents aspects de ces évolutions dans André ORLÉAN, *Le Pouvoir de la finance*, Odile Jacob, Paris, 1999 ; Michel AGLIETTA et Antoine REBÉRIOUX, *Dérives du capitalisme financier*, Albin Michel, Paris, 2004 ; Sabine MONTAGNE, *Les Fonds de pension. Entre protection sociale et spéculation financière*, Odile Jacob, Paris, 2006 ; Frédéric LORDON, *Jusqu'à quand ? Pour en finir avec les crises financières*, Raisons d'agir, Paris, 2008 ; Tristan AUVRAY, Thomas DALLERY et Sandra RIGOT, *L'Entreprise liquidée. La finance contre l'investissement*, Michalon, Paris, 2016.

Toutes les études scientifiques montrent que, au-delà, des effets gravissimes sur les équilibres de la biosphère vont apparaître, effets vraisemblablement irréversibles. Du point de vue de la politique économique, la question est double.

Premièrement, quels choix techniques, scientifiques et productifs doivent être faits pour limiter les émissions de gaz à effet de serre ? Comment décarboner nos économies ? Les chapitres précédents ont montré que l'essentiel des réponses reposent sur la haute technologie : favoriser les énergies renouvelables et la production « biosourcée » (ce qui implique entre autres d'intensifier encore l'agriculture), rechercher l'efficacité énergétique à tous les niveaux, mieux gérer des ressources de plus en plus rares et mettre au point des matériaux synthétiques de remplacement, mieux coordonner les activités économiques grâce au numérique et à la multiplication de systèmes « intelligents ». Notez que l'objectif principal concerne le réchauffement climatique, donc les émissions de gaz à effet de serre ; le déclin de la biodiversité, l'acidification des océans, l'artificialisation des sols et les problèmes de pollutions multiples ne sont pas au centre de la « transition écologique ». Leur réduction constitue un objectif subordonné. Le gros des efforts porte sur la question climatique. Encore un exemple de l'étroitesse d'esprit contemporaine, qui mène à l'erreur maintes fois relevée ici : une sous-estimation systématique de la multiplicité des interactions caractérisant les systèmes naturels et sociaux.

Le second grand problème est celui du financement de cette transition, questionnement apparu plus récemment. Étant d'une nature globale et multisectorielle, l'estimation des besoins en financement est très difficile à effectuer. Dans un rapport de 2018, le PNUE parvient aux résultats suivants : le monde devrait affecter annuellement entre 140 et 300 milliards de dollars à la transition d'ici 2030, et entre 280 et 500 milliards ensuite[1].

Au vu de la dimension éminemment collective de la question écologique, les États et les institutions internationales devraient *a priori* être les principaux responsables de la transition. Mais la conjonction d'un *Zeigeist* libéral et de déficits budgétaires chroniques entraîne là comme ailleurs un changement radical de perspective. Comme dans

1. UNEP, *The Adaptation Gap Report*, 2018, téléchargeable sur <www.unep.org>. À la suite de la crise du coronavirus en 2020, les plans de relance promis par les différents États du Nord pour soutenir la croissance dépassent largement les 2 000 milliards de dollars.

le cas des politiques de conservation de la biodiversité vues précédemment, le secteur privé est appelé à la rescousse. En l'occurrence, on demande désormais aux banques et aux marchés financiers de contribuer à l'effort collectif en la matière. Chronologiquement, c'est le dernier avatar du régime de la croissance verte. Peut-être parce que les succès de la finance depuis trente ans ne sautent pas aux yeux et qu'un reste de pudeur subsisterait encore ? Sans doute aussi parce qu'il y a très peu de temps que la communauté internationale semble avoir réellement décidé d'agir, et que le financement de la transition écologique n'est devenu un enjeu que depuis une dizaine d'années. Ce secteur est encore balbutiant, mais, vu son adéquation avec l'esprit du temps, il se développera vraisemblablement très rapidement dans les années à venir. C'est l'objet de ce sixième et dernier chapitre que d'en analyser les grandes lignes et d'en tenter une évaluation.

Pour ce faire, je procéderai en trois temps. La première partie recensera les principaux outils destinés à canaliser les investissements vers les activités « vertes ». Ceux-ci sont principalement de deux types : les indices boursiers « soutenables » et les obligations « vertes ». On verra que, dans l'ensemble, les firmes, technologies et secteurs financés grâce à ces instruments n'ont la plupart du temps pas grand-chose d'écologique. Autrement dit, pour l'instant en tout cas, la finance verte permet essentiellement de blanchir la réputation des grandes firmes, ce que les Anglo-Saxons appellent *greenwashing*. La raison principale en est que, pour mériter le qualificatif de vert, actions et obligations doivent respecter les critères ESG (*Environmental, Social and Governance* – en français : la responsabilité sociale et environnementale des entreprises, ou RSE). Or cette labellisation est encore confuse et peu rigoureuse, et il est (trop) facile d'y satisfaire. C'est ce qu'on verra dans une deuxième partie. Outre l'orientation de l'investissement, les marchés financiers assurent une seconde grande fonction économique en proposant des outils permettant de s'assurer contre différents risques, outils appelés « produits dérivés ». Un exemple fameux est celui des dérivés de crédit, permettant aux créanciers de s'assurer contre le risque de défaut des emprunteurs, et qui ont été à l'origine de la crise des *subprimes* en 2007-2008. Avec la dégradation écologique, de nouveaux risques apparaissent et, les scientifiques de la finance étant toujours aussi créatifs, de nouveaux outils de gestion de ces risques sont construits. La troisième partie en exposera les principaux : « obligations catastrophe », « dérivés climatiques »,

« hypothèques environnementales ». On conclura par un questionnement plus général sur la capacité de la finance à faire des choix de développement compatibles avec le bien commun. Cette capacité ne pourrait être effective que si les prix des actifs financiers reflétaient les valeurs sociales, et non la simple recherche de profit à court terme. En suivant Keynes et tout un courant de littérature qui s'est développé à sa suite, je montrerai que cette condition n'est pas remplie. Ainsi, dans les structures actuelles de la sphère financière, la finance « verte » ne représente pas une inflexion de la dynamique des économies contemporaines. Elle est plutôt la dernière étape de l'extension d'une sphère financière déjà hypertrophiée, permettant aux entreprises de continuer comme avant. *Business as usual.*

Des outils pour orienter l'investissement vers des activités « vertes »

Comme l'écrivent les manuels de première année d'économie, la fonction principale de la finance est de mettre en relation les agents à capacité de financement, ceux qui ont de l'épargne et de la trésorerie, et les agents à besoin de financement, ménages, entreprises et États. Jusqu'à il y a une trentaine d'années, cette mise en relation s'effectuait majoritairement par l'intermédiaire des banques, qui récoltaient l'épargne et la redistribuaient sous forme de prêts [1]. Avec les changements réglementaires engagés par les politiques libérales de Ronald Reagan et Margaret Thatcher au début des années 1980, les marchés financiers ont joué un rôle de plus en plus important dans le financement des activités économiques. Ces marchés mettent en relation les agents à capacité de financement et à besoin de financement de manière directe, sans intermédiaires. Les économistes ont qualifié cette évolution de désintermédiation bancaire. Une firme ayant besoin de capital pour financer sa recherche-développement ou la modernisation de son appareil productif peut ainsi émettre des titres directement sur les marchés, actions ou obligations, d'où l'expression de finance directe. Les États, pour financer leurs déficits budgétaires, sont aussi de gros émetteurs d'obligations, sous la forme de bons du Trésor. Les ménages en revanche ne peuvent intervenir

1. Les banques peuvent aussi accorder des prêts même si elles n'ont pas l'épargne correspondante, en créant de la monnaie sous le contrôle des banques centrales.

sur ces marchés qu'en tant qu'investisseurs ou prêteurs : ils achètent des actions et obligations mais ne peuvent pas en émettre.

En canalisant les fonds prêtables vers certains pays, certaines activités et secteurs plutôt que vers d'autres, les marchés financiers ont le pouvoir d'orienter le développement économique. Si, par exemple, les épargnants et investisseurs institutionnels (les agents qui mutualisent l'épargne) décident que le secteur des biotechnologies est plein de promesses, ils achèteront massivement des titres émis par les entreprises de ce secteur, le capital affluera et ces entreprises se développeront effectivement. S'ils jugent que les énergies fossiles sont responsables du dérèglement climatique et décident d'y faire quelque chose, ils vendront leurs actions et obligations Total, Exxon, BP et autres, et ces firmes auront du mal à financer leurs activités. La finance de marché a ainsi un pouvoir disciplinaire : ceux qui font « bien » selon les critères en vigueur seront financés, les autres non. Les investisseurs peuvent s'ils le décident « punir » les firmes qui font travailler les enfants, traitent mal leurs salariés, polluent l'environnement ou financent des dictatures. La finance verte se développe en exploitant ce pouvoir disciplinaire. Il s'agit d'identifier les activités et firmes qui contribuent positivement à la transition écologique pour qu'elles reçoivent le maximum de financement.

Les indices boursiers soutenables

Les premiers indices boursiers « verts » ou « soutenables » ont vu le jour à la fin des années 1990, mais leur nombre se multiplie à grande vitesse. Depuis le Dow Jones Sustainable Index (DJSI), le premier du genre initié en 1999, on a successivement vu apparaître le Morgan Stanley Capital International (MSCI) ESG, le Financial Times Stock Exchange (FTSE) ou « footsie » Sustainable, le Low Carbon 100 d'Euronext, parmi les principaux. Tous sont construits sur des *benchmarks* ESG (des labels de performance sociale et environnementale), prenant en compte des dizaines de critères économiques (lutte anticorruption, gestion des chaînes d'approvisionnement, gouvernance, gestion des risques et des crises, etc.), sociaux (gestion des « ressources humaines », accidents du travail, droits humains, engagement des « parties prenantes », politique philanthropique, etc.) et environnementaux (biodiversité, stratégie climatique, efficience énergétique des opérations, gestion de l'eau, etc.).

Ces labels ne sont cependant par encore standardisés, certains sont plus rigoureux que d'autres, on le verra dans la prochaine partie en entrant dans le détail du *benchmark* sous-tendant la construction du DJSI et des labels définissant les obligations vertes. Voyons d'abord comment est construit le DJSI World et les firmes qui le composent.

La firme Dow Jones, filiale de Standard & Poor's, commence par sélectionner entre 2 500 et 3 000 firmes figurant dans l'indice Standard & Poor's Global, les firmes dites « invitées ». RobecoSAM, un cabinet suisse de « gestion d'actifs soutenables », a mis au point un *benchmark*, le Corporate Sustainability Assessment (CSA), qui permet de donner une note globale à chaque entreprise, note calculée à partir de pondérations des notes obtenues sur chacun des critères environnementaux, sociaux et de gouvernance (plus d'une centaine en tout). Certaines des firmes invitées acceptent de remplir un questionnaire ESG, les notes des autres ne proviennent que de l'information publique. Par exemple, en 2017, 2 086 firmes ont été analysées, 942 à partir des questionnaires et de l'information publique, 1 144 sur la seule base de l'information publique. Les chiffres sont à peu près les mêmes pour 2018. Dans la foulée, un métier se développe rapidement, celui d'*ESG data provider* ou « fournisseur de données ESG », données en général obtenues en compilant algorithmiquement des milliers d'articles de journaux, d'annonces officielles des entreprises et de données publiques que toute société cotée en Bourse est obligée d'afficher. On appelle aussi cela du « *smart ESG* » ou « ESG intelligent », pour changer. Dow Jones sélectionne ensuite 10 % des « meilleures » compagnies dans chaque industrie (méthode dite de *best-in-class*), puis, par un calcul de son secret, établit une pondération sectorielle de toutes les firmes retenues. En 2017, elles étaient 319. La méthode de *best-in-class* revient à ne considérer que les performances ESG relatives des firmes et non leurs performances absolues, puisque l'on juge par rapport à la moyenne des performances et non par rapport à des seuils quantitatifs ou qualitatifs extérieurs.

Tous les ans, Dow Jones et RobecoSAM publient leurs nouvelles évaluations, certaines firmes sortent du DJSI et d'autres y entrent. Par exemple, en 2016, Samsung, British American Tobacco, Exxon Mobil et Haliburton sont sorties de l'indice, tandis que Shell y est entrée. En 2017, Rio Tinto est sortie, Samsung et British American Tobacco sont revenues. Total est entrée dans l'indice européen en 2016, Sanofi, BASF et Vinci en sont sorties en 2017, et Bayer en

2018. BNP-Paribas est sortie de l'indice européen en 2018 mais reste dans le DJSI World.

Sont publiés aussi les noms des dix « meilleures » firmes dans chacun des 24 secteurs industriels définis, ainsi que les « leaders » dans chaque industrie. Dans la construction automobile, BMW était leader en 2016, Peugeot en 2017 et 2018 ; pour ce qui concerne le secteur « nourriture, boissons, tabac », Nestlé était leader en 2016, remplacé par Coca-Cola en 2017 ; dans le secteur des assurances, Allianz a remplacé Swiss Re, tandis que UBS reste leader du secteur des services financiers, aussi bien en 2017 qu'en 2018. Engie (ex GDF-Suez) est leader 2018 dans le secteur de l'eau [1].

En termes de capitalisation boursière, le DJSI World est composé de la manière suivante (chiffres de février 2017 [2]). Les firmes financières constituent 25 % de l'indice, la pharmacie 17 %, les entreprises « technologiques » 14 %, l'industrie 13 % et les énergies fossiles 5,3 %. Les premiers poids sont Microsoft (5,79 %), Bank of America (2,9 %), Nestlé (2,68 %), Novartis (2,39 %), Roche (2 %), Cisco Systems (2 %), Citigroup (1,98 %), United Health (1,83 %), Amgen (1,53 %) et Total (1,47 %). La capitalisation boursière totale du DJSI World en février 2017 est d'environ 10 trillions de dollars. Un an plus tard, en février 2018, elle approche les 12 trillions de dollars [3]. Pour donner quelques points de comparaison, la capitalisation boursière mondiale est, en 2018, d'environ 80 trillions de dollars, celle de l'indice S&P 500 est un peu supérieure à 20 trillions de dollars, tandis que celle du CAC 40 atteint 1,2 trillion d'euros. Le PIB mondial en 2019 est d'environ 85 trillions de dollars.

Est-ce donc que 12 000 milliards de dollars iraient financer des investissements dans des activités vertes ? Malheureusement non. Il n'est que de voir les firmes qui sont retenues dans l'indice : Samsung, Nestlé, Total, Haliburton, Exxon Mobil, Microsoft, Coca-Cola,

---

1. Voir *DJSI Review Results*, septembre 2017, téléchargeable sur le site de RobecoSAM : <http://www.robecosam.com/images/review-presentation-2017.pdf>, et *DJSI Review Results*, septembre 2018, <https://www.robecosam.com/media/0/4/3/043cd016c8d1952fdd23ee4b2dac909d_review-presentation-2018_tcm1016-14658.pdf>. Entre-temps, RobecoSAM a été racheté par Standard and Poor's Global, et les résultats de 2019 et 2020 ne sont plus accessibles librement.

2. <https://eu.spindices.com/mdsidx/downloads/fact_info/Dow_Jones_Sustainability_World_Index_Fact_Sheet.pdf>, consulté le 26 mars 2017. En 2018, cette page n'est plus accessible.

3. <https://eu.spindices.com/indices/equity/dow-jones-sustainability-world-index>, consulté le 30 mars 2018 (mes calculs).

Novartis, BASF… Certaines sont sorties de l'indice, comme Exxon et Haliburton, mais cela veut dire qu'elles y étaient, et elles peuvent y revenir. BP, à l'origine de la gigantesque marée noire dans le golfe du Mexique en 2010, et Tepco, responsable de la catastrophe nucléaire de Fukushima en 2011, ne sont sorties du DJSI qu'*après* les désastres qu'elles ont provoqués. Figurer dans le DJSI n'est donc aucunement une garantie d'activités écologiquement responsables. Cela permet aux firmes de se donner une image verte et de blanchir leur réputation, autrement dit, cela participe du *greenwashing* ambiant, mais n'est certainement pas un gage de bonne conduite sociale et environnementale.

C'est la même chose pour le Low Carbon 100 d'Euronext dont la nouvelle version a été annoncée à l'automne 2015, au moment de la COP 21 à Paris. Euronext réunit les places boursières de la France, de la Grande-Bretagne, de la Belgique, des Pays-Bas et du Portugal et suit cent firmes censées être performantes dans leurs stratégies de réduction des émissions de GES. Qui trouve-t-on dans cet indice ? Alstom, AkzoNobel, DSM, Danone, Axa, la Société générale, HSBC, Siemens, Total, Peugeot, Renault, Dassault Systèmes, Roche, Saint-Gobain, UBS, Coca-Cola Europe, Veolia Environnement, L'Oréal… toujours les mêmes grandes amies de la nature et des êtres humains, toutes bien sûr respectueuses des lois et des réglementations.

Remarquez que Total, dont la responsabilité sociale et environnementale est pourtant entachée par plusieurs scandales de corruption et de pollution [1], figure dans les deux indices. Amnesty International a par ailleurs identifié seize multinationales dont les chaînes de sous-traitance mènent aux mines de cobalt de la République démocratique du Congo, où quatre-vingts enfants sont morts entre septembre 2014 et décembre 2015 [2]. Parmi ces seize firmes, et outre Apple Inc., Daimler, Vodafone et quelques autres, on trouve Microsoft et Samsung, qui sont dans le DJSI. Le vice-président de Samsung a été inculpé en février 2017 pour corruption en Corée du Sud [3]. Cela

1. « Huit grands procès dans l'histoire de Total », *Le Parisien*, 5 octobre 2009.

2. Le cobalt est indispensable à la fabrication de nos multiples prothèses électroniques, smartphones, tablettes, ordinateurs et autres. Amnesty International, « Les enfants qui travaillent pour nos smartphones », 19 janvier 2016, <https://www.amnesty.fr/responsabilite-des-entreprises/actualites/les-enfants-qui-travaillent-pour-nos-smartphones>.

3. « L'héritier de l'empire Samsung arrêté pour corruption », *Le Monde*, 17 février 2017, <http://www.lemonde.fr/asie-pacifique/article/2017/02/17/l-heritier-de-l-empire-samsung-arrete-dans-le-cadre-de-l-enquete-sur-le-choigate_5080932_3216.html>.

n'a pas empêché la firme de revenir dans le DJSI en septembre de la même année, pour en ressortir en 2018 ! Le travail des enfants et les violations des droits humains les plus élémentaires ont aussi été dénoncés par Amnesty International dans des plantations d'huile de palme indonésiennes, plantations pourtant labellisées « durables » par la Roundtable on Sustainable Palm Oil. Malgré l'attention supposée aux chaînes d'approvisionnement, cette huile de palme se retrouve dans les confiseries Kit-Kat, les cosmétiques Dove, les soupes Knorr et autres délices industriels produits par Nestlé, Procter & Gamble et Unilever, soi-disant championnes en termes de responsabilité sociale et environnementale et figurant dans le DJSI [1]. Quant à Shell, entrée dans le DJSI en 2016, elle est mise en cause dans la monstrueuse pollution du delta du Niger au Nigéria [2].

On pourrait continuer comme cela longtemps, mais ce serait à la fois fastidieux et quelque peu désespérant. Ajoutons toutefois un dernier mot sur les banques et sociétés financières, qui composent 25 % de l'indice DJSI. De par leur activité, elles ne sont pas directement responsables de dégâts écologiques majeurs (quoique les systèmes informatiques et les *Data Centers* nécessaires consomment énormément d'énergie et de métaux rares). Mais, premièrement, elles financent les firmes à l'origine de ces désastres. Un rapport d'Oxfam de novembre 2018 concernant six grandes banques françaises (BNP-Paribas, Société générale, Crédit agricole, Banque populaire-Caisse d'épargne, Crédit mutuel-CIC et Banque postale) montre que, globalement, le financement des énergies renouvelables s'est réduit entre 2016 et 2017, alors que celui des fossiles augmentait (moins 1,8 milliard d'euros, plus 1,8 milliard d'euros respectivement) [3]. Sur le « podium » d'Oxfam, la BNP-Paribas, 12,8 milliards d'euros de financement pour les énergies fossiles, contre seulement 3,3 milliards pour les renouvelables ; le Crédit agricole, 12,6 milliards contre 2,7 ; et la Société générale, 11,5 milliards pour les fossiles et 3,3 milliards pour les renouvelables. Deuxièmement, comme le met en lumière un

1. Amnesty International, « Huile de palme : travail des enfants et travail forcé », 30 novembre 2016, <https://www.amnesty.fr/responsabilite-des-entreprises/actualites/huile-de-palme-travail-des-enfants-et-travail-force>.

2. Mariam Koné, « Le pétrole continue à dévaster le delta du Niger », *Reporterre*, 5 février 2020, < https://reporterre.net/Le-petrole-continue-a-devaster-le-delta-du-Niger>.

3. Oxfam, « Banques françaises, les fossiles raflent la mise », 24 novembre 2018, <www.oxfamfrance.org/climat-et-energie/comment-les-banques-francaises-financent-les-energies-fossiles/>.

autre rapport d'Oxfam [1], les plus grandes banques européennes font un très large usage des paradis fiscaux. Elles se rendent coupables de fraude fiscale à une échelle industrielle, aidant les multinationales précitées à échapper à l'impôt, et y échappent elles-mêmes, ce qui ne devrait pas être compatible avec un label garantissant un comportement « responsable et éthique ». Cela n'a pas l'air de gêner les analystes décidant de la composition du DJSI ou du Low Carbon 100, puisque UBS et HSBC, impliquées dans des scandales retentissants d'évasion fiscale [2], sont toujours dans ces indices, UBS étant même leader de son secteur !

Le mot qui convient est donc bien celui de *greenwashing*. Voyons maintenant s'il y a plus à espérer du côté des obligations vertes.

La montée en puissance des obligations « vertes »

Les obligations vertes sont les outils qui ont connu le plus fort développement ces dernières années. Contrairement aux indices boursiers qui orientent l'investissement vers les entreprises sans savoir ce qui sera précisément financé, les obligations vertes présentent l'avantage d'être émises pour des projets précis. Les investisseurs ont donc *a priori* un meilleur contrôle de l'utilisation de leurs fonds et exercent un pouvoir plus direct. Le problème reste néanmoins celui de la définition de ce qui est vert, les critères n'étant là non plus pas encore standardisés. Il existe pour l'instant deux labels principaux : les Green Bonds Principles (GBP) définis par l'International Capital Market Association, une association professionnelle de financiers ; et la Climate Bonds Initiative (CBI) résultant d'une coordination entre États, fondations, programmes des Nations unies, ONG et firmes multinationales. Il s'agit d'une autre instance de ces objets institutionnels non identifiés, comme le programme TEEB et le BBOP

1. OXFAM, « Banques en exil. Comment les grandes banques européennes profitent des paradis fiscaux », 27 mars 2017, <www.oxfam.org/fr/rapports/banques-en-exil>.

2. Mathilde DAMGÉ, « UBS Leaks : en dix ans, la Suisse a été contrainte d'abandonner son secret bancaire », *Le Monde*, 9 février 2016, <https://www.lemonde.fr/evasion-fiscale/article/2016/02/18/en-dix-ans-la-suisse-a-ete-contrainte-d-abandonner-son-secret-bancaire_4867742_4862750.html> ; Gérard DAVET et Fabrice LHOMME, « "SwissLeaks" : révélations sur un système international de fraude fiscale », *Le Monde*, 6 février 2017, <https://www.lemonde.fr/evasion-fiscale/article/2017/03/06/swissleaks-revelations-sur-un-systeme-international-de-fraude-fiscale_4572319_4862750.html>.

évoqués plus haut. Le label de la CBI est un peu plus rigoureux que celui des GBP et tend à s'imposer comme la référence dans le paysage des obligations vertes.

La première obligation verte a été émise en 2007 et, entre cette date et novembre 2017, environ 900 milliards de dollars d'obligations vertes ont été émises, dont 220 milliards labellisés par la Climate Bonds Initiative (les 680 milliards d'émissions restantes n'ont pas fait l'objet d'une demande de labellisation auprès de cette institution ou bien ont été refusées)[1]. Si l'on considère les choses de manière plus large et que l'on inclut aussi les « SDG bonds », c'est-à-dire les obligations satisfaisant aux objectifs de développement durable des Nations unies, fin 2018, ce sont 1,5 trillion de dollars d'encours cumulés, dont 390 milliards labellisés par la CBI et 500 milliards de « *pure players* », c'est-à-dire de firmes dont au moins 95 % des revenus proviennent d'activités vertes « par définition », comme les énergies renouvelables[2].

Quoique la croissance des émissions de ces outils ait été impressionnante, rappelons que le montant global des émissions obligataires au niveau mondial se situe aux alentours de 100 trillions de dollars : les *green bonds* représentent donc 1 ou 2 % du total des obligations. L'évolution a cependant été très rapide. De quelques milliards annuels les premières années, les émissions ont atteint 40 milliards de dollars en 2015, 87 milliards en 2016, 155 milliards en 2017, 163 milliards de dollars en 2018 et 259 milliards de dollars en 2019. En moyenne, entre 2012 et 2017, la hausse annuelle est de 127 %.

De même, l'identité des émetteurs a changé. Les premières émissions sont essentiellement le fait des banques publiques de développement comme la Banque européenne d'investissement, la Banque mondiale et ses filiales (l'International Finance Corporation

1. Maxime Mainguet, « Finance verte : à quoi servent les "green bonds" ? », *Le Monde*, 11 décembre 2017, <http://www.lemonde.fr/economie/article/2017/12/11/finance-verte-a-quoi-servent-les-green-bonds_5227923_3234.html>. Les chiffres généraux qui suivent proviennent soit de cet article, soit de Climate Bonds Initiative, *Green Bonds Highlights 2017*, janvier 2018, <www.climatebonds.net/files/reports/cbi-green-bonds-highlights-2017.pdf>.

2. On a vu au chapitre 2 comment les agrocarburants, soi-disant verts eux aussi, participent à la poursuite de la dégradation écologique de la planète. C'est plus ou moins la même chose avec le solaire et l'éolien, qui font beaucoup appel aux métaux rares, dont l'extraction est tout sauf propre, et qui sont pour l'instant non recyclables. Voir P. Bihouix, *L'Âge des low-techs*, *op. cit.*, et G. Pitron, *La Guerre des métaux rares*, *op. cit.*

et la Banque internationale pour la reconstruction et le développement) et des collectivités territoriales en charge du développement des réseaux de transports publics et des services d'assainissement et de distribution de l'eau. Parmi celles-ci, les premières ou presque sont les régions françaises, dès 2012 : Île-de-France, Nord-Pas-de-Calais et Provence-Alpes-Côte d'Azur (PACA). Les premières émissions faites par des firmes (*corporate*) décollent véritablement en 2013-2014. EDF émet pour 1,4 milliard d'euros en novembre 2013, et deux autres émissions suivront en 2015 et 2016 ; Toyota lance un emprunt de 1,75 milliard de dollars en mars 2014, suivi d'un autre de 1,6 milliard en 2016, tandis qu'Engie émet pour 2,5 milliards d'euros en mai 2014, 1,5 milliard en mars 2017, 1,25 milliard en septembre 2017 et encore 1 milliard en janvier 2018 [1].

De manière générale, la France est très présente sur le marché des obligations vertes, puisqu'une des premières émissions souveraines de grande ampleur est aussi de son fait, en janvier 2017, pour un montant de 10 milliards d'euros. En 2017 toujours, Fanny Mae lance des centaines de « petits » emprunts verts pour un total de 28 milliards de dollars, qui correspondent à des « *mortgage backed securities* (MBS) verts » ! Ces « créances hypothécaires titrisées » se distinguent des MBS standards [2] en ce qu'elles servent à financer la construction ou la rénovation d'habitats à haute efficacité énergétique, qui ont un objectif de baisse de 25 % de la consommation d'eau et/ou d'électricité. Cette efficacité énergétique est à son tour labellisée par l'un des quatorze organismes reconnus dans ce domaine aux États-Unis, comme LEED ou Energy Star.

Au niveau global, sur l'ensemble des émissions, les trois principaux pays émetteurs sont : les États-Unis, en grande partie représentés par des collectivités territoriales (*sub-sovereign*), surtout depuis que les États-Unis sont sortis de l'Accord de Paris et que les villes et États américains ont pris le relais de l'État fédéral pour ce qui concerne la lutte contre le changement climatique ; la France, avec des grandes firmes, des villes, des régions et l'État ; et la Chine, dont 75 % des

1. Toutes ces données proviennent de Climate Bonds Initiative, <www.climatebonds.net/cbi/pub/data/bonds>. La CBI répertorie dans une base de données environ 3 000 émissions depuis 2009, dont un dixième environ est labellisé par elle.

2. Les MBS appartiennent à la catégorie générale des *Asset Backed Securities*, ou titres adossés à des actifs. Ils résultent de la titrisation et de la structuration de multiples petits emprunts. Les *subprimes* en sont une sous-catégorie. Plus de détails sur ces techniques dans la troisième partie de ce chapitre.

émissions sont le fait de banques[1]. La nature des émetteurs s'est progressivement diversifiée, les pays émergents et en voie de développement entrant aussi sur le marché des obligations vertes (par exemple, les obligations souveraines du Nigéria et des îles Fidji, ou la ville de Mexico prévoyant 6 milliards de dollars d'emprunt d'ici 2020 pour financer la construction d'un « aéroport vert »). Les firmes, absentes les premières années, s'enhardissent et si elles étaient à l'origine de moins d'un quart des émissions en 2015 encore, elles en représentent environ les deux tiers en 2018 et 2019.

Au niveau sectoriel, au moins un tiers des projets financés par ces obligations vertes en 2016 et 2017 concernent les énergies renouvelables, et presque la moitié si on prend en compte les émissions depuis janvier 2012[2]. L'éolien terrestre y compte pour 17 %, l'éolien marin pour 7 %, le solaire pour 8 %, l'hydroélectrique pour 7 % ; les projets d'énergie exploitant la biomasse ne représentent que 2 % du total. Le deuxième secteur financé est celui de l'habitat vert et de l'efficience énergétique des bâtiments, 22 % sur la période 2012-2017, mais 29 % en 2017. Suivent les transports, qui sont passés de 9 à 15 %, et le traitement de l'eau et sa distribution qui restent stables à 14-15 %. L'essentiel des fonds alloués (« *use of proceeds* ») le sont à ces quatre secteurs. Ce qui concerne plus directement la préservation de la biodiversité et de l'eau, les projets d'agriculture propre, de conservation des ressources ou de dépollution ne comptent que pour quelques pour cent du total des émissions. Cela confirme ce que j'ai dit à plusieurs reprises : il s'agit de décarboner les économies, c'est-à-dire de lutter contre les émissions de gaz à effet de serre, et non de préserver la nature dans son ensemble. L'objectif est celui des « 2 degrés », et ne procède pas, pour l'instant en tout cas, d'une vision globale susceptible d'infléchir la trajectoire de nos sociétés afin d'instaurer des relations entre l'être humain et la nature plus harmonieuses. Il faut parer à l'urgence climatique, sans trop regarder plus

---

1. Climate Bonds Initiative, <www.climatebonds.net/files/reports/cbi-green-bonds-highlights-2017.pdf> et <www.climatebonds.net/resources/reports/2018-green-bond-market-highlights>.

2. Les chiffres qui suivent sont des ordres de grandeur et non des chiffres exacts. Ils proviennent du croisement des rapports cités à la note précédente, qui, du point de vue sectoriel, étudient les émissions de *green bonds* en 2016, 2017 et 2018, et d'un rapport de Standard & Poor's, *How Do Labelled Green Bonds Measure Up ?*, paru en novembre 2017 et concernant 282 obligations labellisées par la CBI depuis janvier 2012 et qu'ils dénomment les « *vintage bonds* ».

loin, ni plus large. On pourra me rétorquer qu'il faut bien commencer quelque part, et c'est vrai aussi. Un regard plus précis sur le type de projets financés par ces émissions obligataires dites vertes met néanmoins en lumière l'ambivalence de l'outil.

Voyons la procédure par laquelle une obligation est déclarée verte et retenue dans la base de la CBI. Tout d'abord, l'émetteur doit avoir mis en œuvre une démarche ESG en interne, qui peut être plus ou moins poussée, labellisée ou non par les Green Bonds Principles ou la Climate Bonds Initiative. Il annonce vouloir « arranger » une émission et se fait aider de banquiers spécialisés, par exemple la filiale du Crédit agricole Corporate and Investment Bank (CACIB) ou BNP-Paribas, parmi les plus grands « arrangeurs » d'émissions d'obligations vertes. Puis une seconde opinion est demandée, qui sera donnée par un cabinet d'audit spécialisé en démarche ESG. Les principaux sont Cicero, Sustainalytics, KPMG, Oekom, Ernst & Young, et Vigeo, cabinet français fondé par Nicole Notat [1]. Après compilation de milliers d'informations et d'interviews avec les cadres et dirigeants concernés, le cabinet d'audit vérifie l'adéquation des projets à financer avec les critères ESG ; il étudie la position plus générale de l'émetteur au regard des aspects environnementaux, sociaux et de gouvernance, le fait qu'il soit impliqué ou non dans des controverses publiques à ces sujets (accidents industriels ou du travail, historique de conflits avec des ONG, etc.) et la manière dont il répond à ces controverses ; il examine les procédures de suivi des projets à financer, de déblocage des fonds et de contrôle de l'ensemble du dispositif. Toutes ces informations sont rassemblées dans le rapport final, dont beaucoup sont consultables dans la base de données de la CBI. De plus en plus souvent, une troisième opinion est demandée, ou bienvenue en tout cas, qui vient certifier que Sustainalytics, KPMG ou Vigeo ont bien fait leur travail. Certains émetteurs ne passent pas par cette procédure de vérification. Ce sont en général les « *pure players* », ceux dont toute l'activité est « verte » par définition. Par exemple, la filiale de Tesla dédiée à l'énergie solaire émet des « *solar bonds* » sans demander une seconde opinion, considérant que son activité et sa réputation suffisent.

L'équipe de la CBI recense ainsi toutes les émissions obligataires qui peuvent mériter le qualificatif de vert, environ 3 000 en mai 2018, dont un peu plus 300 ont le label CBI. Certaines ne sont pas incluses

1. Une partie de ces rapports figure dans la base de données de la CBI.

dans la base de données car insuffisamment vertes. Par exemple, la China Three Gorges Corporation a lancé un emprunt obligataire pour construire trois barrages sur le cours supérieur du Yang Zi, de gros projets à plusieurs gigawatts. L'énergie hydroélectrique peut être considérée comme verte dans le cas de petits barrages, mais il en va tout autrement des gros. Premièrement, les grands réservoirs engloutissent beaucoup de végétation, et ce de manière continue, végétation qui en se décomposant émet du méthane (dont le pouvoir de réchauffement est plus de vingt fois supérieur à celui du gaz carbonique). Deuxièmement, les grands barrages entraînent déforestation, déplacement forcé des populations (150 000 personnes pour le barrage des Trois Gorges), appauvrissement de la biodiversité terrestre et aquatique et autres effets néfastes et souvent violents. La CBI a donc refusé de faire apparaître cette obligation dans sa base de données. Y figurent cependant trois emprunts de la société nationale mexicaine ayant en charge la construction du nouvel aéroport de Mexico, pour un montant total de 6 milliards de dollars. Ce nouvel aéroport aura une capacité initiale de 57 millions de voyageurs par an, qui augmentera progressivement pour parvenir à 125 millions en 2065. Est-ce bien vert ? Dans son rapport, Sustainalytics reconnaît qu'il y a un problème, mais que la question de la croissance du trafic aérien dépasse largement le cadre de sa mission. Un aéroport est énergivore et source de pollutions multiples en soi (chauffage/climatisation des terminaux, multiples véhicules circulant dans tous les sens, produits chimiques pour dégivrer les avions, énorme consommation d'eau pour les laver, etc.). Tout cela peut être amélioré, et ces obligations sont donc jugées vertes.

Voyons le cas de la France, « championne » en matière d'obligations vertes. Une consultation de la base de données de la Climate Bonds Initiative[1] fait apparaître 38 émissions françaises, sans compter celles du Crédit agricole, cas particulier sur lequel on viendra dans un instant, pour un montant cumulé d'environ 32 milliards d'euros. Parmi les 38 qui sont recensées en 2018, trois sont des obligations souveraines, émises en 2017 pour un montant total de 10 milliards d'euros. Deux proviennent de l'Agence française pour le développement (AFD) et de la Caisse des dépôts et consignations (CDC), organismes parapublics. Les collectivités territoriales

1. <www.climatebonds.net/cbi/pub/data/bonds>, consultée du 9 au 11 mai 2018.

en ont émis sept, et ce dès 2012 : l'Île-de-France, la région PACA et le Nord-Pas-de-Calais, le département de l'Essonne, ainsi que la ville de Paris en novembre 2015, un effet COP 21. Toutes les autres sont *corporate*, même si émises par des entreprises publiques comme la SNCF ou EDF. Du point de vue des montants, les plus grosses firmes émettrices sont EDF Énergies nouvelles (4,2 milliards d'euros en trois fois), la SNCF (2,65 milliards d'euros en trois fois) et Engie (6,25 milliards en quatre fois). Viennent ensuite la région Île-de-France (1,5 milliard en trois fois), l'AFD (1 milliard), la Société générale et BNP-Paribas (1 milliard d'euros en deux fois pour chacune d'elles).

Le cas du Crédit agricole est un peu particulier. Cette banque a une politique active de soutien aux projets verts et en finance un grand nombre dans le monde entier. La CBI recense plusieurs dizaines, voire plusieurs centaines d'obligations émises par le Crédit agricole, dénominées dans nombre de devises différentes, mais toujours pour de « petits » montants : de quelques millions à quelques centaines de millions maximum. Le CACIB s'était engagé en 2015 à consacrer 2 milliards d'euros à des projets verts d'ici fin 2017 et semble avoir tenu son engagement. Il apparaît aussi souvent comme arrangeur lors de grosses émissions, par exemple pour l'International Finance Corporation, Engie, la région Île-de-France, EDF, et l'obligation souveraine émise en 2018 par le Royaume de Belgique (4,5 milliards d'euros). En 2019, le montant des émissions françaises a doublé par rapport à celui de 2018, pour atteindre 30 milliards de dollars en un an. Les plus gros émetteurs sont l'État, la Société du Grand Paris, la SNCF, Engie et le Crédit agricole[1].

Si l'on se réfère aux secondes opinions données par les cabinets d'audit, essentiellement Vigeo pour les obligations françaises, la plus grosse part du financement va à trois secteurs : les énergies renouvelables, les transports publics et l'efficacité énergétique des bâtiments. Dans la plupart de ces rapports, les projets sont décrits dans des termes très généraux, l'accent étant surtout mis sur les procédures de suivi et de déblocage des fonds. Si cela concerne du solaire ou de l'éolien, l'évaluation est acquise, des objectifs *ex ante* de réduction des émissions de GES sont fixés mais seront très rarement contrôlés *ex post*. S'il s'agit de transports « propres », c'est-à-dire électriques, le

1. Miguel ALMEIDA, *Green Bonds Global State of the Market 2019*, Climate Bonds Initiative, juillet 2020.

projet est également avalisé, même si l'électricité provient de centrales nucléaires ou à charbon. Par exemple, dans le rapport de Vigeo concernant l'obligation de 300 millions d'euros émise par la Ville de Paris en novembre 2015, il est dit que les fonds serviront à faire baisser les émissions de GES en multipliant les voitures électriques, en développant les vélos et les transports publics, à améliorer l'efficacité énergétique, par exemple au niveau de l'éclairage public, à développer les énergies renouvelables et à accroître les surfaces d'espaces verts pour lutter contre l'effet des « îlots de chaleur urbains »[1]. Le rapport décrivant la dernière des trois obligations émises par la région Île-de-France (les deux premiers ne sont pas disponibles) est encore plus succinct et liste simplement les grandes orientations, à peu près les mêmes en termes environnementaux, plus un volet sur l'habitat social. Même chose pour l'obligation souveraine de 7 milliards d'euros émise en janvier 2017. Les fonds récoltés financeront des projets dans les secteurs de la construction, des transports, de l'énergie, des ressources vivantes et de la biodiversité, de l'adaptation au changement climatique et du contrôle de la pollution et de l'efficacité écologique. Il faudra cependant que les projets aient reçu le label Transition énergétique et écologique pour le climat (TEEC), créé fin 2015 dans la foulée de la COP 21 (voir *infra*). Autrement dit, les marges d'interprétation sont extrêmement souples, et un grand nombre de projets pourront être financés, certains authentiquement verts, d'autres tout à fait bruns.

Un exemple qui a fait un certain bruit est celui d'Engie, une des premières firmes émettrices de *green bonds*, qui a fait sa publicité sur ce fait lors de sa première émission (2,5 milliards en mai 2014). Il s'est avéré qu'Engie, GDF-Suez à l'époque, avait utilisé une partie de ces fonds pour financer la construction du barrage de Jirau, au sud-ouest de la forêt amazonienne au Brésil, ouvrage énorme, catastrophe sociale et environnementale. Plusieurs grèves ont éclaté durant la construction de ce barrage, des opposants ont été assassinés, les populations locales ont été déplacées, y compris des peuples qui vivaient là en isolement volontaire. Au niveau environnemental, les effets de ce barrage gigantesque (cinquante turbines, plusieurs kilomètres de long) sont dramatiques. En amont, des zones forestières encore relativement intactes de la Bolivie risquent d'être inondées, l'eau ne s'écoulant plus

1. La hausse des températures en ville provient en bonne partie de l'artificialisation totale des sols. Les surfaces minérales ont un faible albédo : elles réfléchissent peu la chaleur et l'absorbent au contraire. L'agrandissement des espaces verts permettrait d'atténuer cet effet.

naturellement. En aval, les milliers de tonnes de sédiments nourriciers qui alimentent l'Amazonie et les populations côtières qui en vivent seront retenus par le barrage. L'écosystème, l'un des plus riches et plus divers du monde, s'appauvrira, ainsi que tous les peuples qui y habitent. Sans parler des plus de 2 000 kilomètres de lignes à haute tension qui achemineront cette électricité à Sao Paulo [1]... L'entreprise a d'ailleurs reçu le prix Pinocchio en 2014, décerné aux entreprises dont les discours en matière environnementale sont le plus en décalage avec les faits (vu le nombre de prétendants, il doit être assez difficile de départager les gagnants) [2]. Cela n'a pas empêché GDF-Suez, qui a changé de nom entre-temps pour se refaire une virginité, de lancer plusieurs autres emprunts obligataires verts entre 2017 et 2019, récupérant ainsi au moins 7,5 milliards de cash supplémentaire. Cela n'a pas empêché non plus Vigeo de certifier que ces nouvelles obligations viendraient financer des projets parfaitement verts.

Toutes les obligations vertes ne sont pas du même tonneau que celles d'Engie, très certainement, mais les projets candidats au financement sont tellement peu décrits que toutes les dérives sont possibles. Par exemple, très souvent, la rénovation énergétique des bâtiments fait un grand usage de polystyrène, non seulement fabriqué à base de pétrole (environ 1 tonne de pétrole pour 1 tonne de polystyrène), mais dont la production consomme 1,7 tonne de pétrole. Il faut donc 2,7 tonnes de pétrole pour produire 1 tonne de polystyrène, ce qui est complètement contre-productif. Mais les rapports n'entrent jamais dans les détails des procédés et des matériaux utilisés.

Et puis il y a un autre problème, touchant non pas aux projets en eux-mêmes mais à l'identité de ceux qui les portent.

Selon Vigeo et la plupart des acteurs du domaine des procédures ESG, un certain nombre d'activités sont problématiques en elles-mêmes car elles peuvent poser des « questions morales et philosophiques ». Une première liste de Vigeo de ces « *disputable activities* » en comporte neuf, qui seront étendues à quinze à l'été 2017 : production d'alcool, activités mettant en cause le bien-être animal, produits chimiques dangereux, armes civiles, industries des

1. Voir l'enquête en plusieurs épisodes publiée sur le site de l'OBSERVATOIRE DES MULTINATIONALES, « Jirau : retour sur le méga-barrage amazonien de GDF-Suez », octobre 2013, <http://multinationales.org/Jirau-retour-sur-le-megabarrage>.

2. Simon GOUIN, « Prix Pinocchio : Shell, GDF Suez et Samsung élues pires entreprises de l'année », *Basta !*, 18 novembre 2014, <www.bastamag.net/Shell-GDF-Suez-et-Samsung>.

carburants fossiles, charbon et schistes bitumineux, jeux de hasard, ingénierie génétique, prêts à hauts taux d'intérêt, industrie militaire, production nucléaire, pornographie, médecine reproductive et tabac. Une observatrice naïve pourrait penser que des firmes engagées dans une ou plusieurs de ces activités ne pourraient pas être certifiées selon des critères ESG. Cela serait effectivement naïf. Plus de la moitié des revenus d'EDF provient de son activité d'opérateur nucléaire, mais la main droite n'est pas obligée de savoir ce que fait la main gauche, et EDF Énergies nouvelles peut émettre des obligations vertes. Il en va de même d'Engie, dont la moitié des revenus provient des énergies fossiles, gaz et charbon en particulier, et 10 % des industries nucléaires et militaires. Apple Inc. a émis pour 2,5 milliards de dollars d'obligations vertes entre février 2016 et juin 2017, pour améliorer l'efficacité énergétique de ses bâtiments, « utiliser des matériaux plus verts » et « conserver des ressources précieuses » (rapport de Sustainalytics). Outre le travail des enfants dans les mines de cobalt en RDC déjà mentionné, Apple Inc. est une des championnes du monde de l'« évitement » fiscal [1] et a érigé l'obsolescence programmée en *business model*, qui oblige les consommateurs à renouveler tablettes, ordinateurs et téléphones très régulièrement [2]. Rappelons que ces objets sont pleins de métaux et terres rares, dont l'exploitation est une catastrophe écologique et sociale, et ne font que remplacer un extractivisme par un autre. La firme pourrait elle aussi prétendre au prix Pinocchio. Ce n'est pas qu'un problème d'hypocrisie, mais du genre d'activité qui sera effectivement financée. Comme le montre le cas d'Engie, les fonds peuvent assez facilement être utilisés pour un autre projet que ceux mentionnés dans les documents fournis lors de l'émission de l'obligation. Le rapport d'Oekom concernant le milliard d'euros d'obligations vertes émises par BNP-Paribas entre novembre 2016 et avril 2018 dit que « si les fonds ne peuvent pas être directement affectés à un projet vert éligible, ils pourront être dirigés vers de l'investissement à court terme. BNP n'a pas encore défini de critères de soutenabilité dans

1. Christophe ALIX, « Apple persiste et signe dans l'optimisation fiscale via l'Irlande », *Libération*, 21 juin 2018, <https://www.liberation.fr/planete/2018/06/21/apple-persiste-et-signe-dans-l-optimisation-fiscale-via-l-irlande_1660798>.

2. Sylvie DE MACEDO, « Modèles d'iPhone "ralentis" : 25 millions d'euros d'amende pour Apple », *Le Parisien*, 7 février 2020, <https://www.leparisien.fr/high-tech/apple-ecope-d-une-amende-record-de-25-millions-d-euros-pour-defaut-d-information-des-consommateurs-07-02-2020-8254773.php>.

ce cas-là ». La banque peut ainsi tranquillement spéculer avec des fonds obtenus sous couvert écolo.

Pour l'instant, donc, les obligations vertes sont définies de manière tellement vague que des projets qui n'ont rien de vert, portés par des firmes dont l'historique de production inciterait pour le moins à la réserve, pourront néanmoins être financés. Malgré le relativement faible montant de ces obligations, on devrait pouvoir en observer certains effets localement, dans le cas de projets bien conçus et bien menés. Les études montrent en général que la rénovation des bâtiments permet effectivement de faire baisser assez considérablement les consommations d'eau et d'électricité. Des investissements dans ce secteur ont donc un impact positif, si les matériaux utilisés sont vraiment écologiques. Le développement des énergies renouvelables et des moteurs électriques pose d'autres problèmes, assez redoutables comme on l'a évoqué plus haut, et la plupart du temps ces procédés n'ont de vert que le nom. Malgré l'explosion du volume des obligations vertes depuis 2015, les émissions de gaz à effet de serre sont reparties à la hausse. On respire toujours plus mal à Paris et jusque dans les vallées alpines, et les habitants attendent toujours les nouveaux parcs et jardins promis. Au contraire, « une vague de béton s'apprête à submerger l'Île-de-France[1] ».

Le rôle crucial des *benchmarks* ESG

Le champ de l'évaluation environnementale, sociale et de bonne gouvernance n'est pas du tout stabilisé. On assiste au contraire à une multiplication des standards émanant de divers acteurs, publics comme les États ou les institutions des Nations unies, privés, de regroupements de grandes firmes sur une base sectorielle ou non, et d'institutions à statut non identifié comme la CBI dont il vient d'être question. De plus, chaque activité a sa propre norme : les Principes de l'Équateur concernent les banques et la finance de projets ; les Principles for Responsible Investment (ONU) s'appliquent à tous ; la Portfolio Decarbonization Coalition s'adresse aux gestionnaires de fonds ; les Green Bonds Principles et la Climate Bonds Initiative

1. Olivier Petitjean, « Avec le "Grand Paris" et les JO, une vague de béton s'apprête à submerger l'Île-de-France », *Basta !*, 12 octobre 2017, <www.bastamag.net/Avec-le-Grand-Paris-et-les-JO-une-vague-de-beton-s-apprete-a-submerger-l-Ile-de>.

visent à définir les obligations vertes. Des travaux de standardisation sont néanmoins en cours au niveau international, en particulier au sein de l'Union européenne, toujours volontaire dès qu'il s'agit de standardiser quelque chose.

Je vais brièvement exposer deux des *benchmarks* les plus utilisés : celui du « gestionnaire de fonds soutenable » RobecoSAM, utilisé par la firme Dow Jones pour décider des entreprises ayant le droit de figurer dans le DJSI, et celui de la Climate Bonds Initiative. Je finirai en évoquant le label TEEC et le projet de normalisation européen.

Le benchmark *du Dow Jones Sustainable Index*

Le Dow Jones Sustainable Index existe depuis 1999, et RobecoSAM (pour Sustainable Asset Management) a collaboré avec Dow Jones depuis le début pour la mise au point d'un *benchmark*. Celui-ci a un peu évolué au fil des ans. Au début, il résultait d'une centaine de questions posées aux entreprises, où les questions environnementales ne comptaient que pour environ 10 % du total. Aujourd'hui, le questionnaire a été amélioré et sophistiqué : les poids respectifs des différents groupes de questions sont définis secteur par secteur (par exemple, l'environnement « pèse » pour 9 % dans l'industrie pharmaceutique, 23 % dans la banque et 40 % chez les compagnies d'électricité) [1]. Les questions économiques concernent en particulier la lutte contre la corruption, la *corporate governance*, les relations avec les clients, la cybersécurité, la gestion de l'innovation, la politique de rappel des produits défectueux, la gestion des chaînes d'approvisionnement, et la stratégie fiscale. Les questions environnementales mentionnent la biodiversité, la stratégie climat, les « risques et opportunités des affaires », la génération d'électricité, le *reporting* environnemental et la gestion de l'eau. Enfin, parmi les dimensions sociales, on retrouve la gestion des coûts, les controverses, la philanthropie et la « citoyenneté » des firmes, la santé au travail, les droits de l'homme, le développement du « capital humain », les mesures antidiscriminatoires, et le *reporting* social [2].

1. Ce qui suit provient, sauf mention contraire, de RobecoSAM, « Measuring intangibles : RobecoSAM's corporate sustainability assessment methodology », 2017, téléchargeable sur leur site : <www.robecosam.com>.

2. Le terme de *reporting* est difficile à traduire autrement que par une périphrase : il renvoie aux incitations ou aux obligations faites aux firmes de suivre différents indicateurs

Chacun des critères évoqué est évalué par une série de questions précises et reçoit une pondération dans le *benchmark* qui correspond à sa « matérialité financière », notion fondamentale ici. De quoi s'agit-il ? Comme elle le précise, RobecoSAM centre son analyse sur les « facteurs de soutenabilité qui peuvent avoir un impact sur le potentiel de création de valeur à long terme des firmes. [...] [Elle] identifie les compagnies qui ont le plus de chances de voir augmenter leurs performances grâce à l'adoption de bonnes pratiques de soutenabilité [1] ». Autrement dit, le *benchmark* ne note pas directement les meilleures pratiques en termes de résultats écologiques, mais celles qui sont susceptibles d'accroître la « valeur actionnariale de long terme » des firmes, c'est-à-dire qui minimisent les risques réputationnels, réglementaires et financiers dans le futur. En plus des réponses au questionnaire, RobecoSAM pratique ce qu'elle appelle une « analyse des médias et des parties prenantes » (*media and stakeholder analysis* – MSA), pour identifier les sujets à controverses et les implications potentielles des firmes dans des conflits de travail, des mauvais traitements, des catastrophes sociales et/ou environnementales. Pour ce faire, elle s'appuie sur l'expertise de RepRisk, une firme suisse qui allie moyens humains et intelligence artificielle pour compiler des monceaux de données ESG [2]. Contrairement à ce qui se passait auparavant, la notation ne dépend donc plus uniquement de ce que les firmes veulent bien dévoiler de leurs activités.

RobecoSAM note cependant que « pour qu'un cas MSA soit créé, il doit aussi être financièrement matériel : l'impact potentiel pour la réputation de la compagnie et les conséquences financières en termes de perte de clientèle, responsabilités légales, procès ou amendes doivent être significatives [3] ». Cela confirme la perversité de la logique qui veut que seul soit pris en compte ce qui se voit, ce qui fait « sale » et se traduira en pertes financières. L'exploitation des enfants dans les mines de cobalt en République démocratique du Congo n'est pas très visible des États-Unis ou d'Europe, elle est

---

sociaux et environnementaux et de les rendre publics. Le terme est en général utilisé tel quel, ce que je ferai donc aussi.

1. RobecoSAM, « Measuring intangibles : RobecoSAM's corporate sustainability assessment methodology », art. cité, p. 4.

2. Un de ces *ESG Data Providers* ou « *smart ESG* » qui éclosent partout ; voir <https://www.reprisk.com/our-approach>.

3. RobecoSAM, « Measuring intangibles : RobecoSAM's corporate sustainability assessment methodology », art. cité, p. 10.

donc peu « financièrement matérielle » (sauf si Amnesty International s'en mêle). En revanche, la contamination de la chaîne d'approvisionnement d'une entreprise agroalimentaire en France par *E. Coli* ou la fraude d'un constructeur automobile allemand concernant les normes antipollution auront un impact beaucoup plus « significatif » et « matériel », et les firmes responsables devront sortir de l'indice. On comprend mieux pourquoi BP et Tepco ne sont sorties du DJSI qu'après les catastrophes qu'elles ont provoquées. Notez la similitude de la démarche avec celle des services écosystémiques vue plus haut : seul ce qui est *utile* est pris en compte. Mais, ici, l'utilité est encore beaucoup plus étroitement définie puisqu'elle concerne les seuls intérêts financiers des actionnaires.

Cette attention quasi exclusive pour les résultats et performances *pour les firmes*, et non *pour la nature*, est encore renforcée par le fait que bon nombre de questions concernant les différents critères évoqués touchent aux procédures. Non pas : « Dans quelle mesure votre activité porte-t-elle atteinte à la biodiversité locale ? », mais : « Avez-vous mis en place des indicateurs de biodiversité et des procédures de suivi de ces indicateurs ? ». Non pas : « Y a-t-il des conflits sociaux dans votre entreprise ? », mais : « Quel genre de mesures avez-vous mis en place en cas de conflits sociaux ? ». Samsung a beau être impliquée dans un scandale de corruption énorme en Corée, si la firme déclare avoir mis au point tout un arsenal anticorruption, que ce dernier soit effectif ou non, la firme restera ou ré-entrera dans le DJSI. *Idem* pour Apple et Microsoft dont les sous-traitants tuent des enfants au travail pour extraire le précieux cobalt, minerai dont elles ont d'autant plus besoin que leur *business model* repose sur une politique explicite d'obsolescence programmée. Il suffit que ces firmes assurent qu'elles s'engagent dans des activités philanthropiques ou de recherche sur l'efficacité énergétique pour être retenues dans l'indice.

RobecoSAM a procédé à une actualisation de sa méthodologie en 2018, qui révèle une prise de conscience de la pression croissante exercée par les opinions publiques. Elle touche essentiellement les points suivants[1]. Tout d'abord, au niveau général, la firme a augmenté le poids donné à l'analyse des controverses (*media and stakeholder analysis*). Les grandes multinationales peuvent de moins en moins se permettre d'être associées à des scandales, la réputation a un effet

---

1. <www.robecosam.com/media/3/8/f/38fe11a7622afc00181ef19f865c2972_csa-2018-annual-scoring-methodology-review_tcm1016-14369.pdf>.

direct sur leurs cours de Bourse. Comme il s'agit *in fine* de maximiser la valeur actionnariale, les scandales sont « matériels ». Un exemple très récent est celui de Bayer-Monsanto : Bayer, qui a racheté Monsanto pour 63 milliards de dollars en 2018, a vu sa valeur boursière baisser considérablement du fait de la multiplication des affaires judiciaires touchant Monsanto et son Roundup. Au printemps 2019, la valeur boursière de Bayer-Monsanto est environ de 60 milliards d'euros, c'est-à-dire à peu près le même montant que Bayer avait déboursé pour racheter Monsanto. Les actionnaires ont en conséquence refusé de reconduire l'équipe dirigeante de la firme. La prise en compte accrue des scandales avérés et potentiels a fait baisser la plupart des notes. On voit ici comment s'exerce le pouvoir disciplinaire de la finance de marché.

RobecoSAM est aussi consciente de la limite imposée par le fait de centrer l'analyse sur les procédures mises en œuvre plutôt que sur les résultats effectifs de l'activité des entreprises. Dans le premier cas, les critères sont évalués sous l'angle de leur « transparence », dans le second sous celui de leur « performance ». Pour l'instant, la plupart des critères sont notés par rapport à la transparence, mais le *benchmark* a vocation à prendre de plus en plus en compte les performances effectives des firmes. C'est en tout cas ce qui est annoncé. On peut cependant douter de la faisabilité d'une telle démarche. La multiplicité des données requises pour mesurer toutes les émissions de GES, l'ensemble des impacts sur la biodiversité, l'évolution des taux d'accident du travail, etc., exigerait de développer des outils de computation complexes et coûteux. Et qui s'en chargerait ?

Du point de vue des critères spécifiques, trois domaines sont réexaminés. Le premier est celui de la gouvernance des firmes, en particulier au niveau des rémunérations. Toutes les informations afférentes doivent obligatoirement être rendues publiques (sauf les salaires moyens et médians et la rémunération du P-DG, ce qui vide cette obligation d'une partie de sa substance). Le deuxième concerne les stratégies fiscales. Là encore, l'opinion publique étant de moins en moins patiente à l'égard de l'évasion fiscale, la question devient de plus en plus « matérielle ». L'optimisation fiscale est bonne pour la valeur actionnariale tant qu'elle n'est pas trop « agressive » et qu'elle ne se voit pas trop. Mais il n'est pas question de se faire prendre la main dans le pot de confiture. Les notes globales obtenues par les firmes sur la stratégie fiscale ne sont pas vraiment bonnes : en moyenne, 43/100 dans la région Asie-Pacifique, 50/100 pour les marchés émergents, 53/100 en Europe et seulement 30/100 aux États-Unis[1]. Rappelons que ces notes sont obtenues par la méthode de *best-in-class* – autrement dit, elles sont relatives. Si tout le monde fraude allègrement, une bonne note ne signifie pas un comportement vertueux en soi, mais un comportement moins malhonnête que les autres. Vu la « matérialité » croissante de la question fiscale, ce critère verra certainement augmenter sa pondération dans la note d'ensemble. Enfin, le critère concernant la stratégie climat est lui aussi précisé. Il est demandé aux firmes de faire des analyses de scénarios, ainsi que d'instituer un prix interne du carbone.

Comment définir une obligation verte ?

Cela a déjà été mentionné, certaines obligations vertes sont en fait brunes, car là aussi les standards ont tendance à être plus procéduraux et formels que réels. Les effets réels et concrets des activités industrielles et commerciales des firmes ne sont quasiment jamais mesurés. Les dégâts apparaissent en général plus tard, lors de catastrophes comme Bhopal, Tchernobyl, le golfe du Mexique ou Fukushima. Même dans ces cas, les effets continus sur les êtres humains et la nature ont tendance à rester invisibles, comme en témoigne par exemple la difficulté des habitants de Bhopal à être indemnisés par DuPont-Dow, alors que plusieurs décennies plus tard ils en souffrent encore dans leur chair[2].

Les deux standards les plus connus sont les Green Bonds Principles (GBP), établis par l'International Capital Market Association, une association professionnelle de banquiers et de financiers (un bon exemple de l'« autorégulation » des industriels), et le standard de la Climate Bonds Initiative[3].

Les premiers insistent davantage sur les procédures et mettent en avant quatre principes clés, qui touchent respectivement à l'utilisation des fonds, aux processus de sélection et d'évaluation des

1. Pour une bonne introduction aux paradis fiscaux, voir Christian Chavagneux et Ronen Palan, *Les Paradis fiscaux*, La Découverte, « Repères », Paris, 4e éd., 2016 [2006].

2. Barnabé Binctin, « Trente ans après, Bhopal, l'accident qui ne passe pas », *Reporterre*, 3 décembre 2014, <https://reporterre.net/Trente-ans-apres-Bhopal-l-accident>.

3. GBP et ICMA, *Principes applicables aux obligations vertes*, 2018, téléchargeable à l'adresse suivante : <https://www.icmagroup.org/green-social-and-sustainability-bonds/green-bond-principles-gbp/> ; et CBI, <www.climatebonds.net>.

projets, à la gestion des fonds et enfin au *reporting*. L'accent est mis sur la transparence et la publicité de l'information. Cinq grandes catégories de projets sont concernées, selon les objectifs poursuivis : l'atténuation du changement climatique, l'adaptation au changement climatique, la préservation des ressources naturelles, la préservation de la biodiversité, la prévention et la maîtrise de la pollution. Cette catégorisation est plutôt vague et large, et rien n'est dit sur le fait qu'un projet peut permettre de limiter les émissions de gaz à effet de serre tout en dégradant la nature sur les autres objectifs. C'est par exemple le cas de la production des moteurs électriques, des panneaux solaires et des éoliennes, qui permettent de diminuer les émissions de GES mais ont des conséquences catastrophiques sur la biodiversité, la pollution et la santé des travailleurs.

Le standard de la CBI (*overarching CBI standard*) a bien sûr des exigences procédurales du même type que celles des GBP, mais va plus loin en proposant une taxonomie des activités et des standards spécifiques à chaque secteur, c'est-à-dire les conditions sous lesquelles chacune de ces activités peut être jugée verte. Les exigences en termes d'activité sont plus précises, mais l'ampleur est aussi plus limitée puisque les différentes activités sont essentiellement évaluées sous l'angle du changement climatique et du respect des conditions permettant de ne pas dépasser les 2 °C fatidiques.

Huit grands secteurs d'activité sont définis : l'énergie, les bâtiments bas carbone, l'efficacité énergétique des produits et processus productifs, le contrôle de la pollution et des déchets, les transports, les technologies de l'information et de la communication, les « actifs basés sur la nature » (qui correspondent peu ou prou au secteur AFOLU du GIEC) et l'eau. Dans chacun de ces grands secteurs, entre quatre et huit activités sont précisées. Par exemple, dans le cas de l'énergie : solaire, éolienne, géothermique, hydraulique, bioénergie, marine renouvelable, distribution de l'énergie, stockage et nucléaire. Puis les conditions sous lesquelles des projets d'énergie solaire ou de bioénergie peuvent être labellisés par la CBI sont à leur tour précisées. Les exigences reposent en général sur des labels spécifiques déjà existants.

Les activités sont jugées simultanément sous deux angles : celui de l'atténuation du changement climatique et celui de l'adaptation et de la résilience à ce dernier. L'évaluation est effectuée par deux groupes de travail. Le premier est un groupe de travail technique comprenant des représentants d'ONG et d'organisations internationales, des chercheurs, des experts et des industriels. Le second compte exclusivement des représentants des industries concernées.

À titre d'exemple, exposons rapidement les critères de certification des bioénergies.

A priori, toutes les sources de biomasse sont jugées équivalentes, l'approche est dite « *feedstock-neutral* ». Seuls les agrocarburants obtenus à base d'algues sont exclus, car leur développement n'en est encore qu'à ses débuts, ainsi que la méthanisation des déchets organiques, qui entre dans le secteur dédié au traitement des déchets.

Les performances des projets en termes d'atténuation du changement climatique sont évaluées selon trois critères. Le premier est un seuil maximal d'émission de gaz à effet de serre. Ces émissions doivent être calculées sur l'ensemble du cycle de vie du produit : production et transformation de la biomasse, production de bioénergie, stockage, mélange et distribution, et transports entre toutes ces étapes. Les calculs doivent être effectués en utilisant des outils normés et reconnus internationalement. Le deuxième exige que les stocks de carbone soient maintenus ou augmentés. Cela concerne surtout la biomasse d'origine forestière : les forêts doivent être gérées de manière durable, gestion certifiée par le label FSC. Le troisième critère renvoie aux effets des changements d'affectation des sols, en particulier le changement d'affectation des sols indirect (CASI, ou iLUC en anglais : *indirect Land Use Change*) [1]. Là aussi, la CBI se repose sur un autre standard, celui de la Roundtable on Sustainable Biomaterials (RSB) et son module « *low iLUC claim* » [2]. Un exploitant agricole peut être certifié « à CASI faible » sous trois conditions alternatives : soit il peut prouver une augmentation substantielle de rendement de ses cultures : la quantité de biomasse produite sera importante par rapport à la surface des terres utilisées ; soit il cultive sur des terres auparavant non cultivées ou dégradées ; soit la biomasse provient de résidus de culture. Cet aspect CASI vient en plus du standard RSB général.

1. Rappelons que le changement d'affectation des sols direct est celui qui provient de la transformation de terres à forte capacité d'absorption de CO_2 par de l'agriculture ou de l'élevage, ou autre. Le CASI, indirect, prend en compte le fait que des cultures vivrières remplacées vont devoir être cultivées ailleurs, prenant par exemple la place de forêts. Ces indicateurs sont compliqués à calculer, surtout le CASI.

2. Le RSB propose toute une famille de standards, selon les besoins réglementaires des industriels, et en particulier ceux permettant à ces derniers de se conformer à la directive européenne sur les énergies renouvelables. Voir <www.rsb.org>.

Le deuxième groupe de critères concerne la résilience et l'adaptation au changement climatique et comprend deux volets. Tout d'abord, l'exploitant doit remplir une *checklist* des risques associés au changement climatique (sécheresses, inondations, etc.) : risques pour son « actif » (c'est-à-dire la « nature »), risques pour son activité et risques plus généraux pour les écosystèmes et les « parties prenantes » concernées (par exemple en termes de quantité et de qualité de l'eau). Il doit démontrer que ces risques ont été pris en compte, qu'il a développé des plans de limitation et de gestion de ces risques et alloué les budgets afférents. Ensuite, les cultures elles-mêmes doivent utiliser les « meilleures pratiques », certifiées par des standards comme le RSB ou le FSC déjà cités.

Ainsi, rien que dans le secteur des bioénergies, les critères spécifiques au secteur renvoient à plus d'une dizaine de standards, qui eux-mêmes s'appuient sur d'autres standards en cascade. Et c'est plus ou moins la même chose pour les quarante-cinq secteurs retenus par la CBI. De plus, à chaque étape et sur chaque critère, des calculs doivent être effectués et des informations doivent être fournies et justifiées par des documents. D'un point de vue procédural, le standard de la Climate Bonds Initiative est donc plus exigeant que les autres, de par l'adoption de l'approche en termes de taxonomie des activités.

Mais, comme souvent, le diable est dans les détails. Toutes ces normes, procédures et standards sont de véritables usines à gaz, et il faut remonter loin pour voir ce qui importe vraiment. Par exemple, les effets des changements d'affectation des sols sont encore mal connus et difficiles à mesurer. De plus, dans le cas des bioénergies comme les agrocarburants analysés au chapitre 2, la CBI se repose sur le standard de la RSB, qui juge que les effets du CASI seront favorables si ce qui est cultivé permet des hausses de rendement quantité/surface conséquentes. Gros agriculteurs industriels, chimie lourde, variétés végétales chimériques, matériel cher et connecté, bienvenus ! Un tel label ne risque pas d'orienter les fonds en soutien de l'agroécologie et de l'agriculture paysanne. La vision productiviste et intensive n'est jamais interrogée.

De même, les technologies sont jugées neutres, seul importe leur impact en termes d'émissions de gaz à effet de serre, qui doivent permettre de rester au-dessous du seuil d'élévation de la température de 2 °C. Ainsi, le nucléaire est par exemple accepté. Seule l'extraction du minerai d'uranium est exclue, ainsi que les trains utilisant plus de 50 % d'électricité d'origine fossile, mais des trains roulant à l'énergie nucléaire ne posent pas de problèmes. La généralisation de toutes les technologies connectées (compteurs « intelligents », *smart grids*, etc.) n'interroge pas non plus puisqu'elles sont pour l'instant nécessaires à la distribution de l'électricité solaire ou éolienne. La capture/stockage du carbone (qui consiste à capter puis enfouir du CO_2 profondément dans le sol pour parvenir à des « émissions négatives ») peut elle aussi profiter de financements verts, ainsi que la plupart des « solutions » *high-tech* évoquées tout au long de ce livre.

Enfin, une question très discutée est celle du périmètre de l'entité à prendre en compte. Un projet hydroélectrique d'Engie peut-il être labellisé vert, alors que la firme fait plus de la moitié de son chiffre d'affaires dans les fossiles et le nucléaire ? Ne faudrait-il pas plutôt exiger que les firmes financées par les labels verts tirent la quasi-intégralité de leurs revenus d'activités « propres » et de comportements sans tache ? Les pour prétendent que la main gauche ne peut pas ignorer ce que fait la main droite. Les contre remarquent qu'il faut bien commencer quelque part, que des firmes brunes ne peuvent pas devenir vertes en deux ans. Les deux ont chacun en partie raison. Une manière de les réconcilier serait de distinguer le court-moyen terme et le long terme. On peut imaginer un système qui laisserait quelques années aux entreprises pour passer de brunes à vertes, et accepter dans ces cas-là des entreprises comme Engie ou EDF, provisoirement. Mais cette certification devrait s'inscrire dans un projet de « verdissement » à long terme beaucoup plus ambitieux. Ce n'est pas ce qui est fait aujourd'hui, où tous les labels acceptent des firmes très peu respectueuses de la nature et des êtres humains, tant que les projets financés sont jugés verts.

C'est le cas par exemple du label TEEC, Transition énergétique et écologique pour le climat, label créé par la loi du 17 août 2015 (l'effet COP 21) et qui veut favoriser les financements verts. Il reprend la taxonomie des activités de la CBI, en excluant toutefois très clairement le nucléaire. Le label distingue trois types d'émetteurs. Ceux de type I font plus de 50 % de leur chiffre d'affaires dans des « éco-activités ». Les émetteurs de type II en font entre 10 et 50 %, tandis que les types III sont en dessous de 10 %. Selon les types de fonds considérés, les exigences en termes d'investissement diffèrent, de 75 % minimum de fonds placés auprès d'émetteurs de type I pour les fonds de titres non cotés et les fonds obligataires, à 20 % seulement pour les fonds de titres cotés. À ce tarif, Engie passe à travers les mailles, mais pas EDF [1].

La « loi pour la transition énergétique et écologique et la croissance verte » d'août 2015, dite loi TEE, a innové en incluant l'obligation de *reporting* ESG pour des grandes catégories d'investisseurs institutionnels (article 173). Ces derniers devront désormais rendre publiques toute une série de données non financières. De telles initiatives existent déjà au niveau mondial, mais sur une base volontaire et non obligatoire. En particulier, les Principles for Responsible Investment des Nations unies ont donné naissance à l'Engagement de Montréal ; la Portfolio Decarbonization Coalition, portée par l'Initiative financière du Programme des Nations unies pour l'environnement (UNEP-FI), vise à rendre publique l'empreinte carbone des portefeuilles d'actifs en gestion. Mais y adhèrent les fonds qui le veulent bien, alors que l'article 173 de la loi TEE rend le *reporting* non financier obligatoire pour certains acteurs [2].

Face à la prolifération de tous ces *benchmarks* et labels de la finance verte, la Commission européenne s'y est mise aussi, en espérant faire œuvre de standardisation. De « groupes d'experts de haut niveau » en « groupes techniques d'experts », la « Direction générale pour la stabilité financière, les services financiers et l'union des marchés de capitaux », assistée des DG « environnement » et « climat », a lancé un groupe de travail sur la finance soutenable. Ce groupe a commencé ses recherches en juillet 2018 et des conclusions préliminaires ont été rendues au printemps 2019 [3]. D'autres rapports ont suivi, en particulier en décembre 2019, lors de l'annonce du Pacte vert européen. Un document de mars 2020 synthétise les propositions de la Commission européenne pour la création d'un standard en matière d'obligations vertes [4].

Les travaux s'organisent autour de quatre thèmes : la construction d'une taxonomie des activités, la mise au point d'un standard,

1. « Label TEEC pour les investisseurs qui s'engagent », à télécharger sur le site du ministère de l'Écologie, <www.ecologique-solidaire.gouv.fr>.

2. Voir Novethic, « L'essentiel sur l'article 173 de la loi TEE », avril 2016.

3. Voir <https://ec.europa.eu/info/publications/sustainable-finance-technical-expert-group_en> et les documents mentionnés sur cette page (consultée le 5 février 2019), ainsi que <https://ec.europa.eu/info/sites/info/files/business_economy_euro/banking_and_finance/documents/sustainable-finance-teg-frequently-asked-questions_en.pdf>.

4. UE Technical Expert Group on Sustainable Finance, *Usability Guide : EU Green Bonds Standard*, mars 2020, <https://ec.europa.eu/info/sites/info/files/business_economy_euro/banking_and_finance/documents/200309-sustainable-finance-teg-green-bond-standard-usability-guide_en.pdf>.

des réflexions autour des métriques et des réflexions concernant le *reporting* non financier. Pour qu'une activité soit jugée verte par la Commission européenne et puisse donc figurer dans la taxonomie, elle devra remplir les quatre conditions suivantes (ses termes) :

– Contribuer positivement à l'un des six objectifs environnementaux de la Commission (atténuation du changement climatique ; adaptation au changement climatique ; utilisation soutenable et protection de l'eau et des ressources marines ; transition vers une économie circulaire, prévention des déchets et recyclage ; contrôle et prévention de la pollution ; protection et restauration de la biodiversité et des écosystèmes[1]).

– Ne pas significativement détériorer la situation sur les autres objectifs (c'est un progrès par rapport au label de la CBI, qui ne considère que le changement climatique).

– Respecter des « *minimum social safeguards* » en termes de droit du travail.

– Respecter les « *technical screening criteria* ». Ces derniers sont des critères fondés sur l'expertise scientifique, informés par les pratiques des industries concernées et la législation européenne. Ils doivent s'exprimer sous forme de seuils quantitatifs quand c'est possible. Autrement dit, ce sont principalement les industriels et les experts qui définiront les contenus précis de ces critères, qui du coup ne risquent pas d'être trop contraignants.

À propos de la question de savoir si une firme doit avoir un minimum de ses revenus provenant d'activités vertes pour émettre une obligation verte, la Commission a tranché par la négative. Autrement dit, des firmes comme EDF et Total, dont la majorité des activités sont définitivement sales, pourront quand même émettre des obligations 100 % vertes.

Enfin, il faut noter que, comme celle de la CBI, la taxonomie prétend être *neutre* au niveau technique. Toutes les technologies qui permettent la satisfaction des deux premiers critères seront donc acceptées. L'illusion de la neutralité de la technique a la vie dure… Est-ce que les BECCS, la biologie de synthèse, la géo-ingénierie et autres délires prométhéens des apprentis sorciers contemporains seront jugés verts ? *A priori* oui, puisque c'est le chemin choisi pour lutter contre la dégradation écologique.

1. Il n'y a étonnamment aucun objectif concernant l'utilisation durable des ressources terrestres.

Pour récapituler, en l'état des dispositifs de la finance dite verte, la majorité des financements n'iront pas vers des projets et des activités réellement propres pour les raisons suivantes.

Tout d'abord, les *benchmarks* ESG se concentrent sur des questions procédurales et s'attachent plus à identifier la manière dont les firmes anticipent les risques sociaux et environnementaux qu'à mesurer les *résultats effectifs* de leurs activités. Cela demanderait de tels dispositifs de mesure et de contrôle (des émissions de GES, des pollutions, des conséquences sur la vie des populations locales et sur la biodiversité, du contrôle du respect du droit du travail, etc.), assortis de systèmes de sanctions, que seuls les États pourraient les mettre en œuvre. À supposer bien sûr qu'ils en aient la volonté politique et ne soient pas inféodés aux lobbies industriels. Une opinion publique beaucoup plus mobilisée qu'elle ne l'est aujourd'hui aurait peut-être le pouvoir de les contraindre à adopter de telles mesures coercitives. La prise de conscience collective n'est cependant pas encore à la hauteur de l'urgence. Les médias en portent une part de responsabilité, qui n'analysent que trop rarement les causalités à l'œuvre, en alertant par exemple sur le réchauffement climatique tout en déplorant à la minute ou à la page suivante que la croissance de l'industrie automobile ait été plus faible que prévu, sans qu'aucun lien soit fait.

Ensuite, les obligations sont jugées vertes sur des dossiers souvent très flous et généraux, et les cabinets d'audit qui font leurs rapports ne semblent pas se tuer à la tâche. De plus, ces rapports ne concernent que les projets en eux-mêmes et non l'ensemble des activités des entreprises. C'est pourquoi même EDF, Total, Engie, Chevron, Shell, Nestlé, BNP-Paribas et tant d'autres pourront continuer à être financées *via* ce canal, avec un bonus pour leur réputation.

Enfin et surtout, les modèles de pensée et les représentations dominantes ne sont pas remis en question. Le *benchmark* de RobecoSAM, à la base du Dow Jones Sustainable Index, ne s'intéresse *in fine* qu'à la maximisation de la valeur actionnariale des firmes, ce qui est qualifié de *matérialité financière*. Les risques sociaux et environnementaux ne sont des risques que dans la mesure où ils ont un impact sur la réputation des entreprises et sont susceptibles de faire baisser leur valeur actionnariale. Tant que la saleté ne se voit pas et ne débouche pas sur un scandale public, leur valeur financière n'est pas en danger et tout va bien. Les industriels peuvent donc continuer tranquillement à détruire la nature et les êtres humains. De manière plus profonde, le sens de l'action n'est toujours pas interrogé, malgré l'ampleur avérée de la catastrophe. La ville de Mexico peut émettre une obligation verte pour construire un aéroport qui prévoit la multiplication par deux ou trois du transport aérien dans les décennies qui viennent. On lavera peut-être les avions avec des produits bio, mais il y aura quand même toujours plus d'avions, donc toujours plus d'émissions de GES et de pollutions diverses et variées.

On en arrive au point où certains se réjouissent même du changement climatique, qui ouvre par exemple de nouvelles voies de passage pour le commerce international et l'exploration pétrolière dans l'Arctique. La nécessité d'une consommation d'énergie toujours croissante, de l'accroissement des échanges de marchandises et de la mobilité des personnes n'est même pas questionnée. Elle est appréhendée comme le serait une invasion de sauterelles, naturalisée, considérée comme un processus inévitable sur lequel nous n'aurions aucune prise. À la recherche d'outils toujours plus puissants, nos sociétés ont totalement perdu de vue les fins pour lesquelles ces moyens faramineux sont développés.

La gestion des risques : des produits financiers « adossés » à la nature

Outre la canalisation de l'épargne et le financement des activités économiques, la finance assure traditionnellement une seconde fonction, celle de proposer divers outils aidant à gérer l'exposition au risque des agents. Avec la montée de l'instabilité qui a accompagné le capitalisme financiarisé, les risques financiers ont crû, et des produits qui existaient depuis longtemps, comme les contrats à terme, se sont développés et sophistiqués. De nouvelles techniques comme la titrisation et la structuration ont été mises au point dans les années 1970 et 1980 et ont donné naissance à de nouvelles classes de produits financiers permettant aux agents de se couvrir face à une gamme de risques de plus en plus large. La créativité des scientifiques et ingénieurs de la finance étant visiblement sans limites, les instruments existants ont été recombinés dans tous les sens pour en créer de nouveaux, comme les produits dérivés de crédits impliqués dans la grande crise de 2007-2008. Jacques Ellul analysait déjà la dynamique des techniques et de l'innovation comme procédant en partie de la recombinaison des techniques existantes[1].

1. J. Ellul, *La Technique ou l'enjeu du siècle*, *op. cit.*

Mais il mettait aussi en lumière un autre mécanisme, souvent rencontré dans ce livre : chaque nouvelle technique pose de nouveaux problèmes qui appellent de nouvelles « solutions », ces dernières engendrant à nouveau des effets non anticipés qui appellent de nouvelles réponses… Ainsi, la dynamique de l'innovation technique est-elle autoréférentielle, suit sa logique propre sans ancrage extérieur et répond essentiellement à des questions que la technique se pose à elle-même. Analysant la crise des *subprimes*, Frédéric Lordon a montré l'absurdité et le danger de la prolifération délirante des outils financiers dit « dérivés », outils d'une complexité telle que presque personne n'est à même de les comprendre [1].

Une autre source de l'innovation technique est l'analogie, l'importation dans un champ d'outils développés à l'origine dans un autre domaine. C'est ce qu'on voit avec l'émergence d'instruments financiers « adossés » à la nature. Avec les multiples dérèglements de la biosphère et la montée des risques environnementaux, les ingénieurs financiers ont vu là un nouveau domaine d'application de leurs joujoux hypersophistiqués.

Des marchés de risques

Pour comprendre les grandes lignes de ces nouveaux instruments « adossés » à la nature, il faut rappeler d'abord brièvement ce que sont les produits dérivés. Ce sont originellement des outils financiers permettant aux agents de se prémunir contre certains risques. Il n'y a pas plus peureux qu'un financier, qu'il soit banquier, investisseur ou assureur, dès lors que la valeur de son capital est en jeu. Des études montrent d'ailleurs que, pour les détenteurs de gros capitaux (supérieurs à 1 milliard de dollars), la préoccupation première est la recherche d'actifs à risque très faible (les *safe assets*), avant la recherche du rendement. Autrement dit, c'est avant tout la préservation de la valeur du capital qui importe [2].

Il existe deux grandes familles de produits dérivés, selon la nature des risques envisagés.

---

1. F. Lordon, *Jusqu'à quand ?*, *op. cit.*

2. Zoltan Pozsar, « Institutional cash pools and the Triffin dilemma of the US Banking System », *IMF Working Paper*, n° 11/190, août 2011. Cet auteur montre ce que l'émergence d'une « finance de l'ombre » (*Shadow Banking System*) doit à cette recherche d'actifs sûrs de la part des investisseurs institutionnels et des *High Net Worth Individuals*, nouvelle dénomination pour les 1 % ou 0,1 % les plus riches.

Le premier risque est appelé « risque de prix ». La valeur d'un capital dépend de la valeur du prix des actifs. Quand le prix des actions monte, la valeur d'un portefeuille boursier s'apprécie et, symétriquement, quand ce prix baisse, la valeur du portefeuille se déprécie. Les profits réalisés dépendent de la différence entre prix d'achat et prix de vente des actifs. Plus les marchés sont volatils, c'est-à-dire affectés par de grandes variations de prix, plus il est possible de réaliser de gros profits spéculatifs, puisque les différences entre prix d'achat et prix de vente sont rapidement très grandes. Mais plus ces opérations sont risquées : plus la volatilité est grande, plus il est difficile de prévoir ce que sera le prix dans l'avenir et les variations peuvent s'opérer à la hausse comme à la baisse.

C'est ainsi qu'ont été développés les premiers produits dérivés permettant de se couvrir face au risque de prix : les contrats à terme et les options. *Via* des dispositifs un peu différents, ces instruments permettent au financier de s'assurer du prix d'achat ou de vente d'un actif dans le futur, se débarrassant de l'incertitude attachée à toute variation future du prix. Si j'achète une option sur action aujourd'hui pour une livraison effective trois mois plus tard, j'achète le droit d'acheter ces actions dans trois mois à un prix fixé aujourd'hui. Je ne porte plus aucun risque, c'est le vendeur de l'option qui se retrouve à l'assumer puisqu'il s'est engagé à me vendre ces actions à un prix fixé, qui sera peut-être défavorable pour lui. Ces instruments transfèrent les risques des agents qui les craignent vers ceux qui aiment en prendre (dans la théorie économique néoclassique, l'attitude face au risque fait partie des préférences individuelles et, comme telle, ne se discute pas). Les marchés où s'échangent de tels instruments sont donc essentiellement des marchés de risques.

Jusque dans les années 1970, les marchés dérivés étaient des marchés de gré à gré, où chacun devait trouver la contrepartie dont il avait besoin. Avec l'apparition d'un régime de capitalisme financiarisé et l'accroissement corrélatif de la volatilité des prix financiers, les besoins de couverture se sont faits plus pressants. La recherche de l'efficacité a conduit à créer des marchés pour des risques toujours plus complexes et sophistiqués, dont le but affiché est de parvenir à une « gestion optimale des risques ». Comme pour toute chose devenant marchande, les risques de prix se sont donc vus normalisés, mesurés, comparés, classifiés, diversifiés, et des marchés de risques standardisés ont vu le jour, comme le Chicago Mercantile Exchange, fondé en 1972, et le Marché à terme international de France (MATIF) à Paris, qui date de 1986.

Dans les années 1970 et 1980, les scientifiques de la finance ont inventé deux nouvelles techniques financières, qui, combinées, donnent naissance à de nouveaux outils permettant aux investisseurs de se couvrir contre le risque de défaut des emprunteurs, ou « risque de crédit », second grand risque pour lequel il existe des instruments de couverture. C'est la nouvelle famille des « dérivés de crédits », dont les *subprimes* sont un exemple.

La titrisation consiste à transformer une créance en titre négociable pour pouvoir la revendre sur un marché, ce qui revient pour le créancier à pouvoir vendre le risque que l'emprunteur ne rembourse pas son prêt. C'est l'acheteur du titre qui le portera. La structuration panache des titres existants et crée des catégories de risques différentes (*senior*, *mezzanine*, *equity*) pour répondre à divers profils de diversification. Les pères de famille achèteront des produits *senior*, à faible rendement et faible risque, tandis que les spéculateurs des *hedge funds* parieront sur des actifs *equity*, à fort rendement mais à fort risque. La combinaison de ces deux techniques a permis de construire des *Asset Backed Securities* ou titres adossés à des actifs. Selon la nature des émetteurs initiaux et des actifs en question, on a différents titres : les *Mortgage Backed Securitites* sont adossés à des créances hypothécaires ; les *Asset Backed Commercial Paper* sont adossés aux dettes de court terme des entreprises ; les *Forest Backed Bonds* sont adossés aux revenus futurs de la gestion d'une forêt. En fait, tout flux de revenus futurs peut-être titrisé, c'est-à-dire transformé en actif financier et vendu. Le catalogue de David Bowie a en partie été titrisé, du vivant de ce dernier : Bowie a donc vendu ses droits aux revenus futurs de ses droits d'auteur contre une somme en espèces sonnantes. Ceux qui ont acheté les titres toucheront les droits d'auteur en question. Le risque que Bowie ne se vende plus n'a plus été supporté par lui, qui a eu son cash, mais par les investisseurs qui ont acheté ces titres.

Ces titres ont à leur tour été recombinés et transformés en *Collaterized Debt Obligations* (CDO), qui panachent différents types de créances, CDO de CDO et autres sophistications [1]. Par ces titrisations et structurations successives, les liens entre débiteurs et créanciers se dissolvent. Une banque qui a accordé un crédit hypothécaire à un ménage américain pour que celui-ci achète une maison a entre-temps

1. Voir F. Lordon, *Jusqu'à quand ?*, *op. cit.* Ces produits sont d'une complexité extrême. Aussi incroyable que cela puisse paraître, *The Economist* du 13 février 2010 écrit qu'il faut lire environ 30 000 pages de documentation pour bien comprendre un CDO.

vendu cette créance, qui a été mélangée à d'autres puis revendue, et encore achetée, re-mélangée à d'autres (« structurée » dans le jargon des financiers) et revendue : en cas de problème de remboursement, le ménage ne sait plus qui sont ses créditeurs et ne peut pas négocier un arrangement. La banque qui a initialement accordé le crédit peut continuer à en accorder tant qu'elle veut, malgré les obligations prudentielles de ratios de capital, puisque ces créances sont ensuite vendues à des investisseurs et peuvent, sous certaines conditions, disparaître de leurs bilans.

Outre les produits issus d'opérations de titrisation/structuration, un deuxième type de dérivés de crédit relève plus de l'assurance. Les *Credit Default Swaps* (CDS) sont des contrats entre deux parties stipulant sous quelles conditions le vendeur d'un CDS devra éponger tout ou partie du défaut de paiement d'un emprunteur, en contrepartie du paiement d'une prime annuelle. Tant que le défaut ne se matérialise pas, le CDS n'est pas activé. Si un emprunteur fait défaut, le vendeur du CDS rembourse l'acheteur du CDS selon les lignes prévues par le contrat initial. Pour se prémunir des risques de défaut des emprunteurs, les banques et autres prêteurs ont usé et abusé de ces CDS, pensant ainsi se débarrasser de leurs risques.

Néanmoins, comme on l'a vu durant la crise des *subprimes*, ces différents outils ne font pas disparaître les risques, ils les transfèrent simplement d'une classe d'agents à une autre ; il faut toujours quelqu'un en bout de chaîne pour les assumer. De plus, de par les itérations successives de titrisation/structuration, on ne sait plus qui est effectivement porteur des risques, les chaînes d'intermédiaires entre créanciers et débiteurs s'étant considérablement allongées. Le terme de finance directe pour qualifier la finance de marché n'est plus adéquat. Comme les banques avaient beaucoup spéculé sur ces instruments qui proposaient de forts rendements et de faibles risques (du moins c'est ce qu'elles croyaient), elles étaient très exposées à la crise qui touchait les marchés des produits dérivés de crédit. La défiance s'est alors propagée aux banques elles-mêmes, qui, de par la complexité de ces instruments, ne parvenaient pas à évaluer leur degré d'exposition au risque et donc leurs pertes potentielles. C'est l'ensemble des marchés de crédits et le marché interbancaire qui sont entrés en crise à leur tour, à l'automne 2008, nécessitant des interventions des États et des Banques centrales à des niveaux jamais connus jusqu'alors. Les États, qui ont accru leur endettement pour empêcher les banques de faire faillite, se sont retrouvés surendettés et la crise s'est transformée en crise des dettes souveraines.

Ces enchaînements vicieux en cascade témoignent d'un risque contre lequel il n'est pas possible de s'assurer, le risque dit systémique, provenant des interconnexions entre tous les marchés financiers. Lorsque tous les marchés financiers baissent en même temps, ce qui est arrivé en 2007-2008, les stratégies de diversification et d'assurance ne sont plus opérantes, et banques et financiers font faillite, sauf si la puissance publique vient à leur secours.

Dérives climatiques et obligations catastrophe

Un des modes de l'accroissement de la technique est l'analogie : des outils développés dans un domaine sont ensuite appliqués à un autre. C'est le cas des produits dérivés juste évoqués, dont plusieurs commencent à être utilisés pour « gérer » certains risques naturels, d'où l'expression de produits adossés à la nature. Certains sont encore à l'état de projet, d'autre existent depuis un certain temps. Je n'aborderai pas les risques liés à la transition écologique en elle-même, qui déclasse certaines activités comme celles liées aux énergies fossiles et fait perdre de leur valeur aux actifs considérés (appelés *stranded assets*, « actifs échoués » en français)[1], bien que leur ampleur aujourd'hui soit inquiétante et de nature à provoquer un nouveau krach financier.

Un des marchés les plus actifs en matière de « produits dérivés de la nature » est celui des « dérivés climatiques » (*weather derivatives*), instruments inventés en 1996-1997 aux États-Unis, après un épisode El Niño particulièrement fort. À cette occasion, et grâce aussi, si l'on peut dire, au cyclone Andrew en 1992, les Américains se sont rappelés qu'un bon nombre des activités économiques dépendaient du climat d'une manière ou d'une autre. Un hiver trop froid et du gel au moment de la floraison menacent les rendements agricoles, tout comme de la pluie au moment des récoltes. Mais ce même hiver trop froid est bon pour les compagnies d'énergie car les besoins en chauffage augmentent, ainsi que leur chiffre d'affaires. Symétriquement, un été très chaud est synonyme de climatisation à fond, alors qu'un été frais diminue les revenus de ces mêmes compagnies. Un été pluvieux est mauvais pour le tourisme et les loisirs (Disneyland est vide), mais

1. Voir par exemple Ben Caldecott, Elisabeth Harnett, Theodore Cojoianu, Irem Kok, Alexander Pfeiffer et Ana Rios (dir.), *Stranded Assets : A Climate Risk Challenge*, Inter-American Development Bank, 2016.

aussi pour la construction et le bâtiment, dont les chantiers sont bloqués. De fortes neiges immobilisent le transport aérien, ce qui a des répercussions en chaîne. Les revenus de toute une série d'industries sont donc en partie dépendants du temps qu'il fait. On estime qu'entre 20 et 30 % des PIB des pays européens et des États-Unis sont exposés à ce « risque climatique ». Il ne s'agit pas d'événements extrêmes comme des ouragans, des inondations ou autres catastrophes naturelles, mais simplement des aléas quotidiens de la météo. Les ingénieurs financiers ont donc mis au point des produits permettant de se couvrir face à ces risques, les *weather derivatives*.

L'idée générale est de fabriquer un contrat dont la valeur augmente avec l'écart des températures par rapport aux températures moyennes ou « normales ». Celles-ci ont été jugées être de 65 degrés Fahrenheit aux États-Unis et de 18 degrés Celsius en Europe. On calcule ensuite des *heating degree days* (HDD) en hiver et des *cooling degree days* (CDD) en été en différents endroits du pays (une vingtaine de villes aux États-Unis). Si la température moyenne le 1er janvier à Chicago est de 25 °F, le HDD sera de 65 – 25 = 40. Chaque point de HDD « vaut » 20 dollars, donc, ici, 40 × 20 = 800 dollars. Le contrat peut s'étendre sur un mois, deux mois, ou toute une saison, et sa valeur est donnée par la somme des HDD journaliers pendant la période, multipliée par 20 dollars. Si la température moyenne à Chicago au mois de janvier a été de 25 °F pendant deux semaines et de 20 °F pendant les deux autres semaines, la valeur d'un contrat couvrant le mois de janvier sera de : [((65 – 25) × 15) × 20 $] + [((65 – 20) × 16) × 20 $] = 12 000 $ + 14 400 $ = 26 400 $

Une compagnie de travaux publics qui ne peut pas travailler lorsqu'il gèle peut ainsi acheter un ou plusieurs de ces contrats HDD. Si les températures observées en janvier sont celles précédemment évoquées, le vendeur du contrat devra verser 26 400 dollars à la compagnie de travaux publics par contrat acheté. La perte de revenus engendrée par le gel et l'impossibilité de travailler sera compensée par l'argent du contrat HDD, et le risque en termes de chiffre d'affaires sera atténué, voire aura disparu, selon le nombre de contrats achetés et les températures effectivement observées. Qui va vendre un tel contrat ? Par exemple une compagnie d'énergie, qui gagne d'autant plus que le temps est froid puisque les gens ont d'autant plus besoin de se chauffer. Ces contrats ne sont pas gratuits : pour chaque contrat vendu, la compagnie d'énergie touche une certaine somme (la prime), quoi qu'il arrive. Si l'hiver est froid, elle devra certes verser la valeur du contrat (moins la prime), mais cette perte sera compensée par l'augmentation de son chiffre d'affaires du fait des températures en dessous de la normale.

Les contrats CDD, qui courent d'avril à octobre, fonctionnent de la même manière : plus les températures sont élevées, plus leur valeur augmente. Un agriculteur qui fait du maïs aura une mauvaise récolte s'il fait trop chaud et sec, il risque de perdre des revenus. Il peut couvrir sa perte potentielle en achetant des contrats CDD. Si l'été est doux et les températures peu élevées, la valeur des contrats sera faible, donc il sera faiblement dédommagé, mais sa récolte sera *a priori* plutôt bonne, donc son revenu sera assuré. Si en revanche l'été est caniculaire, il perdra sur sa récolte mais gagnera sur les contrats de dérivés climatiques et assurera à peu près son revenu. Qui prendra la contrepartie, c'est-à-dire qui vendra ? Là encore, cela peut être une compagnie d'énergie. Si les températures sont faibles, elle aura peu à rembourser et gagnera sur la prime payée sur chaque contrat (elle joue surtout sur le volume, le nombre de contrats vendus). S'il fait très chaud, les montants des dédommagements seront élevés, mais la hausse de son chiffre d'affaires liée à la hausse de la consommation d'énergie pour la climatisation le lui permettra [1]. Il s'agit en fait d'une marchandisation du risque assuranciel, qui traditionnellement est assumé par les compagnies d'assurance au travers de contrats bilatéraux.

Les contrats HDD et CDD sont des contrats standardisés qui s'échangent sur le Chicago Mercantile Exchange, qui propose environ soixante contrats du même type, sur les températures, la pluie ou la neige (ce seront là les hauteurs des précipitations par rapport à une hauteur standard qui seront mesurées), ou encore le vent. Les acheteurs de contrats sont principalement des gros agriculteurs, des compagnies d'énergie, du bâtiment, du tourisme et des loisirs. Les firmes d'énergies renouvelables s'en servent de plus en plus : leur chiffre d'affaires est étroitement lié à l'ensoleillement, au vent ou à la pluie, et ces produits leur permettent de lisser leurs revenus. Les vendeurs de contrats étaient initialement surtout les compagnies d'énergie, mais les dérivés climatiques attirent de plus en plus d'investisseurs institutionnels, compagnies d'assurance et *hedge funds*, qui voient là des placements permettant de diversifier leur portefeuille de par l'absence de corrélation entre la dynamique des prix des dérivés climatiques et les dynamiques des prix des actifs financiers, ces derniers n'obéissant pas (encore) à la météo.

1. Pour plus de détails, voir Travis L. JONES, « Agriculture applications of weather derivatives », *International Business and Economics Research Journal*, vol. 6, n° 6, 2007, p. 53-59.

Notez que, de manière assez ironique, les firmes et les investisseurs représentant l'« élite » économique et financière, ceux-là mêmes qui fustigent les salariés pour leur hésitation à assumer des risques et à entreprendre, sont bien timorés. D'un point de vue social et collectif, cette industrie des dérivés climatiques est une autre usine à gaz. En plus des financiers, elle fait travailler climatologues, météorologues et géographes pour collecter des données de plus en plus fines, élaborer des modèles d'interprétation et des algorithmes d'analyse automatique de ces données d'une complexité toujours plus grande. Que d'argent et d'énergie dédiés à assurer quelques entreprises contre des aléas opérationnels engendrés par une grosse pluie ou un petit coup de chaud...

Pourtant, certains ont pensé adapter ces produits financiers aux risques liés à la disparition de la biodiversité, en envisageant de créer des *biodiversity derivatives*. Le ressort de ces outils est un peu différent, car si le temps qu'il fait au jour le jour ne relève pas localement des actions humaines, la disparition d'une espèce sur un territoire donné dépend en partie des actions des hommes qui habitent ce territoire. On pourrait donc utiliser le pouvoir disciplinaire de la finance de marché pour « aligner les incitations » de tous les agents, avec pour résultat espéré que ceux ayant en charge la protection d'un territoire soient récompensés s'ils parviennent à empêcher la disparition d'une espèce menacée, et au contraire « punis » s'ils laissent la biodiversité disparaître[1]. Cela peut être fait par un instrument qui paie par exemple le gestionnaire d'une forêt si le nombre d'individus d'une espèce menacée dépasse un certain seuil, et ne paie pas sinon. Les mêmes auteurs, décidément très imaginatifs, proposent aussi de créer des « hypothèques environnementales » : des peuples pauvres mais vivant sur des territoires riches en biodiversité pourraient « mettre en gage » leur environnement, qui servirait de garantie pour l'octroi de crédits. Ces peuples pourraient ainsi se développer, tout en ayant intérêt à préserver leur environnement, sinon la valeur de celui-ci baisserait. Les auteurs ne disent pas ce qui se passerait dans ce cas-là : ces peuples seraient-ils expulsés de leur milieu de vie ?

Une autre innovation récente en matière de produits financiers dérivés de la nature se développe très rapidement ces dernières années, plus vite que les dérivés climatiques. Il s'agit des *catastrophe bonds* ou

1. Voir James T. MANDEL, C. Josh DONLAN et Jonathan ARMSTRONG, « A derivative approach to endangered species conservation », *Frontiers in Ecology and Environment*, vol. 8, n° 1, 2010, p. 44-49.

obligations catastrophe. Alors que les dérivés climatiques sont destinés à s'assurer contre de petits événements qui arrivent souvent, les obligations catastrophe, comme leur nom l'indique, permettent de s'assurer contre des risques de catastrophes naturelles, ouragans, tremblements de terre, inondations, feux de forêt géants, etc., événements extrêmes mais avec une probabilité d'occurrence très faible. Avec le changement climatique, le nombre d'événements extrêmes se multiplie ; ces derniers coûtent de plus en plus cher aux sociétés. Le cyclone Andrew aux États-Unis en 1992 a coûté environ 30 milliards de dollars aux assureurs et réassureurs, tandis que Katrina, en 2005, a coûté plus de 80 milliards. 2017 et 2018 ont été des années particulièrement mauvaises de ce point de vue, avec plusieurs ouragans aux États-Unis, un tremblement de terre au Mexique et de dramatiques feux de forêt en Californie. Rien qu'en 2017, les pertes assurées ont représenté environ 130 milliards de dollars, pour un total d'environ 330 milliards de dollars de pertes. Comme pour les *weather derivatives*, le marché des *catastrophe bonds* s'est développé dans les années 1990. Selon Artemis, société qui suit ce qui se passe sur ces marchés, le montant cumulé des obligations catastrophe en avril 2019 atteint 38 milliards de dollars (ce qui est toujours peu par rapport aux 100 000 milliards de l'ensemble du marché obligataire, mais en hausse rapide) [1].

Le principe d'un *cat bond* est le même que celui d'un *Credit Default Swap* ou CDS. Une compagnie de réassurance anticipe par exemple des ouragans de plus en plus violents dans le golfe du Mexique, et voit ses pertes anticipées augmenter. Si un ouragan se produit effectivement, elle devra mobiliser immédiatement un grand montant de fonds. L'émission d'une obligation catastrophe peut lui permettre de faire face, en titrisant son risque assuranciel. Les titres représentant ce risque d'ouragan sont vendus sur les marchés financiers et achetés par des investisseurs. Tant que le risque ne se matérialise pas, les investisseurs continuent à toucher l'intérêt sur leur placement, comme pour n'importe quelle autre obligation. En revanche, si le risque se matérialise, c'est-à-dire s'il y a un ouragan, les investisseurs perdent tout, intérêt et capital, qui reviennent à la compagnie de réassurance. En cas de catastrophe, celle-ci aura donc immédiatement un gros

1. Ces chiffres sont tirés de <www.artemis.bm>, consulté le 26 avril 2019. Cette société est basée aux Bermudes, capitale mondiale de la réassurance. Par exemple, sur 51 fonds actifs dans les titres liés aux assurances (les *Insurances Linked Securities*), 22 sont basés dans ces îles.

montant de cash lui permettant de faire face aux dédommagements. Pour accepter de prendre un tel risque, les investisseurs doivent être alléchés par quelque chose. C'est le cas. D'abord, comme pour les *weather derivatives*, ces titres sont décorrélés des marchés financiers traditionnels, donc de bons outils de diversification. Ensuite, ils sont peu souvent « déclenchés », le montant des pertes en capital est relativement faible (sauf en 2017 et 2018, mauvaises années comme on l'a dit), et offrent des rendements bien supérieurs à ceux des actions ou obligations standard. À l'heure où les taux d'intérêt dans les pays occidentaux sont plus ou moins négatifs, plus de la moitié des *cat bonds* rémunèrent au-delà de 6 % par an, et jusqu'à 13 % [1]. Comme ce sont des produits risqués, la majorité des investisseurs sont des investisseurs institutionnels, et surtout des *hedge funds* ou fonds spéculatifs [2].

La plupart des émetteurs de ces obligations sont des réassureurs, mais des villes ou des États particulièrement menacés commencent à entrer sur ce marché. Plusieurs pays d'Amérique du Sud comme le Chili et la Colombie ont émis des *cat bonds* pour s'assurer contre le risque de séisme. Comme ce ne sont pas des instruments standardisés mais conçus par un arrangeur en fonction des besoins de l'émetteur et des investisseurs, ils peuvent être très précisément adaptés. Les événements déclencheurs, c'est-à-dire ceux qui feront que les émetteurs toucheront le capital, sont en général des seuils d'indemnités, mais cela peut être aussi la surface concernée, la magnitude du séisme ou bien le nombre de morts engendrés par la catastrophe. C'est d'ailleurs là l'élément stratégique de l'outil. Des expériences récentes montrent que, souvent, les conditions qui font que le capital sera versé à l'émetteur sont telles que, malgré une catastrophe, les fonds ne sont pas débloqués. C'est ainsi qu'en août 2017 la Banque mondiale a émis des *cat bonds* à hauteur de 360 millions de dollars en faveur du Mexique, pour couvrir le pays face aux risques de cyclones et de tremblements de terre. Mais, malgré un séisme et un ouragan, l'obligation n'a pas été déclenchée, sans doute parce que ces catastrophes n'ont pas coûté assez cher ou n'ont pas fait assez de morts [3].

---

1. <www.artemis.bm/dashboard/cat-bonds-ils-by-coupon-pricing/>.

2. Pour une autre discussion des *cat bonds*, voir R. Keucheyan, *La nature est un champ de bataille*, *op. cit.*

3. Mathilde Damgé, « *Catastrophe bonds* : spéculation sur les catastrophes naturelles », *Le Monde*, 30 août 2017, <www.lemonde.fr/les-decodeurs/article/2017/08/30/catastrophy-bonds-le-marche-qui-specule-sur-les-catastrophes-naturelles_5178554_4355770.html>.

Une variation sur le thème, avec les mêmes effets, est celle des « *pandemic bonds* » (*sic*). La Banque mondiale, toujours elle, a lancé au printemps 2017 la *Pandemic Emergency Financing Facility* : l'institution a émis pour 320 milliards de dollars de *cat bonds* au profit de pays menacés par des épidémies graves, en particulier Ebola et les coronavirus. Les primes payées aux investisseurs (des taux d'intérêt allant de 6 à 13 % au-dessus du taux d'intérêt de référence) l'ont été par trois pays : l'Allemagne, le Japon et l'Australie. Ainsi, la République démocratique du Congo a-t-elle reçu environ 60 millions de dollars d'aide pour lutter contre Ebola en 2018 et 2019. Mais cela a pris un peu de temps, car les conditions de déclenchement n'étaient pas réunies au début. Il fallait en effet que l'épidémie fasse plus de 250 morts, ce qui était le cas, et qu'elle traverse une frontière internationale, ce qui a mis plus de temps. Guillaume Lachenal remarque que la condition du passage d'une frontière est une incitation perverse, puisque, pour enfin toucher l'argent, le Congo avait intérêt à laisser l'épidémie se développer pour atteindre l'Ouganda. Comme il le dit, le gagnant est le virus. Pour ajouter encore à l'indécence, c'est l'aide publique au développement qui finance la Banque mondiale : l'argent des contribuables a financé les rendements très confortables des grands fonds qui ont acheté ces obligations. Privatisation des profits et socialisation des coûts[1]. Cette facilité a de nouveau été activée au printemps 2020, du fait de la pandémie de Covid-19. La Banque mondiale a ainsi versé près de 200 millions de dollars à 64 pays parmi les plus pauvres de la planète. Les *pandemic bonds* sont cependant de plus en plus critiqués : outre leur éthique douteuse de « pari sur la mort », ils sont déclenchés trop tard pour être efficaces dans la lutte contre les épidémies, et ce pour cause de protection excessive des investisseurs dans le libellé des conditions de déclenchements.

Les produits dérivés permettaient jusqu'à présent aux détenteurs de capitaux de s'assurer contre deux risques principaux, le risque lié à la volatilité du prix des actifs ou risque de prix, et le risque engendré par le défaut possible des emprunteurs ou risque de crédit. Les dérivés climatiques et les obligations catastrophe ouvrent de nouvelles perspectives en matière de « gestion optimale des risques » : les risques naturels (quoique les risques de pandémie ne soient pas entièrement naturels

1. Guillaume Lachenal, « *Pandemic bonds* : les marchés financiers jouent à gagnant-gagnant », *Libération*, 9 avril 2019, <https://www.liberation.fr/debats/2019/04/09/ebola-les-marches-financiers-jouent-a-gagnant-gagnant_1720324>, et, du même auteur, « Tombola Ebola », *Libération*, 6 juin 2018, <https://www.liberation.fr/debats/2018/06/06/tombola-ebola_1657098>.

mais aussi industriels, politiques et sociaux) peuvent eux aussi être gérés par le marché. Ce dernier est-il plus efficace qu'une assurance traditionnelle ? Rien n'est moins sûr, du fait de la manière dont sont libellées les conditions de déclenchement, qui avantagent en général les investisseurs et non les émetteurs. Et puis les *cat bonds* ont le potentiel d'engendrer un risque systémique. Les titres assuranciels contribuent à connecter des marchés autrefois séparés, l'assurance et la finance. Plus les connexions sont nombreuses entre les différents marchés, plus, toutes choses égales par ailleurs, le risque systémique est important. Si le changement climatique continue de s'accélérer, ce qui est malheureusement probable vu l'inaction généralisée, un certain nombre d'investisseurs risquent de perdre beaucoup. Ils vendront d'autres actifs pour éponger leurs pertes, et, de la même manière que lors de la crise des *subprimes*, un choc initialement localisé sur le marché des *cat bonds* s'étendra à d'autres segments de marché. De plus, ces outils sont déjà pressentis pour étendre leur domaine aux risques terroristes et à ceux liés à la cybersécurité. Cela revient à introduire de nouvelles sources d'instabilité dans un système financier déjà fondamentalement instable.

Marchés financiers, spéculation et bien commun

La finance verte s'inscrit en droite ligne du phénomène analysé tout au long de ce livre : instrumentaliser les forces du capitalisme pour une croissance « verte et inclusive », c'est-à-dire pour « réparer » les dégâts de ce même capitalisme. Il s'agit d'utiliser l'appât du gain des investisseurs et le pouvoir disciplinaire de la finance de marché pour inciter le capital à financer des activités productives propres, respectueuses de la planète et des êtres humains, et soucieuses de leur avenir à long terme. Pour ce faire, on met en place des dispositifs dont on espère qu'ils vont rendre compatibles les intérêts privés à court terme et le bien commun à long terme : labels, normes et certifications, outils de gestion des risques visant à rassurer les investisseurs.

Admettons que les activités jugées vertes le soient réellement (ce qui n'est pas le cas, j'espère l'avoir montré). Comment les capitaux iraient-ils spontanément financer justement ces activités-là ? Selon le dogme néoclassique, les prix de marché fournissent de bons signaux aux financiers pour les attirer vers les activités où l'efficacité du capital est maximale, c'est-à-dire où les profits sont les plus élevés. Il faudrait donc que les activités bénéfiques à l'environnement soient celles qui présentent les meilleurs profils rendement/risque : des actions rapportant de faibles dividendes quand les firmes concernées sont solides et bien installées, et des dividendes élevés pour les « jeunes pousses » encore incertaines, et de même pour les obligations. Il faudrait de plus que, pour une même classe de risques, les rendements des activités vertes soient supérieurs aux rendements des activités brunes. Le problème est que les activités vertes sont des activités nouvelles, sur lesquelles on a encore peu de recul, donc plus incertaines que les productions traditionnelles. De plus, puisqu'il s'agit de changer de matières premières et de modifier les manières de produire, elles nécessitent souvent des investissements considérables, conduits sur une vision à long terme. Les bénéfices financiers à attendre de tels placements seront au mieux incertains, voire inexistants, et ce pendant de longues années.

Il est donc peu probable que ces activités plus vertueuses soient spontanément plus attractives aux yeux des investisseurs, et le ressort des mécanismes de marché ne jouera pas dans le bon sens. Il y faudrait des interventions de l'État, avec une fiscalité incitative et punitive, des garanties de rendement et tout autre dispositif permettant d'assurer que les rendements des actifs propres soient supérieurs aux revenus procurés par les actifs sales. Cela permettrait de réaligner les signaux de prix dans le sens de l'intérêt général. Une telle politique suppose donc tout un cadre institutionnel se chargeant d'*administrer les prix*, en opposition à l'idéologie libérale dominante de la supériorité des marchés de concurrence libre et non faussée. À l'heure où les États, par le biais d'accords de libre-échange comme le Canadian-European Trade Agreement (CETA) ou le Trans-Atlantic Free Trade Agreement (TAFTA), abandonnent le peu de souveraineté politique qui leur reste au profit de tribunaux arbitraux privés, une telle régulation est pour l'instant difficile à imaginer [1].

Une seconde raison plus fondamentale amène à remettre en question la capacité de la finance de marché à œuvrer pour le bien commun. Elle a été analysée par Keynes en 1936, dans le chapitre 12 de la *Théorie générale* [2]. Il montre que, sur des marchés financiers organisés en vue de la plus grande liquidité possible, la spéculation est vouée à dominer, ce qui engendre une indétermination fondamentale

1. Voir la tribune publiée par *Le Monde* du 2 octobre 2018, « Les accords de libre-échange hypothèquent les chances de réguler efficacement la finance ».

2. John M. Keynes, *Théorie générale de l'emploi, de l'intérêt et de la monnaie*, trad. Jean de Largentaye, Payot, Paris, 1969 [1936].

des prix des actifs financiers. Ceux-ci ne peuvent donc pas être de bons signaux pour orienter l'investissement vers l'intérêt collectif.

Outre ce qui touche à la gestion des risques, il y a deux grands types de stratégie financière. La première consiste à acheter des titres, les garder en portefeuille pour gagner le rendement annuel, rémunération de l'immobilisation du capital. Ces rendements sont les dividendes pour les actions, les coupons pour les obligations et les taux d'intérêt pour les monnaies. Keynes dénomme cette stratégie *entreprise* ; dans la littérature plus contemporaine, on parle d'investissement ou de stratégie fondamentaliste. Elle est basée sur une analyse productive des investissements. C'est une stratégie de long terme, puisque cela revient à parier sur les gains annuels engendrés par un actif pendant toute la durée de sa vie, ou au moins un certain nombre d'années. Mais, comme il le dit ailleurs, « à long terme, nous serons tous morts ». L'avenir est mouvant, opaque et incertain. Prévoir les rendements annuels d'un actif sur dix, quinze ou vingt ans demande énormément d'information, d'analyse, de temps et d'énergie, et est voué à l'erreur. La vision philosophique de Keynes sur la possibilité de connaître l'avenir et de faire des prévisions est fondée sur la reconnaissance d'une incertitude radicale et l'impossibilité d'une connaissance objective du monde. Dès lors, la stratégie qui domine les marchés n'est pas l'*entreprise*, mais la *spéculation*.

La spéculation consiste à parier non pas sur les gains en intérêt mais sur les gains en capital ou plus-values, c'est-à-dire sur la différence entre le prix d'achat et le prix de vente des actifs. On achète une action non pour les dividendes qu'elle rapporte, mais pour la revendre plus ou moins rapidement à un prix supérieur à celui auquel on l'a achetée. La spéculation exige donc de faire des prévisions sur l'évolution des prix futurs des actifs financiers, de les anticiper. Plus le temps entre l'achat et la vente est long, plus des choses imprévues peuvent affecter les marchés et les prix varier : le risque attaché à l'opération de spéculation est d'autant plus grand que le terme est long, surtout sur les marchés très volatils que l'on connaît depuis quelques décennies. Contrairement à l'entreprise, la spéculation est une stratégie de court terme, voire de très court terme. Pour donner une idée : aux États-Unis, sur le New York Stock Exchange (NYSE), la durée de détention moyenne d'une action dans les années 1920, années très spéculatives qui ont abouti au krach de 1929, était d'environ deux ans. Elle était de huit ans et quatre mois en 1960, s'est réduite progressivement jusqu'à un an et deux mois en 2000, et est passée au-dessous d'un an depuis.

Mais ces chiffres ne prennent pas en compte les transactions effectuées par les algorithmes de *trading* à haute fréquence, avatars financiers de l'intelligence artificielle. Celles-ci concernent environ 60 % des transactions sur actions et sur produits dérivés sur les grands marchés américains, et la tendance est la même en Europe. Il est sûr qu'un algorithme est plus rapide et moins émotif qu'un *trader*, et il coûte moins cher en bonus. L'échelle de temps du *trading* à haute fréquence est la nanoseconde (un milliardième de seconde). Cette forme de stratégie consiste à faire des milliers de transactions dans la journée, en gagnant quelques dixièmes de cents à chaque fois, par des allers-retours ultra-rapides. Pour gagner quelques nanosecondes entre l'ordre et son exécution, les firmes spécialisées installent leurs *data centers* à côté des marchés, en particulier sur la rive nord du New Jersey pour être aussi proche que possible de Wall Street. Nouvelles formes de la concurrence… Si l'on prend en compte le *trading* à haute fréquence dans le calcul des temps moyens de détention d'une action, ceux-ci passent à 22 secondes[1] ! Qui eût cru qu'un jour on en serait presque à regretter les *traders* cocaïnomanes, flamboyants et cyniques, tel celui dépeint par Tom Wolfe dans *Le Bûcher des vanités* ?

Sur un marché spéculatif, la variable stratégique est donc le prix futur, à un an pour certains, à 20 secondes pour d'autres, et toutes les durées intermédiaires. Comment ce prix futur est-il déterminé ? Comment l'anticiper ? Si la majorité des comportements relevaient de stratégies d'entreprise, c'est-à-dire de stratégies fondées sur l'analyse de long terme des variables économiques, technologiques et géopolitiques, les prix contiendraient de l'information. Mais lorsque « l'entreprise n'est qu'une bulle d'air dans le tourbillon spéculatif[2] », les prix ne reflètent que les croyances et anticipations des agents sur les prix futurs, et ces derniers sont déconnectés de toute réalité économique. Il en est ainsi à cause de ce qu'André Orléan appelle l'autoréférence. Sur un marché où domine la spéculation, les agents savent que le prix futur résulte de l'ensemble des croyances sur le marché, voire des croyances « du marché », celui-ci étant presque envisagé comme une personne.

---

1. Voir Pierre-Yves Gomez, « L'actionnariat en risque d'hypertension », *Le Monde*, 16 mars 2016, <www.lemonde.fr/economie/article/2016/03/17/l-actionnariat-en-risque-d-hypertension_4884958_3234.html>, ainsi que <www.liberation.fr/checknews/2017/10/20/est-il-vrai-que-la-duree-moyenne-de-detention-d-une-action-est-de-20-secondes-en-moyenne-comme-affir_1652636>.

2. J. M. Keynes, *Théorie générale de l'emploi, de l'intérêt et de la monnaie*, *op. cit.*, p. 171.

Si tout le monde pense que l'euro va augmenter par rapport au dollar, tout le monde vend du dollar et achète de l'euro, et ce qui n'était qu'une croyance se réalise effectivement. C'est la figure de la prophétie autoréalisatrice analysée par le sociologue Robert K. Merton dans les années 1930. Lorsque les agents sur un marché savent que le prix futur est le résultat collectif de leur propre activité, ils se regardent les uns les autres pour deviner quelle est l'anticipation qui va l'emporter, celle qui va dominer la communauté des investisseurs. Le marché est alors dans un mécanisme autoréférentiel puisque les jugements ne sont normés ou contraints par aucune référence extérieure au marché[1].

C'est ce que décrit Keynes dans sa célèbre métaphore du concours de beauté :

> La technique du placement peut être comparée à ces concours organisés par les journaux où les participants ont à choisir les six plus beaux visages parmi une centaine de photographies, le prix étant attribué à celui dont les préférences s'approchent le plus de la sélection opérée par l'ensemble des candidats. Chaque concurrent doit donc choisir non les visages qu'il juge lui-même les plus jolis, mais ceux qu'il estime les plus propres à obtenir les suffrages des autres concurrents, lesquels examinent tous le problème sous le même angle. Il ne s'agit pas pour chacun de choisir les visages qui, autant qu'il puisse en juger, sont réellement les plus jolis ni même ceux que l'opinion moyenne considérera comme tels. Au troisième degré où nous sommes déjà rendus, on emploie ses facultés à découvrir l'idée que l'opinion moyenne se fera à l'avance de son propre jugement. Et il y a des personnes, croyons-nous, qui vont jusqu'au quatrième ou cinquième degré ou plus loin encore[2].

Un tel jeu d'anticipations croisées aboutit à un problème de régression potentiellement infinie (bien que sans doute peu de gens dépassent le troisième degré mentionné par Keynes). Dans un tel contexte de formation des croyances, n'importe laquelle peut émerger comme dominante à un moment, il suffit que chacun croie que les autres y croient, même si eux-mêmes n'y croient pas. Comme ce sont ces croyances qui déterminent *in fine* la dynamique à court terme des prix financiers, ces derniers sont indéterminés, n'importe quel niveau de prix peut être jugé le « bon », représentant la « vraie

1. André Orléan a approfondi et systématisé les intuitions keynésiennes dans *Le Pouvoir de la finance*, *op. cit.*, et *L'Empire de la valeur*, *op. cit.*

2. J. M. Keynes, *Théorie générale de l'emploi, de l'intérêt et de la monnaie*, *op. cit.*, p. 168.

valeur » de l'actif, au moins pendant un certain temps et jusqu'à l'arrivée d'informations suffisamment contradictoires pour ébranler la croyance dominante.

André Orléan a analysé les différentes croyances collectives que, à la suite de Keynes, il dénomme conventions, qui se sont succédé durant les années 1990 [1]. La convention « marchés émergents » a nourri l'intérêt de la communauté financière durant tout le début de la décennie, drainant beaucoup de capitaux vers les pays émergents, qui de ce fait se sont effectivement développés, confirmant ainsi la croyance initiale. Puis une série de crises financières a touché ces pays : le Mexique en 1994, l'Asie du Sud-Est en 1997, la Russie en 1998. Les capitaux ont fui, et les financiers ont cherché de nouvelles opportunités de profit, au Nord si possible, jugé moins risqué. Ce sont alors les technologies liées à Internet et aux biotechnologies qui ont recueilli leur adhésion, et là, de même, les capitaux ont afflué, permettant le développement effectif de ces secteurs. En 2001, les prix des actions de haute technologie avaient atteint des niveaux faramineux, et quelques-uns ont commencé à se poser des questions. La défiance s'est petit à petit généralisée et la bulle s'est dégonflée. Les investisseurs devaient à nouveau chercher des actifs rentables et jugés sans risque, et leur choix s'est porté sur les produits dérivés de crédit. On se rappelle la suite…

Il en est ainsi parce que les marchés sont avant tout organisés en vue de la liquidité maximale des placements. On l'a dit, les financiers sont peureux, et ils n'investiraient pas s'ils n'étaient sûrs de pouvoir déboucler leurs positions quand ils le désirent et sans pertes en capital. Plus les marchés sont liquides, plus la spéculation est facile, plus l'indétermination des dynamiques financières est grande : les marchés spéculatifs sont endogènement instables. D'ailleurs, la libéralisation des mouvements de capitaux entamée depuis les années 1980 s'est accompagnée d'une hausse considérable de la volatilité des prix des actifs et d'une hausse tout aussi remarquable du nombre d'euphories financières suivies de krachs. Keynes en était bien conscient, qui proposait dès 1936 une taxe sur les transactions financières pour rendre la spéculation plus coûteuse et ralentir la vitesse de circulation du capital.

Des marchés dominés par la spéculation, ce qui est le cas des marchés financiers contemporains, ne sont certainement pas à même de canaliser

1. A. Orléan, *Le Pouvoir de la finance*, *op. cit.*

l'investissement vers les activités vertes, puisque ce qui importe pour les investisseurs, ce sont les plus-values à court terme et non les rendements en intérêt à long terme. On l'a d'ailleurs vu avec les engouements successifs pour telle ou telle nouvelle technologie « révolutionnaire », agrocarburants avancés, édition du génome : les capitaux affluent dans un premier temps, puis vont se placer ailleurs dès qu'il y a un doute sur la continuité de la valeur des actions. En excluant les actifs dont les transactions sont majoritairement le fait du *trading* à haute fréquence, la durée de détention moyenne est désormais inférieure à un an : cela ne reflète pas une stratégie fondée sur les dividendes (qui sont en général versés une fois par an) et montre bien qu'il s'agit là de spéculation et non d'entreprise. C'est de toute façon beaucoup trop court pour permettre le financement à long terme des activités nécessitées par une véritable transition écologique. Lorsque la spéculation domine, les dynamiques de prix sont fondamentalement indéterminées, et il n'y a aucune raison pour que ces mouvements indiquent aux financiers quels sont les investissements socialement avantageux. Les marchés financiers sont aveugles et structurellement incapables de contribuer au bien commun. Dans l'architecture actuelle de ces marchés, la finance verte est vouée à l'échec.

Conclusion

Changer de cap : quelques pistes de réflexion et d'action

> « Notre monde, pourtant inventé et édifié par nous, est devenu si énorme, de par le triomphe de la technique, qu'il a cessé, en un sens psychologiquement vérifiable, d'être encore réellement *nôtre*. Qu'il est devenu *trop* pour nous [1]. »
>
> Günther ANDERS

Après ce tour d'horizon guère réjouissant du régime de capitalisme qui se met en place sous le nom de croissance verte, *Green New Deal*, transition écologique et numérique, bioéconomie inclusive, etc., et pour ne pas totalement vous désespérer, lectrice, lecteur, je conclurai sur une note plus optimiste. Que peut-on faire ? Que *doit*-on faire ?

Doit-on choisir entre la lampe à huile et le modèle amish d'une part, la 5G de l'autre, comme Emmanuel Macron a si finement posé le problème en septembre 2020 ? N'est-il pas possible de penser au-delà de cette opposition grossière, tout le temps brandie par les progressistes de tout poil, manière de poser le débat et de le clore d'emblée, qui gèle toute possibilité d'une pensée créative ? Je tenterai ici de faire un pas de côté et de proposer quelques pistes de réflexion *et* d'action qui ne relèvent ni des *high-techs* ni du retour à la bougie.

1. Günther ANDERS, *Nous, fils d'Eichmann*, trad. Sabine Cornille et Philippe Ivernel, Payot, Paris, 2003 [1988], p. 51-52.

Le changement climatique, la disparition de la biodiversité et la dégradation de la biosphère de manière générale évoluent de plus en plus rapidement, et il est urgent d'*agir*. Pour ce faire, je m'appuierai sur le cas de l'agriculture, dont nous avons beaucoup parlé. La transformation radicale des systèmes agraires est une urgence écologique, de souveraineté alimentaire et de santé politique, aussi bien dans les pays du Nord que dans les pays du Sud, de manière différente.

Il n'est pas question de proposer un modèle agricole « clés en main », cela serait totalement contradictoire avec toute la démarche poursuivie jusque-là. C'est bien l'adoption d'un tel modèle, l'agriculture industrielle, supposé être valable partout quelles que soient les conditions historiques et géographiques, pédoclimatiques et socioculturelles, qui a détruit l'incroyable richesse et diversité des systèmes agraires traditionnels de par le monde [1]. L'agriculture est un système global, résultat d'une infinité d'interrelations, puisqu'elle est l'expression, guidée par la main des êtres humains, de la vitalité de la nature. J'espère avoir montré que cette dernière ne pouvait se laisser appréhender par une perspective réductionniste, décomposée en petits morceaux indépendants. Il nous faut une vision globale, holiste, intégrant relations écologiques, biologiques, politiques, économiques et sociales, toutes relations coévoluant depuis des siècles pour former des systèmes agraires particuliers. De plus, l'agriculture ne peut se penser indépendamment de la nourriture : qu'est-ce qu'on produit pour satisfaire quels besoins ? Pour quelles populations ? Quels sont les méthodes de transformation et les circuits de distribution ? Se nourrir et avoir le choix de comment se nourrir sont des actes éminemment culturels et profonds, centraux dans la formation et la pérennité des liens sociaux, choix dont le système agro-industriel nous a dépossédés. Il s'agit *in fine* de reconquérir cette souveraineté.

Lorsqu'il s'agit de repenser l'ensemble du système, réfléchir en termes de système alimentaire est donc plus pertinent que de penser à la seule agriculture. Mais cela reste insuffisant car les systèmes alimentaires s'inscrivent dans des milieux géographiques et culturels qui fournissent un cadre à la connaissance et à l'action humaine et sont à la fois modifiés par celles-ci. Autrement dit, ces systèmes agraires et alimentaires sont dans un rapport de coévolution avec les territoires qui les portent, ce que la catégorie de *terroir* ou l'ancien

---

1. Pour avoir une idée de cette richesse, on peut lire M. Mazoyer et L. Roudart, *Histoire des agricultures du monde*, *op. cit.*

terme de *pays*, à une échelle un peu plus grande, rendent assez bien. On voit donc la complexité de l'objet à appréhender, bien loin des discussions habituelles de l'agriculture conventionnelle sur les rendements comparés des parcelles cultivées. Penser la viabilité d'une autre agriculture est loin d'être une simple question de rendement (même si celle-ci n'est pas absente), mais doit englober des problématiques très différentes touchant au droit foncier et à la propriété de la terre, à l'aménagement du territoire, aux besoins et désirs d'alimentation, aux décisions concernant l'affectation des sols… jusqu'à celles renvoyant au choix des semences et des pratiques culturales, c'est-à-dire aux savoirs paysans. Comparer les rendements de deux parcelles, l'une cultivée en bio et l'autre en conventionnel, n'est qu'une infime partie du travail de reconstruction et de transformation qu'il s'agit d'opérer.

Traiter de toutes ces questions en profondeur nécessiterait un autre livre. Je me bornerai ici à évoquer certains faits et certaines pistes pouvant nous mener, plus ou moins rapidement selon la complexité des problèmes, à transformer nos systèmes agraires et alimentaires. Il est bien entendu que ce qui suit n'a aucune portée universelle et doit être décliné localement : le monde a besoin d'une grande diversité de systèmes alimentaires, chacun inséré dans son territoire particulier, à l'histoire, à la géographie et à la culture spécifiques. Il est évident que les choses ne se posent pas dans les mêmes termes en France et en Afrique, dans des écosystèmes de plaines, de montagnes ou de cultures fluviales. Bon nombre de travaux récents font cependant émerger un certain consensus, par exemple pour favoriser les pratiques d'agroécologie et d'agroforesterie, la relocalisation de la production et les circuits courts, l'autonomie paysanne. Certains systèmes peuvent par ailleurs coexister sur un même territoire. Ils le devront vraisemblablement dans un premier temps, dans la mesure où ce n'est pas demain qu'on mettra fin à l'agriculture industrielle. Il faut néanmoins commencer dès aujourd'hui à entamer la transition vers une production et une consommation de nourriture plus saines pour tous, respectueuses des grands équilibres de la biosphère, plus harmonieuses, créatrices de travail, d'emplois et de beaux paysages. Les obstacles les plus massifs sont ceux du manque de volonté politique et du poids des lobbies de l'agro-industrie, autrement dit de la collusion entre les États et les grandes firmes transnationales, et celui des habitudes, mentalités et représentations collectives. Ils sont loin d'être négligeables évidemment, mais s'arrêter à cela empêche de penser plus loin. Je ne les mentionnerai que peu dans ce qui suit, ce qui donne à mes propos un certain caractère utopique. Mais comment penser au « monde d'après » autrement ?

Enfin, la complexité de l'objet, un système agricole et alimentaire inséré dans un territoire, demanderait d'avoir à notre disposition des catégories de pensée globales et holistes, ce que la tradition occidentale ne fournit pas. Ce que l'on a de plus proche est l'analyse en termes de systèmes complexes adaptatifs dans les sciences dites « dures », ainsi que les pensées de certains auteurs en sciences humaines et sociales qui refusent le dualisme nature/culture, comme Augustin Berque et Philippe Descola, et qui insistent chacun à leur manière sur l'intrication ontologique des faits naturels et des faits sociaux [1]. Le système agraire est lui-même inséré dans un système alimentaire qui n'est pas hors sol mais se déploie dans un territoire. Le territoire appartient à un pays comme la France, à un continent (par exemple l'Europe, particulièrement importante dans les questions agricoles) et, avec la mondialisation, au monde entier. Des interactions et rétroactions ont lieu à tous les niveaux et dans tous les sens, et il est difficile d'analyser un tel objet sans l'aplatir. Néanmoins, je me résous à regret à le faire un peu pour pouvoir en dire quelque chose de plus précis, en utilisant une distinction d'échelle classique en économie : l'échelle microéconomique, celle de la ferme ou de l'exploitation agricole ; le niveau mésoéconomique (la région, le territoire, le milieu au sens d'Augustin Berque, dont la discipline est la mésologie, j'y reviendrai) ; l'échelle macroéconomique (le pays, le continent, le monde).

À l'échelle microéconomique

Penchons-nous d'abord sur l'activité paysanne elle-même, au niveau de la ferme, pour voir si le choix de l'agroécologie et de l'agriculture paysanne est économiquement soutenable, et permettrait effectivement de produire assez pour nourrir les peuples tout en respectant les milieux. Il faut bien garder à l'esprit que cette ferme est située dans un système agraire, écosystème cultivé et système productif, aménagé par la main de l'homme, et dont la forme spécifique résulte de centaines d'années de coévolution étroite entre nature et culture. Sauf s'il s'agit de terres auparavant dédiées à l'agriculture industrielle,

1. A. Berque, *Écoumène*, *op. cit.*, et P. Descola, *Par-delà nature et culture*, *op. cit.*

auquel cas il ne reste plus rien de ce système agraire, mais un désert vert : il faudra alors plusieurs années pour dépolluer le sol, refaire des petites parcelles, des chemins et des haies, replanter des arbres, aménager la circulation de l'eau, réapprendre des pratiques oubliées…

Qu'est-ce que l'agroécologie ?

Le terme d'agroécologie a été popularisé par Olivier De Schutter, rapporteur spécial des Nations unies pour l'alimentation, en 2010 [1]. Aujourd'hui, ce mot voyage partout, avec des acceptions différentes. Matthieu Calame distingue l'agroécologie « faible » et l'agroécologie « forte », par analogie avec la durabilité faible et la durabilité forte évoquées au chapitre 4 [2]. La première peut être assimilée à l'agriculture raisonnée. Elle remplace le « paquet technologique » de l'agriculture industrielle par un autre « paquet » de techniques un peu plus douces, mais ne procède aucunement d'une vision holistique des écosystèmes. Elle raisonne au niveau de la parcelle, et n'est donc pas une voie satisfaisante. La seconde en revanche procède d'une approche systémique et considère l'ensemble des relations biologiques et écologiques, économiques et sociales à l'œuvre dans tout système agraire, et c'est de celle-là que je parlerai.

L'agronome Marc Dufumier, grand promoteur de l'agroécologie, présente cette dernière de manière quelque peu provocatrice comme une agriculture très intensive en ressources naturelles renouvelables [3]. Les ressources en question sont avant tout le soleil, le gaz carbonique, l'azote, les minéraux et l'eau. À part l'eau et le phosphate, en raréfaction à cause de l'extraction des minerais, des ressources fossiles et de l'agriculture industrielle, les autres éléments sont en quantité illimitée. Il faut donc mettre en place des systèmes de culture utilisant ces ressources au mieux. Marc Dufumier insiste sur le carac-

1. Olivier De Schutter, *Rapport du Rapporteur spécial sur le droit à l'alimentation*, Conseil des droits de l'homme des Nations unies, 20 décembre 2010, <https://undocs.org/pdf?symbol=fr/A/HRC/16/49>.

2. Matthieu Calame, *Comprendre l'agroécologie. Origines, principes et politiques*, Éditions Charles-Léopold Mayer, Paris, 2016.

3. Ce qui suit provient essentiellement de Marc Dufumier, « L'agroécologie scientifique peut nourrir le monde durablement », 25 mars 2018, <https://grainesdemane.fr/marc-dufumier-lagroecologie/>, et Marc Dufumier et Olivier Le Naire, *L'agroécologie peut nous sauver*, Actes Sud, Arles, 2019.

tère scientifique de cette discipline : la connaissance des relations fonctionnelles permettant à un agroécosystème de se reproduire sans apports de la chimie de synthèse progresse tous les jours, et cette connaissance peut être mise à profit par les paysans, en particulier grâce à des programmes de recherche participative. Ce faisant, cette discipline redécouvre et relégitime certaines pratiques ancestrales, comme les cultures associées et la rotation des cultures, et met au jour de nouvelles pratiques qui utiliseront au mieux les ressources. Autrement dit, il ne s'agit pas de revenir à la bougie. Au contraire, l'agroécologie en ce sens devrait satisfaire les esprits scientifiques les plus curieux. Elle demande des connaissances précises en biologie, en écologie et en socio-économie, de l'ingéniosité, mobilise aussi bien les bras que la tête et enrichit le travail des paysans au lieu de l'appauvrir. Elle leur permet de retrouver une autonomie perdue. C'est la forme « moderne » de l'agriculture paysanne.

Le premier principe de ces systèmes de culture est de tirer parti au maximum de l'énergie solaire. C'est en effet cette énergie qui, grâce à la photosynthèse, est transformée en énergie alimentaire. Plus il y aura de feuilles sur une surface donnée, plus la quantité d'énergie produite sera importante : il faut donc un couvert végétal maximal et permanent, ne jamais laisser la terre nue. Cela a de plus des effets positifs sur la richesse des sols, en limitant leur érosion. La photosynthèse nécessite aussi du gaz carbonique, respiré par les plantes, qui rejettent ensuite de l'oxygène. Le CO_2, on le sait, ne manque pas, mais cette respiration a aussi besoin d'eau. Il faut donc tout faire pour que celle-ci ne ruisselle pas mais reste dans le sol. Elle y parvient d'autant mieux que la couche d'humus est épaisse et le sol non compacté. Pour éviter le compactage, on a labouré pendant des millénaires. Mais on s'est aperçu que le labour dérangeait la vie d'organismes fondamentaux à la vie des sols, en particulier les invertébrés comme les vers de terre, qui, par leurs galeries aèrent les sols. Ne pas labourer épargne les vers de terre, qui remplacent avantageusement la charrue, si tant est que l'on n'utilise pas de pesticides et autres biocides. De même pour les millions de micro-organismes responsables de la décomposition des matières organiques apportées aux sols.

À son tour, la couche d'humus est créée par l'apport de matières organiques laissées à se décomposer en surface, et maintenue en luttant contre l'érosion. On peut éviter l'érosion en plantant partout, ce qui protège du vent et maintient l'humidité des sols, ou en paillant avec des résidus de culture. Les racines retiennent la terre. La plantation de haies et d'arbres dans les cultures, ou la culture sous couvert d'arbres (agroforesterie), a été pratiquée pendant des siècles par les habitants des forêts, et fait partie de ces pratiques redécouvertes aujourd'hui. Les systèmes racinaires des arbres vont donc aussi participer à lutter contre l'érosion. De plus, ils vont chercher profondément dans la terre, vers la roche mère, et se chargent en minéraux (plus ou moins selon les espèces et la forme de leurs racines). Ces minéraux seront restitués au sol par la chute des feuilles laissées à se décomposer, et dont les plantes cultivées pourront se nourrir. Ces arbres et haies fournissent aussi des abris aux insectes et oiseaux auxiliaires, pollinisateurs et mangeurs de ravageurs (mais qui ne survivront là encore que si aucun biocide n'est employé).

Les plantes ont aussi besoin d'azote. L'agriculture industrielle apporte de l'azote sous forme d'engrais de synthèse produits à partir de pétrole ou de gaz naturel, avec tous les effets délétères déjà mentionnés. En agroécologie, l'apport d'azote provient de la culture de légumineuses, qui ont la capacité de fixer l'azote atmosphérique et de le restituer dans les sols. On le favorise soit en associant plusieurs cultures en même temps, comme les « trois sœurs » (maïs, courge et haricot) des Amérindiens, soit par rotation des cultures. Dans ce cas, on cultive une légumineuse (soja, fèves, pois, haricots, trèfle, luzerne... toutes les plantes à cosse), on la récolte, puis, le sol étant bien riche en azote, on cultive ensuite une céréale ou toute autre plante ayant de gros besoins en azote. Certains arbres et buissons sont aussi des légumineuses, un élément de plus pour l'agroforesterie.

Enfin, maintenir la richesse et la fertilité des sols nécessite des apports réguliers en matières organiques. Tous les « déchets » organiques de la ferme et des environs seront recyclés en compost. Des systèmes de polyculture-élevage sont aussi à même de fournir de la fumure venant enrichir les sols. Ils peuvent être développés au sein d'une seule ferme mais ce n'est pas obligatoire. On peut tout à fait imaginer une spécialisation locale entre éleveurs et paysans en polyculture. Ces derniers peuvent fournir du fourrage en complément de l'herbe des prairies en hiver ou en cas de saison très sèche. En échange, les éleveurs se débarrassent de leur fumier auprès des agriculteurs.

Un dernier mot sur l'élevage. On l'a dit à plusieurs reprises, il n'est absolument plus envisageable de recourir à l'élevage intensif, qui pollue terriblement et torture les animaux. De plus, la pandémie de coronavirus vient nous rappeler que ces élevages participent grandement à la diffusion de zoonoses ; ils représentent aussi un danger sanitaire[1]. Il faudra donc progressivement passer à une alimentation moins carnée et à de l'élevage extensif. Il se trouve que l'élevage à l'herbe, bien mené, est plus productif que l'élevage intensif, au sens où quatre ou cinq protéines d'herbe permettent de faire une protéine de viande, alors qu'il faut dix protéines de soja ou de maïs pour produire une protéine de viande (bien moins bonne en plus). Des paysans expérimentent aujourd'hui différents mélanges d'herbes pour composer leurs prairies selon les résultats qu'ils désirent obtenir, en termes de rapport protéinique mais aussi de goût de la viande, du lait et du fromage. Cultiver ses prairies est certainement une activité d'avenir et, là aussi, très intéressante : certains paysans mélangent jusqu'à dix plantes différentes pour jouer sur la productivité et le goût de leurs produits, comme s'ils composaient un parfum. Par ailleurs, sur de petites parcelles, la traction animale peut tout à fait remplacer les tracteurs, dans une optique où l'on développerait de l'outillage à mesure humaine et ne dépendant pas des énergies fossiles (voir *infra*).

L'agroécologie recouvre un ensemble de pratiques fondées sur les grands principes qui viennent d'être évoqués. Toutes ne sont pas toujours utilisées en même temps, et une infinité de combinaisons sont possibles, selon les caractéristiques culturelles, géographiques, pédoclimatiques, socio-économiques et politiques des différents territoires. Elle ne se confond pas avec l'agriculture biologique ou la permaculture, qui procèdent cependant du même esprit. Ce qui la différencie profondément de l'agriculture industrielle est qu'elle se fonde sur une vision holistique des territoires, qu'elle s'efforce d'exploiter les synergies existantes dans les agroécosystèmes et de déployer des objectifs de long terme concernant le maintien des écosystèmes, l'alimentation satisfaisante des populations et l'harmonie entre ces objectifs.

Dans ses publications, l'International Panel of Experts on Sustainable Food Systems (IPES-Food), *think tank* codirigé par Olivier De Schutter, identifie six grandes classes de pratiques relevant de l'agroécologie[2] :

1. IPBES, *Escaping the Era of Pandemics*, *op. cit.*

2. IPES-Food, « Agroécologie : capitalisation d'expériences en Afrique de l'Ouest », 2018, téléchargeable sur le site <www.ipes-food.org>. Les expériences décrites dans ce rapport sont dans l'ensemble tout à fait concluantes. Marc Dufumier, dans son entretien avec Olivier Le Naire, insiste d'ailleurs sur le fait que l'agroécologie est particulièrement adaptée à l'Afrique, qui n'a pas encore vraiment effectué sa « modernisation » agricole et bénéficie donc d'un terrain favorable (petites parcelles, savoirs traditionnels toujours présents, etc.).

– La diversification et la rotation des cultures, incluant les cultures associées, ce qui favorise la biodiversité, équilibre et enrichit les sols, et limite maladies et ravageurs.

– L'agroforesterie, qui consiste à planter arbres et haies, légumineuses si possible, servant d'habitats aux insectes et oiseaux auxiliaires, protégeant contre l'érosion et participant à l'équilibre des sols.

– L'intégration de l'agriculture et de l'élevage, pour l'accès à la fumure organique et la traction animale.

– La gestion et la conservation des sols et de l'eau, par des pratiques respectueuses de la vie des sols, et des aménagements pour utiliser l'eau au mieux (installer chaque plant dans une cuvette, planter en courbes de niveaux, comme les rizières asiatiques en montagne, installer rigoles et fossés retenant les eaux de pluie, etc.).

– La lutte biologique et mécanique contre les adventices, ravageurs et maladies, en maintenant la biodiversité des habitats et en favorisant les insectes utiles (par exemple, les coccinelles mangent les pucerons et les mésanges les carpocapses, donc planter des haies hébergeant des coccinelles et des mésanges sera bénéfique).

– Les semences paysannes, résultant des pratiques des paysans et/ou de leur association avec des chercheurs (voir *infra*), qui garantissent l'autonomie des agriculteurs.

Il est très difficile d'évaluer l'efficacité en termes de rendement économique, monétaire ou à l'hectare, de chacune de ces pratiques. Elles sont d'une grande diversité, situées territorialement, résultent souvent de savoirs accumulés localement, ce qui ne favorise pas les comparaisons « toutes choses égales par ailleurs ». De plus, ces pratiques sont la plupart du temps utilisées ensemble dans de multiples combinaisons, ce qui fait qu'il est rare d'arriver à des résultats sous la forme : « L'association des cultures permet une hausse du rendement de 20 % », car auront été utilisées en même temps des pratiques de fumure organique et/ou des plantations de haies.

Il existe néanmoins une vaste littérature sur le sujet, des centaines d'études ont été effectuées dans le monde entier depuis une trentaine d'années, dont voici quelques résultats à titre d'illustration.

Vu les grandes évolutions décrites plus haut, avec l'accaparement des terres par de puissants acteurs internationaux et l'aide des fondations Rockefeller et Gates pour une agriculture OGM d'exportation, la fenêtre d'opportunité est étroite, et les pays africains devraient saisir cette chance au plus vite. Voir M. Dufumier et O. Le Naire, *L'agroécologie peut nous sauver*, *op. cit.*

Quelques illustrations

Miguel Altieri et Victor Manuel Toledo, dans une étude de 2011 faisant elle-même la revue de dizaines d'études concernant l'Amérique latine (Cuba, Brésil, Mexique, Amérique centrale et Andes), notent un développement de l'agroécologie dans ces régions, malgré la puissance des forces agro-industrielles contraires [1]. Ils mettent l'accent sur le fait que les transitions vers des systèmes agroécologiques englobent plusieurs dimensions et reposent sur de l'« innovation cognitive, technologique et sociopolitique ». La mise en œuvre par les paysans de pratiques agroécologiques demande beaucoup plus de connaissances que l'agriculture industrielle, plus d'autonomie et, très souvent, de l'entraide collective : échanges des résultats des expérimentations, travaux en commun pour la construction de systèmes d'irrigation ou la plantation de haies et de bosquets, aménagement de pâtures communes, semences paysannes. Bon nombre de ces pratiques font partie intégrante de la vie de la communauté, ce que traduit mieux le terme d'agriculture paysanne que celui d'agroécologie, mais ces deux termes sont aujourd'hui à peu près synonymes.

Plusieurs études comparent la productivité du maïs en monoculture et celle du maïs associé avec haricots et courges (les « trois sœurs », cultivées du nord au sud du continent pendant des siècles), et montrent pour cette dernière solution, agroécologique, des rendements à l'hectare supérieurs de 20 à 60 %. Une étude mexicaine arrive au résultat suivant : pour produire la même quantité de nourriture que 1 hectare emblavé avec les trois sœurs, il faut 1,73 hectare de maïs en monoculture. De plus, les résidus de culture, qui permettent le paillage et constituent un apport organique aux sols, sont de 4 tonnes par hectare avec les trois sœurs et de 2 tonnes par hectare avec le seul maïs. Des réseaux de paysans à paysans, Campesino a Campesino, en Amérique centrale ont diffusé un ensemble de pratiques agroécologiques fondées sur l'association du maïs avec une variété particulière de haricot rouge, *Mucuna pruriens*, qui peut fixer jusqu'à 150 kilos d'azote dans le sol par hectare [2]. Le rendement du maïs a été multi-

1. M. Altieri et V. M. Toledo, « The agroecological revolution in Latin America, art. cité.

2. La moyenne de la consommation mondiale d'engrais azotés est d'environ 100 kilos par hectare, avec de fortes disparités selon les régions.

plié par trois. Les raisons principales de ces succès sont d'une part les moindres pertes dues aux adventices, ravageurs et maladies, et d'autre part une meilleure utilisation de l'énergie solaire, de l'eau et des nutriments.

Les champs en agroécologie sont par ailleurs beaucoup plus résilients aux événements climatiques extrêmes, de par leur complexité et leur diversité. Des études ont comparé les pertes après des ouragans dans ces champs avec celles observées dans les monocultures. À Cuba après l'ouragan Ike en 2008, les monocultures avaient perdu entre 90 et 100 % des récoltes, quand ce chiffre était de 50 % pour les champs en agroécologie. La récupération après l'ouragan était aussi plus rapide pour ces derniers. Les mêmes observations ont été faites dans les plantations de caféiers au Mexique. Les forêts de caféiers diversifiées résistent mieux aux ouragans que les monocultures. Ces forêts sont cultivées en bio sur de petites parcelles par les communautés indigènes et gérées en coopératives : l'agroécologie inclut aussi des pratiques sociales, comme tous les systèmes agraires traditionnels, qui sont le fait de communautés et non d'individus isolés. À ce propos, Altieri et Toledo mentionnent des travaux dans les Andes péruviennes visant à reconstruire des systèmes d'irrigation très anciens dont on a retrouvé des traces archéologiques. Par leur complexité et l'ampleur des travaux nécessaires à les construire et à les entretenir, il est clair qu'une bonne part de la communauté était engagée dans de tels aménagements.

Il en va de même pour les rizières du Sud-Est asiatique, où les systèmes d'irrigation procèdent d'une grande ingéniosité dans la manière de tirer parti de l'eau des fleuves et/ou de celle de la pluie, systèmes là aussi entretenus collectivement. En pays de plaines fluviales, ces systèmes s'adaptent aux temporalités des crues, qui remplissent régulièrement un entrelacs de canaux et réservoirs. En pays de montagne, les cultures étagées permettent de récupérer le maximum d'eau de pluie, qui est guidée des terrasses hautes vers les terrasses basses par gravité. Notez que les rizières fluviales traditionnelles sont détruites par tous les grands barrages établis sur les fleuves, qui brisent le rythme naturel des crues et inondent les champs de manière tout à fait arbitraire du point de vue des paysans, détruisant ces agroécosystèmes construits sur une harmonie des rythmes entre les activités humaines et la nature. Les paysans sont obligés de reconstruire des systèmes d'irrigation plus complexes, avec des réservoirs et souvent avec des pompes électriques.

Après la révolution verte et la prise de conscience de ses dégâts sociaux et environnementaux, des gouvernements des pays de la région ont commencé à promouvoir des pratiques agroécologiques dans les rizières, quelquefois sous le nom de systèmes intégrés. C'est le cas par exemple au Vietnam, dans le delta du Mékong. Une étude de terrain suit une expérimentation lancée par le gouvernement vietnamien visant à comparer trois systèmes : du riz en monoculture avec deux et trois rotations annuelles ; un système dit « riz-soja-poisson » ; un système de polyculture-élevage associant verger et plantes médicinales, mare à irrigation et pisciculture, élevage de basse-cour et éventuellement rizière [1]. Cette dernière association est une merveille de recyclage naturel : les sous-produits des vergers nourrissent les animaux d'élevage, les excréments des poissons et des animaux de la basse-cour sont étendus sur le sol du verger et récupérés par infiltration dans la mare, qui vient irriguer les vergers et les rizières. Aucun produit chimique n'est utilisé. Le système riz-soja-poisson fait alterner rotation de riz et de soja, légumineuse qui fixe l'azote. Au début des deux rotations de riz, lorsque les rizières sont inondées, des alevins sont relâchés dans les rizières et seront pêchés une fois adultes. Ce système nécessite une organisation collective car les poissons iront dans toutes les rizières environnantes. Une fois pêchés, ils seront partagés entre tous les participants au système. Grâce à la rotation de soja, ce système nécessite peu ou pas d'engrais pour le riz, mais utilise quand même des pesticides de synthèse, surtout pour le soja. Quant aux monocultures de riz, elles sont cultivées avec toute la chimie lourde habituelle.

Les résultats de cette étude sont éclairants. En termes environnementaux, le système de polyculture-élevage est de loin le plus performant, puisqu'il ne nécessite pas de mécanisation, presque pas (ou pas du tout) d'intrants chimiques, et que la biodiversité sauvage et cultivée est très grande. Le seul problème est, après un moment, la pollution de la mare due à l'accumulation des fertilisants organiques. Ce problème pourrait peut-être être résolu grâce à l'adjonction d'une seconde mare communicante, plantée d'espèces absorbant l'excès de fertilisants. La monoculture de riz présente tous les inconvénients de l'agriculture industrielle, mécanisation et chimie. Quant au système riz-soja-poisson, ses performances environnementales sont intermé-

1. Louis TANGUAY et Rodolphe DE KONINCK, « L'agriculture durable au Vietnam : une étude de cas dans le delta du Mékong », *Vertigo*, vol. 14, n° 1, mai 2014.

diaires. Du fait de la rotation de soja et des excréments de poisson, l'utilisation d'engrais de synthèse est minimisée pour le riz. Les poissons mangent les œufs de certains ravageurs, l'emploi de pesticides en est aussi diminué. Mais ces diminutions sont annulées par la culture de soja, très gourmande en intrants chimiques.

Les performances sociales et économiques de ces trois systèmes sont similaires à leurs performances environnementales. Le système de polyculture-élevage fournit une alimentation riche et diversifiée, et sa production en valeur au moment de l'étude est de 104 VND (Vietnam Dong) par hectare et par an. De plus, du fait de la diversité des récoltes, les revenus sont plus réguliers, et le système moins fragile. Les systèmes riz-soja-poisson et monoculture de riz dégagent beaucoup moins de revenu, respectivement 38 VND et 30 VND par hectare et par an. Le système de polyculture-élevage coûte plus cher en investissements initiaux, mais les rendements à moyen terme sont bien supérieurs aux deux autres options. Il demande aussi plus de compétences. L'État vietnamien a fait mettre en place par les provinces et les communes des programmes de formation des agriculteurs et des champs-écoles. Il fournit de plus des aides pour l'achat des animaux d'élevage nécessaires au démarrage de la polyculture-élevage.

Une dernière illustration concerne l'Europe, où un groupe de chercheurs a mené une étude théorique et empirique sur les résultats économiques des pratiques agroécologiques[1]. D'un point de vue théorique, leur résultat principal est que si le rendement à l'hectare n'est pas toujours égal à celui de l'agriculture industrielle, la valeur ajoutée produite par actif est toujours supérieure, même s'il y a un peu plus d'actifs. La cause en est que les systèmes agroécologiques utilisent beaucoup moins d'intrants extérieurs à la ferme : leurs charges sont donc bien moins importantes. Cela est ensuite vérifié par une série d'études de cas concernant aussi bien l'élevage que la culture maraîchère et celle de céréales, et ce dans une dizaine de pays européens allant de l'Irlande à la France et de la Pologne au Portugal. De nombreux travaux montrent la même chose : l'agriculture industrielle coûte très cher en équipement agricole, en intrants chimiques, en eau et en semences, tandis que l'agroécologie, exploitant les synergies écosystémiques, recyclant beaucoup de matière et faisant peu appel

---

1. Jan Douwe Van der Ploeg, Dominique Barjolle, Janneke Bruil, Gianluca Brunoni *et al.*, « The economic potential of agroecology : Empirical evidence from Europe », *Journal of Rural Studies*, vol. 71, 2019, p. 46-61.

aux machines, revient beaucoup moins cher. Les légères baisses de rendement observées (et encore, pas toujours comme on vient de le voir) sont plus que compensées par la baisse des coûts. Et ce, d'un strict point de vue économique. À cela il faut ajouter les avantages sociaux : revenus des agriculteurs plus stables, plus faible dépendance aux marchés nationaux et internationaux, nourriture plus diversifiée et de meilleure qualité, liens de communauté et d'entraide, campagnes habitées et vivantes ; et les avantages environnementaux qui vont avec : moindres émissions de gaz à effet de serre, augmentation de la biodiversité sauvage et cultivée, absence de pollutions chimiques de l'air, de l'eau et des sols.

Bref, il est urgent d'abandonner l'agriculture industrielle et de passer à l'agroécologie, et ce au niveau mondial.

À l'échelle mésoéconomique

Cette échelle intermédiaire entre le micro et le macro, qui envisage les choses au niveau des régions, des anciens *pays*, c'est-à-dire de territoires présentant une certaine unité géographique et socioculturelle, est certainement la plus pertinente pour construire le changement radical qui s'impose.

Comme Olivier De Schutter et d'autres le montrent, celui-ci doit venir du bas, des communautés enchâssées dans leurs territoires. Dans un livre récent et qui fait écho à ce que je tente d'esquisser ici, Agnès Sinaï, Yves Cochet et Benoît Thévard proposent une vision prospective de ce à quoi pourrait ressembler l'Île-de-France en 2050, composée de huit « biorégions » :

> Une biorégion est un territoire dont les limites ne sont pas définies par des frontières politiques mais par des limites géographiques qui prennent en compte tant les communautés humaines que les écosystèmes. [...]. La biorégion invoque le processus de coévolution sur la longue durée avec le milieu ambiant dans des territoires qui sont des êtres vivants[1]...

1. Agnès Sinaï, Yves Cochet et Benoît Thévard, *Le Grand Paris après l'effondrement. Pistes pour une Île-de-France biorégionale*, Wildproject, Marseille, 2020, p. 24. De manière plus générale et plus approfondie, Ludovic Duhem et Richard Pereira de Moura (dir.), *Design des territoires. Enseignements de la biorégion*, Association culturelle Eterotopia France, Paris, 2020.

On pourrait imaginer la France comme une fédération de *pays* ou de biorégions, chacune regroupant plusieurs terroirs. Ces biorégions seront plus ou moins autosuffisantes sur le plan alimentaire grâce à la diversité des cultures permise par de petites parcelles en agroécologie couplée à de l'élevage extensif[1].

Cette notion de biorégion peut être rapprochée de celle de *milieu* au sens d'Augustin Berque. Le géographe et philosophe s'inspire de certains travaux d'éthologie, qui étudient les comportements des animaux, et qui notent que dans le même environnement existent plusieurs mondes : le monde de la tique n'est ni celui du loup ni celui de l'être humain et pourtant existe dans le même espace. Autrement dit, chaque milieu est interprété de façon différente par les différentes espèces qui le peuplent. Alors que l'*environnement* apparaît comme une chose objective et extérieure à nous, le *milieu* résulte de l'ensemble des relations physiques et symboliques que nous entretenons avec un lieu. Il est d'emblée habité et existe dans la coévolution de la nature et de la culture[2]. L'agroécologie comme discipline se déploie dans une telle conception, puisqu'elle envisage justement les pratiques agricoles dans leurs milieux écosystémiques et socio-culturels, situées dans des territoires.

Une bonne partie des institutions doivent être pensées au niveau de ces milieux et de ces territoires, ce qui implique une décentralisation politique et économique majeure.

Une perspective d'autogestion

Je m'inscris ici dans la longue tradition de l'autogestion, dont le principe central est que les décisions collectives doivent être prises par les premiers concernés, et non venir du haut, d'une élite soi-disant « sachante » et décidant à la place des gens. Il s'agit donc de « relocaliser » l'action politique et économique, pour une gamme aussi large possible de questions.

Selon Cornelius Castoriadis, un groupe autogéré est « un système où ceux qui accomplissent une activité décident collectivement de *ce*

1. Et, par extension, l'Europe pourrait être construite comme une fédération de telles régions.

2. Pour une introduction à la mésologie, science des milieux, voir Augustin BERQUE, *Sur les bords de l'Yvette. Dialogues mésologiques*, Aux éditions éoliennes, Bastia, 2017, et, plus complet, *Écoumène, op. cit.*

qu'ils ont à faire et *comment* le faire, dans les seules limites que leur trace leur coexistence avec d'autres unités collectives [1] ». Ce système relève d'une démocratie locale et participative, où chacun prend part à la prise de décision concernant les activités du groupe, les statuts des gens, les règles organisant la vie collective, y compris concernant la répartition des richesses tirées des activités collectives. Il se distingue de la démocratie représentative où le peuple élit des représentants toutes les x années et, pendant ce laps de temps, aliène son pouvoir de décision. Sans doute, les formes de démocratie participative ne sont-elles envisageables qu'à des échelles relativement petites (quoique la Convention citoyenne pour le climat organisée en 2020 par le gouvernement Macron offre un exemple de ce que l'on pourrait faire à grande échelle, si tant est que, ensuite, ledit gouvernement prenne réellement en compte les décisions auxquelles sont parvenues les citoyens...). Comme il s'agit de relocaliser au maximum la vie économique, sociale et politique et d'organiser les activités à une échelle plus petite, de nombreuses décisions pourraient relever de l'autogestion. Pour les décisions qui continueraient à être de la responsabilité d'un État central, une assemblée de représentants élus continuerait d'exercer un pouvoir législatif temporaire, à condition, selon Castoriadis, qu'ils puissent être révoqués s'ils ne représentent plus le collectif. Nous pourrions exiger d'autres choses d'eux, comme par exemple d'avoir de vrais métiers, de ne pas être des politiciens professionnels, de ne pas être pris dans des conflits d'intérêts...

Nos sociétés sont devenues tellement complexes, le travail tellement divisé, qu'il est de plus en plus difficile d'en avoir une vue d'ensemble et, plus fondamentalement, d'y trouver une place.

D'où l'importance de réduire l'échelle des organisations, de faire petit et plus simple, de travailler et de décider ensemble. Les sociétés coopératives et autres formes créées dans le domaine de l'économie sociale et solidaire se multiplient aujourd'hui car elles répondent à ce besoin de travailler et de décider ensemble. De nombreuses expériences de la sorte existent déjà. Par exemple, Saillans, village de la Drôme, expérimente l'autogestion et la démocratie directe depuis plusieurs années, avec des hauts et des bas bien sûr, ce mode de fonctionnement demandant beaucoup de temps, d'énergie et de bonne volonté de la part des gens. Étant gouvernés par le haut depuis

1. Cornelius Castoriadis, *Autogestion et hiérarchie*, Éditions grain de sable, 2012, p. 2 (chapitre de l'ouvrage *Le Contenu du socialisme*, 10/18, Paris, 1979).

si longtemps, nous avons désappris à le faire[1]. Nous pourrions le réapprendre. De même, le mouvement des villes en transition lancé en Angleterre par Rob Hopkins essaime dans le monde entier. À une échelle plus large, celui de la province, la région du Rojava dans le Kurdistan syrien a mis en place un système d'autogestion sociale et écologique en suivant les idées du municipalisme libertaire théorisé par Murray Bookchin. Il n'est malheureusement pas sûr que cette expérience survive à l'invasion turque ayant suivi le retrait américain de la région en 2019. En France, les Gilets jaunes se sont aussi inspirés des idées de Bookchin lorsqu'il leur a fallu coordonner leurs luttes[2].

J'évoquerai quelques pistes de réorganisation du système agricole et alimentaire selon ces lignes, en abordant successivement la production, la consommation, et l'échange. Je n'ai aucune prétention à l'exhaustivité, je désire juste donner quelques idées de ce qui pourrait être fait dans cette direction de l'autogestion, de ce qui se fait déjà par-ci par-là et qui devrait être vivement encouragé.

La production

Le fondement de tout système agricole concerne la terre, sa propriété et sa répartition. Changer de système nécessitera une réforme agraire pour redéfinir des parcelles plus petites et redistribuer les terres. La taille des parcelles devra être décidée, en concertation, par les paysans et paysannes, plus au fait des contraintes techniques des cultures et de leurs possibilités physiques. À titre indicatif, on peut imaginer des parcelles de 1 ou 2 hectares pour du maraîchage, entre 10 et 20 hectares pour les céréales et grandes cultures, et de 30-40 hectares maximum quand il s'agit de prairies permanentes destinées à de l'élevage extensif. En termes d'aménagement du territoire, il faudra refaire des chemins, planter des haies et des bosquets, organiser la distribution

1. Ismaël Halissat, « Saillans : l'autogestion au milieu du gué », *Libération*, 26 décembre 2016, <www.liberation.fr/france/2016/12/27/saillans-l-autogestion-au-milieu-du-gue_1537697>, et Lisa Gichino, « À Saillans, l'utopie se travaille d'arrache-pied », Association Autogestion, 27 février 2017, <https://autogestion.asso.fr/a-saillans-lutopie-se-travaille-darrache-pied/>.

2. Gaspard d'Allens, « En France, le municipalisme libertaire trace son chemin », *Reporterre*, 28 février 2020, <https://reporterre.net/En-France-le-municipalisme-libertaire-trace-son-chemin>.

en circuits courts ; et le tout en accord avec les besoins des populations locales et de leur concentration. Vaste programme…

La question de la propriété foncière peut être abordée de différentes manières, complémentaires et non contradictoires. La propriété peut être privée ou collective. Dans ce dernier cas, la collectivité concernée, qu'elle soit territoriale ou étatique, peut signer des baux de long terme, voire emphytéotiques (99 ans), permettant aux locataires de véritablement s'installer dans la durée. Certaines ressources (l'eau, les prairies communes, le bois des forêts, etc.) peuvent aussi être gérées par des communs au sens d'Elinor Ostrom. Cette économiste a travaillé toute sa vie sur la gestion des ressources naturelles communes et son œuvre est très vaste. De plus, le prix Nobel qu'elle a obtenu en 2009 a popularisé la question des biens communs et une très grande littérature sur le sujet existe aujourd'hui. Je n'en dirai que quelques mots ici, obligatoirement réducteurs.

Dans la vision individualiste et utilitariste de la théorie économique, la propriété commune ne peut mener qu'à une surexploitation des ressources, chacun se servant sans penser aux autres [1]. Selon leurs penchants politiques, les économistes proposent alors deux solutions : soit un État central pour gérer la ressource, soit une privatisation, avec des droits de propriété distribués à chacun et un marché pour permettre l'échange de ces droits. L'intérêt des travaux d'Ostrom est d'avoir étudié un très grand nombre de cas de gestion de ressources naturelles communes comme des pêcheries ou des nappes phréatiques, et d'avoir montré que, dans la majorité des cas, les collectivités ne recouraient ni à l'un ni à l'autre des dispositifs envisagés par les économistes. Dans le monde entier, les communautés se sont donné des ensembles de règles de gestion de ces ressources communes, institutions construites collectivement, au niveau local, enchâssées dans la culture du lieu, dans le territoire. D'où la très grande diversité de ces arrangements, qui fonctionnent souvent assez bien. Ostrom insiste beaucoup sur le caractère local et auto-organisé de la majorité des systèmes mis en œuvre, et parvient à identifier un certain nombre de principes communs aux arrangements institutionnels qui fonctionnent, c'est-à-dire qui perdurent dans le temps. Parmi ces principes : la délimitation très claire des droits de chacun sur la ressource, des règles de décision collective,

1. Garrett HARDIN, « The tragedy of the Commons », art. cité.

des dispositifs de surveillance et de sanction et des mécanismes de résolution des conflits [1].

On peut enfin imaginer une refonte complète du droit de la propriété foncière, comme le tente la juriste Sarah Vanuxem [2]. Pour ce dernier cas, l'échelle nationale est de mise, mais, pour les autres, communs et coopératives, les décisions sont prises à l'échelle des territoires, par des conseils participatifs locaux élus ou tirés au sort.

Concernant les semences, fondement de la chaîne alimentaire et de ce fait élément tout à fait stratégique, leur sélection peut aussi être organisée à l'échelle mésoéconomique. Les semences paysannes et la sélection participative en offrent des exemples. Les premières sont sélectionnées à la ferme par des paysans et paysannes ayant une grande connaissance empirique de leur milieu, et ce de manière en général collective. Les voisins et amis s'échangent leurs meilleures graines, font des essais et partagent les résultats de leurs expérimentations. Outre le fait de disposer de ce fait de semences parfaitement adaptées aux conditions locales, une telle organisation permet la circulation et l'enrichissement des savoirs, la vie de la communauté en tant que telle, et enrichit aussi le travail des agriculteurs. C'est ce qu'ont fait les paysans depuis des milliers d'années, mais qui est depuis quelques décennies empêché par l'avancée de la modernité agricole (voir chapitre 3).

La sélection participative est d'apparition plus récente. Il s'agit de programmes de sélection menés en collaboration entre des paysans et des chercheurs en agronomie et/ou génétique. Les paysans apportent leurs savoirs empiriques, leurs préoccupations de terrain et leurs objectifs. Les chercheurs amènent leurs connaissances scientifiques et techniques, fournissant des outils aidant les paysans à mettre au point des programmes de sélection qui sont ainsi co-construits. La sélection participative existe depuis une quinzaine d'années et donne d'excellents résultats, non seulement en termes de mise au point de nouvelles variétés mais aussi d'outils statistiques et organisationnels adaptés aux savoirs traditionnels des paysans [3]. Contrairement à la

1. Elinor Ostrom, *Gouvernance des biens communs. Pour une nouvelle approche des ressources naturelles*, De Boeck, Bruxelles, 2010 [1990].

2. Sarah Vanuxem, *La Propriété de la terre*, Wildproject, Marseille, 2018. J'évoquerai ses propositions plus bas.

3. Voir Élise Demeulenaere et Isabelle Goldringer, « Semences et transition agroécologique : initiatives paysannes et sélection participative comme innovations de rupture », *Natures, sciences, sociétés*, supplément n° 4, 2017, p. 55-59. Voir aussi le site de l'association Semences paysannes, <www.semencespaysannes.org>.

sélection conventionnelle, hyper-scientifique et technique, demandant des centaines de millions en investissements lourds, ces modes de sélection ne coûtent pas cher en capital, seulement en temps, bonne volonté et ouverture d'esprit. Ils contribuent à l'autonomie des paysans, à l'appropriation commune des variétés végétales, à l'extension de l'agriculture biologique et de l'agroécologie, à la production de nourriture saine et aux liens sociaux.

Une autre expérience intéressante et pleine de promesses est celle de la coopérative l'Atelier paysan. C'est une Scop, société coopérative [1], qui vise à permettre aux paysans de se réapproprier leur équipement à une échelle humaine. Leurs travaux sont tout à fait dans la lignée des réflexions d'Ivan Illich sur ce qu'est une société conviviale. « J'appelle société conviviale une société où l'outil moderne est au service de la personne intégrée à la collectivité, et non au service d'un corps de spécialistes. Conviviale est la société où l'homme contrôle l'outil [2]. » On l'a vu, la tendance et les « solutions » proposées dans le cadre de la croissance verte sont hyper-technologiques : outillage connecté, drones, capteurs, logiciels et algorithmes de décision. Cet outillage très sophistiqué et très cher empêche l'autonomie des agriculteurs. Ils ne prennent plus aucune décision par eux-mêmes et doivent faire appel à de multiples spécialistes pour faire fonctionner ces machines et les réparer si besoin. Comme le dit encore Illich :

> Il nous faut reconnaître qu'il existe non pas une façon d'utiliser les découvertes scientifiques, mais au moins deux, qui sont antinomiques. Il y a un usage de la découverte qui conduit à la spécialisation des tâches, à l'institutionnalisation des valeurs, à la centralisation du pouvoir. L'homme devient un accessoire de la mégamachine, un rouage de la bureaucratie. Mais il existe une seconde façon de faire fructifier l'invention, qui accroît le pouvoir et le savoir de chacun, lui permet d'exercer sa créativité, à seule charge de ne pas empiéter sur ce même pouvoir chez autrui [3].

C'est dans cette démarche que l'Atelier paysan propose de permettre aux paysans d'apprendre à construire de l'outillage agricole à leur mesure, adapté exactement à leurs besoins. Cet outillage est simple et robuste, fonctionne essentiellement à l'énergie musculaire et non

---

1. Une Société coopérative ouvrière de production (Scop) est une société dont la majorité du capital est répartie entre les travailleurs, qui ont donc le pouvoir de décision.
2. I. Illich, *La Convivialité*, *op. cit.*, p. 456.
3. *Ibid.*

aux énergies fossiles. L'Atelier paysan a également mis au point une grande gamme de bâtis (hangars, etc.) faciles à construire, modulaires, de telle sorte qu'ils soient adaptables à chaque exploitation, chaque culture et chaque terroir. Il organise des formations et des stages, a mis en ligne des tutoriels pour aider les gens à construire leurs propres outils. Ses membres réfléchissent de manière plus large aux types d'agroéquipements les plus adaptés et compatibles, techniquement et socialement, avec un système d'agriculture paysanne [1]. En bonne logique autogestionnaire, il s'agit de considérer les paysans comme des « acteurs innovants, éclairés, capables de participer aux orientations nécessaires pour une transformation des pratiques agricoles [2] », plutôt que de déléguer l'organisation à ceux censés avoir le savoir, chercheurs, ingénieurs et industriels. Ces derniers ne recherchent que leur intérêt propre en formatant ce qui finit par être ressenti comme un besoin : la demande pour des tracteurs connectés n'est pas venue des agriculteurs, mais bien des industriels qui les fabriquent et leur font croire que s'en équiper est la seule manière de s'en sortir.

De manière générale, les outils *low-tech* nécessitent peu de capital à construire et à utiliser. En revanche, il faut des bras. Là comme ailleurs, la transition écologique devrait s'occuper de décapitaliser les activités et remplacer le capital par du travail. Cela coûte peut-être un peu plus cher à l'usage, une fois les investissements amortis, mais une « société de travailleurs sans travail, c'est-à-dire privés de la seule activité qui leur reste [3] » ne peut pas être une perspective. De plus les sommes aujourd'hui investies dans des technologies mortifères sont colossales, et le sont en grande partie pour pouvoir se passer des êtres humains. C'est absurde. Seule la mise en œuvre de processus de production intensifs en travail et peu intensifs en capital peut permettre de résoudre au fond, structurellement, le problème des inégalités sociales. En effet, si la place du facteur travail dans la valeur ajoutée domine largement celle du capital, la rétribution de ce dernier ne devrait absorber qu'une petite part de la richesse produite collectivement, et seulement quand sa propriété est privée.

1. Voir <www.latelierpaysan.org>, ainsi que L'Atelier Paysan, *Reprendre la terre aux machines*, Seuil, Paris, à paraître en 2021.

2. Initiatives pour une agriculture citoyenne et territoriale (InPACT), *Souveraineté technologique des paysans. Défendre l'intérêt général autour des agroéquipements*, novembre 2016, p. 7, téléchargeable sur le site de l'Atelier paysan, <www.latelierpaysan.org>.

3. H. Arendt, *Condition de l'homme moderne*, *op. cit.*, p. 38.

L'essentiel de la valeur ajoutée reviendrait ainsi au travail. Cela bien sûr dans d'autres structures économiques que celles du capitalisme contemporain dominé par la finance et la maximisation de la valeur actionnariale, et sans doute dans d'autres structures que celles du capitalisme en général.

La question de la propriété du capital se posera donc aussi. Comme pour la terre, différentes formes de propriété peuvent être envisagées. On pourrait imaginer que chacun soit propriétaire de sa maison et d'une parcelle de 1 ou 2 hectares, ainsi que des outils de base que chacun aurait construits pour ses propres besoins. Pour les plus gros équipements, ils pourraient être la propriété de la collectivité territoriale, ou bien propriété coopérative comme cela existe déjà. Les coopératives d'utilisation de matériel agricole (CUMA) achètent tracteurs, moissonneuses-batteuses, épandeuses et autre matériel lourd que les agriculteurs individuels ne peuvent pas se payer, et dont ils n'ont besoin que de temps en temps. Avec une agriculture *low-tech*, les besoins en capital seraient beaucoup moins importants. L'agroécologie n'a que peu d'usage de matériel lourd, mais certaines machines et infrastructures restent indispensables pour assurer l'accès à l'eau, la transformation locale, etc. Celles-ci pourraient être gérées en coopératives ou en communs.

La consommation

Comme la demande de matériel agricole émanant des paysans, la demande alimentaire de l'ensemble de la population est en partie formatée par l'offre. Beaucoup de gens aujourd'hui rejettent la nourriture industrielle et désireraient manger plus sainement, des produits bio et/ou de terroir. Ils recherchent aussi de plus en plus souvent des circuits de distribution courts, et ce phénomène s'est accentué avec la crise du coronavirus et les problèmes de souveraineté alimentaire qu'elle a mis en lumière dans un monde marqué par la division internationale du travail. Mais ces produits sont difficiles à trouver et ils coûtent cher. Depuis des décennies, dans les pays du Nord, l'industrie agroalimentaire a mis la main sur l'offre de nourriture et propose des produits de plus en plus artificiels, « hyper-transformés », répondant à ce qu'elle s'imagine être la demande des consommateurs. Une grande majorité de ceux-ci ont de ce fait désappris à faire leurs courses correctement, en achetant des produits locaux et de saison, non transformés, comme ils ont souvent désappris à faire la cuisine. Un changement de mentalité est nécessaire, et bien sûr cela prendra du temps. Il faudrait multiplier les stages et formations enseignant aux gens à redevenir autonomes du point de vue alimentaire : savoir acheter et/ou produire en partie dans des potagers (jardins individuels à la campagne, jardins partagés en ville et à la campagne) ; savoir faire certaines transformations de base et savoir cuisiner. Là aussi, les infrastructures pour la transformation des produits de base pourraient être gérées de manière privative ou coopérative. Il n'est bien entendu pas question d'imposer tous ces changements, ils se feront dans la durée, par l'exemple, la discussion, les expériences partagées et la formation. Néanmoins, les évolutions climatiques et écologiques risquent fort de nous obliger à envisager de tels changements plus vite que prévu. Mieux vaut les anticiper en douceur plutôt que d'être contraints brutalement par l'urgence.

En attendant, des groupes de paysans, d'ingénieurs agronomes, de citoyens et de chercheurs ont réfléchi à la manière de rendre accessible une nourriture de qualité dès aujourd'hui, en organisant une « Sécurité sociale de l'alimentation [1] ». Ils partent du constat que, pour changer de système alimentaire, des politiques uniquement axées sur l'offre (par exemple des subventions aux producteurs) sont insuffisantes. En effet, pour cause d'inégalités de revenus, la demande ne suit pas. Il faut donc aussi envisager des politiques de soutien à la demande de produits de qualité. L'idée est de s'inspirer du modèle initial de la Sécurité sociale, tel qu'il a été imaginé et mis en place en 1947-1948 dans la foulée du Conseil national de la Résistance. Il s'agirait de donner une somme mensuelle forfaitaire à chacun pour des dépenses alimentaires auprès de producteurs, d'épiceries, de restaurants conventionnés. Le conventionnement permettrait de choisir les aliments qui seraient privilégiés : on pourrait par exemple progressivement déconventionner la nourriture industrielle au profit de produits sains en circuits courts. Ce système serait financé par des cotisations proportionnelles aux revenus et gérées par des caisses locales de travailleurs, de coopératives et de syndicats. C'était le cas

1. Pour une introduction, écouter le podcast de la Confédération paysanne enregistré le 19 mai 2020, <www.confederationpaysanne.fr/extra/podcast/ChampsLibres_E01_VersUneSecuriteSocialeDeLAlimentation.mp3>. Pour une présentation détaillée, Voir INGÉNIEURS SANS FRONTIÈRES, *Pour une Sécurité sociale de l'alimentation*, 10 mai 2020, téléchargeable sur le site <www.isf-france.org>.

de la Sécurité sociale avant la gestion paritaire syndicats/patronat, qui date des années 1960. Les grands principes du conventionnement seraient décidés au niveau national, pour une égalité minimale des territoires, mais des aménagements pourraient être faits localement pour privilégier telle ou telle production, selon les conditions et les besoins locaux.

Les promoteurs de ce système de Sécurité sociale de l'alimentation imaginent commencer avec une somme de 150 € mensuels, accessibles sur un genre de carte Vitale. Cette somme ne couvre pas tous les besoins alimentaires, mais rendrait accessibles à tous des produits bio, de terroir, des produits de qualité. Cela assurerait de plus les producteurs d'une demande suffisante pour vivre décemment, ce qui n'est pas le cas aujourd'hui. L'association Ingénieurs sans frontières fait une série de propositions très précises concernant la mise en œuvre d'un tel système, qui pourrait être mis en place dès aujourd'hui, et monter progressivement en régime.

L'échange

La crise du coronavirus a rappelé la fragilité d'un système économique hyper-spécialisé et mondialisé. Les chaînes de valeur globales sont extrêmement complexes, et il suffit qu'un chaînon soit mis à l'arrêt pour que l'ensemble du système soit bloqué. On l'a vu avec les médicaments, dont les principes actifs sont essentiellement produits par seulement deux pays, l'Inde et la Chine. Les autres pays en sont donc très dépendants, et n'ont dès lors pas de souveraineté sanitaire. Il en va de même pour l'alimentation. En France, à peu près la moitié de la nourriture consommée provient des importations. Sans vouloir revenir à une complète autarcie, il semble indispensable de relocaliser la production alimentaire autant que faire se peut. C'est une question d'écologie et de souveraineté alimentaire, qui concerne les pays du Nord mais encore plus ceux du Sud. En effet, bon nombre de ceux-ci, suivant les plans d'ajustement structurel imposés par le FMI et la vulgate dominante selon laquelle il faut faire entrer des devises, ont développé une agriculture d'exportation au détriment de l'agriculture vivrière. De plus en plus de voix s'élèvent au niveau mondial contre l'organisation actuelle fondée sur la spécialisation et le libre-échange, et appellent à une relocalisation de la production alimentaire et de sa distribution. Depuis vingt ans, les rapporteurs spéciaux du droit à l'alimentation des Nations unies disent *tous* plus ou moins la même chose : le système agro-industriel mondialisé ne permet pas de nourrir les populations, détruit les communautés locales, la biodiversité et contribue fortement au changement climatique. Le rapporteur entre 2008 et 2014, Olivier De Schutter, a écrit plusieurs rapports pour défendre l'agriculture paysanne et l'agroécologie, montrant que celle-ci pourrait nourrir le monde [1]. Les préconisations des Nations unies vont dans le même sens que celles de La Via Campesina, association internationale d'organisations paysannes luttant contre l'agro-industrie et pour le genre de système alimentaire qu'on esquisse ici [2]. Il y a donc un certain consensus.

Comment relocaliser la production et favoriser les circuits courts, directs des producteurs aux consommateurs ou avec un seul intermédiaire ? Au niveau national ou européen, des politiques publiques soutenant les petits agriculteurs plutôt que l'agriculture industrielle pourraient avoir de grands effets. À l'heure où la Politique agricole commune est renégociée, il serait bon que les représentants des pays concernés entendent les voix des rapporteurs de l'ONU et celle des paysans et citoyens. À l'occasion de la crise sanitaire provoquée par le coronavirus, ceux-ci se sont clairement exprimés en faveur de circuits courts et plus largement de politiques en faveur de la souveraineté alimentaire. Les collectivités territoriales doivent être en première ligne. Ce sont elles qui connaissent les spécificités et les besoins de leurs territoires, et qui sont en mesure de développer des infrastructures locales de stockage et de distribution adéquates.

Ces collectivités, quelle que soit leur forme, pourraient soutenir plus activement le développement des associations pour le maintien d'une agriculture paysanne (AMAP). Une AMAP met directement en contact producteurs et consommateurs. Ces derniers s'engagent à acheter un panier de fruits et légumes toutes les semaines auprès d'un paysan particulier. Celui-ci compose ses paniers en fonction de ce qu'il

1. Outre son rapport de 2010 cité plus haut, voir Olivier De Schutter, *Le Droit à l'alimentation, facteur de changement*, 10 mars 2014, rapport qui conclut son mandat à l'ONU, <http://www.srfood.org/fr/rapports-officiels>, lire aussi les rapports de ses successeurs : celui d'Hilal Elver, *Right to Food*, 2015 en faveur de l'agroécologie, <https://undocs.org/A/70/287>, et celui de Michael Fakhri, *Le Droit à l'alimentation dans le contexte du droit et de la politique du commerce international*, 2020, <https://undocs.org/fr/A/75/219>. Ce dernier demande explicitement l'annulation des accords sur l'agriculture de l'OMC.

2. <www.viacampesina.org>.

a dans ses champs à ce moment-là. Ainsi, les gens consomment des produits de saison et de qualité, et s'adaptent à la variabilité inévitable de la production (rappelons que les produits agricoles sont vivants). Pour leur part, les paysans sont assurés de vendre leurs légumes tout au long de l'année à des prix leur permettant de vivre décemment, et voient leurs revenus lissés dans le temps. Les risques d'une mauvaise récolte sont ainsi partagés. On pourrait aussi construire un maillage du territoire avec des épiceries sociales et solidaires qui achèteraient directement aux paysans, et promouvoir partout des marchés de producteurs locaux.

On le voit, il ne s'agit pas de sortir complètement du marché, mais de favoriser les marchés locaux, donc avec le minimum d'intermédiaires. Dans l'organisation actuelle de la distribution alimentaire, ce sont les intermédiaires qui s'accaparent l'essentiel de la valeur, au détriment des paysans d'une part, et des citoyens de l'autre. Les centrales d'achat et de distribution ont en effet un énorme pouvoir de marché et imposent leurs conditions aux producteurs et aux consommateurs. Outre la promotion d'une agriculture paysanne et la diminution des transports, les circuits courts ont le mérite de répartir la valeur plus équitablement. Pour les biens impossibles à produire sur place et dont on ne peut se passer, comme le café, le thé ou le chocolat, il subsisterait une agriculture d'exportation et des marchés internationaux. Mais ces marchés devraient être organisés selon des normes strictes en termes de qualité sociale, nutritionnelle et environnementale, et leur fonctionnement administré. Des labels du type Indications géographiques protégées et commerce équitable pourraient jouer un rôle important, à condition qu'ils soient suffisamment stricts et contrôlés.

Un autre outil intéressant pour promouvoir l'agriculture locale et paysanne et les circuits courts est celui des monnaies locales complémentaires. Comme leur nom l'indique, ce sont des monnaies qui circulent dans un espace local défini, et qui n'ont pas vocation à remplacer les monnaies nationales ou régionales comme l'euro, mais à les compléter [1]. Rien qu'en France, il existe une soixantaine de ces

1. Pour une brève introduction aux monnaies locales complémentaires, voir Bruno Théret, « Les enseignements tirés des expériences de monnaies locales complémentaires », *Revue Banque*, juin 2017, p. 39-41. Il existe de nombreuses expériences différentes et variations sur le thème des monnaies complémentaires. Pour une présentation approfondie, voir Institut Veblen, *Monnaies complémentaires, un nouvel outil au service des territoires*, juin 2018, <https://www.veblen-institute.org/Monnaies-complementaires-un-nouvel-outil-au-service-des-territoires-1-4.html>, en quatre épisodes.

monnaies. Celle qui a le plus de succès et prend de l'ampleur rapidement est l'eusko, au Pays basque.

L'eusko a été lancé en 2013. La monnaie est gérée par une association, Euskal Moneta, qui définit démocratiquement ses règles de fonctionnement [1]. L'eusko est typiquement un commun au sens d'Elinor Ostrom. Pour entrer dans le circuit monétaire de l'eusko, il faut adhérer à l'association et en accepter la charte. Celle-ci promeut la relocalisation des activités, avec une priorité donnée à la production locale et aux commerces de proximité, ainsi que la solidarité entre tous les acteurs locaux, producteurs, commerces, entreprises, associations et communes. Elle vise à soutenir et développer des activités plus sociales et plus écologiques, en refusant comme adhérents les agriculteurs industriels, la grande distribution et les activités engendrant de fortes nuisances écologiques. Enfin, elle vise à soutenir la langue basque.

Tous les particuliers qui le souhaitent peuvent adhérer (ils sont 3 800 en 2020). En revanche, les professionnels (commerces, professions libérales, petites et moyennes entreprises, artisans, paysans, pêcheurs, etc.) doivent satisfaire à un certain nombre de conditions, ce qui équivaut un peu au conventionnement des producteurs dans le système de Sécurité sociale de l'alimentation évoqué plus haut. C'est une manière d'orienter les choix de production et de consommation. Tous les professionnels (ils sont plus d'un millier en 2020) doivent avoir leur siège social au Pays basque. Ils doivent utiliser au moins trois produits locaux dans leur activité. S'ils n'y parviennent pas, ils doivent employer au moins trois adhérents de l'association. S'ils n'y parviennent toujours pas, ils doivent mettre en œuvre un tri sélectif des déchets. L'association examine les demandes d'adhésion au cas par cas. Les agriculteurs acceptés dans l'association font exclusivement de l'agriculture paysanne : produits sains et de qualité, petites exploitations, attention à la préservation des ressources naturelles et « participation avec les citoyens à un milieu rural vivant ». Les associations peuvent aussi adhérer. Concernant les communes, en 2018, un conflit a opposé la mairie de Bayonne et la préfecture des Pyrénées-Atlantiques, cette dernière refusant que la municipalité utilise l'eusko pour payer ses élus et ses prestataires. La mairie de Bayonne a gagné,

1. Ce qui suit provient du site de l'association, <www.euskalmoneta.org>, consulté le 18 octobre 2020. Voir aussi Chloé Robillard, « L'eusko basque, première monnaie locale européenne », *Reporterre*, 27 mars 2019, <https://reporterre.net/L-eusko-basque-premiere-monnaie-locale-europeenne>.

et aujourd'hui, en 2020, vingt-trois communes participent à l'eusko, ainsi que la Communauté d'agglomérations du Pays basque.

Le fonctionnement de l'eusko est le suivant. 1 eusko égale 1 euro. Les adhérents changent des euros en euskos pour acheter ou vendre auprès d'autres adhérents, développant ainsi les circuits courts et les activités satisfaisant aux conditions précitées. Les euros sont déposés dans des banques coopératives, garantissant ainsi la valeur de l'eusko. Les particuliers ne peuvent pas échanger leurs euskos contre des euros, ils doivent les dépenser chez les adhérents acceptant des paiements en euskos. Les professionnels peuvent eux échanger leurs euskos contre des euros, mais avec une décote de 5 %, pour les inciter à rester dans le circuit de la monnaie locale. Ces 5 % abondent un fonds qui finance des associations locales. En effet, chaque particulier adhérent parraine une association de son choix et, tous les ans, 3 % de la valeur de ses paiements en euskos sont versés à ladite association (qui elle aussi doit être adhérente, donc respecter la charte d'Euskal Moneta). Plus de 100 000 euskos ont ainsi été distribués à des associations en 2019. Enfin, l'eusko ne porte pas intérêt, il n'y a donc aucun risque de thésaurisation.

Une étude est en cours à l'université de Bordeaux pour faire un premier bilan de cette expérience sur le tissu économique et social de la région. Euskal Moneta souligne déjà que l'eusko a dynamisé les échanges locaux. En 2020, 1,6 million d'euskos sont en circulation, liant environ cinq mille acteurs entre eux. Parmi les professionnels, 56 % ont choisi au moins un nouveau fournisseur local, et 84 % n'ont pas demandé à reconvertir leurs euskos en euros. Les communes participantes acceptent les paiements en euskos pour les cantines, les activités sportives et culturelles, et favorisent les prestataires locaux. Les petits paysans sont intégrés dans cette circulation monétaire, ce qui devrait leur assurer une demande dédiée et soutenir leur activité. Bref, ce type d'expérimentation sociale paraît tout à fait permettre d'aider à la relocalisation des activités économiques, tout en tissant des liens de proximité territoriale, ce qui contribue très certainement à revivifier le territoire.

À l'échelle macroéconomique

Toutes les initiatives locales qui viennent d'être exposées ne suffiront pas à changer de système. Les mouvements du type des Colibris, s'ils sont fort sympathiques et contribuent à une prise de conscience, ne modifient pas les structures du mode de production capitaliste. Or, au vu de l'urgence et de l'ampleur de la question écologique, il nous faut changer de mode de production, c'est-à-dire sortir du capitalisme. Je n'ai pour cela aucun « plan B » à proposer, aucune recette miracle ; l'objectif est si ambitieux qu'il est même malaisé de l'énoncer. Je me contenterai ici d'évoquer quelques pistes permettant de s'orienter collectivement, au niveau européen voire mondial, vers un autre système agraire.

Les ressources

En termes économiques, les ressources nécessaires à l'agriculture et à l'alimentation sont les sols, l'eau, les semences, les engrais et pesticides, le travail et le capital[1]. Chaque système agraire se caractérise par une combinaison particulière de ces ressources, non seulement quantitativement mais aussi qualitativement. Rappelons quelques grands faits à ce sujet.

Le premier, massif, est que l'agriculture paysanne produit 70 à 75 % de la nourriture consommée mondialement sur un quart des terres cultivées, alors que l'agriculture industrielle en produit de 25 à 30 % sur trois quarts des terres cultivées[2]. De plus, parmi ces 25-30 % de production industrielle, 44 % vont à la nourriture animale, 23 % sont perdus (dans le transport, le stockage, ou finissant dans les poubelles des consommateurs), 9 % sont dédiés aux agrocarburants ; seulement 24 % vont directement dans les assiettes des gens, c'est-à-dire 6-7 % de la nourriture mondialement produite. Ainsi, pas besoin d'OGM ni d'agriculture connectée pour augmenter la quantité de nourriture au niveau mondial : il suffirait de modifier l'affectation des sols en faveur des petites fermes familiales et d'arrêter de toute urgence le développement des biocarburants, bioplastiques et autres produits biosourcés. Si l'on allouait ne serait-ce que 50 % des terres cultivées à l'agriculture paysanne, au lieu des 25 % actuels, on doublerait presque la quantité de nourriture produite mondialement.

1. En termes agroécologiques, ce sont le soleil, le gaz carbonique, l'azote, l'eau et les minéraux.

2. GRAIN, *Affamés de terres*, *op. cit.*, et ETC GROUP, *Who Will Feed Us ?*, 2017, <www.etcgroup.org>. Les chiffres qui suivent proviennent de ce dernier document.

Par ailleurs, l'agriculture industrielle est très gourmande en capital, et le devient de plus en plus avec l'extension de l'agriculture connectée. Cela induit un cercle vicieux, puisque plus les investissements dans les exploitations sont importants, plus celles-ci doivent s'agrandir pour amortir ces dépenses, et plus elles sont grandes, plus elles doivent mécaniser : les petites fermes ne peuvent soutenir la compétition et disparaissent. Au niveau de la recherche et développement (environ 50 milliards de dollars annuels), 99 % vont à l'agriculture industrielle et seulement 1 % à l'agroécologie. Là aussi, une réaffectation des ressources en capital permettrait de rendre l'agriculture paysanne plus productive et plus résiliente en approfondissant les connaissances sur le fonctionnement des agroécosystèmes.

Concernant le travail, l'agriculture paysanne est intensive en main-d'œuvre, alors que l'un des buts de l'agriculture industrielle est de se débarrasser du travail humain. Une extension des pratiques paysannes et un maintien des savoirs associés auraient pour conséquence d'offrir bon nombre d'emplois, dans une situation où le chômage est un problème structurel, au Nord comme au Sud. Le passage d'un système industriel à un système agroécologique en France permettrait de créer au moins un million d'emplois, et sans doute beaucoup plus. À ce propos, la dérogation récente à l'interdiction des néonicotinoïdes accordée à la filière betteraves au nom de l'emploi (été 2020) est un non-sens et témoigne de la courte vue de ceux qui nous gouvernent, puisqu'elle est destinée à soutenir un système qui vise à détruire des emplois. De plus, alors que les emplois dans le système industriel sont pauvres, des travaux de simples exécutants, le travail en agroécologie mobilise des compétences riches et complexes, c'est un travail créatif qui favorise l'autonomie humaine.

Au niveau des semences, le constat est similaire : homogénéité et uniformité du côté industriel (137 espèces cultivées) ; richesse et diversité du côté paysan (7 000 espèces, dont des cousines sauvages des espèces cultivées). Rappelons que le changement climatique et le déclin de la biodiversité représentent un défi majeur pour la pérennité de l'agriculture, qu'il va falloir adapter les variétés végétales à l'évolution des conditions pédoclimatiques et que, pour ce faire, une base génétique variée est fondamentale. Les variétés sauvages voisines des variétés cultivées sont dans cette perspective de première importance. Rappelons aussi que, depuis le début du XXe siècle, avec le développement de l'agriculture industrielle, le monde a perdu 75 % de sa biodiversité cultivée. Il en va exactement de même pour l'élevage et les races animales.

Enfin, concernant les ressources en eau douce utilisées dans le monde par l'agriculture, elles s'amenuisent et deviennent un enjeu de plus en plus crucial ; l'agriculture industrielle en utilise 80 %, et seulement 20 % vont à l'agriculture paysanne.

On a donc ici ce que les économistes appellent une *mauvaise allocation des ressources*. La théorie économique standard suppose que le marché permet une allocation optimale des ressources. Les chiffres qui précèdent montrent qu'il n'en est rien. L'agriculture industrielle consomme la grande majorité des ressources et nourrit un tout petit nombre de gens, alors que c'est l'inverse pour l'agriculture paysanne. En plus, cette nourriture industrielle est de mauvaise qualité, pauvre en nutriments (selon les espèces, entre 5 et 40 % de moins que des espèces cultivées dans les petites fermes) et à l'origine de graves problèmes de santé publique (diabète de type 2, maladies cardiovasculaires, obésité et bon nombre de cancers dus aux pesticides, engrais synthétiques et autres perturbateurs endocriniens). L'étude d'ETC Group mentionne un document de l'OCDE qui évalue à 2 trillions de dollars le coût global de la seule obésité, cette dernière engendrant par ailleurs une baisse de l'espérance de vie d'environ dix ans, comme la cigarette. Pour achever ce sinistre tableau, l'agriculture industrielle est à l'origine de 90 % des émissions de gaz à effet de serre du secteur agricole et alimentaire (engrais, machines de plus en plus grosses, chaîne du froid, transports longue distance, élevages « de mille vaches », processus de transformation de plus en plus long – avec les aliments hyper-transformés).

Bref, les solutions sont là, à notre portée. Cela fait déjà longtemps que l'on sait les catastrophes induites par le système alimentaire industriel, et ce, au plus haut niveau, comme on sait ce qu'il faudrait faire.

Aménagement du territoire et relocalisation

On l'a dit, un système alimentaire est inséré dans un territoire, un milieu spécifique, et les choix d'affectation des sols, par exemple, dépendent de beaucoup d'autres facteurs : y a-t-il une ville à nourrir non loin ? Y a-t-il de la main-d'œuvre compétente disponible ? Va-t-on faire le choix de circuits courts ou de transports longue distance ? De la monoculture ou de la polyculture ? Pour l'exportation, la consommation locale ou nationale ? Tout cela en sus des traits pédoclimatiques et géographiques du territoire.

De toutes les manières, si l'on veut basculer de l'agriculture industrielle à l'agroécologie, une réforme agraire est indispensable. Si l'on décide que 1 000 hectares en maïs, c'est fini – et c'est ce qu'il faut faire –, alors il va falloir que l'État et les régions récupèrent les terres, contre dédommagement bien entendu, et les redistribuent en plus petites parcelles. Il y a par exemple 2 millions d'hectares cultivés en maïs en France, qui servent quasi uniquement à la nourriture animale. On pourrait redistribuer la moitié de ces surfaces en parcelles de 2 hectares pour du maraîchage, ce qui couvrirait environ la moitié des besoins nationaux de légumes, et transformer l'autre moitié en prairies permanentes pour un élevage extensif. Si l'on compte deux emplois par exploitation, rien que cela permettrait de créer environ 1,2 million d'emplois (si l'on compte des parcelles de 40 hectares pour l'élevage, avec une bête par hectare). Quant aux céréales et grandes cultures, là aussi il faut faire plus petit, sur des parcelles de 15-20 hectares, y planter du blé, de l'orge, du maïs en variétés-populations ou autres variétés anciennes plus goûteuses et plus nutritives. Les outils de l'Atelier paysan permettent de cultiver des parcelles de cette taille. Cultiver des variétés-populations est plus complexe que cultiver des lignées pures, évidemment, mais cela préserve la biodiversité, permet de se passer de pesticides, est enrichissant pour le paysan (qui fait un travail intéressant) et fournit des céréales de meilleure qualité nutritive. Il faudra de plus mailler les territoires de fermes-écoles (une des nombreuses propositions d'Olivier De Schutter) qui maintiennent et transmettent les savoirs paysans, et ce au plus vite, avant qu'ils ne disparaissent. Cela nécessitera de revoir la formation des formateurs, en particulier celle des agronomes et des techniciens des chambres d'agriculture, qui devront être entièrement réformées.

Si l'on opte pour une relocalisation et des circuits courts, une déspécialisation de la production s'imposera. Bien sûr, toutes les terres ne conviennent pas à toutes les cultures : il est des terres à blé et des terres à vignes ou à maraîchage. Mais des petites parcelles en agroécologie permettent une grande diversité, plus ou moins selon la qualité des terres. En tous les cas, le théorème extrême de David Ricardo doit être absolument remis en question. Rappelons-le, dans la mesure où il justifie le libre-échange depuis deux siècles. Le théorème des avantages comparatifs pose que les pays ont intérêt à se spécialiser dans les productions où ils sont le plus compétitifs, puis à échanger, ce qui augmentera le bien-être de part et d'autre. Il prend l'exemple de l'Angleterre, compétitive en textile, et du Portugal, compétitif en vin. Plutôt que chacun des deux pays produise textile et vin, il vaut mieux, pour la richesse collective, que le Portugal ne fasse que du vin et l'Angleterre que du textile, puis qu'ils échangent (d'où l'importance de législations favorables au libre-échange). Cette perspective préside aux destinées du monde depuis le XIXe siècle, et s'incarne aujourd'hui dans la politique de l'OMC et les multiples traités de libre-échange. Peut-être est-ce vrai pour l'efficacité économique et la richesse abordée du seul point de vue quantitatif. Mais des territoires en monoculture sont de vrais déserts, on l'a vu, et contraires aux objectifs de souveraineté alimentaire et de préservation de la nature.

Si les pays ne se spécialisent pas complètement, un régime de libre-échange revient à mettre en concurrence des espaces aux conditions très différentes. Du fait de l'industrialisation et de subventions publiques massives, les produits des pays du Nord sont moins chers sur les marchés internationaux que les produits des pays du Sud. Les paysans du Sud ne peuvent soutenir cette concurrence déloyale, abandonnent leurs fermes et vont grossir les bidonvilles de mégalopoles déjà surpeuplées. La nourriture est de moins en moins produite localement et doit être importée, rendant les gens extrêmement dépendants des cours des produits de base sur des marchés internationaux très spéculatifs et volatils. L'exode rural engendre aussi des migrations internationales dont on observe aujourd'hui les effets. En d'autres termes, la conjonction d'une agriculture industrielle subventionnée et du libre-échange est en grande partie responsable de la pauvreté et de la malnutrition dans les pays du Sud [1].

Le libre-échange en matière agricole est destructeur et doit être abandonné. La recherche de l'efficacité productive et du profit ne peut pas, ne doit pas, être le seul mobile de l'action. D'autres considérations entrent en compte : la possibilité de nourrir les populations localement avec des aliments sains, des territoires habités et non désertés, la création d'emplois ayant du sens, des paysages variés riches en diversité biologique, et bien sûr la lutte contre le changement climatique.

Sans vouloir « construire les villes à la campagne » comme le proposait facétieusement Alphonse Allais, il faut certainement repenser l'articulation villes/campagnes, ainsi que la place des villes dans la production de nourriture. L'agriculture urbaine est en plein dévelop-

1. Sur ces questions, voir M. DUFUMIER et O. LE NAIRE, *L'agroécologie peut nous sauver*, *op. cit.*, et M. FAKHRI, *Le Droit à l'alimentation dans le contexte du droit et de la politique du commerce international*, *op. cit.*

pement dans plusieurs régions du monde, et peut contribuer à la production totale tout en rendant les villes plus respirables et vivables, parsemées de jardins potagers et de petits vergers. Detroit, aux États-Unis, en offre un exemple, qui a commencé à transformer ses friches industrielles en jardins potagers partagés, ce qui, outre l'aspect esthétique, aide les populations pauvres à subvenir à leurs besoins et « crée du lien social », comme on dit aujourd'hui. À Nairobi, au Kenya, environ la moitié de la nourriture consommée est produite dans la ville. C'est la même chose à Cuba, où 383 fermes urbaines occupent 50 000 hectares, produisent 1,5 million de tonnes de légumes sans chimie et fournissent à La Havane et à d'autres villes la moitié de leurs légumes frais [1]. Le mouvement des « villes en transition », lancé par Rob Hopkins au Royaume-Uni, peut aussi être une source d'inspiration.

Quant à l'opposition villes-campagnes, elle doit être repensée, assouplie. Jusqu'au début du XXe siècle, la plupart des grandes villes françaises, dont Paris, étaient entourées d'une ceinture maraîchère qui nourrissait la ville en bonne partie. La frontière entre ville et campagne n'était pas aussi nette qu'elle ne l'est aujourd'hui, les territoires s'imbriquaient. Sans vouloir « revenir à la lampe à huile », si l'on s'est fourvoyé, apprendre d'expériences historiques passées serait une preuve d'intelligence et non de conservatisme rétrograde.

La question de la propriété

Des milliers de pages ont été écrites sur la propriété foncière, ses fondements, son histoire, ses formes et ses évolutions. Il est impossible de les synthétiser ici, cela dépasse largement mes compétences et la place qui m'est impartie. J'ai déjà brièvement évoqué des formes envisageables de propriété collective se déployant au niveau des territoires. Je voudrais juste mentionner ici une tentative de refonder le droit de la propriété de la terre pour englober ces formes déjà existantes et proposer de nouveaux principes sur lesquels fonder un rapport juridique à la terre (et donc à la nature) moins destructeur. Ce travail est me semble-t-il très inspirant.

1. M. Altieri et V. M. Toledo, « The agroecological revolution in Latin America », art. cité.

Dans son ouvrage *La Propriété de la terre*, la juriste Sarah Vanuxem remonte aux sources romaines puis théologiques de la propriété foncière et analyse la rupture moderne que constitue l'émergence d'un droit de propriété absolue d'une personne sur une chose, alors que la terre, dans le droit féodal, faisait l'objet de propriétés simultanées définies par différents droits d'usage. Elle propose d'envisager la propriété de la terre comme une relation d'*habitation*, un droit d'*habiter* ce qu'elle appelle des « choses-milieux », c'est-à-dire non pas des choses inanimées, mais, à la suite d'Augustin Berque, des milieux de vie où se déploie la vie des êtres humains et non humains. Ces milieux sont des territoires qui imprègnent la vie, la culture et les représentations des gens, dans lesquels ils agissent, modifiant ces territoires en retour : les milieux sont les résultats d'une coévolution intime entre nature et culture. Sarah Vanuxem remplace la figure moderne du « propriétaire-despote » par celle du « propriétaire-habitant » :

> Dans cette vision, les choses ne sauraient jamais être à strictement parler appropriées. Car la propriété ne signifierait jamais qu'un droit d'user des choses dans le respect de certaines règles. [...]. La propriété ne portant pas sur les choses mêmes, mais seulement sur les droits ou places en elles, le propriétaire serait celui à qui un droit, soit une place, se trouve attitrée, attribuée ou réservée [1].

Ainsi, un même milieu serait habité de façon différente, et les règles que la société devrait se donner consisteraient en partie à permettre ces habitations différentes et simultanées d'un même territoire.

Dans une telle perspective, les services écosystémiques pourraient ne pas être appropriables, contrairement à la vision marchande exposée plus haut. Selon l'autrice, les juges pourraient considérer que « "le propriétaire d'une chose ne dispose pas d'un droit exclusif sur les services écosystémiques produits par celle-ci", et reconnaître que ces néo-fruits des choses demeurent à l'usage de tous quand bien même ils proviendraient de choses que l'on dit communément appropriées. Par exemple, le propriétaire privé forestier ne saurait priver aisément autrui du plaisir que confère la vue sur ses arbres, non plus de la séquestration de carbone ou de la rétention d'eau réalisée par ces derniers. Ainsi, les dimensions immatérielles des choses corporelles pourraient échapper à la propriété, et certaines utilités des choses

1. S. Vanuxem, *La Propriété de la terre*, *op. cit.*, p. 67.

échapper des mains des propriétaires[1] ». Il en irait de même pour la propriété intellectuelle sur le vivant, autre « dimension immatérielle d'une chose corporelle ».

Il serait donc possible de penser la propriété autrement que comme le droit absolu d'une personne sur une chose, vision moderne par excellence, héritée du droit romain, qui a justifié la domination sans partage de l'Homme sur toutes les autres formes de vie et a contribué à aboutir à la catastrophe contemporaine.

Concernant la propriété intellectuelle, en particulier sur les semences et autres organismes vivants, d'autres organisations sont envisageables. Revenons aux semences et ressources phytogénétiques, qui sont en voie d'être massivement appropriées par l'oligopole de l'agrochimie, avec tous les dangers que cela engendre du point de vue de la souveraineté alimentaire mondiale. Dans le contexte de bouleversement de la biosphère que nous connaissons, l'accès libre et gratuit à une grande diversité de variétés végétales est vital. Jusqu'à il y a quelques décennies, les semences circulaient librement, chacun pouvait puiser dans le fonds commun créé par des générations de paysans. Là encore, ce n'est pas retourner à la bougie que de vouloir revenir vers un tel système. Au contraire, cela représenterait un véritable progrès par rapport à la situation actuelle et offrirait le maximum de chances à l'agriculture d'adapter ses cultures et ses pratiques aux déséquilibres écologiques et climatiques croissants. Et cela sans devoir faire appel aux manipulations génétiques des apprentis sorciers de la biologie de synthèse. L'avenir est aux semences paysannes et à la sélection participative.

Juridiquement, l'extension d'un tel système semencier nécessite d'abolir la propriété intellectuelle sur les organismes vivants, propriété qui est une absurdité philosophique et un scandale politique[2]. Ce système demande en contrepoint de garantir les droits des paysans à faire leurs semences et à permettre à celles-ci de circuler librement, comme c'était le cas jusqu'à il y a peu[3].

---

1. *Ibid.*, p. 70-71.

2. Il faut aussi reformer le catalogue officiel des variétés, qui restreint considérablement le choix des semences et, tel quel, pousse à l'industrialisation.

3. Une autre évolution juridique d'importance pourrait contribuer à la réorientation globale des systèmes agraires, celle de la reconnaissance d'une personnalité juridique à différents éléments de la nature, des fleuves par exemple. Dans cette perspective, la qualification du crime d'écocide devrait fournir une arme effective contre les agents et les pratiques qui détruisent la nature. Voir Valérie CABANES, *Homo Natura. En harmonie avec le vivant*, Buchet-Chastel, Paris, 2017.

Envies et besoins : moins, mais mieux

Si l'offre de produits agricoles et alimentaires doit radicalement changer, la demande aussi. Nos modes de consommation sont éminemment anti-écologiques et témoignent d'une rupture profonde entre la vie des gens et leurs milieux naturels. Il faudrait là aussi, par divers moyens, réapprendre à se nourrir, et interroger nos besoins véritables. A-t-on besoin de manger des fraises au mois de février ? Des haricots verts en novembre ? Les fruits et légumes hors saison poussent soit en serres chauffées, soit viennent de l'autre bout du monde. Dans les deux cas, leur empreinte carbone est maximale. Ne serait-ce pas plutôt une envie ? Dans ce cas, un peu de réflexion et d'autodiscipline permettrait de la faire passer. J'entends déjà les hauts cris : « Écologie punitive ! », « Puritains ! ». Non, il s'agit plutôt d'un sens des limites. Vouloir satisfaire chacune de nos envies instantanément nous replace dans la position de l'enfant tout-puissant qui veut tout, tout de suite, et quelles que soient les conséquences collectives de ces envies. Après moi le déluge. C'est irresponsable et puéril. Vu la situation, il nous faudra tous faire des efforts, individuellement et collectivement. Il ne s'agit pas pour autant de se passer de toutes les bonnes choses exotiques, seulement de limiter leur consommation, de prendre conscience que c'est un luxe et ne peut pas être la norme quotidienne. Idéalement, il faudrait parvenir à accepter ensemble de renoncer à certaines de ces facilités, en responsabilité, pour le bien de tous.

La question concerne évidemment seulement les plus riches, les pauvres, au Nord comme au Sud, n'ayant pas à faire face à ces douloureux choix de conscience. Cela vaut d'ailleurs pour toutes les consommations et pas seulement alimentaires. Les 10 % les plus riches de l'humanité consomment mal et trop de tout. Ils sont responsables de 50 % des émissions de gaz à effet de serre, tandis que les 50 % les plus pauvres n'émettent que 10 % des GES. Cela montre bien que le niveau de vie présenté à tous comme un idéal, celui des quelques pour cent les plus riches, est totalement insoutenable. Seule la *décroissance* de la production matérielle, au niveau mondial, permettra d'infléchir notre trajectoire. Comme le disait l'économiste critique Kenneth Boulding, « celui qui croit qu'une croissance infinie dans un monde fini est possible est soit un fou, soit un économiste [1] ». Il ne s'agit pas de demander aux

1. Une démonstration de ce fait a été menée par un autre économiste critique, mathématicien de formation, Nicholas Georgescu-Roegen, dès les années 1970, dans *La Décroissance*, *op. cit.*

plus pauvres de s'appauvrir encore, bien entendu, mais de changer de mode de consommation en privilégiant les besoins essentiels pour tous (nourriture, logement, éducation, santé) et en limitant drastiquement les consommations ostentatoires et superflues (par exemple les objets connectés) voire absurdes [1]. Autrement dit, les problèmes essentiels renvoient aux richesses que l'on décide de produire, aux procédés que l'on choisit d'utiliser pour y parvenir et aux modalités de répartition de ces richesses que l'on définit. Un changement radical de modèle n'exige pas de lutter contre les inégalités, ce qui laisserait entendre qu'on reste dans le même système en luttant contre certains de ses excès, mais de concevoir un système fondé d'emblée sur une répartition plus égalitaire des richesses [2]. Passer d'un mode intensif en capital, comme aujourd'hui, à un mode de production intensif en travail permettrait de rééquilibrer le partage de la valeur ajoutée en faveur du travail. De plus, si le capital est en partie socialisé dans des formes autogestionnaires, ce qui revient au capital serait partagé plus équitablement.

Pour en revenir à l'alimentation, il en va de même pour l'alimentation carnée que pour les fraises en hiver. Nous, au Nord, consommons globalement beaucoup trop de viande. Or, en élevage conventionnel, intensif, il faut environ dix protéines végétales (de soja ou de maïs) pour produire une protéine d'origine animale. Autrement dit, les surfaces de terres dédiées à l'alimentation animale sont énormes, et ne cessent de croître, alors qu'on pourrait produire jusqu'à dix fois plus de protéines si ces terres étaient utilisées pour de l'agriculture de légumineuses, riches en protéines. De plus, les émissions de gaz à effet de serre de l'élevage intensif sont très importantes, surtout sous forme de méthane et de protoxyde d'azote, au pouvoir de réchauffement bien supérieur à celui du dioxyde de carbone. Sans devenir obligatoirement végétariens, il nous faut impérativement changer d'habitudes alimentaires. Malheureusement, le mode de vie occidental a toujours l'attrait des « lumières de la ville », et les classes moyennes et riches de certains pays plus nouvellement industrialisés, en particulier la Chine, tendent à augmenter leur consommation

1. Par exemple, suite à la limitation drastique des transports aériens du fait de la crise du Covid, des compagnies aériennes proposent des vols avec retour au point de départ, simplement pour faire un petit tour en avion… Voir le journal *La Décroissance*, novembre 2020.

2. Dans *Capital et idéologie*, Thomas Piketty fait certaines propositions intéressantes, qui relèvent d'une social-démocratie radicale, pourrait-on dire. Il n'envisage cependant pas de sortie du capitalisme et désire simplement lutter contre ses excès. De plus, il ne dit rien des problèmes écologiques. Voir *Capital et idéologie*, Seuil, Paris, 2019. Voir aussi Hervé Kempf, *Comment les riches détruisent la planète*, Seuil, Paris, 2007.

de viande pour rejoindre les standards occidentaux du « bien-être ». Il faudrait plutôt que ce soit l'inverse, que nous Occidentaux nous inspirions de la cuisine asiatique, saine, équilibrée, avec de tout dans chaque plat mais de la viande en petites quantités.

Réduire drastiquement l'alimentation carnée permettrait aussi d'en finir avec l'horreur de l'élevage intensif. Passer à l'élevage extensif, dans des prairies, offrirait aux bêtes une vie meilleure et favoriserait les relations intimes entre animaux et êtres humains, relations qui ont toujours fait partie des cultures humaines, quels que soient le lieu et l'époque [1]. Il ne s'agit pas de devenir végane : les adeptes de ce régime non seulement refusent quelque relation que ce soit avec les bêtes, relation pour eux viciée par définition, mais de plus ils favorisent l'industrie des biotechnologies et leurs projets de viande artificielle en éprouvette. Simplement de chercher un sens de la mesure et des limites, là comme ailleurs.

Un tel changement des habitudes et des mentalités ne se fera pas spontanément. Il nécessitera en particulier que nous réapprenions à faire la cuisine et maintenions des ensembles de savoirs traditionnels en voie de disparition, comme les savoirs paysans. Mais l'activité culinaire a toujours tenu un rôle important dans les différentes sociétés, elle est créative, symboliquement fondamentale, et participe de l'autonomie des personnes et des communautés. Le changement majeur qu'on pourrait y apporter serait d'ouvrir son domaine aux hommes ! Ce serait un autre progrès, et non un « retour à la bougie ».

Faire la cuisine ne veut pas simplement dire cuisiner, mais aussi savoir acheter (ou cultiver dans des jardins) de bons produits, de saison, en quantité adéquate. Cela suppose des circuits de distribution et de stockage bien pensés. Il faut savoir qu'environ un tiers de la nourriture produite dans le monde finit à la poubelle, ce qui est considérable. Dans les pays du Sud, cela est surtout dû au manque de maillage territorial local, à l'insuffisance des infrastructures de stockage et de distribution. Au Nord, les raisons principales en sont d'une part l'inefficience de la chaîne alimentaire industrielle, et d'autre part le fait que les gens ne savent plus gérer leur garde-manger, achètent trop et jettent. S'attaquer à ces problèmes permettrait aussi d'augmenter la quantité de nourriture disponible au niveau mondial sans avoir recours à une intensification de l'agriculture.

1. J. Porchet, *Vivre avec les animaux*, *op. cit.*

La Politique agricole commune : un levier potentiel puissant

Sur une bonne partie de ces questions, la Politique agricole commune (PAC) de l'Union européenne pourrait fournir des outils très puissants de réorientation d'un système industriel vers des systèmes agroécologiques [1]. À l'heure où j'écris ces lignes, cette politique est en cours de renégociation pour les années 2021-2027. Un premier accord entre la Commission et le Parlement a été signé en octobre 2020, qui prévoit un budget de 387 milliards d'euros pour les sept années à venir, somme colossale. La PAC se compose de deux « piliers ». Le premier consiste en des aides directes aux agriculteurs et absorbe les deux tiers du budget, tandis que le second englobe une série de mesures disparates pour soutenir le développement rural et favoriser des pratiques douces à la nature. Comme le font remarquer Jean-Marc Boussard, Aurélie Trouvé et leurs collaborateurs, cette architecture à deux piliers est intrinsèquement bancale : le premier pilier pousse à l'agriculture industrielle en favorisant les grosses exploitations (les aides sont calculées à l'hectare et à l'investissement), et le second tente de compenser les externalités négatives créées par la même agriculture industrielle [2].

Dans le texte qui vient d'être signé, presque rien ne change par rapport à la PAC précédente, et ce malgré le Pacte vert européen lancé en décembre 2019 et sa stratégie « de la fourche à la fourchette », censée lutter contre le réchauffement climatique, le déclin de la biodiversité, et promouvoir un système agricole et alimentaire respectueux des êtres humains et de la nature.

Les aides directes sont toujours calculées à l'hectare, donc ceux qui en profitent sont les gros exploitants. Les montants de ces aides ont cependant été plafonnées, mais à un niveau extrêmement généreux : 100 000 euros pour les aides à la surface, 500 000 euros pour les aides aux exploitants, et 1 million d'euros pour les aides à l'investissement [3]. Par ailleurs, 20 % des agriculteurs touchent 80 % des aides, et 70 % de ces aides vont aux 50 % des régions les plus émettrices de gaz à effet de serre, chiffres qui montrent que les subventions européennes

1. Je remercie Wadid Minh Rahhou, doctorant à l'université Sorbonne Paris-Nord, de son aide sur les questions liées à la PAC.

2. Jean-Marc Boussard, Aurélie Trouvé, Gilles Bazin, Jacques Berthelot *et al.*, « Proposal for a new European agriculture and food policy that meets the challenges of this century », 2010, Hal-02823094.

3. Pour une autre PAC, « Que penser du vote de la PAC par le Parlement européen ? », 27 octobre 2020, <www.pouruneautrepac.org>.

financent massivement l'agriculture industrielle[1]. La conditionnalité de ces aides est très légère. Elle n'oblige pas les agriculteurs à réduire leur utilisation de produits chimiques, tout juste conseille-t-elle des rotations de culture sur 20 % des surfaces cultivées. Aucune mesure n'est prévue pour favoriser l'agriculture biologique, le bien-être animal ou le redéploiement des aides aux petits agriculteurs et éleveurs, alors qu'un tel redéploiement fournirait un puissant levier pour encourager la généralisation de l'agriculture paysanne. Le montant des aides aux grosses exploitations est en revanche faramineux, et leur permettra de prendre le virage de l'agriculture connectée qui est pourtant une aberration. Cela n'empêche pas les promoteurs de la PAC de se féliciter et d'afficher une « PAC verte », puisque 20 % des aides du premier pilier seront conditionnées à des mesures environnementales, dans des « écoschèmes » (mesures là aussi disparates et très peu exigeantes).

Les raisons de ce malheureux état de fait viennent du poids des lobbies agricoles et agrochimiques, qui ont pesé sur l'élaboration du texte puis sur les votes des amendements. Le rapporteur du texte était lui-même un gros exploitant agricole, bénéficiant de subventions généreuses[2]… Si l'on s'en tient à l'agriculture et à l'alimentation, le Pacte vert ne se traduit donc pas dans les décisions prises et est essentiellement un exercice de *greenwashing*, un de plus. Pourtant, avec un peu de vision et de courage politique, il pourrait en être autrement.

Par exemple, les aides directes pourraient être calculées par rapport au nombre d'actifs plutôt que par rapport à l'hectare. L'agriculture industrielle étant très peu intensive en travail alors que l'agriculture paysanne l'est beaucoup plus, cela canaliserait déjà une partie des aides vers l'agriculture paysanne. On devrait aussi envisager des aides à l'installation en agroécologie et/ou en agriculture biologique, ainsi que des aides de fonctionnement plus pérennes, et ce tant que l'agriculture paysanne sera en concurrence avec l'agriculture industrielle. Une fois celle-ci disparue, rêvons un peu, ces aides ne seraient sans doute plus nécessaires, sauf pour les produits soumis à la concurrence internationale. Ceux-ci seraient cependant peu nombreux, puisqu'on serait dans un système relocalisé. Enfin, *toutes les aides* devraient être condi-

1. Murray W. Scown, Mark V. Brady et Kimberly A. Nicholas, « Billions in misspent EU agricultural subsidies could support the Sustainable Development Goals », *One Earth*, vol. 3, 21 août 2020, p. 237-250.

2. Amélie Poinssot, « La nouvelle politique agricole commune oublie le changement climatique », *Mediapart*, 24 octobre 2020.

tionnées à des pratiques respectueuses des milieux. Les agriculteurs et éleveurs productivistes, qui polluent, réchauffent le climat et traitent mal les animaux, devraient progressivement être exclus de ces subventions. Dans le même temps, une partie non négligeable du budget de la PAC pourrait être investie dans la formation aux agriculteurs sur le terrain, dans la mise en lien avec des spécialistes d'agroécologie, pour que les agriculteurs puissent développer les connaissances scientifiques et techniques nécessaires à une agriculture sans pesticides. Nombreux sont ceux qui voudraient modifier leurs pratiques mais n'ont pas accès à la connaissance et à l'aide dont ils auraient besoin pour le faire.

Une autre voie, complémentaire, est proposée par certains (par exemple Marc Dufumier, et l'organisation Pour une autre PAC). Il s'agirait de reconnaître que les paysans en agroécologie font plus que produire des légumes, des céréales et des produits carnés. Ils entretiennent les paysages, contribuent à la séquestration du carbone par la préservation d'arbres et de sols vivants, à la pureté de l'eau en n'utilisant pas de pesticides, à la biodiversité sauvage et cultivée… Les paysans engagés dans ces pratiques vertueuses devraient être rémunérés pour ces services, sous la forme de paiements pour services environnementaux. Outre l'aspect incitatif, cela contribuerait à leur assurer un revenu correct. Comme je l'ai dit dans le chapitre 5, je suis réservée sur ce genre de solutions, car elles reposent sur une discrétisation de la nature en petits bouts et sur sa monétisation. Cette perspective est contradictoire avec la conception non utilitariste et non anthropocentrique qu'il nous faut absolument développer. Cependant, à court-moyen terme et de façon pragmatique, de tels paiements pour services environnementaux pourraient certainement aider à la transition vers une agriculture paysanne.

La voie choisie pour la nouvelle PAC ne s'inscrit aucunement dans cette perspective de changement, et ce pour les éternelles questions de collusion entre les États, les grandes entreprises et leurs lobbies, questions de rapports de pouvoir entre ceux qui gouvernent et les citoyens, qui ont de moins en moins leur mot à dire. Dans le cas des systèmes alimentaires, les solutions alternatives à ce qui existe sont aujourd'hui assez clairement définies, j'espère l'avoir montré, et en développement dans de nombreuses régions du monde. Nul besoin d'OGM, d'agriculture connectée et autres délires *high-tech* pour nourrir la planète. Ces « solutions » ne sont pas fondées sur une analyse factuelle de la situation. Elles sont idéologiques et politiques. La lutte pour généraliser l'agriculture paysanne doit donc elle aussi être idéologique et politique, et ce du niveau local au niveau international. D'ailleurs, parmi les auteurs précités, plusieurs incluent dans leur définition de l'agroécologie la présence de mouvements sociaux qui résistent au rouleau compresseur de la modernité agricole et agissent pour mettre en œuvre des pratiques alternatives. Il est vital que cette résistance s'étende. L'*optimisme de la volonté*...

Remerciements

L'écriture de ce livre s'est étendue sur plusieurs années.

Cathy Boyadjian, Jean-François Hérouard, François Jarrige, Alain Legrand, André Orléan, Muriel et Jean-Pierre Salmona ont attentivement relu tout ou partie du manuscrit. Ils m'ont aidée de leur regard critique mais toujours bienveillant et de leurs encouragements constants.

J'ai présenté des versions préliminaires de plusieurs chapitres dans mes cours à l'Université Sorbonne Paris-Nord ainsi que dans plusieurs séminaires, et les questions et remarques de mes étudiants et de mes collègues m'ont permis de clarifier mon propos.

Ma famille et mes proches ont patiemment accompagné les hauts et les bas inhérents à l'aventure de l'écriture.

Enfin, ce livre ne serait pas ce qu'il est sans le travail d'orfèvre de mon éditeur aux Éditions La Découverte, Bruno Auerbach.

Je les remercie toutes et tous très chaleureusement.

Les imperfections qui subsistent sont évidemment de mon fait.

Table

Composé par Facompo à Lisieux.
Impression réalisée par Tirage
aux Ulis (Essonne).
Dépôt légal du 1er tirage : mars 2021
Suite du 1er tirage (02) : juin 2021
Imprimé en France